행복한 삶과
문학치료

행복한 삶과
문학치료

1판 1쇄 찍은날 2016년 4월 1일
1판 1쇄 펴낸날 2016년 4월 5일
지은이 서사와문학치료연구소
펴낸이 송희영
펴낸곳 **쿠북**(건국대학교출판부의 패밀리 브랜드입니다.)
등록 / 제4-3 호(1971. 6. 21)
주소 / 05029, 서울특별시 광진구 능동로 120 건국대학교 출판부
전화 / (02)450-3891~3
팩스 / (02)457-7202
홈페이지 / http://press.konkuk.ac.kr
e-Mail / press@konkuk.ac.kr

책임편집 박명희
찍은곳 네오프린텍㈜

정가 20,000원

ISBN 978-89-7107-599-9 03800

이 도서의 국립중앙도서관 출판예정도서목록(CIP)은 서지정보유통지원시스템 홈페이지 (http://seoji.nl.go.kr)**와 국가자료공동목록시스템**(http://www.nl.go.kr/kolisnet)**에서 이용하실 수 있습니다.**(CIP**제어번호:** CIP2016007800)

서사와문학치료연구소
문학치료 총서 11

행복한 삶과 문학치료

쿠북

머리말

행복의 담론이 넘쳐나기에 우리는 불행한 시대를 살고 있다고 할 수 있다. 어쩌면 과도한 행복의 담론은 불행의 징후이기 때문이다. 페이스북은 '나는 이렇게 잘 지내고 있다'로, 인스타그램은 '나는 이렇게 잘 먹고 있다', 카카오스토리는 '내 아이는 이렇게 잘 크고 있다'로 정리될 수 있을 정도로 우리는 '행복'을 자랑하고 견주면서 강박적으로 '행복'을 추구한다. 그럼에도 우리는 행복하다고 느끼지 못한다. 세상의 기준이나 남들과 비교를 하는 순간 스스로 만족하는 행복은 더욱 멀어지기 때문이다.

최근의 뇌 과학의 논의에 기대어 보면, 우리의 뇌는 사랑하는 사람과 맛있는 것을 먹을 때 최고의 행복감을 느낀다고 한다. 누구를 사랑하고 어떤 음식을 좋아하는가는 각자의 소관이고, 내가 만족감을 느끼면 그만이다. 물론 연애조차도 포기하게 만드는 현실에서 사랑은 사치가 될 수 있으며, 최저생활비로 사는 사람에게 산해진미의 음식은 그림의 떡이 될 수도 있다. 그러나 행복은 주관적인 것이며 행복의 사회적 총량은 정해져 있지 않다는 점에서, 우리는 작은 것에 만족하며 소소한 행복감을 만끽할 자유가 없진 않다.

그럼에도 우리는 가까이 있는 행복을 스스로 발견하며 누리기보다는 타인의 행복을 부러워한다. 심지어 남의 행복이 나의 행복을 빼앗아 이루어진 것이 아님에도 '사촌이 땅을 사면 배가 아프다'고 느낀다.

뿐만 아니라, 행복을 추구하는 정신적 에너지의 방향을 돌려 타인의 행복을 파괴하는 데 집중하기도 한다. 즉, 남의 불행이야말로 내 행복이라고 느끼는 것이다. 타국의 행복을 파괴하려는 테러에서부터 타인의 불행을 야기하는 악성댓글은 현대인의 병리적 행복관을 보여주는 것이리라.

그렇지만 이를 개인의 탓으로 돌릴 수는 없다. 무자비한 경쟁사회에서 타인을 대하는 관계의 형식이나 타인과의 끊임없는 경쟁의 승패에 대한 감정의 구조, 나의 행복을 객관적으로, 양적으로 계산하여 타인의 행복과 비교하는 의식적, 무의식적 습관 등은 개개인의 의지나 선택에 의해 결정된 것만은 아니기 때문이다. 이런 관점에서 행복론이나 문학치료학에 대해 '내가 바뀌면 세상이 바뀐다'고 믿으면서 사회적 문제를 개인의 것으로 환원하게 한다는 비판을 할 수 있다.

그러나 자신의 행복론을 확립하고 자기 인생의 서사를 자율적으로 기획하는 개개인에 대해 무심한 사회적 실천은 과연 누구를 위한, 무엇을 위한 것인지 되묻고 싶다. 오히려 이렇게 스스로 자기 인생의 서사를 쓰고 나름의 행복을 추구하려는 사람들이 사회적 불행을 자신의 실존적인 문제로 여기고 진정성 어린 태도로 사회적 실천을 이끄는 이들이자, 사회적으로 획일화된 행복관 너머 다양한 행복의 길을 제시하며 타인의 삶과 세상을 변화시키는 이들이 아닐까 한다.

한편, 인생에서 행복한 순간이 양적으로 많으면 우리는 진정 행복하다고 할 수 있을까? 예를 들어 시험을 앞둔 학생이 게임을 하고, 텔레비전을 보고, 사랑하는 사람들과 함께 즐거운 일을 했다고 치자. 이 학생은 행복한 시간은 많았으나 시험을 잘 보진 못했으며, 그로 인해 자책감과 좌절에 휩싸였다고 한다면 시간과 양으로 측정되는 행복은 진정한 만족감과 행복으로 연결되지 않을 수도 있다. 행복은 욕망의 즉각적인 충족을 넘어서는 서사적인 것이기 때문이다.

또한, 불운과 행운은 어느 때든 누구에게나 찾아오기 마련이다. 불운을 견디게 하고 행운을 준비하는 삶의 지향성과 목표, 불운과 행운의 우연성에 흔들리지 않고 자신이 품고 있는 행복의 인생 서사를 밟아가는 태도, 무엇보다 행불행의 원천이자 관계적인 자기정체성의 기반인 인간관계 안에서 자신의 서사를 잘 운영하는 등의 서사적 능력이야말로 행복한 삶을 위해 필요한 지혜가 될 수 있다.

문학치료학의 목표는 바로 행복한 삶을 위한 서사 능력을 길러 주는 것이다. 문학치료학은 소설이나 시, 영화를 읽으면서 나와 같거나 다른 인간형을 만나게 하고, 내 감정의 질서를 알게 하며, 내가 의식하지 못했던 나의 서사를 발견하는 과정을 촉진시킨다. 나아가 미약하고 분절적이며 모순적인 나의 서사를 건강하고 통합적인 서사로 변화시키는 데 어떤 문학 작품이 필요하며, 어떻게 외부에 존재하는 서사를 내면의 서사와 통합해야 하는지 조언한다.

문학치료학은 인간이 자기서사를 성찰하고 기획하며 실천할 수 있는 서사능력을 갖고 있다는 믿음을 바탕으로, 보다 성찰적이고 풍요로우며 강건한 자기서사를 품을 수 있도록 돕는 인간학이다. 문학치료학과의 만남을 통해 많은 사람들이 문학이 주는 위안과 치유의 힘을 경험하고 자신의 새로운 가능성을 모색하고 실행할 수 있는 지혜와 용기를 갖기를 희망한다.

이 책은 한국적 문학치료학을 창시한 고 정운채 선생님의 가르침을 받은 제자와 동료, 후배들에 의해 쓰였다. 정운채 선생님은 동양철학적 전통을 바탕으로 문학치료학 이론을 개발하고, 한국의 구비설화를 자기서사의 진단과 처방 자료로 활용하는 방안을 구안함으로써 한국적 문학치료학의 길을 열었다. 필자들은 문학치료 이론이 사회적으로 확산되어, 문학으로 스스로를 치유하고자 하는 개인들과 문학치료 프로그램을 운영하는 문학치료사들에게 실천적인 지혜가 되기를 소망하며 정운채 선생님의 영전에 이 책을 바친다.

필자들을 대신하여 황혜진 씀

차 례

행복한 삶과 문학치료

PART 04 자기서사의 진단과 길찾기

PART 05 창작을 통한 자기서사의 길내기

PART 06 문학치료 프로그램의 실천적 지평

PART 01

행복 찾기의 여정

1 행복 여행을 위한 준비

『꾸뻬 씨의 행복 여행』은 세계적인 베스트셀러로 영화로도 제작되어 행복에 대한 관심과 성찰을 불러일으켰다. 이 책의 주인공인 꾸뻬는 자기 스스로에 대해 만족하지 못하는 정신과 의사이다. 그는 의사로서 상대방의 질문에 대해 다시 질문을 던지는 식으로 상담하면서 사람들이 그 문제로부터 벗어날 수 있는 방법을 찾는 데 도움을 줄 수 있었다. 그럼에도 그는 행복하지 않았는데 그 이유는 자신이 사람들을 진정한 행복에 이르게 할 수 없다는 것을 깨닫고 있었기 때문이다.

꾸뻬는 세계 여러 나라를 돌아다닌다. 그는 중국에서 은행업을 하는 친구를 만나고 새로운 사랑도 하였다. 티벳에서 노승도 만났다. 아프리카로 가서는 새로운 친구도 사귀고 의료 봉사를 하는 오래된 친구를 만났다. 또 미국에서 옛 연인도 만나고 행복을 연구하는 교수와도 만났다. 이렇게 많은 사람들의 행복과 불행을 관찰하면서, 한편으로는 자신의 경험과 감정을 들여다보면서 꾸뻬는 행복에 대해 얻게 된 배움을 작은 수첩에 기록한다. 다음과 같은 식이다.

배움1_행복의 첫 번째 비밀은 자신을 다른 사람과 비교하지 않는 것이다.

배움2_행복은 때때로 뜻밖에 찾아온다.

배움3_많은 사람들은 자신의 행복이 오직 미래에만 있다고 생각한다.

배움4_많은 사람들은 더 큰 부자가 되고 더 중요한 사람이 되는 것이 행복이라고 생각한다.

…

꾸뻬는 마지막으로 다시 티벳의 고승을 만나 행복에 대한 이야기를 듣는다.

"처음 우리가 만났을 때, 스님께선 말씀하셨습니다. 행복을 목표라고 여기는 것은 잘못된 생각이라고. 그것은 무슨 뜻인가요?"

"(…) 만일 당신이 행복을 목표로 삼는다면, 당신은 그것을 놓칠 가능성이 그만큼 많아지는 겁니다. 더구나 당신이 행복에 도달할지 못할지 어떻게 알 수 있습니까? (…) 진정한 행복은 먼 훗날 달성해야 할 목표가 아니라, 지금 이 순간 존재하는 것입니다. 인간의 마음은 행복을 찾아 늘 과거나 미래로 달려가지요. 그렇기 때문에 현재의 자신을 불행하게 여기는 것이지요. 행복은 미래의 목표가 아니라, 오히려 현재의 선택이라고 할 수 있지요. 지금 이 순간 당신이 행복하기로 선택한다면 당신은 얼마든지 행복할 수 있습니다. 그런데 안타까운 것은 대부분의 사람들이 행복을 목표로 삼으면서 지금 이 순간 행복해야 한다는 사실을 잊는다는 겁니다."

노승은 찻잔을 선물로 주며 찻잔을 볼 때면 언제나 자신이 행복해야 한다는 사실을 기억하길 바란다고 말했다. 그러면서 노승은 그 절대적인 만족감에서 우러나오는 웃음을 웃었다.

행복 찾기의 여정을 도와줄 소설로 이 작품을 가장 먼저 언급한 까닭은 행복에 대한 배움이나 깨달음의 내용이 갖는 중요성 때문은 아니다. 오히려 자신의 일상과 타인을 관찰하면서 행복에 대한 앎을 축적하는 그 형식을 따라해 보기 위함이다. 우리는 이미 행복에 대해 많이 알고 있다. 온갖 광고와 드라마에서는 행복해 보이는 인물의 전형들이 제시되며, 행복을 '쟁취'하기 위해 성공하는 처세술과 자기관리법, 행복에 대한 과욕을 부리지 않음으로 행복해지는 마음 수양을 위한 정보들까지 행복에 대한 지식과 정보는 넘쳐 난다. 그러나 정작 우리는 행복의 바탕인 마음을 성찰하는 경험을 많이 해 보지는 않았다. 그래서 연봉이나 사회적 지위, 성적, 소유한 것들의 양으로 측정되는 행복 말고 자기가 정말 어떤 것에 행복을 느끼는지, 행복의 감정은 어떻게 찾아오며, 어디서 비롯되는지 등 자기 마음속에 행복을 잘 모르기도 한다.

꾸뻬가 행복에 대해 배운 것들을 우리가 다시 배우는 것이 중요한 것이 아니라 우리도 꾸뻬처럼 행복 여행을 떠나야 한다. 행복 여행을 떠나기 위해 실제로 여행을 할 필요는 없다. 평상시처럼 살면서 사람들의 표정과 감정에 더 많은 관심을 갖고, 내 감정에 더 솔직해지기만 하면 된다. 꾸뻬는 일반석을 타고 비행기 여행을 하고 있었다. 옆자리 보모 품에 있던 아기에게 일등석에 있던 엄마와 아빠가 다가오자 아기는 행복해했다. 부모가 다시 자리로 돌아가자 아기는 울음을 터뜨렸다. 이런 짧은 삶의 일화에서 꾸뻬는 행복을 배운다. '배움: 불행은 사랑하는 사람과 헤어지는 것이다'라고 말이다. 굳이 익숙한 공간을 바꾸는 여행을 떠나지 않아도 행복과 불행이라는 새로운 관점을 가진다면 우리 역시 소소한 일상적 사건에서 새로운 의미를 발견하게 될 것이다.

여기에 덧붙여, 꾸뻬와 만났던 노승이 행복은 인생의 목표가 아니라고 말했던 의미를 생각해 보자. 행복을 성취해야 할 목표로 여길 때 지금 이 순간 행복해야 한다는 사실을 잊는다는 것을 기억하면서, 사회적 기준을 참조로 마련하거나 남들이 설정해 준 목표가 아닌 나의 행복을 음미해 볼 필요가 있다. 비교하지 말고 과시하려 하지 말고 부끄러워하지도 말고. 이렇게 자기만의 행복과 행복의 원천을 가지고 있다는 기쁨을 느끼는 사람들이 많아진다면 좀더 행복한 사회가 될 수 있지 않을까 한다. 그리고 내 행복은 내가 찾고, 내 삶의 서사는 내가 쓴다는 생각이야말로 문학치료를 위한 첫 마음이 될 수 있다.

다음은 대한민국의 한 초등학생이 쓴 시이다.

〈여덟 살의 꿈〉

나는 사립초등학교를 나와서
국제중학교를 나와서
민사고를 나와서
하버드대를 갈 거다
그래 그래서 나는
내가 하고 싶은
정말 하고 싶은
미용사가 될 거다.

왜 이 학생은 미용사를 하기 위해 사립초등학교, 국제중학교, 민사고, 하버드대를 나와야 할까? 이 학생이 가고 싶어하는 학교들은 이 학생의 꿈일까, 부모의 꿈일까, 사회적 기준일까? 단순한 이 동시는 우리가 믿는 행복의 치명적인 약점을 간명히 보여주고 있다. 남들이 바라는 것을 나의 소망인 양 믿으면서 진짜 자기의 소망과 행복은 뒤로 미룬다는 것. 그나마 여덟 살이기에 자기가 바라는 것을 얘기할 수 있지 이 학생이 열여덟 살만 되어도 정말 자기가 바랐던 것이 무엇이었는지조차 기억하지 못할 것이다. 더 큰 문제는 자기가 진정 바라는 것이 아닌데도 그것을 이루지 못하면 불행하다 느낀다는 사실이다. 이 학생이 국제중학교, 민사고에 가지 못한다면 좌절감과 불행감을 느낄 수밖에 없다. 그것은 진짜 불행인가,

또 요행히 경쟁을 뚫고 가게 되면 그것은 진정한 행복인가?

타인의 꿈에 갇히는 것은 감옥에서의 삶과 같다. 게다가 그 꿈을 자기가 꾼 것처럼 착각하며 그 감옥에서의 삶을 벗어날 기회를 영원히 잃어버리게 된다. 바로 이러한 진실이 진정한 내 꿈과 행복을 스스로 찾고 가꿔야 하는 절실한 이유가 된다. 다음 최영미의 〈행복론〉이란 시를 읽으면서, 전체 국민의 행복지수가 OECD 국가 중 최하위에 속하며, 하위 범주인 어린이 · 청소년 · 여성의 주관적 행복지수도 지구상에서 가장 낮은 어떤 나라의 '행복'에 대해 생각해 보자.

사랑이 올 때는 두 팔 벌려 안고
갈 때는 노래 하나 가슴속에 묻어놓을 것
추우면 몸을 최대한 웅크릴 것
남이 닦아논 길로만 다니되
수상한 곳엔 그림자도 비추지 말며
자신을 너무 오래 들여다보지 말 것
답이 나오지 않는 질문은 아예 하지도 말며
확실한 쓸모가 없는 건 배우지 말고
특히 시는 절대로 읽지도 쓰지도 말 것
지나간 일은 모두 잊어버리되
엎질러진 물도 잘 추스려 훔치고
네 자신을 용서하듯 다른 이를 기꺼이 용서할 것
내일은 또 다른 시시한 해가 떠오르리라 믿으며
잘 보낸 하루가 그저 그렇게 보낸 십년 세월을
보상할 수도 있다고, 정말로 그렇게 믿을 것
그러나 태양 아래 새로운 것은 없고
인생은 짧고 하루는 길더라

– 최영미, 〈행복론〉

이 시를 어떻게 읽었는가 하는 반응은 매우 흥미롭다. 인터넷에서 이 시를 검색하면 많은 사람들이 이 시의 반어를 파악하지 못한 채 문면 그대로 받아들이는 경우가 대부분이다. 그러나 너무 깊이 생각하지 않고 매사에 조심하고 관대한 마음으로 용서하며 쓸데없이 열정을 갖지 말자는 이 시는 그렇게 해야 행복해질 수 있다고 말하는 것이 아니다. 오히려 이런 것을 행복하다고 믿는 무미건조한 현대인의 삶이 무어 그리 행복하단 말인가 하는 냉소와 비판이 담겨 있다. 특히 이 시인은 사랑이 갈 때 정말 '노래 하나 가슴속에 묻어 놓을 것' 정도로 '쿨'하지 않았다.

꽃이
지는 건 쉬워도
잊는 건 한참이더군
영영 한참이더군

– 최영미, 〈선운사에서〉 중

시인은 '잊는 건 영영 한참'이라 할 정도로 꽃처럼 피어난 사랑이 뚝뚝 떨어지는 선운사 동백꽃처럼 지는 것은 아님을 말한 적이 있다. 이를 보면, 사랑이 갈 때는 '노래 하나 묻어' 두지 못하는 것이 진짜 사랑의 속성이라 할 수 있다. 또, 몸을 최대한 웅크리고 조심조심, 강렬한 감정과 깨달음을 피하면서 담담하고 지루하게 사는 것을 안온한 행복이라고 믿는 우리들에게 시인은 경고한다. 그러면 인생은 짧아진다고. 서사적 굴곡이 없는 단선적 인생은 아무리 길어도 짧은 법이다. 의미를 추구하지 않고 열정을 갖지 않으니 그러하다.

2 행복에 대한 인류의 모색: 서양의 행복론

그리스 · 로마 시대: 법과 이성을 통한 행복

행복은 인류의 과제이다. 인류가 행복했다면 행복에 대한 숙고와 철학이 배태되지 않았겠지만 죽을 수밖에 없는 숙명을 지닌 인간은 불운을 피할 수 없었으며 불행감을 느껴 왔다. 그래서 행복론은 언제나 불운을 전제로 한다. 그러니까 개인이 어찌해 볼 도리가 없는 자연과 사회의 폭력, 시시때때로 찾아오는 운명의 시기와 질투, 행운이 불운으로 혹은 불운이 다시 행운으로 변하는 새옹지마塞翁之馬의 인생을 살면서 그나마 어떻게 살아야 덜 불운할 수 있을까 고심하는 것이 초기 행복론의 주요 내용이다.

이런 관점을 단적으로 보여주는 것이 헤로도토스(B.C. 484~B.C. 425)의 『역사歷史』에 나오는 〈크로이소스 왕 이야기〉이다. 다음 이야기를 살펴보자.

리디아의 수도인 사르디스에서 솔론이라는 현인이 크로이소스 왕(B.C. 595~B.C. 547?)을 만났다. 크로이소스는 솔론에게 누가 가장 행복한 사람인지를 물었다. 솔론은 크로이소스의 기대와는 달리 아테네 사람 텔로스가 가장 행복한 사람이라 했다. 텔로스는 아테네의 평범한 시민으로 전공(戰功)을 세우고 전사했다.

텔로스가 행복한 까닭은 세 가지. 첫째, 아테네라는 번영하는 곳의 시민인 점, 둘째, 자식들이 훌륭하고 먼저 죽지 않은 점, 셋째, 그 죽음이 영광스러웠다는 점이다. 자존심 상한 크로이소스는 솔론에게 그럼 두 번째로 행복한 사람은 누구인지 물었다. 솔론은 클레오비스와 비톤 형제라고 답했다. 두 형제는 어머니가 탄 마차를 직접 끌고 달려 10킬로미터 떨어진 헤라 신전의 제사에 간신히 참석했다. 어머니는 기쁘고 자랑스러운 마음에 두 아들에게 인간으로서 얻을 수 있는 가장 좋은 것을 달라고 헤라 신에게 기도하였다. 신은 이 기도를 들어주어, 두 아들은 배불리 먹고 잠을 잔 후 다시 깨어나지 못했다.

여기까지 들은 크로이소스가 자신이 그리스의 이름 없는 서민들에 비해서도 행복하지 못하냐 따지자 솔론이 말하기를, "인생 70년, 날수 26250일, 그 많은 날을 사는 동안 얼마나 보고 싶지 않은 것을 보아야 하며, 당하고 싶지 않은 일을 당해야 하는지 아십니까? 우리의 삶은 하루도 같은 날이 없습니다. 인생도 이렇게 우연하지요. 지금 왕께서는 막대한 재산과 권력이 있으나 죽음을 보기까지는 답할 수 없는 것입니다."

솔론은 크로이소스의 왕궁을 쫓겨나듯 떠나야 했다. 이후 크로이소스는 솔론 따윈 잊고 자신이 가장 행복한 사람이라 믿으며 살았다. 그런데 어느날 그는 아끼는 자식이 창에 맞아 죽는 꿈을 꾸었다. 그래서 나라 안의 모든 창을 단속하였지만 멧돼지 사냥에 나섰던 아들은 자신의 경호원이 던진 창에 잘못 맞아 죽고 말았다.

크로이소스는 사르디스의 전력을 믿고 페르시아와 전쟁을 벌였다. 그러나 낙타 부대의 냄새 공격으로 인해 사르디아의 기병대들은 속수무책으로 궤멸되었다. 이후 페르시아 군에게 붙잡힌 크로이소스 왕이 화형을 당하게 되자 비로소 솔론의 말이 진실임을 깨달았다. 그러고선 이렇게 말했다.

"살아 있는 한 누구도 행복을 장담할 수 없다는 것, 스스로 행복하다고 생각하는 자, 한줌의 권력과 재산으로 자신의 행복을 스스로 지킬 수 있다고 여기는 자에게 화 있을진저!" 그는 죽어 가며 솔론의 이름을 세 번 불렀다.

크로이소스 왕의 일화를 통해 알 수 있는 그리스인의 행복관은 무엇인가? 돈과 권력을 모두 가졌던 크로이소스 왕은 자신이 가장 행복한 사람이라 생각하였다. 하지만 크로이소스 왕의 예상과 달리 솔론은 삶을 마치기 전까지 누구도 행복을 장담할 수 없다고 말한다. 살아 있다는 것은 아직 신들의 뜻과 운명의 장난을 모두 모면하지 못했다는 뜻이며, 이런 사람을 행복한 사람이라고 부르는 것은, 경주를 끝내지도 못한 선수의 머리에 면류관을 씌우는 것과 다를 바가 없다고 말한다. 즉, 행복한 삶의 판단은 살아 있을 때가 아니라 죽은 후에나 가능하다는 것이 솔론의 생각이었다. 돈과 권력을 아무리 많이 가진 사람이라고 할지라도, 변화무쌍한 인생에서 어떤 최후를 맞이하게 될지 모르기 때문이다.

고대 그리스인의 행복관은 니체가 쓴 『비극의 탄생』에 나오는 미다스 왕의 일화에서도 발견할 수 있다. 일화의 내용은 다음과 같다.

> 실레노스라는 현자가 있었는데, 현명하였으나 주정뱅이에다 호색적인 까닭에 신들이 꺼려하였다. 하루는 미다스 왕이 숲에서 만취하여 횡설수설하는 수상한 노인을 발견하고, 그가 실레노스임을 직감하여 극진히 대접하였다. 술에서 깨어난 실레노스가 미다스 왕에게 답례로 궁금한 사항에 대해 답해 주겠다고 하였다. 그러자 미다스는 인생에서 최고의 행복이 무엇인지 물었다. 실레노스는 인간의 최고 행복은 애초에 태어나지 않는 것이라고 하였다. 그리고 어쩔 수 없이 태어났다면 되도록 빨리 죽는 것이 그다음 행복이라고 말했다.

실레노스의 행복론에서 전제는 인간에게 삶은 언제나 고통이고 비극이라는 것이다. 죽을 수밖에 없는 운명을 타고난 인간의 비극적인 삶에서 돈과 권력을 소유한 사람은 삶을 조금 편리하게 살 수는 있을지 모르지만 행복한 삶을 산다고 할 수는 없는 것이다. 삶 자체가 불행과 비극의 원천이기 때문이다. 위 두 가지 일화에서 알 수 있듯이 살아 있는 동안 행복한 삶은 불가능한 것일까?

아리스토텔레스의 행복론:
이성으로 일구는 좋은 삶

인간의 유한성과 삶의 무상성이라는 조건은 인간과 현세에서의 행복한 삶이 무언인가에 대해 성찰하게 하였다. 고대 그리스 철학에서 행복한 삶을 집중적으로 성찰한 철학자 중 대표적인 이가 바로 아리스토텔레스Aristoteles(B.C. 384~B.C. 322)이다. 아래에서는 아리스토텔레스의 행복관에 대해 이야기해 보도록 하겠다.

> 행복한 사람은 우리가 추구하는 안정성을 갖게 될 것이며, 그의 일생 내내 행복한 사람으로 살 것이다. 그는 언제나, 혹은 다른 누구보다도 탁월성에 따르는 것을 행하며 그것들을 사색할 것이기 때문이다. 또 그가 진정으로 좋은 사람이며, 어느 한구석 빠지는 데 없이 반듯한 사람이라면 인생의 운들을 가장 훌륭하게, 모든 점에서 전적으로 적절하게 견뎌 낼 것이기 때문이다.
>
> – 아리스토텔레스, 『니코마코스 윤리학』

그리스 철학은 궁극적으로 '좋은 삶'을 목표로 삼는다. 아리스토텔레스는 좋음을 외적인 좋은 것–신체와 관련된 좋은 것–영혼과 관련된 좋은 것 등으로 위계화하는데 최상층에 위치하는 '영혼과 관련된 좋은 것', 최고의 좋음이 바로 행복eudaimonia이다. 아리스토텔레스는 행복을 '인간의 고유한 기능이 덕에 따라 탁월하게 발휘되는 영혼의 활동'이라고 정의한다. 일반적으로 사람이나 사물이 갖고 있는 탁월성을 '아레테arete'라고 한다. 아리스토텔레스는 도끼의 아레테arete가 날이 잘 들어 나무를 베는 것이듯, 인간 아레테의 고유한 본성은 '이성'과 '덕성'이라고 보았다. 좋은 삶은 인간의 아레테인 이성과 덕성을 잘 발휘하며 사는 것이라고 할 수 있다.

한편, 아리스토텔레스는 '좋은 삶well-being'을 위계화하면서, 육체적 쾌락, 부와 명예[富貴] 등을 추구하는 삶은 행복의 최고 단계에 이를 수 없다고 한다. 우선, 육체적 즐거움을 목표로 하는 쾌락적인 삶과 사회적 명예를 목표로 하는 정치적 삶의 경우, 각각 인간의 자연적 욕망에 의해 지배되기 쉽거나 다른 사람의 평판에 의존하게 된다. 이렇게 쾌락적인 삶과 정치적인 삶은 '자족', '자립'적인 삶과는 거리가 멀기에 진정한 의미의 행복한 삶이라고 할 수 없다.

그래서 아리스토텔레스는 육체적인 즐거움 또는 사회적 명예가 아닌 진리를 목표로 하는 관조적 삶으로 삶을 끌어올리라고 말한다. 관조적 삶은 어느 것에 지배되지 않은 채, 인간 자신의 이성을 발휘하는 자족적인 삶이다. 현세의 행복한 삶이라 할 수 있는 관조하는 삶을 위해서는 훈련이 필요하다. 이때 훈련이란 인간이 지닌 탁월성의 훈련이며, 이 탁월성의 성취는 중용이라는 실천적 지혜를 통해 구현될 수 있다. 그러므로 인간의 좋은 삶을 위해서는 이성으로 절제하며 사려 깊게 '중용'을 실천하는 지혜가 필요하다.

아리스토텔레스는 영혼의 능력 중 '이성'을 통해 인간은 자신의 욕망을 적절히 조절할 수 있다고 보았다. 그래서 그는 절제하고, 조절할 줄 아는 사람이 행복을 위한 자질을 갖고 있다고 생각하였다. 중용은 극단으로 치우치지 않고 이성에 따라 자신의 능력을 발휘하는 것이다. 너무 과하게 하지도 않고 모자라게도 하지 않는 것이다. 중용의 덕이 곧 행복이라고 했다. '부족함'과 '넘침'의 중간, 하지만 산술적 중간이 아니다. '용기'가 넘치면 만용, 용기가 너무 없으면 비겁하다. '긍지'가 너무 많으면 교만이고, 긍지가 없으면 비굴해진다. 중용은 이 중간의 덕을 지키는 것이다. 아리스토텔레스에게 행복한 삶은 인간의 탁월성을 통해 중용을 지키며 사는 것이다.

아리스토텔레스는 인간의 탁월성이라 할 수 있는 이성을 통해 관조하는 삶이 진정한 의미의 행복한 삶이라 보았으며, 아리스토텔레스 이후 행복한 삶을 성찰한 사람들 역시 행복한 삶을 이성적인 능력과 관련지어 생각하는 경향이 우세하게 되었다. 또한 이성과 행복한 삶의 거리가 가까워짐에 따라 쾌락 또는 욕망을 충족하는 삶은 행복한 삶과 거리를 갖게 되었다. 이후, 이렇게 욕망을 절제하는 삶은 중세 시대에 최정점을 찍은 후, 르네상스 시대에 와서야 반격을 하기 시작한다.

그런데 아리스토텔레스에게 행복한 삶은 정치적인 삶과 밀접한 관련을 맺었으며, 행복한 삶의 고양을 위한 한 단계로 정치적인 삶이 있었다. 그러나 아리스토텔레스 이후로 시간이 지나면서 행복한 삶을 정치적인 삶에서 찾기보다는 외부의 변화에도 부동하는 내면의 자세에서 찾게 되었다. 실천적 행위로부터 오는 성취감보다는 내면의 평온한 상태가 행복한 삶의 하나로서 그려진 것이다. 즉, 행복의 원인을 밖이 아니라 자기 내면의 평안함에서 찾게 되었다.

헬레니즘 및 로마 시기의 행복론: 내면적 행복을 추구하는 금욕적인 삶

서양의 백가쟁명百家爭鳴 시기라고 할 수 있는 헬레니즘 시기에 이르러서 그리스 철학에는 여러 학파가 등장했다. 철학적 성찰의 목소리를 내는 여러 학파가 생겼다는 것은 당대 그리스가 마주한 현실이 혼돈스러웠다는 것을 보여주기도 한다. 여러 학파들은 플라톤과 아리스토텔레스의 철학을 계승 또는 변용하였으나 인간에 대한 이해가 사뭇 달랐다. 하지만 이 시기의 철학에서 특히 강조된 것은 '행복한 삶의 방식'의 중요성이었다. 특히 행복을 획득한 마음의 상태에 대한 기술이 강조되었다.

대표적으로 스토아학파는 인간의 덕, 선, 행복, 자연을 따르는 삶은 이성과 동일하다고 보았다. 이성을 따르는 삶을 모범적인 삶이자, 행복한 삶으로 보았으며 이성을 거스르고 감정과 충동대로 살아가는 행위는 삶을 해치는 일로 여겼다. 올바름을 파악하면 정념(충동, 감정)에 방해받지 않고 행동해야 한다. 바로 이것이 스토아 철학에서 금욕과 평정(아파테이아, apatheia)을 강조하는 이유이다.

스토아 철학에서는 혼동의 시기를 살아가는 개인은 금욕적인 삶을 따라야 한다고 보았으며, 특히 개인의 의무와 내면성을 강조하였다. 아리스토텔레스가 '좋은 삶'의 위계를 세워 쾌락, 부, 건강 등을 행복의 한 요소로 다루었던 반면에, 헬레니즘 시기 스토아학파는 이러한 행복의 외적 조건을 배제하고 내적 평정심을 행복의 핵심적 요소로 보았다. 헬레니즘 시기에 스토아학파와 쌍벽을 이루며 쾌락주의라고 비난 받았던 에피쿠로스학파 역시 외부 욕망에 현혹되지 않는 마음의 평정 상태를 중요하게 여겼다. 이렇게 해서 외부의 조건에 마음이 동요되지 않고, 평정을 유지하는 내면의 중요성이 강조되기 시작하였다.

로마 시대로 넘어와서 스토아 철학을 이은 세네카Seneca(B.C. 4~ B.C. 65)도 관조적 삶과 마찬가지로 흔들리지 않는 기쁨, 흔들리지 않는 삶을 가능하게 하는 이성을 강조한다. 세네카 역시 개인의 감각적 욕망을 억제하는 금욕주의적 삶을 지지하며, 이를 통해 행복한 삶을 꿈꾼 것이다.

> 삶 속에서 일어나는 온갖 소란스러움에 영혼이 놀라지 않고 조심스럽게 주의를 기울일 때 행복을 소유할 수 있다. 내가 비록 더 첨언하지 않더라도 너희는 여기에서 영원한 평온과 자유가 발생한다는 것을 이해할 수 있을 것이다. 이렇게 할 때 우리는 두려워하거나 분노할 만한 것으로부터 해방된다. 쾌락 대신에, 치욕과 추문의 원천인 천박하고 깨지기 쉬운 향유 대신에, 흔들리지 않는 단호하고 거대한 기쁨이 우리를 찾아온다.
>
> – 세네카, 『행복한 삶』[1]

자본주의 사회를 살아가는 현대인들은 개인의 욕망을 충족시키는 것을 행복한 삶으로 생각한다. 그래서 유한한 자원을 두고 서로 조금이나마 더 많이 소유하기 위해 한평생 끊임없이 경쟁한다. 이러한 경쟁적인 관계에서 내면 안팎은 소란하고 시끄러울 수밖에 없다. 환경에 의해 속 시끄러운 삶은 결코 행복한 삶이 될 수 없는 것이다. 삶 속에서 일어나는 온갖 소란스러움에 영혼이 놀라지 않고 조심스럽게 주의를 기울일 때 행복을 소유할 수 있다. 그래서 위 세네카의 말과 그가 지지했던 스토아 철학자들은 현대인들이 생각하는 행복한 삶과 반대의 발상을 한다. 이들이 세운 행복에 대한 공식[2]을 살펴보면 다음과 같다.

$$행복 = \frac{성취}{욕망}$$

로마 시대에 와서도 외부 환경에 좌우되지 않고, 내면적 평온을 유지하는 삶이 행복한 삶으로 제시되었다. 이들은 분모에 해당하는 욕망을 줄이고 다스리는 삶을 행복한 삶으로 가는 공식이라고 보았다. 행복은 외부적 대상이나 성취의 정도에 의해 결정되기보다는 우리의 마음상태에 따라 큰 영향을 받는 것이다. 이는 분자에 해당하는 성취를 통해 행복의 값을 높이려 하는 현대인들과는 사뭇 다른 양상이다. 지금까지 이야기 나누었듯 헬레니즘 시기와 로마 시기에는 분모의 값에 해당하는 내면의 욕망을 다스림으로써 행복의 양을 늘려 나갔다. 즉, 이들에게는 욕망의 크기를 줄이거나 다스리는 것이 행복의 관건이었던 것이다.

중세 시대의 행복론: 신 안에서 찾는 행복

중세 시대로 들어서면서 인간에 대한 시선이 신에게로 향하게 되었다. 행복을 가능하게 하는 원동력이 인간의 머리에서 마음으로 그리고 인간 밖의 신으로까지 전환되고 있는 것이다. 중세 시대에는 참된 진리와 선한 것은 모두 신에 있어서, 신에 의해서, 신을 통해서 가능하다고 생각하였다.[3] 원죄原罪를 가진 인간이 스스로 참된 진리와 선한 것에 바로 도달할 수는 없었다. 진리와 선의 문제뿐만 아니라 행복을 찾는 여정 또한 방향을 틀어, 인간이 아닌 신으로 향해야 했다.

> 세상에 놓인 한 인간에게 가장 고전적인 의미의 행복은 인간의 가치 질서와, 이 질서를 초월하며 포괄하는 보편성 사이에 일치가 확립될 때 찾아오는 즐거움을 의미한다.
>
> – 폴랭, 『아름다운 예술 중 하나로 간주된 행복』[4]

> 행복 자체인 신, 행복한 모든 것이 신 안에서 신으로 말미암아 신을 통하여 행복하나이다. (…) 신은 하나이며 영원하고 참된 실체이며 신에게는 아무런 변화도 혼동도 결함도 죽음도 없다. 신에게는 아무것도 부족함이 없다.
>
> – 아우구스티누스, 『독백록』[5]

아우구스티누스Aurelis Augustinus(354~430)는 에보디우스와의 대화에서 행복한 사람은 마땅히 선한 사람이기는 한데, 이들은 행복하게 살기를 바라기 때문에 행복한 것이 아니라 바르게 살려고 하기 때문에 행복한 것이라고 말한다. 참된 행복은 스스로가 원하는 것을 통해서가 아니라, 선한 것을 원하는 데 있다고 말한다. 여기서 행복한 삶을 위해 발버둥치는 사람은 오히려 행복한 삶과 멀어지는 역설을 발견할 수 있다. 그렇다면 아우구스티누스가 말하는 선한 것이란 구체적으로 무엇일까? 도덕적이고 윤리적 행위의 선함을 의미하기도 하겠지만, 신의 말씀을 믿고 따르는 삶이라고 할 수 있겠다. 아우구스티누스는 자기 자신이나 세상을 사랑하는 것은 옳지 못한 사랑이며, 최고선인 신을 사랑하는 것이 진정한 사랑이자 행복이라고 말한다.[6] 즉, 신과 인격적인 관계를 맺으며 신과 함께하는 삶이 축복받은 행복한 삶인 것이다.

이처럼 중세에 들어서 행복이란 인간의 이성을 통한 조율, 사회의 법을 따르는 삶이 아니라 신에게 구원을 얻는 일로 성격이 변화하게 된다. 인간은 존재 자체를 신에게 위탁한 존재로서 신에 의해 구획된 세계의 질서를 따라 살기에 신 안의 삶을 가장 행복하게 여겼다. 그리고 신과 함께 있음을 깨닫는 것이 행복한 황홀경의 순간이다. 완전한 행복감은 천국에 대한 은유로 나타났다. 그래서 인간은 현세가 아무리 불행하더라도 천상에서의 행복을 꿈꾸며 고달픈 현실을 감내하였다. 이를 이야기하는 것이 〈마태복음〉이라고 할 수 있다.

> 영혼이 가난한 자는 복이 있나니 / 천국이 저희 것이기 때문이오. 온유한 자는 복이 있나니 / 저희가 땅을 소유하기 때문이오. 애통하는 자는 복이 있나니 / 저희가 위로를 받을 것이기 때문이오. 의에 굶주리고 목마른 자는 복이 있나니 / 저희가 배부를 것이기 때문이오. 긍휼히 여기는 자는 복이 있나니 / 저희가 긍휼히 여김을 받을 것이기 때문이오. 마음이 정결한 자는 복이 있나니 / 저희가 하나님을 볼 것이기 때문이오. 화평하게 하는 자는 복이 있나니 / 저희가 하나님의 아들이라 일컬음을 받을 것이기 때문이오. 기뻐하고 즐거워하라 / 하늘에서 너희에게 내리는 보상이 크다.
>
> – 〈마태복음〉 5장 1~12절

산상 수훈에서 예수가 말한 행복은 이후 행복에 대한 기독교의 공식적인 입장이 되었다. 행복은 어디에 있는가라는 질문에 중세 시대 철학자들은 행복은 신과 함께 하는 삶, 천국에 있다고 답하였다. 〈마태복음〉에서 알 수 있듯 현재의 괴로움이 천국에서 보상받으리라는 믿음이 현세에 불행한 인간에게 위안이 되었다.

(행복은) 인간 삶의 궁극적인 목표다.
세속적인 즐거움이 행복은 아니다.
신의 현시顯示 속에서만 존재한다.
행복에는 조건이 있다.
행복은 오직 천국에서만 가능하다.

– 아퀴나스, 『행복에 대한 소고』[7]

아우구스티누스에 이어 아퀴나스도 행복이란 신에게 가까이 가는 것이라고 정의하며, 행복은 천국에 존재한다고 보았다. 인간 삶의 궁극적인 목표라고 할 수 있는 행복은 오직 천국에서만 가능하다. 이는 인간이 살아 있는 동안에는 불완전한 행복만이 가능하다는 명제에 도달하게 된다. 앞서 살펴본 그리스 시대 크로이소스 왕과 솔론의 일화에서는 누군가가 살아 있을 때는 행복하다고 말할 수 없고, 인생을 마쳤을 때만 말할 수 있다고 하였다. 그러나 중세 시대에서 인간은 죽은 뒤, 천국을 가서야 완전한 행복을 누릴 수 있다고 보았다.

르네상스 시대의 행복론:
웃기 시작한 인간

신 안에서 그리고 천국에서 행복을 찾던 사람들은 르네상스 시대로 넘어오면서 인간 그 자신에게서 행복을 찾기 시작하였다. 이제 신의 자리를 대신 차지하려는 인간의 움직임이 태동하기 시작한 것이다. 그리고 웃음이 인간 고유의 것이 된 것처럼 행복도 인간에게서 찾을 수 있다는 생각이 만연해졌다.

> 신은 웃지 않는다. 모세의 율법에 따르면, 인간의 눈에 보이지 않는 신은 오로지 자신의 등만을 인간에게 드러낸다. 예수 역시 웃지 않는다. 예수의 미소는 조심스레 드러날 뿐이다. 이에 비해서 르네상스 시대의 인간은 갑자기 행복의 웃음을 터트리기 시작한다. 르네상스 시대에 인간은 드디어 신의 자리를 차지한 것이다. 자신이 마치 신인 양 처신하는 인간은 행복을 즐긴다. 아리스토텔레스 이후에 라블레 또한 지적했듯이, '웃음은 인간 고유의 것'이 되었다.
>
> – 미셸 포쉐, 『행복의 역사』

움베르토 에코Umberto Eco(1932~2016)의 『장미의 이름*The Name Of The Rose*』에서 웃는 인간은 죽음을 맞이한다. 인간에게 웃음은 금기였기 때문에 수도사는 아리스토텔레스의 『시학』 제2권 페이지 한 장 한 장에 독을 묻혀 두었다. 몰래 웃음을 찾으려는 『시학』 제2권을 넘긴 수도사들은 죽음에 이르렀다. 잘 알다시피 아리스토텔레스가 썼다고 하나 세상에 전해지지 않는 『시학』 제2권은 인간의 웃음과 관련된 희극에 대해 서술하고 있다고 한다. 『장미의 이름』에서 눈먼 수도사는 웃음을 싫어한다. 웃음은 인간에게 두려움을 없애고, 두려움이 없을 때는 신도 존재할 수 없기 때문이다. 『장미의 이름』에서 단적으로 드러나듯 중세 시대에 웃음은 인간의 것이 되기에는 위험하였다.

그런데 르네상스에 오면서 인간은 신의 자리에 오름과 동시에 빼앗겼던 웃음도 돌려받게 되었다. 그리고 인간 스스로 웃으며 행복을 즐길 수 있게 되었다. 이렇게 웃음을 되찾은 르네상스 시대를 살아가던 사람들이 행복한 사람의 전형으로 꼽았던 인물은 누구일까? 아래에 묘사된 인물은 르네상스 시대에 행복을 실현한 사람이다. 어떤 인물일지 상상하며 읽어 보도록 하자.

> 그 자체가 최고의 탈선을 분출시키는 어떤 정신을 상징하기 때문에, 계산이 배제되고 행실에 대한 어떠한 제약이나 분별없이 그는 그저 즐기는 일만을 생각했다. 그는 조금도 숙고하지 않았으며, 미래를 걱정하거나 참아내지도 않았다. 오히려 튀어 오르는 용수철처럼 조금도 지체하지 않고 번개처럼 즉흥적인 자극에다가 자신의 변덕과 거만함, 혹은 분노를 양보한다. 이를 통해서 그는 현존하는 기쁨을 수확한다.
>
> – 모니에, 『18세기의 베네치아』[8]

현재를 살아가면서 미래를 걱정하거나, 미래를 위해 현재의 시간을 소비하지 않는다. 그는 어떤 제약이나 분별없이 현재의 '나'가 원하는 감각적인 것을 즐기는 사람이다. 그의 이러한 모습은 탄력을 받아 통통 튀어 오르는 용수철에 비유되며 감정 역시 번개가 치는 것처럼 순식간에 변화한다. 누구인지 머릿속에 그려지는가? 아직 떠오르지 않는다면, 그의 일대기를 간략하게 소개해 보도록 하겠다.

그는 우선 "즐겁게 보낸 시간은 낭비가 아니다. 권태로운 시간만이 낭비일 뿐이다."라는 명언과 함께 "나는 느낀다. 고로 존재한다."라는 말로 자신의 정체성을 규정하였다. 이런 정체성을 가진 그는 연령, 장소를 불문하고 수백 명의 여성과 사랑하였다고 한다. 그는 사회적 도덕에 구애받지 않고 자신의 개인적 쾌락을 좇아 살았다. 이제 누구인지 감이 오는가.

바로 '카사노바Casanova(1725~1798)'이다. 르네상스의 중심지였던 베네치아에서 자아의 쾌락을 추구했던 카사노바는 르네상스 시대 행복 담론의 전형을 보여준다고 할 수 있다. 르네상스 시대에는 중세 시대

때 억제되었던 웃음과 함께 버려졌던 육체의 반격이 시작되었다. 육체의 반격을 증거하는 중심인물이 바로 카사노바이다.

> 르네상스 시대의 웃음은 오히려 도전이라는 힘찬 생명력으로서의 의미가 강하다. 웃음은 극히 짧은 순간에 환원된 행복의 표출이자 인간 존재를 세상에 확연히 드러나게 만드는 육체적 에너지의 분출을 의미한다. (···) 따라서 행복은 감정에 달려 있는 것이 아니라, 전적으로 육체적 쾌락에 의해 좌우되는 무엇이다. 행복은 더 이상 추상적인 몇몇 사회적 규범에서 비롯되거나 고안된 어떤 산물을 의미하지 않게 된다. 행복은 삶 자체에서 발생한 즉각적이고 물리적인 집착이자 삶의 체화이다.
>
> – 미셸 포쉐, 『행복의 역사』

행복의 장소가 신에게 박탈당했던 중세 시대를 거쳐, 르네상스 시대에는 다시 인간에게서 행복을 찾을 수 있게 되었다. 하지만 인간에게서 행복을 찾는 것은 동일하지만, 르네상스 시대 때 행복은 그리스 로마 시대 때의 것과 달랐다. 그리스 로마 시대 때 이성을 통한 인간 내면의 평정심과 평온함을 행복한 상태로 보았다면, 르네상스 시기의 행복은 육체적인 쾌락에 의해 좌우되는 것이었다.

근대의 행복론:
자유와 평등을 구가하는 인간

르네상스 시대를 지나면서 신을 추구하는 것이 아니라 '나' 즉, 자아를 추구하는 시기인 근대가 도래하였다. 천국이라는 이데올로기에 과감히 맞서 자신들의 전지전능을 주장하는 자가 행복을 누리는 시기가 온 것이다. '신'과 '천국'의 이념을 대체하여 근대의 '자유'와 '평등'이 자리매김하면서 인간이면 누구나 손쉽고 자유롭게 행복을 누릴 수 있게 되었다. 신에게서 벗어나 위태로워 보이는 인간은 중심을 견고하게 잡기 위해 '자유'와 '평등'이라는 이념의 닻을 내렸다. 이런 이념은 프랑스, 미국 독립 선언서에 잘 드러난다.

> 인간은 행복과 자유를 위해 태어났다. 하지만 지금의 인간은 얼마나 도처에서 노예상태로 있으며, 불행한 상태에 머물고 있는가! 사회는 인간의 권리를 보존하고 인간 존재를 완벽하게 만들 것을 목적으로 삼는다. 도처에서 사회는 얼마나 인간의 품위를 하락시키고, 인간을 억압하고 있는가! 마침내 인간에게 자신의 진정한 운명을 상기시킬 시간이 임박했다. 인간 이성의 진보는 이 위대한 혁명을 준비하였으며, 이 혁명을 가속시킬 의무를 부여 받은 자 또한 여러분 자신이다. 왕족과 귀족들은 자신들의 직무를 훌륭히 수행했다. 이제 여러분이 여러분의 직무, 법에 의해 인간을 행복하고 자유롭게 만들 직무를 수행할 때가 임박한 것이다.
>
> – 1793년 5월 10일, 프랑스 혁명 당시
> 로베스피에르(1758~1794)가 국민의회에서 한 말

> 제1항: 사회의 목적은 공동의 행복을 구현하는 데 있다. 정부는 인간에게 자연적이고 불가침 권리를 누릴 것을 보장하기 위해서 설립되었다.
>
> – 프랑스 인권선언문(1793)

> 사람은 평등하게 태어났고, 창조는 몇 가지 양도할 수 없는 권리를 부여했다. 그 원리 중에는 생명과 자유와 행복의 추구가 있다. 이 권리를 확보하기 위하여 인류는 정부를 조직했으며, 이 정부의 정당한 권력은

인민의 동의로부터 유래한다. 어떤 형태의 정부이든 이 목적을 파괴할 때에는 언제든지 정부를 개혁하거나 폐지하여 인민의 안전과 행복을 가장 효과적으로 가져올 수 있는 원칙에 기초를 두고 그러한 형태로 기구를 갖춘 새로운 정부를 조직하는 것이 인민의 권리이다.

– 미국 독립선언문(1776)

프랑스 혁명 당시 로베스피에르의 선언과 미국의 독립선언문에서 나타났듯이 모든 인간은 평등하게 태어났다는 이념이 자리 잡고 있다. 평등한 인간은 생명, 자유, 행복 추구와 같이 남에게 양도할 수 없는 특정한 권리를 신에게서 부여받았다. 중세 시대 신에게서 찾았던 행복이 자유와 평등의 이념을 가진 인간의 고유한 권리로서 부여받게 되었다. 그리고 인간의 행복한 삶을 구현하기 위해 국가는 조직되고 존재하는 것이다. 프랑스 인권선언문에서도 사회의 목적은 공동의 행복에 이바지하는 것이라고 명시되어 있다. 또한 인간이 행복을 추구하는 것은 '불가침'의 권리로 선언되었다. 행복의 추구는 인간을 인간답게 하는 것이며, 이러한 행복 추구를 누구도 침범해서는 안 된다는 것이다.

이성을 갖고 진보의 시대를 맞이한 인간은 '자유'와 '평등'이라는 무기를 통해 행복한 삶을 목표로 살아간다. 그런데 여기서 던지는 한 가지 질문. 신을 떠났다고, 신에게서 벗어났다고 해서 인간은 행복해졌나? 여러 가지 선언문을 통해 인권이 강조되고 있으나, 과연 행복한 삶의 성취가 이루어졌는가? 아니다. 근대 산업사회의 도래와 함께 인간은 현실에서 행복한 삶을 살 수 있을 것 같았다. 하지만 꿈꾸던 행복한 삶은 잠시뿐이었다. 아래에서 신화학자 조셉 캠벨이 성찰한 내용을 살펴보도록 하자.

사냥꾼에게 세계는 그 자체로 신성한 장소였다. 그러나 시간이 지나갈수록 우리의 삶은 물질만능주의와 수익성에 의해 완전히 침범 당했다. 우리는 일시적인 일들 속에서 차츰 쓸모없는 존재가 되어갔으며, 우리 자신이 누구인지도, 우리 자신이 어떤 존재가 되기를 바라는지도 모르고 있다. 당신은 당신에게 요구된 일들을 수행하는 데 대부분의 시간을 보낸다.

– 조셉 캠벨, 『신화의 힘』

신의 자리를 자본이 차지한 근대 자본주의 사회에서 인간답게 살기 위해 어떻게 해야 하는지 답을 찾는 사람들이 늘어갔다. 이러한 상황에서 신화학자 조셉 캠벨은 신화의 힘을 이야기한다. 신화는 과학 시대에 상실한 사람의 본성과 원형을 다시 생각하게 한다. 신화 속 상상력은 합리주의와 실증주의로 무장한 시대에 의해 폄하되었으나 이 상상력은 근대를 사유하고 비판하는 힘이 된다. 조셉 캠벨은 도구적 이성에 대항할 힘으로 상상력을 강조한다.

자본주의 사회에 대한 비판과 함께 다른 형태의 행복한 삶에 대해 꿈꾼 이들에는 공산주의자들도 포함된다. 아래에서 마르크스Karl Heinrich Marx(1818~1883)가 상상한 세계의 모습을 살펴보도록 하자.

각자가 그가 원하는 어떤 분야에서나 스스로를 도야시킬 수 있는 공산주의 사회에서는 사회가 전반적인 생산을 조절하기 때문에 사냥꾼, 어부, 양치기 혹은 비판가가 되지 않고서도 내가 마음먹은 대로 오늘은 이것을, 내일은 저것을, 곧 아침에는 사냥을, 오후에는 낚시를, 저녁에는 목축을, 밤에는 비판을 할 수 있게 된다.

– 마르크스 · 엥겔스, 『독일이데올로기』

자본주의의 민낯을 본 마르크스는 자본주의의 낙관적인 행복론에 대해 비판하며, 사회제도 변혁을 통해 행복한 공동체를 추구하였다.

자본주의 산업화 시대에 기계와 다름없이 단순 반복 작업을 했던 노동자들이 마음먹은 대로 노동을 할 수 있는 사회를 만들려고 하였다.

실존주의의 행복론: 선택하고 책임지는 인간

맹목적으로 추종하던 이성에게 배신당한 인간은 제1, 2차 세계대전이라는 전쟁의 소용돌이에 내던져졌다. 이후, 소용돌이의 여파가 잠잠해질 무렵부터 근대의 이성에 대한 비판 의식이 싹트기 시작하였다. 실존주의의 철학적 조류는 세계대전 이후 본격적으로 대두되었는데, 그 자신을 위해서 하지 않으면 안 되는 의지의 행위를 주로 문제 삼는다.[9] 역사적으로 실존주의 철학의 시조는 키에르케고르Søren Aabye Kierkegaard(1813~ 1885)이다.

> 중요한 것은 나에게 진리인 진리를 찾는 것, 내 생사를 좌우할 수 있는 생각을 발견하는 것이다.
>
> – 키에르케고르

키에르케고르는 당대 사회에서 진리라고 여겨지는 것들에 반대하였다. 예를 들면, 학문적으로는 헤겔의 영향권에서 벗어나려 했으며 사회·문화적으로는 기독교적 가르침을 거부하였다. 키에르케고르의 이러한 반항을 '나(자신)에게 진리인 진리'를 찾는 노력으로 읽기도 한다. 그렇다면 키에르케고르가 '나에게 진리인 진리'를 적극적으로 추구한 것은 어떤 의미일까? 키에르케고르는 모든 사람들에게 적용될 수 있는 보편적인 진리가 훌륭하기는 하나, 개별자들이 겪는 각각의 문제를 해결해 줄 수는 없다고 보았다. 그래서 보편적인 진리를 지지하는 대신 개별자들에게 진리인 진리를 주장한 것이다. 그리고 개별자들이 마주한 문제를 해결할 수 있는 것은 자신의 선택이며, 선택을 할 때는 자기 자신과 문제를 잘 알아야 한다.

이성을 통한 합리적이고 보편적인 진리에 대한 자신감, 그리고 하나의 목소리를 내는 전체주의적 사회 분위기가 무르익어 가는 가운데 키에르케고르는 개별자 자신을 위해 하지 않으면 안 되는 무언가를 지키며 살아간 것이다. 이러한 키에르케고르에게 인생의 목표는 행복이 아니라 자기 자신, 그리고 자신에게 놓인 문제를 잘 이해하고 앞으로의 길을 선택하는 것, 즉 자신의 선택에 따라 주체성을 갖고 살아가는 것이다.

키에르케고르는 행복 깊숙한 심연 속에 절망이 있다고 보았다. 그래서 키에르케고르는 절망 속에 갇혀 있는 사람들이 주체성의 결여로 절망적인 상황과 자신의 모습을 자각하지 못한 채, 자신은 행복한 삶을 살고 있다고 말하는 것을 보고 자신의 병도 모르는 사람들이라고 비판하였다.

20세기 실존주의자 사르트르Jean Paul Sartre(1905~1980)에 와서는 실존주의의 여러 원리를 이론적으로 체계화하려고 하였다. 키에르케고르와 다르게 제1, 2차 세계대전을 겪은 사르트르는 인간이 왜 잔혹해졌는지, 아니 인간이 본래 잔혹한 존재인지에 대해 물음을 던진다. 그리고 잔혹하지 않은 인간의 모습으로 되돌아갈 방법에 대해 고민한다.

> 도구와 같은 존재에 있어서는 본질이 존재에 앞서지만, 개별적 단독자의 실존에 있어서는 존재가 본질에 앞선다. 인간은 우선 실존하고 그 후에 스스로 자유로운 선택과 결단의 행동을 통하여 자기 자신을 만들어 나간다.
>
> – 사르트르, 『실존주의는 휴머니즘이다』

인간을 두고 B와 D 사이에서 C를 하는 존재라고 말한다. 태어나고Birth 죽을 수밖에Death 없는 인간은 세상에 있은 다음에 주체적인 선택Choice을 통해 자신을 형성해가는 존재라는 것이다. 이것이 존재가 본질에 앞선다는 것이다. 개별적 단독자 즉, 인간과 달리 사물은 본질이 실존에 앞선다. 예를 들어 컵이라는 사물은 물을 담는 용도(본질)로 만들어진다(실존). 사람의 의도에 의해 만들어지는 사물은 본질(사물의 용도, 목적)이 실존에 앞선 것이다. 하지만 인간은 어떤 목적을 위해 태어나지 않고, 단지 세상에 던져져서 실존할 뿐이다. 어떤 목적이 주어진 채 태어나는 게 아니라 태어난 뒤 인간의 선택에 따라 삶의 목적은 달라지며, 자유로운 선택의 결과, 뒤따르는 것들까지 책임지는 삶을 산다.

비판이론 학파로 불리는 프랑크푸르트학파의 대표적인 학자로 호르크하이머Max Horkheimer(1895~1973)와 아도르노Theodor Wiesengrund Adorno(1903~1969)를 꼽을 수 있다. 이들은 나치의 핍박을 피해 망명을 다니다가 전쟁 이후 독일로 와서 『계몽의 변증법』을 썼다. 이들은 파시즘과 세계대전을 겪으면서 합리적 계몽주의가 현재보다 더 나은 세계를 창조할 것이라는 진보적인 믿음에 의문을 갖게 되었다. 자연을 지배하기 위해 놓았던 이성(도구적 이성)이라는 올무에 인간 스스로가 걸려들고 말았다. 합리주의와 계몽주의를 통한 과학 기술의 발전은 일상을 편리하게 했지만 단일한 척도 속에 인간 역시 상품이 되고 만 것이다. 프랑크푸르트학파 철학자들은 계몽의 빛에 가려진 어두운 면을 드러내면서, 계몽에 대한 신화를 깨뜨렸다. 이렇게 계몽의 어두운 그림자를 발견한 사람들은 문명의 진보와 발전이 행복을 보장하지 않는다는 것을 알게 되었다. 하지만 이들은 철학적 사유를 통해 개인의 행복을 가능하게 하는 방법을 찾는다.

아우슈비츠 이후에 서정시를 쓰는 것은 야만이다.

– 아도르노

〈서정시를 쓰기 힘든 시대〉

나도 안다, 행복한 자만이 / 사랑받고 있음을, 그의 음성은
듣기 좋고, 그의 얼굴은 잘생겼다.

마당의 구부러진 나무가 / 토질 나쁜 땅을 가리키고 있다. 그러나
지나가던 사람들은 으레 그 나무를 / 못생겼다 욕한다.

해협의 산뜻한 보트와 즐거운 돛단배들이 / 내게는 보이지 않는다. 내게
는 무엇보다도 / 어부들의 찢어진 어망이 눈에 띌 뿐이다. / 왜 나는
자꾸 / 40대 소작인의 처가 허리를 꼬부리고 걸어가는 것만 이야기하는
것일까 / 처녀들의 젖가슴은 / 예나 이제나 따뜻한데.

나의 시에 운을 맞춘다면 그것은 / 내게 거의 오만처럼 생각된다.

꽃피는 사과나무에 대한 감동과 / 엉터리 화가에 대한 경악이
나의 가슴속에서 다투고 있다. / 그러나 바로 두 번째 것이 / 나로 하여금
시를 쓰게 한다.

– 브레히트

아도르노는 아우슈비츠 이후에 서정시를 쓰는 것은 야만이라 선언하였는데, 이는 브레히트Bertolt Brecht (1898~1956)의 〈서정시를 쓰기 힘든 시대〉에서 비롯되었다. 브레히트는 살아남은 자의 슬픔을 이야기하며 아름다운 것 이면의 상처와 아픔이 시를 쓰게 한다고 말한다. 전쟁이 끝난 이후, 브레히트는 풍경과 사물의 아름다움을 노래하는 서정시는 그 이면을 보지 못한 자의 목소리라고 생각했다. 대신 브레히트는 고통

의 소리, 폭력의 상황 등 전쟁의 상흔을 고스란히 글자로 새겨 넣는 길을 택했다.

자본주의 시대의 행복론: 자신을 성찰하는 인간

제1, 2차 세계대전은 선과 악의 전쟁이 아니라, 식민지를 둘러싼 제국주의 국가들의 전쟁이었다. 이는 다시 말해 자본을 둘러싼 자본주의 시대의 전쟁이라고 할 수 있다. 이러한 시대를 살아가던 에리히 프롬Erich Fromm(1900~1980)은 자본주의를 살아가는 인간은 어떤 인간이며, '왜 자본주의 사회의 사람들은 행복하지 못한가?'라고 질문을 던졌다. 그리고 자본주의 사회에서 어떻게 살아야 하는지, 어떤 삶이 행복한 삶인지에 대해 고민하였다.

에리히 프롬은 인간의 성격 구조가 그가 속한 사회경제적 구조와 밀접한 관계가 있다고 생각하였다. 그리고 자본주의 시대에 살아가는 사람들의 성격 구조를 시장적 성격이라고 명명하였다. 시장적 성격이란 자신을 상품으로 경험하고 자기마저 사용가치use value가 아니라 교환가치exchange value로 경험하는 것이다. 이러한 시장적 성격을 지닌 시장적 인간은 시장에서 잘 팔리는 상품이 되기 위해 퍼스낼리티를 상품화하는 노력을 한다. 시장에 완전히 순응한 인간은 나의 인생에서 나의 행복에 전념하는 게 아니라 팔리기 위한 상품이 되어야 하며, 상품으로서 목숨을 건 경쟁과 도약을 하게 된다.

시장적 인간은 최대 능률을 올리기 위해 움직이고 일하는 것 이외에는 목적이 없다. 왜 일을 해야 하는지 질문도 없을 뿐더러, 사랑 · 미움 같은 불필요한 감정도 개입할 여지가 없다. 감정적인 개입이 없다 보니 타인, 사물은 물론 자신에 대한 애착이 결여된다. 이런 정서의 결핍이 연대를 어렵게 하고 있다. 정서 또는 감정 대신 시장적 인간은 실제 목적을 성취하기 위한 도구로서 조작적 지성을 강조한다. 그런데 조작적 지성은 이성으로 제어되지 않기에 조작적 지성이 뛰어날수록 세계는 위험해진다.

에리히 프롬은 인간이 소유와 존재라는 두 가지 삶의 양식이 있음을 인식하고, 소유 지향의 시장적 인간으로 사는 삶이 얼마나 고통스러운 삶인지 깨달아야 한다고 주장한다. 그리고 존재로서의 삶의 양식을 취해 무엇을 소유하거나 소유하려고 탐하지 않고 기쁨에 차서 자신의 능력을 생산적으로 사용하고 세계와 하나가 되는 행복한 삶을 추구해야 한다고 말한다.

자본주의의 전개가 경제 영역에서 시장을 확장시켰다면, 과학 영역에서는 새로운 첨단 기술을 발전시켰다. 즉, 자본과 기술의 만남은 사람들의 생활세계를 획기적으로 개선해 주었다. 그리고 발전된 기술 문명 덕택에 인간의 삶은 점점 편리하게 되었다. 하지만 첨단 기술의 편리함이 풍요롭고 행복한 삶을 보장하는 것은 아니다.

> 세계는 이제 안정된 세계야. 인간들은 행복해. 그들은 원하는 것을 얻고 있단 말일세. 얻을 수 없는 것은 원하지도 않아. 그들은 잘 살고 있어. 생활이 안정되고 질병도 없어. 죽음을 두려워하지 않고 행복하게도 격정이니 노령이라는 것을 모르고 살지. 모친이나 부친 때문에 괴로워하지도 않아. 아내라든가 자식이라든가 연인과 같은 격렬한 감정의 대상도 없어.

그들은 조건반사 교육을 받아서 사실상 마땅히 행동해야만 되는 것을 하지 않을 수 없어. 뭔가가 잘못되면 소마(모든 슬픔과 고통이 사라지고 기쁨의 감정만 남게 만드는 알약)가 있지. 자네가 자유라는 이름으로 창밖으로 집어던진 것 말일세. (…) 작업은 경쾌하고 어린애도 할 수 있을 정도로 간단하거든. 정신과 근육에 하등의 긴장을 가져오지 않는 작업이야. 하루 일곱 시간 반의 쉽고 피로하지 않은 작업을 끝내면 소마가 배급되고 게임이 있고 무제한의 성희와 촉감 영화를 즐길 수 있단 말일세. 그들에게 더 이상 바랄 것이 뭐가 있겠나?

– 올더스 헉슬리, 『멋진 신세계』

때문에 많은 이야기꾼들은 첨단 기술이 가져다줄 행복의 최상을 상상하기보다는 첨단 기술이 가져올 행복의 끝을 이야기하였다. 유토피아가 아닌 디스토피아를 그린 SF소설에서 묘사된 것을 보면, 첨단으로 발전한 사회에서 사는 현대인의 삶은 그리 행복하지 않아 보인다. 멋진 신세계가 실현된 것 같은데, 인간은 오히려 자본과 첨단 기술이 지배하는 시대에 살면서 불행한 신인류가 되었다. 이런 아이러니한 상황에 처한 불행한 신인류의 모습은 닐 포스트먼이 『죽도록 즐기기』에서 조지 오웰과 헉슬리를 비교하며 잘 보여준다. 닐 포스트먼은 첨단 기술 사회를 사는 사람들이 조지 오웰처럼 고통스러운 것으로 통제당하는 것이 아니라 즐길 것을 바탕으로 하여 통제당한다고 보았다.

오웰은 우리가 외부의 압제에 지배당할 것을 경고했다. 하지만 헉슬리의 미래상에선, 인간에게서 자율성과 분별력, 그리고 역사를 박탈하기 위한 빅브라더는 필요 없다. 사람들은 스스로 압제를 환영하고, 자신들의 사고력을 무력화하는 테크놀로지를 떠받들 것이라고 내다봤다. 오웰은 누군가 서적을 금지시킬까 두려워했다. 헉슬리는 굳이 서적을 금지할 만한 이유가 없어질까 두려워했다. 오웰은 정보 통제 상황을 두려워했다. 헉슬리는 비현실적 상황에 진실이 압도당할 것을 두려워했다. (…) , 『1984』에서는 사람들에게 고통을 가해 통제한다. 『멋진 신세계』에서는 즐길 거리를 쏟아 부어 사람들을 통제한다.

– 닐 포스트먼, 『죽도록 즐기기』

닐 포스트먼은 첨단 기술이 가져다준 즐거움이 진정한 행복을 가능하게 하기보다는 모순된 것들을 제대로 직시하지 못하고 합리적인 것이라 믿게 한다고 보았다. 첨단 기술이 제공하는 것들을 무비판적이고, 성찰 없이 받아들인다면 재미는 있겠지만 주객이 전도되어, 첨단 기술에 정복당하는 꼴이 될 수 있다. 결국은 책 제목처럼 '죽도록 즐기기'가 되는 것이다. 지금 우리가 보고 듣는 것들에 취해 무비판적으로 사는 것이 아니라, 비판적 사고를 통해 자신의 삶을 성찰할 때만 자본주의의 꼭두각시 인형에서 벗어나 진정한 의미의 행복한 삶을 성취할 수 있는 것이다.

지금까지 우리는 수천 년의 세기를 거슬러 오면서 행복 담론의 역사를 살펴보았다. 현대인들은 과거에 미처 상상하지 못했던 또는 상상 속에서만 가능할 것 같았던 유토피아를 현실에서 실현해 가며 살고 있다. 문명의 진보 특히, 컴퓨터 기술의 발달이 가져다준 편리함과 즐거움을 통한 행복 역시 무시할 수는 없다. 하지만 우리는 여전히 수천 년 전의 사람들이 물었던 행복한 삶, 좋은 삶이 무엇인가에 대한 질문을 되풀이하여 던지고 있다. 이는 문명 발전과 인간의 행복이 반드시 정비례하지 않음을 보여준다. 그렇다면 현대인의 행복한 삶은 어떻게 가능할까? 다음 장에서는 동양에서 이어져 온 행복 담론을 살펴보면서, 또 다른 한 축에서는 행복한 삶을 어떻게 이야기하는지 들어 보도록 하겠다.

3 행복에 대한 인류의 모색: 동양의 행복론

행복에 대한 인류의 모색: 동양의 행복론

서양의 행복론을 이야기하면서 크로이소스 왕의 일화로 시작하였다. 동양의 행복론은 어떠한지 이론적으로 살펴보기에 앞서, 한국 신화 〈원천강본풀이〉에 나타난 행복의 의미를 찾으면서 이야기를 시작해 보겠다. 한국 신화 〈원천강본풀이〉에는 '오늘이'라는 이름을 가진 여자아이가 등장한다. 홀로 적막한 들에 남겨진 오늘이가 부모를 찾아 길을 떠나는 여정을 따라가며, 여정에서 하나 둘 만나는 사람들을 통해 발견할 수 있는 행복한 삶이란 무엇인지 생각해 보면서 발걸음을 옮겨 보도록 하자.

> 아득한 옛날, 적막한 들에 옥 같은 여자아이가 외로이 나타났다. 아이를 발견한 사람들이 물었다.
>
> "너는 어떠한 아이냐? 어디서 왔느냐?"
>
> "나는 강림들에서 솟아났습니다."
>
> "성은 무엇이고 이름은 무엇이냐?"

"나는 성도 이름도 모르고 아무것도 모릅니다."

"그럼 어떻게 지금까지 살아왔느냐?"

"강림들에서 솟아날 때부터 어떤 학이 날아와서 한 날개를 깔아 주고 한 날개를 덮어 주며 야광주를 물려 주어 오늘까지 무사히 살아왔습니다."

"나이는 얼마나 되었느냐?"

"나이도 모릅니다."

그러자 사람들이 말했다.

"너는 태어난 날을 모르니, 오늘을 태어난 날로 하여 이름을 오늘이라고 하자꾸나."

오늘이는 사람들이 지어 준 이름을 얻어 지내다가 박이왕의 어머니 백씨 부인에게로 갔다.

"너는 오늘이가 아니냐?"

"네, 오늘이입니다."

"너의 부모 나라를 아느냐?"

"모릅니다."

"너의 부모 나라는 원천강이다."

"원천강은 어찌하면 갈 수 있습니까?"

"원천강을 가려거든 흰모래마을 별층당에 높이 앉아 글 읽는 도령이 있을 테니 그 도령을 찾아가 물으면 알 수 있을 것이다."

오늘이는 그 길로 서천강 가의 흰모래마을 별층당을 찾아갔다. 오늘이는 문밖에서 종일토록 서 있다가 날이 저물자 성안에 들어가 말했다.

"나그네가 인사드립니다."

그러자 청의동자 한 명이 나오면서 누구냐고 물었다.

"나는 오늘이라는 사람입니다. 도령님은 누구십니까?"

"나는 장상이라는 사람입니다. 하늘의 분부로 여기 앉아서 언제든 글만 읽어야 하지요. 그런데 당신은 무슨 일로 이곳에 오셨습니까?"

오늘이가 원천강 가는 길을 묻자, 청의동자는 "가다 보면 연화못이 있는데 연못가에 연꽃나무가 있습니다. 그 연꽃나무한테 물으면 알 길이 있을 것입니다. 그런데 원천강에 가거든 왜 내가 밤낮 글만 읽어야 하고, 이 성 밖으로 나가지 못하는지 그 이유를 알아봐 주십시오."라고 말했다.

길을 가던 오늘이는 연꽃나무에 가서 원천강에 가는 길을 물었고, 연꽃나무는 "원천강 가는 길은 청수바닷가에 가면 큰 뱀이 누워서 구르고 있을 테니 그 뱀한테 물으면 알 수가 있을 겁니다."라고 말하며, "그러면 내 팔자나 알아다 주오. 나는 겨울에는 움이 뿌리에 들고 정월이면 몸속에 들었다가 이월이 되면 가지에 가고 삼월이 되면 꽃이 피는데, 맨 윗가지에만 꽃이 피고 다른 가지에는 피지 않으니 이 팔자가 어찌된 것인지 물어봐 주오."라고 부탁했다.

큰 뱀을 만난 오늘이는 어찌하면 원천강을 찾아갈 수 있는지 물었고, 뱀은 길을 가르쳐 주며 자신의 질문도 물어봐 달라고 했다. "다름이 아니라 다른 뱀들은 야광주를 하나만 물어도 용이 되어 승천을 하는데, 나는 야광주를 셋이나 물어도 용이 못 되고 있으니 어찌면 좋겠는지 물어다 주오." 오늘이가 응낙하자 뱀은 오늘이를 등에 태우고 물로 들어가 헤엄을 쳐서 청수바다를 건네주었다. 그리고 큰 뱀은 "가다 보면 매일이라는 사람을 만날 테니 그 사람에게 길을 물어보시오."라고 말했다.

오늘이가 글을 읽고 있는 처녀 매일이에게 다가가 인사를 나누고 원천강 가는 길을 인도해 달라고 청하자 매일이가 쾌히 승낙하면서 말했다. "원천강에 가거든 내가 여기서 항상 글만 읽고 있는 팔자가 어찌된 일인지 알아봐 주십시오." 그러면서 "가다 보면 시녀들이 우물가에서 울고 있을 겁니다. 그이들한테 물으면 소원을 이룰 거예요."라고 말했다.

오늘이는 시녀들을 만났고, 시녀들은 "우리는 본래 하늘옥황 시녀였습니다. 우연히 죄를 지어 이 물을 푸게 되었는데, 물을 다 퍼내기 전에는 하늘로 올라갈 수 없습니다. 그런데 아무리 물을 푸려고 해도 바가지에 큰 구멍이 뚫어져 있어 밖으로 조금도 퍼낼 수가 없습니다. 저희를 도와주세요."라고 말했다.

오늘이는 풀을 뭉쳐 만든 덩어리로 바가지 구멍을 메운 다음 송진을 녹여 발랐다. 그 바가지로 물을 푸자 금방 우물의 물이 말라붙었다. 시녀들은 고마워하며, "저희가 원천강 가는 길을 동행해 드리겠습니다." 했다.

오늘이는 시녀들이 안내해 준 대로 별당에 도착했으나 대문에는 문지기가 지키고 있었고, 문지기는 문을 열어 줄 수 없다고 했다. 기가 막힌 오늘이는 문 앞에 쓰러져 통곡하기 시작했다.

원천강 신인들은 너무 무정타
빈 들에 홀로이 울던 처녀
천산만하 넘을 적에 외로운 처녀
부모국의 문앞에 외로운 처녀
부모는 다 보았나, 내 할 일 다 하였나
강림 가면 무엇하리, 여기서 죽자꾸나
팔자 부탁 어찌하리, 모든 은혜 어찌하리
박정한 문지기야 무정한 신인들아
그리웁던 어머님아 그리웁던 아바님아

오늘이가 연이어 흐느껴 울자 돌 같은 문지기 심장에도 동정심이 우러났다. 문지기는 안으로 들어가 부모 궁에 그 사실을 아뢰었다. "벌써 다 들었노라. 들어오게 하여라." 부모를 만난 오늘이가 학의 깃속에서 살던 때부터 머나먼 길을 헤쳐 부모를 찾아온 사정을 이야기했다.

그러자 부모는 말했다. "기특하구나, 이 아이야. 우리 자식이 분명하다. 너를 낳은 날에 옥황상제가 우리를 불러서 원천강을 지키라고 하니 어느 영이라 거역할까. 할 수 없이 여기 있게 되었으나, 항상 네가 하는 일을 보고 있었으며 너를 보호하고 있었노라."

오늘이가 길에서 만난 존재들의 질문을 차례로 물으니 부모는 다음과 같이 말했다. "장상이와 매일은 서로 만나 부부가 되면 만년 영화를 누릴 것이다. 연꽃나무는 윗가지 꽃을 따서 처음 보는 사람한테 전해 주면 다른 가지에도 꽃이 만발할 것이다. 큰 뱀은 야광주를 하나만 물어야 하는데 세 개를 물어서 용이 못 된 것이니, 처음 보는 사람에게 두 개를 주면 용이 될 것이다. 너는 그 야광주와 연꽃을 가지면 신녀가 될 것이다."

오늘이는 길가의 존재들에게 들은 대로 전해 주었고, 그들은 연꽃, 야광주를 오늘이에게 준 뒤, 소원을 성취하였다. 이후 오늘이는 백씨 부인을 만나서 큰 뱀에게 받은 야광주 하나를 선물하여 감사의 뜻을 표한 뒤 하늘옥황의 신녀가 되었다. 그리고 오늘이는 인간세상 곳곳을 다니면서 원천강을 등사하는 일을 맡게 되었다.[10]

한국 신화 〈원천강본풀이〉는 자신의 뿌리라고 할 수 있는 부모를 만나기 위해 길을 떠나고, 길에서 만난 다른 존재의 문제를 해결해 주는 과정에서 자기 자신의 문제 역시 해결하며 신으로 좌정하는 이야기이다. 이야기에서 오늘이가 길에서 만나는 존재들은 모든 것을 다 가진 것 같지만 이유도 모른 채 혼자 자신의 문제와 씨름하고 있다. 완벽해 보이지만 무언가 결핍을 갖고 있으며, 풀지 못한 문제를 갖고 있는 존재이다.

장상이와 매일이는 매일 책만 읽고 있는 이들이다. "공부가 제일 쉬웠어요."라는 말이 있다. 수험생에게는 쉽게 납득되지 않겠지만 이런 말이 회자되고 있는 이유는 세상살이가 배운 지식으로만 해결되는 게 아님을 뼈저리게 느끼는 이들이 많기 때문이다. 공부가 세상에 나아갈 준비를 하는 것이라면 장상이와 매일이는 불행한 존재들이다. 머리로 받아들였으나 가슴으로 느끼고, 나아가 실천으로 이어져야 할 지식의 행로가 막혀 있는 상태이기 때문이다.

장상이와 매일이가 불행에서 벗어날 수 있는 방법으로 오늘이의 부모인 신들이 가르쳐 준 것은 바로 서로 만나 혼인을 하는 것이다. 오로지 공부만 하던 이들이 혼인을 하여 부모로부터 독립하여 일가를 이루는 부부가 되어 자식을 기르는 것은 자기 존재만을 위한 삶에서 벗어나 관계를 맺어 가며 본격적인 사람살이에 동참하는 것을 말한다. 이렇게 존재론적 삶에서 관계론적 삶으로의 이행이 행복의 첫걸음임을 장상이와 매일이의 인연이 보여주고 있다.

이렇게 장상이와 매일이가 결핍된 존재였다가 합해지면서 행복할 수 있었다면, 연과 뱀은 너무 많이 가진 것이 화근이 되어 불행한 존재들이다. 연꽃나무는 하나의 꽃에 집중해 애오라지 그 연꽃을 크게 피우는 데 온 힘을 쓴다. 그렇게 노력한 결과 큼지막한 꽃을 피웠으나 연꽃나무가 가진 다른 가능성을 실현할 수는 없었으며 연꽃나무 전체의 조화로운 아름다움을 이루는 데는 실패할 수밖에 없었다.

비록 연꽃나무가 식물이기는 하지만 그 고민은 우리에게도 적용된다. 즉, 우리도 단 하나의 목표를 설정해 이룰 수는 있으나 그런 과정에서 놓치고 버린 것들로 인해 괴로워하며 목표 하나만 보고 달려온 인생에 대한 가슴 아픈 후회를 하기도 한다는 것이다. 연꽃나무와 우리의 행복은 바로 그 목표를 포기할 수 있는 과감한 결단력, 그리고 자신이 이룬 바를 계속 간직하는 것이 아니라 누군가 필요한 이에게 기꺼이 나눌 수 있는 마음으로부터 시작된다.

뱀도 마찬가지이다. 뱀은 여의주 하나면 용이 되어 승천하는 데 충분했다. 아무리 소중한 것이라 할지라도 욕심을 부려, 많이 가지고 있으면 그 욕심의 무게 때문에 날아오르지 못하게 된다. 과도한 욕심을 덜어내며 나누는 것이야말로 뱀이 행복한 용이 될 수 있는 길이다. 이렇게 연과 뱀은 각각 하나를 크게 이루려는 욕심, 많이 가지려는 욕심이 있었기에 불행한 존재로 등장하며 욕심을 버리고 나눌 수 있게 되자 행복해졌다.

한편, 옥황상제의 시녀들은 바가지로 우물물을 퍼내라는 신의 명령을 이행하려고만 했지 뚫려 있는 바가지를 고쳐 쓸 지혜가 부족한 존재들이다. 이로 인해 신이 내준 과업을 이루지 못할 숙명에 갇혀 있었다. 오늘이는 시녀들의 바가지를 으깬 풀과 녹인 송진으로 메우는 지혜를 발휘하여 시녀들을 도울 수 있었다.

시녀들 역시 불행에 갇힌 우리의 모습을 보여준다. 주어진 환경과 조건을 숙명이라 생각하며 개선하려 하기보다는 자신의 신세를 한탄하는 어리석음과 고지식함은 신의 벌보다 우리를 스스로 가두는 감옥의 창살이다. 오늘이가 그리 똑똑해 보이지는 않지만 주어진 상황에서 흔히 구할 수 있는 재료를 활용해 문제를 해결했다는 점에 있어서 융통성 있게 지혜를 발휘했다고 할 만하다.

오늘이는 근본도 없어 보이고 아무것도 가진 게 없는 연약한 여자아이인 데다가 부모를 찾아가는 길 위에서 한 일이란 불행한 존재들에게 도움을 받은 것으로만 보일 뿐이다. 이런 아이가 어떻게 신이 될 수 있었을까 회의하는 질문을 품을 수 있다. 사람마다 생각이 다를 수 있겠으나 오늘이가 인성人性을 뛰어넘는 신성神性을 가진 존재임을 확인할 수 있는 대목은 바로 원천강 입구를 가로막는 문지기 앞에서 우는 장면이다.

오늘이는 비록 자신의 존재 근원을 찾기 위해 길을 떠났으나 울면서 하는 말을 들어 보면 오늘이에게 절박했던 또 다른 문제가 드러난다. "부모는 다 보았나, 내 할 일 다 하였나. 강림 가면 무엇하리, 여기서 죽자꾸나. 팔자 부탁 어찌하리, 모든 은혜 어찌하리."라고 통곡하는 모습을 통해 우리는 오늘이가 다른 이들의 은혜와 부탁을 저버리지 않은 존재임을 확인할 수 있다. 자신의 문제를 해결하기 위해 떠난 여행길이지만 그 와중에 만난 이들과의 관계에 대한 책임을 느끼고 자기 문제뿐만 아니라 타인들의 문제도 감당해야 한다는 사명감을 가진 존재이기에 우리는 오늘이를 신으로 인정할 수 있는 것이다.

그런데 오늘이는 사계절이 있는 원천강을 이 세상에 '등사謄寫', 즉 베껴 내는 역할을 하는 계절의 신이 되었다. 하고 많은 신 중에 이승의 사계절을 담당하는 신이 된 까닭은 무엇일까? 오늘이가 한 일이 바로 세상의 조화에 기여하는 것이었기 때문이다. 길고 긴 오랜 시간을 의미하는 장상이와 일상적인 매일의 순간을 의미하는 매일이의 결합은 장구한 세월과 일상의 순간의 조화와 결합이기도 하다. 오랜 세월을 살아가지만 매일의 순간이 소중함을 알기, 일상의 순간순간이 모여 장구한 역사를 이룰 수 있음을 깨달아야 하는 것은 보람되고 행복한 삶의 기초적인 요건이다.

또한, 연꽃나무와 뱀은 각각 식물과 동물을 상징하는 소재로 등장하는 한편, '하나를 크게 가지려 함', '여럿을 많이 가지려 함'이라고 욕심의 두 유형을 대표한다. 오늘이는 이 같은 욕심을 버리거나 줄여 행복해질 수 있음을 알려 주는 신의 사자使者 역할을 하여 각 존재의 아름다움과 완성에 기여한다. 이렇게 넘치고 모자라는 것을 적절히 맞춰 주며 세상의 조화에 기여하는 오늘이의 일은, 밖으로 생장하게 하고 안으로 비축하게 하며 조화로운 절기의 순환에 따라 생生을 뿌렸다 거두는 사계절의 작용과 닮지 않았는가.

더욱이 정해진 자연의 순리를 따르되 융통성 있는 지혜를 발휘하는 인간의 실천적인 힘을 간과하지 않는 것은 자연과 문명의 조화를 보여주는 인문적이면서도 생태적인 모습이다. 사계의 순환에 따르면서도 인간적 영역과 힘을 보존하는 자연과 인간의 조화는 오늘이라는 신과 함께 우리 세계의 행복을 일구는 방법론이자 철학이라 할 것이다.

아래에서는 한국 신화 〈원천강본풀이〉와 비슷한 이야기인 민담 〈구복여행〉을 보도록 하겠다. 오늘이가 자기 존재에 대해 알고 뿌리를 찾기 위해 길을 나섰다면, 〈구복여행〉의 주인공은 '구복求福'이라는 제목에서 알 수 있듯이 복을 찾아 길을 떠난다. 그럼 다 함께 복을 찾아 길을 떠난 총각의 여정으로 옮겨 와 보자. 그리고 신화적 세계관이 보여주는 행복한 삶과 다르게 민담에서는 어떤 삶을 '복된 삶'으로 보고 있는지 살펴보자.

가난하게 살던 석숭이가 자신의 신세를 한탄하며 자살을 하려고 하자 공중에서 이웃마을의 소경 점쟁이를 찾아가라는 소리가 들렸다. 석숭은 밑져야 본전이라는 생각에 점쟁이를 찾아갔는데 점쟁이는 석숭에게 서쪽으로 가보라고 말해 주었다. 그 말을 들은 석숭은 서쪽으로 길을 떠났다.

길을 가다가 어느 집에 머물게 되었는데, 큰 집에 과부 혼자 살고 있었다. 과부는 죽은 남편의 제사를 준비하고 있었는데, 석숭에게 제사 음식으로 저녁밥을 차려 주었다. 과부는 복을 구하러 간다는 석숭에게 앞으로 자신이 어떻게 하면 이 재산을 다 지키며 살 수 있을지 물어봐 달라고 하였다.

그리고 또 길을 가다가 어떤 집에 들렀는데, 집주인이 석숭에게 자기네 앞마당에 있는 나무가 왜 열매를 맺지 못하는지 물어봐 달라고 하였다. 거의 하늘에 도착한 석숭은 큰 강을 건너지 못하고 있었는데 용이 나타나서 자신이 왜 승천하지 못하는지 물어봐 달라면서 강을 건너게 해 주었다.

이렇게 하늘에 도착한 석숭은 하느님께 자신의 복을 알아봐 달라고 하였더니 하느님은 대답하지 않고 그저 돌아가라고만 하였다. 석숭은 다른 사람의 질문도 했는데, 첫 번째 과부는 죽은 남편의 제삿밥을 처음으로 함께 먹은 남자가 그녀의 짝이라고 했고, 두 번째 들른 집의 나무가 열매를 맺지 않은 이유는 뿌리 밑에 금덩이가 있기 때문이라고 했다. 마지막으로 용이 승천하지 못하는 이유는 여의주를 두 개 갖고 있기 때문이라고 했다.

석숭이 돌아가서 용을 만나 하느님의 말을 전하였더니, 용은 여의주 하나를 석숭에게 주었다. 나무가 열매 맺지 못하는 집에 가서 그 이유를 말해 주니 주인은 뿌리에 있는 금덩이를 파서 석숭에게 주었다. 마지막으로 과부를 찾아가 과부의 질문에 답을 말해 주었는데, 과부가 처음으로 자신의 남편의 제삿밥을 같이 먹은 남자는 석숭이라고 했다. 그래서 석숭은 그 과부를 자신의 아내로 맞아들이고 잘 살았다.

한국 신화 〈원천강본풀이〉의 오늘이와 민담 〈구복여행〉의 총각은 집을 떠나 길을 나서고, 길에서 문제를 가진 여러 존재들을 만나고 이들의 문제해결이 자신의 문제해결과 연결되어 있다는 점에서 서사구조의 유사성을 찾을 수 있다. 그러나 커다란 서사구조는 유사하지만 주인공들이 움직이는 동기와 길에서 만나는 인물의 의미, 그들의 고민 등은 동일하지 않다. 그리고 미세해 보이는 이러한 차이들이 '복된 삶' 또는 '행복한 삶'에 대한 상像을 다르게 그리게 한다. 그렇다면 신화적 세계관과 민담적 세계관에서 그리고 있는 복된 삶은 어떠한지 살펴보도록 하겠다.

우선, 두 편의 이야기에서 주인공의 모습과 그들이 길을 떠나게 되는 동기가 무엇인지 비교해 보도록 하자. 한국 신화 〈원천강본풀이〉에서 오늘이는 홀로 된 들에서 살다가 사람들과 관계를 맺게 되면서 자신이 누구인지에 대해 고민하게 된다. 그리고 이러한 고민은 나의 부모가 누구인지에 대한 궁금증으로 이어져, 오늘이의 근원, 오늘이의 '원천源泉'을 찾기 위해 원천강으로 길을 나서게 된다. 오늘이의 여정이 '나는 누구인가'라는 '근원적인' 고민으로 시작되었다면, 민담 〈구복여행〉에서 총각은 기본적인 의식주가 충족되지 않는, 가난한 현실적 삶에 대한 고민으로부터 길을 떠나게 되었다. 이렇듯 두 주인공을 움직이게 하는 질문이 '근원적'이냐 '현실적'이냐에서 차이를 보이게 된다.

〈원천강본풀이〉와 〈구복여행〉은 주인공의 모습, 고민의 측면뿐만 아니라 그들이 길에서 만나는 존재의 모습에서도 차이를 갖는다. 〈원천강본풀이〉에서 오늘이가 만나는 존재는 매일이와 장상이로 대표되는 인간, 식물인 연꽃, 동물인 용, 천상의 존재인 선녀이다. 각각 하늘, 땅, 물의 세계를 대표하는 존재이면서 존재론적으로 보다 나아간 삶을 꿈꾸고 있다. 하지만 〈구복여행〉에서 총각이 만난 과부와 나무를 키우는 집주인은 현실적인 인물이다. 또한 〈원천강본풀이〉에서 오늘이는 초월적 세계라 할 수 있는 천상의 존재와 끊임없이 소통하며, 오늘이라는 존재의 일부를 이루고 있다. 그러나 〈구복여행〉에서 초월적 존재와의 소통은 서사 전개에 있어 희미해졌다.

한국 신화 〈원천강본풀이〉와 민담 〈구복여행〉이 보여주는 이러한 차이는 복된 삶에 대한 인식 차이를 보여준다. 홀로 적막한 들에 살던 오늘이가 여러 사람들과 관계를 맺게 되면서, 근원적이고 존재론적인 질문을 던지며 이에 대해 답을 구한다면, 총각은 현실적이고 세속적인 문제로부터 질문을 던진다. 이러한 질문의 차이는 서사 결말에 있어서도 차이를 낳았다. 〈원천강본풀이〉의 오늘이는 서사의 처음과 끝 모두 혼자이다. 하지만 혼자이지만 혼자가 아니라는 것을 아는 존재로 성장하였다. '나'라는 존재의 질문을 해결하는 과정에서 다른 사람들의 문제를 함께하였고, 그들의 문제를 해결하는 과정에서 '나'의 문제 역시 해결되는 과정에서 얻게 된 깨달음이다.

그런데 〈구복여행〉에서 총각은 다른 사람들의 문제를 해결하는 과정에서 의식주의 결핍이 해소되고 과부를 아내로 얻게 되었다. 신화의 민담적 변용이라 할 수 있는 〈구복여행〉에서 그리고 있는 복된 삶의 모습이란 서사 결말에서 총각이 보여주듯, 사랑하는 짝을 만나고 의식주 결핍 없이 풍족하게 살아가는 것이다.

〈원천강본풀이〉와 〈구복여행〉에서 보여주듯 시공간에 따라 복된 삶, 행복한 삶에 대한 인식은 조금씩 변화한다. 이제 동양에서는 시대마다 행복에 대한 인식이 어떠했는지 살펴보도록 하겠다.

공자의 행복론: 사회적 행복의 추구

공자孔子(B.C. 551~B.C. 479)의 관심은 죽음 혹은 저승이 아니라 현세의 삶에, 귀신보다는 사람에 있었다. 그래서 제자 자로가 귀신 섬기는 것과 죽음에 대해 물었을 때, 산 사람도 섬기지 못하는데 어떻게 귀신까지 섬기며, 삶도 제대로 모르는데 어떻게 죽음까지 알겠냐고 대답했다. 자로와의 문답에서 알 수 있듯 공자에게는 현세에서 사람답게 산다는 게 무엇인지 밝히는 것이 주된 문제의식이었다. 이처럼 사람의 현세적 삶에 방점을 찍었던 공자는 과연 사람, 인간이 어떤 존재인지에 대한 질문부터 던졌다.

공자는 인간이 본래 갖고 있는 식욕, 성욕과 같은 욕망을 인정하였다. 인간이 혼자 살아가는 것이 아니라 사회를 이루고 살아가게 되면서 그 욕망 역시 확장될 수밖에 없다. 사회적 관계맺음 속에서 개별적인 인간이 누구나 본성에 따라 부와 권력을 추구하며 살아간다면 한정된 물자와 지위를 두고 다투는 혼란한 사회가 될 것이다. 실제 공자가 살던 춘추시대의 시대상만 보더라도, 대부가 제후로 제후가 천자의 지위로 올라서기 위해 한정된 자리를 놓고 싸우는 상황이었다. 이렇게 예법이 무너져 가는 혼란스러운 상황 속에서 인간의 삶에 대한 공자의 문제의식이 싹텄다고 할 수 있다.

공자는 인간이 갖고 있는 욕망을 인정하면서도 인간을 가장 인간답게 하는 것이 있다고 보았다. 대부가 제후로, 제후는 천자가 되고 싶은 상승의 욕망을 인간은 모두 갖고 있다. 하지만 개별적인 인간이 이러한 욕망을 추구하다보니 하극상이 일어나고, 사회질서가 무너지게 되었다.

공자가 무너진 사회질서, 무너진 인간관계의 회복 열쇠로 제시하는 것이 바로 '인仁'이다. 모든 인간이 본성으로서 욕망을 갖고 있지만 인을 실천하면서 살아간다면 사회질서가 유지될 수 있다는 것이다. 그렇다면 인이란 무엇이며, 인간답고, 사람답게 살기 위한 실천 방법으로 제시하는 것은 무엇일까? 그리고 이것이 어떻게 행복한 삶과 관련되는지 이야기해 보자.

인간을 인간답게 하는 인이 무엇인지는 오늘날 사람들뿐만 아니라 공자가 살았던 당대 사람들도 궁금했던 모양이다. 그래서 인이 무엇인지 묻는 사람들의 모습을『논어』곳곳에서 발견할 수 있다. 하지만 묻는 사람마다 인에 대한 설명이 달랐으며, 상황 맥락에 따라 다르게 말했다. 아래에서는 여러 제자들과의 대화를 통해 인의 의미를 파악해 보자.

> 번지가 인仁을 물으니, 공자 말씀하시길, "사람을 사랑하는 것이다."
>
> 자기를 이기어 예를 따르는 것이 곧 인仁이다.
>
> "자기를 이기어 예禮로 돌아가면 인仁하게 될 수 있다. 하루라도 자기를 이기어 예로 돌아가면 천하 사람들이 모두 인仁으로 귀의하게 될 것이다. 인을 실천하는 것이 자기에게 달려 있지 남에게 달려 있겠느냐?" 안연이 "청컨대 그 조목을 묻습니다."고 하니, 공자가 말하였다. "예가 아니거든 보지 말고, 예가 아니거든 듣지 말고, 예가 아니거든 말하지 말고, 예가 아니거든 움직이지 말라."
>
> – 공자,『논어』

위의 대화에서 알 수 있듯이 인의 본질적인 속성은 사람을 사랑하는 것[愛人]이다. 하지만 앞서 인간 개인의 사사로운 욕망을 인정한 공자 입장에서는 인의 본질적 속성을 따라 사는 것이 쉽지만은 않았다. 또한 공자가 살고 있던 당대에도 '애인愛人'이라는 인의 속성을 찾기 어려운 시절이었다. 그래서 공자는 인을 실천할 수 있는 원리를 생각하는데, 바로 '극기복례克己復禮'이다. 극기복례는 자기 자신의 사사로운 욕망이자 이기적인 욕망을 극복하여 예를 회복한다는 뜻이다. 여기서 '예禮'란, 사회 윤리 · 규범으로서 사회를 구성하는 사람들이 지켜야 하는 제도적인 약속이라고 할 수 있다. 극기복례야말로 무너져 버린 사회질서와 인간관계를 회복하여 공공의 행복한 삶을 실천하는 길이었다.

그렇다면 사사로운 욕망을 옮겨 공적인 실천으로 나아가는 것이 어떻게 가능할까? 공자는 사적인 욕망에 사로잡히지 않고, 인을 실천할 수 있는 구체적인 방법으로는 '서恕'를 들며, 사사로운 욕망을 승화시킬 방법을 찾는다.

> 자공이 묻기를, "종신토록 받들어 시행한 말 한마디가 있습니까?"라고 하니 공자가 말하였다. "서恕가 아닐까? 자기가 하고 싶지 않은 것을 남에게 베풀지 말라."
>
> "문밖을 나서면 귀한 손님을 접견하는 듯이 하고, 백성에게 일을 시킬 때는 큰 제사를 받들 듯이 하라. 자기가 싫어하는 것은 남에게 강요하지 말라. 그러면 온 나라 어디서든 원망이 없고 고을 어디서든 원망이 없을 것이다."
>
> "무릇 인한 사람이란 자기가 서고 싶으면 남도 세워 주고 자기가 통하고 싶으면 남도 통하게 해 주는 것이다. 자기 처지로부터 남의 처지를 유추해 내는 것이 인을 행하는 방법이라 할 수 있다."
>
> "서恕란 자기가 싫은 것을 남에게 강요하지 않는 것이다."
>
> – 공자, 『논어』

한자 '서恕'의 생김새를 한번 보자. 서는 같을 여如 자 아래에 마음 심心 자를 쓴 것이다. 남의 마음과 나의 마음이 같다는 것이다. '나도 이렇게 (하기) 싫은데, 남은 얼마나 싫을까, 내가 하고 싶거나 갖고 싶은데 남은 얼마나 그럴까'라는 질문을 던지며 상대방도 나와 같은 욕망을 지녔다는 것을 아는 것이다. 개인의 사사로운 욕망을 미루어 상대의 욕망, 그리고 처지를 이해하는 것이다. 자기 자신의 마음을 행위의 기준, 척도로 삼아 다른 사람의 마음을 배려하고 나의 욕망을 적절하게 절제하는 것이다.

지금까지 살펴보았듯 공자는 누구나 개인적인 욕구가 있으며 이를 실현하여 행복을 누리고자 한다고 보았다. 그러나 자기의 행복을 추구하는 과정에서, 자신의 욕구에 비추어 타인의 욕구를 이해하고, 자신의 욕구를 실현시킬 때 반드시 다른 사람도 같은 욕구를 충족시키려는 마음이 있음을 늘 생각하며[恕], 그런 마음으로 사심을 이겨 행동하며 공공의 선을 추구한다[禮]. 이렇게 하는 사람이 사람을 사랑하는, 사람다운 삶을 사는 어진[仁] 사람이며, 그런 사람들이 모여 '대동사회大同社會'를 이룰 수 있다. 그렇다면 궁극의 행복한 삶이 이뤄진 대동사회란 어떤 모습일까?

> 대도가 행해질 때는 천하가 모두 전체 사회를 위한 것이었다. 어질고 유능한 사람을 뽑아서 책임을 맡기고 서로 신의를 지키고 친목을 도모한다. 자기 어버이만 사랑하거나 자기 자식만 사랑하지 않는다. 늙은이는 돌보아 주는 데가 있고 젊은이는 일할 데가 있고, 어린이는 길러 주는 데가 있고, 자립하지 못하는 사람들은 봉양해 주는 데가 있으며, 남녀는 짝이 있고 돌아갈 집이 있는 것이다. 재물은 땅에 버려두지는 않지만 반드시 자기 것으로 쌓아 두지 아니하며, 힘은 자신으로부터 나오기를 원하지만 자기만을 위해 사용하지 않는다. 그런 까닭에 음모가 없고 도적이 생기지 않아서 집집이 바깥 대문도 닫지 않는다. 이런 사회를 대동이라 한다.
>
> – 공자, 『예기』

공자가 그린 대동사회의 모습은 개인 혼자만 행복한 삶이 아니라, 개인 각자가 자신의 신분과 지위에 맞는 사회적 역할을 하면서도 모두가 행복한 공동체 사회이다. 자기 자식만, 자기 어버이만 사랑하지 않고 사회 전체가 가족과 같이 어울리며 서로를 배려해 준다. 그렇다면 대동사회에 비춰 본 우리의 현실은 어떠한가? 한 개인, 또는 소수집단에 의해 부와 귀가 독점된 현대사회는 부와 귀의 불균형으로 인해 사람들 사이의 불평등이 야기되었다. 한 국가의 부귀가 한 개인, 소수집단만을 위해서 존재하는 양상을 보이는 것이다. 이러한 현대 사회의 모습에서 공자가 꿈꾸던 행복한 공동체의 모습은 찾아보기 어렵다. 우리도 나만의 행복한 삶이 아니라, 이를 절제하고 확장시켜 공자가 꿈꾸던 행복한 공동체를 꿈꿔 보는 것은 어떨까.

맹자의 행복론:
마음에서 찾는 행복의 단서

공자가 살았던 춘추시대를 지나 맹자孟子(B.C. 372~B.C. 289)가 살았던 전국시대 역시 약육강식의 논리가 지배하며 하극상과 음모가 난무했다. 맹자는 공자의 사상을 이으면서도 공자의 행복론을 체계화시키며, 인仁의 구체적인 실행법인 '서恕' 개념을 정치철학으로까지 발전시켰다. 아래의 일화에서는 제나라 선왕에게 '서'의 마음 씀이 중요하다고 말하는 맹자의 목소리를 들을 수 있다. 맹자는 행복한 삶, 행복한 사회를 위해 정치 지도자가 어떠해야 하는지 말하고 있다.

제나라 선왕에게, "내 집안 노인을 받드는 일로부터 나아가 다른 집안 노인을 받들며, 내 집 아이를 돌보는 일로부터 나아가 다른 집 아이를 돌볼 수 있다면, 천하를 다스리는 일은 손바닥 안에서 운용할 수 있을 것입니다. (…) 이 마음을 그대로 남에게 적용하기만 하면 된다는 말입니다. (…) 옛 성현이 남보다 크게 뛰어났던 까닭도 다름 아니라, 오직 자신의 마음 씀을 남에게 미쳤기 때문입니다."

– 맹자, 『맹자』

맹자가 살았던 당대에는 군주들이 세력을 키우기 위해, 부국강병정책을 통해 무력으로 사람을 복종시키는 패도霸道를 선호하였으며, 패자霸者들의 시대라고 불린다. 그러나 맹자는 무력을 통한 패도정치霸道政治가 아니라 인의仁義를 바탕으로 하는 왕도정치王道政治를 주장하였다. 맹자는 옛 성현들이 뛰어날 수 있었던 까닭은 오직 자신의 마음 씀을 남(백성)에게 미쳤기 때문이라고 말했다. 공자가 말한 추기급인推己及人을 정치적 영역으로까지 확장시켜 행한 것이다. 추기급인을 실천하여 백성의 희로애락喜怒哀樂을 함께하는 군주의 모습은 다음 일화에 잘 나타나 있다.

맹자가 양혜왕을 봤을 때 왕은 연못가에서 고니와 사슴 등 갖가지 새들과 짐승을 바라보며 "현자들도 이런 것들을 즐깁니까?" 묻자 맹자가 답하기를, "현자라야 이런 것들을 즐길 수 있습니다." 했다. 문왕은 백성들의 노역으로 못을 팠지만 백성들은 크게 기뻐하고 즐거워했다. 이처럼 옛사람들은 그 백성들과 즐거움을 함께했기에 제대로 즐길 수 있었다. 그러나 걸왕은 반대다. 백성들은 노래했다. "저놈의 해 언제나 없어지나 내 차라리 저놈의 해와 함께 죽어 버렸으면."

– 맹자, 『맹자』

현자는 여민동락하는 사람이며 진정한 즐거움이란 여럿이 함께 즐거워하는 것이라는 말입니다. 이 점이 오늘날 대부분의 사람들이 추구하는 즐거움과 차이를 보인다고 할 수 있습니다. 오늘날 행복의 조건, 즉 낙의 조건은 기본적으로 독락이라고 할 수 있습니다. 다른 사람의 불행에 대하여 무심한 것은 그렇다 하더라도 오늘날의 일반적 정서는 가능하면 다른 사람과 닮는 것을 피하고 다른 사람들과의 차별성에 가치를 두려고 하지요. 그리고 가장 결정적인 것은 개인적 정서의 만족을 낙의 기준으로 삼고 있다는 것이지요. 다른 사람들과의 공감이 얼마나 한 개인을 행복하게 하는가에 대해서는 무지합니다. 공감이 감동의 절정은 못 된다고 하더라도 동류라는 안도감과 동감이라는 편안함은 그 정서의 구원久遠함에 있어서 순간의 감동보다 훨씬 오래가는 것이지요.

– 신영복, 『강의』[11]

맹자는 양혜왕에게 자신만의 즐거움을 위해 살았던 하나라 걸왕과 백성과 함께 즐거움을 나눴던 주나라 문왕의 모습을 대조적으로 이야기해 주며, 여민동락與民同樂의 정치를 일깨워 준다. 자신의 즐거움만 추구하며 백성에게는 고통만 주었던 걸왕의 즐거움은 짧을 수밖에 없었으나, 백성과 함께 즐거움을 누렸던 문왕의 즐거움은 계속해서 지속될 수 있었다. 혼자 누리는 즐거움인 '독락獨樂', 여럿이 함께 하는 즐거움인 '동락同樂', 두 가지 다른 즐거움의 차이가 사회 전체, 백성의 삶을 질적으로 다르게 만들고 있다.

그렇다면 실제 삶, 정치에서 타인의 기쁨에 함께 행복해하고, 슬픔에 같이 아파할 수 있는 힘을 어떻게 기를 수 있을까? 맹자는 공자 때부터 미약하게 논의되었던 인간의 본성에 관해 본격적으로 논의하며 위에서 던진 질문에 답해 나간다. 이 과정에서 맹자는 사단四端과 사덕四德을 이야기하며 인간의 선한 본성을 강조하였다.

사람은 누구나 남에게 모질지 못하는 마음(남의 고통을 차마 보지 못하는 마음)이 있다. 선왕은 바로 남에게 모질지 못하는 마음이 있었기에 남에게 모질지 못하는 정치를 펼쳤다.

사람은 누구나 남에게 모질지 못하는 마음이 있다. (…) 가령 막 우물에 빠지려는 아이를 보면, 누구라도 깜짝 놀라 측은지심이 생길 것이다. 그것은 뒤로 아이의 부모와 어떤 약속을 한 때문도 아니요, 마을 친구들의 칭찬을 사기 위해서도 아니요, 아이의 울음소리가 싫은 때문도 아니다.

– 맹자, 『맹자』

맹자는 차마 남에게 모질게 하지 못하는 마음을 가지고, 차마 남에게 모질게 하지 못하는 정치를 펼친다면, 천하를 다스리는 일은 손바닥을 움직이는 것만큼 쉬울 것이라고 말한다. 이렇듯 '참지 못하여 차마 모른 척하고 지나칠 수 없는 마음', 즉 불인지심不忍之心의 마음을 확장, 확충시켜 정치 영역에서 실현시킨 것이 왕도王道라고 할 수 있다. 왕도를 통한 정치가 사회적으로 구현될 수 있는 것은 사람들의 마음에 '측은지심', '수오지심', '사양지심', '시비지심'의 사단이 있기 때문이다. 이 네 가지 마음을 사단이라 하는 까닭은 이러한 마음 바탕에 '인仁', '의義', '예禮', '지智'의 사덕이 있음을 알려 주는 '단서'이자 '실마리'이기 때문이다.

덕의 네 가지 단서

측은지심惻隱之心: 어려움에 처한 사람을 애처롭게 여기는 마음 ⇒ 仁
수오지심羞惡之心: 제 잘못을 부끄러워하고 남 잘못을 싫어하는 마음 ⇒ 義
사양지심辭讓之心: 남을 배려하여 양보하는 마음 ⇒ 禮
시비지심是非之心: 옳고 그름을 판단할 줄 아는 마음 ⇒ 智

이러한 사단과 사덕은 인간이 태어날 때 하늘로부터 받은 것이기 때문에 인간은 선하다는 논리로 이어지게 된다. 이처럼 맹자가 성선설을 이야기한 것은 덕과 인을 바탕으로 한 왕도정치의 실현 가능성이 인간에게 내면화되어 있음을 강조하기 위해서이다. 하지만 모든 사람이 인성人性인 인의仁義에 따라 사는 것은 아니다. 순임금과 같은 성인은 본성에 따라 행동한 반면, 오감과 같은 감각적 욕망에 따라 행동한 사람은 금수禽獸와 별 차이가 없을 수 있다.

> 다 같은 사람이건만 어떤 사람은 대인이 되고 어떤 사람은 소인이 되는 까닭은 무엇입니까?
>
> 자신의 대체(마음)를 따르면 대인이 되고 소체[귀, 눈 등의 감각]을 따르면 소인이 된다.
>
> – 맹자, 『맹자』

맹자는 인간의 본성은 본래 선하나, 이를 보존하고 사회적으로 확충하지 않은 채 개인의 감각적 욕구만을 따라가다 보면 어느새 소인이 되어 있다고 말한다. 이렇게 개인이 감각적 욕구에 흔들리는 경우뿐만 아니라 개인이 속해 있는 환경에 의해서도 인의를 따르는 대인의 길을 걷지 못하고 소인의 길을 걷게 된다고 보았다. 하지만 맹자는 감각적 욕구와 환경적 요인을 이겨 내고, 자신의 선한 본성을 따른다면 누구나 순임금처럼 될 수 있다는 믿음을 갖고 있었다.

지금까지의 논의를 정리하자면 맹자 역시 공자처럼 사회의 행복에 관심을 가지고 왕도정치를 주장했다. 즉, 사회적 행복을 실현시키는 왕이 가져야 할 도덕성을 논하였다. 모든 인간의 마음에는 덕이 있기 때문에(그 본성이 선하기 때문에) 그 마음을 따르는 노력을 한다면 대인, 군자, 성인이 될 수 있다. 또한 행복한 사회를 만드는 치자治者, 즉 지도자의 교육론을 강조하였다.

순자의 행복론:
예禮를 통해 찾는 행복

인간의 본성에 관해서 맹자가 성선설을 주장했다면, 이와 반대로 성악설을 주장했다고 알려진 순자荀子(B.C. 298~B.C. 238)가 있다. 맹자와 순자가 살았던 시대는 치열한 싸움이 이어지면서 많은 사람들이 죽어 갔다. 순자는 사람과 사람, 집단과 집단, 국가와 국가 간의 싸움은 인간의 '이利를 좋아하는 마음'에서 비롯된다고 보았다. 그래서 인간의 본성에 관해 성악설性惡說을 주장하게 되었다. 맹자와 순자처럼 인간의 본성을 어떻게 바라보느냐에 따라 행복한 삶의 모습도, 행복한 삶에 다다르는 길도 다를 것이다. 그렇다면 순자는 행복한 삶에 대해 어떻게 이야기하고 있는지 살펴보도록 하겠다.

> 사람들은 태어나면서부터 욕구가 있는데 욕구하여 얻어지지 아니하면 추구하지 아니할 수 없고, 추구하되 일정한 한도와 한계가 없으면 다투지 않을 수 없다. 다투게 되면 혼란하게 되고 혼란하게 되면 어렵게 된다. 선왕이 그러한 혼란을 싫어하였기 때문에 예禮를 제정하여 등급을 나누고, 사람들의 욕구를 조절하여 사람들의 요구를 만족시키고자 하였다. 욕구로 하여금 물자가 부족하여 만족을 얻지 못하는 데 이르지 않게 하고, 물자로 하여금 사람들의 욕구에 의해 고갈되지 않게 하여, 물자와 욕구가 서로 제약되도록 하여 오래도록 어울리게 하려는 것이니, 이것이 예가 기원한 까닭이다.
>
> – 순자, 『순자』

순자는 이기적 욕망을 인간의 본성이라고 말한다. 그런데 문제는 욕망은 무한한 반면 현실의 물자는 유한하여, 인간의 무한한 욕망을 채워 줄 수 없다는 것에서 발생한다. 그렇다면 가속도를 받아 굴러갈 무한한 욕망을 제어할 수 있는 방법은 없는가?

순자는 욕망이 있어도 그 실현을 제어하는 '예禮'가 필요하다고 주장한다. 앞서 맹자가 사단과 사덕을 말하며 예를 인간 내면에 있는 것으로 그렸다. 맹자와 달리 순자는 인간 내면에 있던 예를 인간 밖으로 꺼내 놓았다. 즉, 맹자의 예가 인간 내면의 도덕과 윤리라면, 순자의 예는 인간 외면에 있는 제도와 법률이라고 할 수 있다. 그러므로 순자가 말하는 예는 문명사회의 제도, 법칙과 같은 외재적 규범으로서, 강제적이며 타율적인 성격을 갖는다. 이러한 예는 인간의 무한한 욕망과 사회의 유한한 자원 사이의 균형을 잡아 주는 역할을 하며, 후에 '법法'으로 발전한다. 그런데 순자가 주장한 예는 외재적일 뿐만 아니라 사람들이 각자 놓인 신분, 처지, 환경에 따라 차별적으로 작용하기에 사회구성원이 각자의 신분과 지위에 알맞게 욕망을 절제하여야 했다.

이처럼 인간 본성에 대한 이해가 맹자와 달랐던 순자는 인간 외면의 제도와 외재적 규범에 기대 행복한 삶을 그려 나갔다. 개인의 수양을 통해 행복한 삶을 실현시킨 것이 아니라 이에 앞서 제도의 합리성과 사회적 정의를 통해 행복한 삶의 이미지를 그려 나갔다. 인간의 도덕성, 윤리적인 삶, 행복 역시 사회적인 산물이라고 보며, 훌륭한 규범과 제도가 사람을 착하고 행복하게 만들 수 있다고 보았던 것이다. 비록 순자는 인간이 이익을 좋아하는 성품을 지녔다고 하여 성선설을 주장한 맹자와는 대척점에 놓이는 듯하지만, 인간이 예와 교육을 통해 후천적으로도 선해지고 행복한 삶을 성취할 수 있다는 믿음을 가졌기 때문에 유학자 그룹에 놓이게 되는 것이다.

양자의 행복론:
생명을 지키는 삶

맹자는 "양주楊朱, 묵적墨翟의 학설이 천하에 가득하여 천하의 학설이 양주에게 쏠리지 않으면 묵적에게 돌아간다."고 말했다. 맹자가 양주, 묵적의 두 학설을 콕 집어 말한 것을 보면 맹자가 살던 당시 두 학설에 관심을 보인 사람들이 많았던 것 같다. 하지만 오늘날 우리에게 두 학설은 유교, 도교, 불교와 달리 낯설게 느껴진다. 그렇다면 이번 절과 다음 절에서는 양주와 묵적에 대해 간단히 살펴보고, 이들이 생각하는 행복한 삶이란 무엇인지 이야기해 보도록 하겠다. 우선, 이기주의자로 악명이 나 있는 양자楊子부터 만나 보도록 하겠다.

> 털 한 올을 뽑아 온 천하가 이롭게 된다 하더라도 천하가 나를 위한 것이 아니라면 그렇게 하지 않겠다.
>
> – 열자, 『열자』

『맹자』 〈진심 上〉에는 "자기만 위하는 양자는 터럭 하나라도 세상의 이를 위해서는 뽑지 않는다."는 구절이 나오며 양자가 언급된다. 맹자는 묵자와 양자를 균형을 잡지 못하고 한쪽으로 치우친 극단적인 예로 들면서, 양자를 극단적인 개인주의자로 여겼다. 그런데 실제 양자의 위 말은 무슨 뜻일까? 일모불발一毛不拔을 글자 그대로 받아들이면 양자처럼 이기적인 사람은 없을 것이다.

하지만 양자가 생각하기에 세상은 원래 터럭 하나로 구제될 수 있는 것이 아니다. 또한 양자는 위정자들의 제대로 된 다스림이 아니라 백성 개인의 희생을 강요하는 것을 못마땅해했다. 즉, 전쟁 시기에 사회가 공공의 이익이라는 명목으로 개인의 희생을 강요하고 개인의 생명이 동원되는 것을 거부하였다. 그래서 개인의 희생 없이도 잘 다스려져야 좋은 사회라고 본 것이다.

양자는 '나我'가 내 삶의 목적이자 세상의 중심이라고 보았다. 맹자의 성선설, 순자의 성악설처럼 양자의 이런 태도를 위아설爲我說이라고 할 수 있다. 양자는 생명 주체인 '나'를 소중하게 여겼으며, 무엇이든 자신을 위해서 해야 한다고 보았다. 생명을 소중하게 여기는 그의 사상은 인간의 자연스러운 욕망을 있는 그대로 흘러가게 하는 것을 긍정하였다. 그는 자기 이외의 것, 외적 가치에 의해 자신의 생명이 방해받거나 방해하는 삶이 아니라 자신을 중심에 두고 자연스럽게 사는 것이 행복이라고 보았던 것이다. 그래서 그는 자연스럽게 사는 것을 쾌락으로 여기며 자연스러운 삶을 추구하였다.

묵자의 행복관:
사회를 행복하게 하는 지도자의 자세

겸애설兼愛說로 잘 알려져 있는 묵자墨子[12]는 한 사람, 한 집단, 한 국가만이 아니라 '모두'가 잘 사는 사회가 행복한 사회라고 보며, 복지사회를 위해 여러 가지 주장을 하였다. 묵자는 눈에 보이는 백성들의 고통을 그냥 보고 지나칠 수 없었다. 묵자가 살았던 당대 한쪽에서는 굶어 죽어 가는 사람이 있었던 반면, 다른 한쪽에서는 잔치를 벌이며 돈을 흥청망청 낭비하기도 했다. 이러한 부의 불균형을 목격한 묵자는 사치를 줄이고 검소해야 하며, 백성의 배고픔을 먼저 챙겨야 한다고 주장한다.

> 인민에게는 3대 고통이 있다. 굶주릴 때 먹지 못하고, 추울 때 입지 못하고, 일에 지쳤을 때 쉬지 못하는 것. 이런 상황에서 도대체 큰 종 치고 북 두드리고 거문고 타고 피리 불며 검무나 추고 있으면 인민의 의식衣食을 위한 재원은 마련될 수 없다.
>
> 음식은 늘 배부르게 먹을 수 있게 된 연후에 진미를 찾고, 의복은 항상 따뜻하게 입을 수 있게 된 연후에 멋을 부리고, 거처는 항상 안전할 수 있게 된 연후에 안락을 모색하는 법이다. 즉 늘상 요구되는 것들을 도모하고 지속적으로 소용되는 것들을 추구해야 한다는 말이다. 실질을 앞세우고 형식은 뒤로하는 것, 이것이 바로 성인의 업무이다.
>
> – 묵자, 『묵자』

위에서처럼 묵자는 한 나라의 업무에서 급하지 않은 비용은 절약하라고 말한다[節用]. 그리고 백성들은 먹고사는 생계문제와 고군분투하고 있는데, 몇몇 집단은 음악을 즐기며 낭비하는 것을 볼 수 없었기에 음악을 금지하라고까지 하였다[非樂]. 부와 귀를 가진 자들이 백성의 삶까지 생각하고 실천하기 위해서는 차별적인 사고가 아니라 겸애를 가져야 했다. 앞서 공자가 인을 실행할 수 있는 현실적인 방법으로 가족처럼 가까운 사람들에게 마음을 다하고, 이를 확충시켜 나가는 것을 제시하였다. 묵자가 보기에 나와 내 가족을 먼저 생각하는 것은 차등적인 사랑이었다.

나와 내 가족을 먼저 생각하다 보면 남과 남의 가족은 후순위로 밀려나게 된다. 묵자는 남과 남의 가족을 나와 내 가족처럼 사랑하여 공평한 사랑을 실천하는 겸애를 주장한 것이다. 또한 신분의 차등 없이 겸애를 실천하기를 촉구한다. 그렇기 때문에 묵자의 이러한 주장에 여러 정치가들은 이상적인 생각이라며 모든 이를 내 몸처럼 사랑하는 것이 과연 가능한지 물음을 던진다. 이에 묵자는 "네가 전쟁터 갈 때, 차별주의자를 찾냐, 겸애주의자를 찾냐, 네가 굶주려 죽게 되었을 때, 겸애주의자인 왕을 따르고 싶지 않은가?"라고 응수한다. 묵자 자신의 말은 배격하면서 정작 행동은 다르게 한다는 점, 즉 언행불일치言行不一致의 정치가들에게 정문일침頂門一鍼을 놓는다. 그러면서 묵자는 행복한 사회를 위해 정치가의 자세와 역할에 대해, 정치가는 "사람들에게 이익을 가져오고 피해를 없애야 한다.仁人之事者, 必務求興天下之利, 除天下之害"고 말했다.

그렇다면 모든 사람들이 서로를 사랑하며[兼愛], 서로 이롭게 되도록[交相利] 살아가는 행복한 사회는 어떻게 실현될 수 있을까? 묵자는 백성을 위하는 정치가의 자세와 역할과 함께 사회제도적 규범 역시 바뀌어야 한다고 주장한다. 즉, 사람들 간의 애정과 연대를 가능하게 하기 위해 제도 개혁을 이야기하였다. 그렇다면 겸애와 교상리의 구체적인 상은 어떠한가? 묵자가 말하기를 그것은 다른 나라를 자기 나라 보듯이 하고, 다른 집 보기를 자기 집 보듯이 하고, 다른 사람 보기를 자기 보듯이 해야 모두가 잘 사는 행복한 사회가 만들어질 것이라 보았다.

노자의 행복관: 무위자연無爲自然을 통한 행복한 삶

노자는 공자가 말한 예를 인위적인 것이라고 보며, 인간 본래의 자연적 성품대로 사는 삶을 행복한 삶으로 보았다. 노자는 이를 가리켜 '무위자연無爲自然'의 삶이라고 하였으며, 무위자연의 삶을 가장 잘 표상한 것이 '상선약수上善若水 즉, 물 흐르듯 한 삶이다. 여기서 '무위'는 '인위人爲'의 반대개념으로서 의지나 목적을 가지지 않고 행동하는 것이다. 즉, 자연을 거슬러 억지로 행하지 않는다는 것이다. 그렇다면 '자연'은 무엇인가? '스스로 그러한'이라는 뜻을 가진 자연은 본래의 성질이나 모습을 의미한다. 그렇다면 무위자연의 삶을 사는 방법은 무엇일까? 바로 내적으로 욕망을 줄여 나가는 삶이 행복한 삶으로 통하는 길이다.[13]

> 만족할 줄 알면 수치를 겪지 않으며, 그칠 줄 알면 위태롭지 않을 터인즉, 가히 오래도록 안전할 수 있다.
>
> 만족을 모르는 것보다 더 큰 재앙은 없고, 탐욕을 부리는 것보다 더 큰 허물은 없다. 따라서 만족을 아는 만족이 영원한 만족이다.
>
> – 노자, 『도덕경』

노자가 살았던 시대도 오늘날처럼 쉽게 만족하지 못하고, 그칠 줄 모르고 앞을 향해 달려 나갔던 것 같다. 위에서 살폈듯, 만족할 줄 알면 욕되지 않고, 그칠 줄 알면 위태롭지 않다. 욕되지 않고, 위태롭지 않은 상태가 행복한 상태인데, 노자 당시에도 그리고 오늘날에도 만족할 줄 모르고 그칠 줄 모르기 때문에 행복한 삶을 오래 누리기 어려웠던 것이다. 노자는 욕망에 주목해 멈출 줄 모르고 커지는 욕망을 채워 나가는 대신, 욕망을 줄여 나가는 삶이 행복한 삶이라 보았다. 브레이크 없는 자동차의 결말처럼 끝없는 인간의 욕망이 초래할 미래 역시 굳이 말하지 않아도 알 수 있다. 노자는 만족과 한계를 알면서 욕망을 조율해 나가는 삶이 행복한 삶이라고 보고, 이러한 삶을 살 수 있는 공동체를 그려 나갔다.

노자는 무위와 자연을 핵심 전제로 한 소국과민小國寡民의 사회를 이상적인 사회라고 보았다. 소국과민은 소수의 사람들이 모여 행복하게 사는 조그마한 나라이다. 그렇다면 노자는 어떤 삶을 행복한 삶이라 그리고 있는지 구체적으로 살펴보도록 하겠다.

> 국가는 작고 그 구성원은 적어야 한다. 설사 아주 우수한 효력의 기물이 있더라도 사용하지 않고, 사람들로 하여금 죽음을 중시하고 멀리 이사 가지 않게 한다. 비록 배와 수레가 있어도 사용할 데가 없고, 갑옷과 병기가 있어도 쓸 일이 없다. 사람들로 하여금 다시 결승문자를 사용하게 하고, 제 음식을 달게 먹고, 제 옷을 곱다 여기고, 제 거처를 편안해하고, 제 풍속에 기꺼워한다. 이웃 나라가 앞에 보이고 닭 울고 개 짖는 소리가 들려올지라도, 사람들은 늙어 가도록 서로 왕래하지 않는다.
>
> – 노자, 『도덕경』

작은 나라에 백성 수가 적은 '소국과민'이 행복한 삶을 영위할 수 있는 이상적인 공동체로 보았다. 이때, 사회를 이루는 구성원의 수가 적을 뿐만 아니라, 우수한 효력이 있는 기물이 있더라도 사용하지 않는다. 이를 통해 욕망을 줄이기 위해 욕망의 대상을 감소[14]하였다는 것을 알 수 있다. 더불어 배와 수레, 기물器物 등과 같은 기계문명을 비롯하여 사회 규범 · 제도도 인위적이라 하여 거부하였다. 사회제도와 문명은 인간의 본성을 억압하는 힘이기 때문에 자연스러운 삶과는 거리가 먼 것이다. 그렇다고 배와 수레가 완전히 없는 것이 아니라, 있지만 쓸 일이 없을 뿐이다.

이와 유사하게 욕망을 줄여 나가는 것이 행복한 삶이라고 말했을 뿐, 욕망을 완전히 없애라는 것은 아니다. "제 음식을 달게 먹고, 제 옷을 곱다 여기고, 제 거처를 편안해하고, 제 풍속을 기꺼워한다."는 말에서 알 수 있듯이 의식주에 있어서 자신의 것을 '달다', '곱다', '편안하다', '기껍다(마음속으로 은근히 기쁘다)'고 여기며 만족할 줄 아는 삶을 지향하였다. 이처럼 노자가 그리고 있는 이상적인 사회는 도연명이 꿈꾸던 '무릉도원'과 닮아 있다.

> 후난성湖南省 우링武陵의 한 어부가 골짜기의 흐름을 타고 가다가 길을 잃고, 복사꽃이 만발한 숲속의 동굴을 지나서 평화로운 낙원을 발견한다. 그곳의 사람들은 모두 기쁨에 찬 얼굴로 살고 있었는데, 진秦나라의 난리를 피하여 온 사람들이었다. 그들은 하도 살기가 좋아 그동안 바깥세상의 일을 잊고 지냈다고 한다. 어부는 며칠 동안 극진한 대접을 받고 집으로 돌아온다. 어부의 보고를 받은 태수太守는 어부가 표시해 둔 길을 따라 그곳을 찾아보았으나 찾아낼 수 없었다.
>
> – 도연명, 「도화원기」

위의 글은 도연명이 〈도화원기桃花源記〉에서 그린 이상향 '무릉도원'이다. 하도 살기가 좋아 바깥세상의 일을 잊고 지내는 삶. 이는 달리 말하면 외물外物에 아무런 동요되지 않은 채, 어쩌면 알지 못한 채 무지無知한 채 사는 삶일 것이다. 도연명의 무릉도원은 노자가 공자의 대동사회에 대해 비판하면서 그려 나갔던 이상사회의 또 다른 모습이라고 할 수 있다.

장자의 행복론:
천성대로, 자연스럽게 양생養生하는 삶

노자의 무위자연의 삶을 이어받은 장자 역시 인간의 천성대로, 자연스럽게 사는 삶을 행복한 삶이라고 보았다. 장자는 '천리天理'에 따르는 자연스러운 삶을 행복한 삶이라고 하였다. 이때 '리理'는 유가에서처럼 도덕과 윤리에 포획된, 즉 그 경계 안에 갇혀 있는 개념이 아니다. 장자가 말하는 천리는 '타고난 무늬'로서 각각의 사물이 달리 갖고 있는 자연스러운 본성이다. 이어 장자는 모든 사물이 저마다 자연의 본성을 따른다면 행복은 바로 그것이므로 달리 구할 필요가 없다고 말한다.[15] 아래에서는 이러한 행복한 삶을 비유적으로 알려 주는 포정의 일화부터 살펴보도록 하겠다.

> 포정이 문혜군이란 군주 앞에서 소를 잡고 있었다. 소를 다루는 솜씨가 노랫소리처럼 운율에 맞는 모습을 보던 문혜군이 탄복하여 말했다.
>
> "정말 대단하구나. 어떻게 이런 경지에까지 오를 수 있었느냐?"
>
> 그러자 포정이 대답했다.
>
> "저는 손끝의 재주를 이용해 소를 다루지 않고 도를 통해 소를 발라냅니다. 처음에는 제 눈에도 소가 들어와 손길이 어쩔 줄 몰랐습니다만 3년이 지나자 소의 모습이 사라지기 시작했습니다. 그리고 지금은 마음으로 소를 대할 뿐 눈으로 보지 않습니다. 따라서 저는 정신만으로 소를 다룹니다. 소의 가죽과 고기, 살과 뼈 사이에 난 틈과 빈 곳을 이용해 칼을 다루면 쉽게 다룰 수 있습니다. 솜씨가 뛰어난 소잡이는 1년에 칼을 한 번씩 바꿉니다. 이는 칼로 살을 자르기 때문입니다. 보통 소잡이는 한 달에 한 번 칼을 바꿉니다. 힘을 들여 소의 뼈를 다루기 때문입니다. 그러나 저는 19년 동안 수많은 소를 다루었지만 칼날은 막 간 것과 같습니다. 이는 뼈마디에

난 틈에 매우 가는 칼날을 넣기 때문에 칼날이 닳을 까닭이 없는 것입니다. 물론 저도 근육과 뼈가 엉긴 곳을 다룰 때는 조심스럽게 다룹니다."

이 말을 들은 문혜군이 감탄하며 말했다.

"놀랍구나. 나 또한 포정의 말에 양생의 도를 터득했도다."

– 장자, 『장자』

장자는 생의生意를 온전히 보존하는 것이 양생養生이라고 보았다. 포정해우庖丁解牛 고사에서 포정(我)이 인식의 주체라면, 소(外物)는 객체이자 대상이라 할 수 있다. 여기서 두께가 없는 칼날은 무엇을 뜻할까? 두께가 없는 칼은 자신에 편견이나 선입견이 덧씌워지지 않은 마음 즉, 허심虛心이라고 할 수 있겠다. 허심한 상태에서 소의 자연스러운 결을 따라갔다. 임물任物 즉, 순물자연順物自然한 것이다.

물오리 다리가 짧다고 해서 늘인다면 물오리는 괴로울 것이요, 학 다리가 길다고 해서 절단한다면 학은 슬퍼할 것이다. 따라서 천성적으로 긴 것은 절단할 일이 아니요, 천성적으로 짧은 것은 늘일 일이 아니다.

– 장자, 『장자』

순물자연하는 삶이 행복한 삶인데, 이러한 삶은 자기 자신의 기준에서 벗어나 사물의 타고난 본디 모습을 인정해 주는 것이다. 프로쿠스테스의 침대처럼 자기만의 기준으로 모든 사람, 그리고 생명체를 재단하려는 태도가 가져오는 결말은 생명의 훼손이다. 또한 노자와 마찬가지로 사물 그 자체가 아니라 지각 활동을 통해 얻은 지식 역시 본성을 해치는 인위적인 것으로 여겨진다. 심心과 물物 사이에서 형성되는 인간의 지식 역시 절대적이라고 믿는 순간 자기 자신을 겨누는 칼날이 된다고 하며 상대적인 지식을 이야기하였다.

인위人爲로써 자연을 멸하지 말며, 지모智謀로써 성명性命을 훼손하지 말라.

유한한 육신을 무궁한 천지 사이에 맡기고 있기란 준마가 좁은 문 틈을 휙 달려 지나가는 것과 다를 바 없다. 자신의 기분을 만족시키지 못하고 그 수명을 보양하지 못하는 자는 누구라도 도에 통달하지 못한 사람이다. 네가 하는 말들은 모두 내가 내버리고 있는 것들이다. 당장 돌아가라! 더 이상 어떤 말도 하지 말라! 너의 도라는 것은 사기와 교묘함, 허위일 뿐이다. 그런 것으로는 사람의 참모습을 보전할 수 없는 것이니, 어찌 말할 거리나 되겠는가?

고대 진인眞人은 삶에 애착할 줄도 몰랐고, 죽음을 혐오할 줄도 몰랐다. 이 세상에 태어난 것을 기뻐하지도 않았으며 다시 돌아가는 것을 거부하지도 않았다. 무심히 왔다가 무심히 갈 뿐이었다. 자기 존재의 시원을 망각하지도 않았으며 자기 존재의 종점을 추구하지도 않았다. 받은 생명은 기뻐하고, 또 무심히 돌려주는 것이다. 즉 자기 마음으로써 도를 저버리지 않으며, 인위로써 자연을 거들지 않는다는 말이다. 이런 인물이 바로 진인이다.

– 장자, 『장자』

장자에게 있어 진眞이란 인위人爲를 거치지 않은 자연 그 자체를 의미한다.[16] 그러므로 진인은 본성에 따라 행복한 삶을 따라간 사람이다. 장자 식으로 표현하자면 자기의 삶이 행복하다는 것조차 즉, 희로애락에 일희일비하지 않는 사람일 것이다. 인간의 삶과 죽음, 꿈과 현실, 그리고 나와 나 아닌 것을 구별할 수 있는지 회의하며, 일장춘몽一場春夢이라는 말처럼 인간의 삶이 한바탕 꿈일지도 모른다고 생각했다.[17] 이러한 장자적 행복한 삶, 즉 진인으로 실제 삶으로 구현하여 한평생을 보낸 인물이 천상병 시인이 아닐까? 천상병 시인의 자유로운 삶에 동참하여 보자.

〈귀천歸天〉

천상병

나 하늘로 돌아가리라.
새벽빛 와 닿으면 스러지는
이슬 더불어 손에 손을 잡고,

나 하늘로 돌아가리라.
노을빛 함께 단둘이서
기슭에서 놀다가 구름 손짓하면은,

나 하늘로 돌아가리라.
아름다운 이 세상 소풍 끝내는 날,
가서, 아름다웠더라고 말하리라……

불교의 행복관:
고통의 원인을 이해하는 삶

행복의 반의어, 행복한 삶에 대척되는 삶은 무엇일까? 행복의 반의어는 불행이다. 또한 어떤 삶이 행복하지 않고, 불행하다면 그 삶의 주인은 고통을 겪고 있을 것이다. 행복한 삶을 위해 함께 사유해야 하는 것이 바로 고통스러운 삶이다. 무엇이 우리의 삶을 고통스럽게 하는지 알면, 행복한 삶에 이르는 길이 보일지도 모른다. 붓다는 고통으로 가득한 삶의 모습을 직시하고, 삶의 근본적인 문제에 주목하였다. 생로병사와 같은 고통의 원인이 무엇이며, 고통의 원인을 사라지게 하는 길이 무엇인지 고민하였다. 즉, 행복에 대한 고민이 아니라 고통에 대한 고민이 먼저 이뤄지고 있다. 아래에서는 인생의 고통을 극복하기 위한 깨달음의 여정에 함께해 보자.

붓다의 가르침 중 가장 기본적인 가르침은 고제苦諦 · 집제集諦 · 멸제滅諦 · 도제道諦의 네 가지로 구성된 사성제四聖諦가 대표적이다. 사성제를 구성하는 네 가지는 두 개씩 짝을 이뤄 원인과 결과 구조를 취하고, 각각 한 쌍이 미망迷妄과 깨달음의 원인과 결과 구조이다. 풀어 설명하자면 집集은 미망의 원인이며, 고苦는 그 결과이다. 또한 도道는 깨달음의 원인이고, 멸滅은 그 결과라고 할 수 있다. 그렇다면 아래에서는 그 구체적인 내용을 살펴보면서 미망에서 벗어나 깨달음으로 향해 갈 수 있는 방법을 탐색해 보겠다.[18]

우선 미망의 결과인 고부터 살펴보자. 고는 인간이 생각한 대로 되지 않고, 바라는 대로 되지 않아 결핍감으로부터 느끼는 상태이다. 태어나서 늙고 병들고 죽어 가는 인간의 삶은 자신이 원하는 대로 흘러가지 않고, 때론 그 반대로 흐리기도 한다. 때문에 충족감보다는 결핍감을 느끼게 되고 고통스럽게 되는 것이다. 생로병사에는 생리적이고 감각적인 고통뿐만 아니라 심리적인 고통 역시 뒤따른다. 그렇기에 고는 인간이 살고 있는 세계의 본질을 표상한다고 할 수 있다.

그렇다면 미망의 결과인 고는 어떻게 생겨나게 된 것인가? 즉, 고통의 원인은 어디에 있는 것일까? 붓다는 미망의 원인이자 고의 원인을 집에서 찾고 있다. 집은 우주 삼라만상의 무상無常함과 육체적 자아에 매몰되지 않은 참자아를 깨닫지 못해서, 과도한 욕망으로 무언가에 집착하고 성내는 어리석음이라고 할 수 있다. 세계도, 그 세계에 살고 있는 나도 변화하고 무상하다는 깨달음을 얻지 못해 집착하기에 고통이 발생한다는 것이다.

그러면 인간은 이런 고통에서 벗어날 길이 없는 것인가? 붓다는 깨달음의 결과이자 고통에서 벗어난 결과인 멸의 상태를 설법한 뒤, 괴로움을 없애는 방법을 말했다. 고통에서 벗어난 멸의 상태는 다음과 같이 설명될 수 있다.

> 열반의 상태란 비유하자면, 고요한 숲 속의 맑고 깨끗한, 바닥이 내려다보이는 호수에서 배를 타고 호수 바닥의 조약돌이나 조개껍질, 물풀이 어우러져 있는 광경을 내려다보고 있는 것과 비슷한 상태이다. 그러니까 인생의 도상에서 갖가지 괴로움이나 번뇌가 나타나지만, 그러한 번뇌나 괴로움에 사로잡히지 않고 그것을 바라볼 수 있는 상태를 말하는 것이다.
>
> – 최승호 외, 『동양철학의 이해』[19]

번뇌와 고통을 없애기보다는 내가 그 번뇌나 고통에 사로잡히지 않는 것이다. 이는 번뇌와 고통을 야기하는 욕망과 집착에 사로잡히지 않고, 무상함을 깨닫는 것을 통해 가능할 것이다. 이처럼 고통의 근본적인 원인이 무상함을 알지 못하는 데서 생기므로, 무상함을 알고 이를 삶에서 실천한다면 고통에서 벗어날 수 있다. 도가 바로 이러한 깨달음을 삶에서 실천하는 것이다. 하지만 머리에서 발까지의 거리가 가장 멀다는 말이 있듯이, 아는 것과 그것을 삶에서 실천하는 것 사이의 간격은 멀다. 그렇기 때문에 인간은 어제도, 오늘도, 어쩌면 내일도 무언가에 집착하고, 비교하고, 고통받으며 살아가는 것이리라.

더 읽을 거리

미셸 포쉐 지음, 조재룡 옮김, 『행복의 역사』, 열린터, 2007.
신동흔, 『살아있는 한국신화』, 한겨레출판, 2014.
신영복, 『강의』, 돌베개, 2004.
이강수, 『노자와 장자 - 무위와 소요의 철학』, 길, 2006.
이성강 감독 애니메이션, 〈오늘이〉, 2003.
피터 첼섬 감독, 〈꾸뻬씨의 행복여행〉, 2014.

PART 02

행복과 건강한 마음에 대한 현대적 논의와 문학치료학

1 마음 탐색의 도구들

앞서 우리는 동서양의 사상가들을 통해 인간과 인간의 삶에 대한 철학적 고민들을 알아보았다. 이를 통해 인간은 어떠한 본성을 가지고 있고, 그러한 본성 때문에 어떠한 삶을 영위하고, 영위하고자 하는가에 대해 다양한 논의들을 살필 수 있었다. 여기에서는 본격적으로 인간의 마음을 연구의 대상으로 삼기 시작한 심리학 분야의 연구를 통해 인간의 마음이 어떻게 규명되고 있는지를 살펴보고자 한다.

우리는 어떻게 살아야 행복할 수 있을까를 끊임없이 고민한다. 이 질문에 정답은 없겠지만, 해결의 실마리라도 얻기 위해서는 우리의 마음이 진정으로 원하는 것이 무엇인지 들여다보는 시간이 필요하다. 우리들의 마음속에서 어떤 일이 벌어지고 있고, 이 일들을 이해하는 일이 행복을 향해 가는 첫걸음이 될 수 있기를 기대한다.

여기서 소개하는 학자들은 인간이 누릴 수 있는 행복한 삶의 가능성에 대해서도 서로 다른 입장을 취하고 있다. 이들의 논의를 살피며 우리가 생각하는 행복이 무엇이고, 어떻게 살아야 행복해질 가능성이 높아지는지 성찰의 계기를 마련해 볼 수 있을 것이다.

지그문트 프로이트Sigmund Freud: 문명과 행복[1]

프로이트는 인간이 본능적 욕구의 충족을 통해 쾌락을 추구하며 살아간다고 주장했다. 인간에게 쾌락의 충족만이 인생의 목표가 될 수 있다면 문제는 간단할 것이다. 그러나 프로이트는 인간이 쾌락만 추구해서는 살아갈 수 없다는 점도 인정했다. 현실이 요구하는 원칙도 적절히 지키며 살아야 삶을 영위해 나가는 것이 가능하다는 것이다. 인간은 생존을 위해 문명사회의 일원이 되어야 하기 때문이다.

프로이트는 인간에게 집단을 형성하려고 하는 심리가 있는데, 이는 자연의 위협으로부터 스스로를 보호하고 자연을 지배할 수 있는 힘, 자연을 자신의 요구에 맞게 가공할 수 있는 힘을 갖기 위해서라고 보았다. 대자연을 상대로 개인은 상대가 되지 않지만 집단을 이루면 사정이 달라진다. 다른 인간과 서로 협력하면 자연 상태에서 생존의 가능성이 높아지기 때문에 일단 죽지 않고 살아남기 위해 가족제도를 발전시켜야 했다는 것이다. 또한 가족을 이루고 살면 지속적인 생산 활동이 가능해져 먹고사는 문제를 수월하게 해결할 수 있었다.

인간은 생존의 필요에 의해 문명 생활을 시작했으나 이는 인간의 원초적인 욕구의 충족을 한편으로는 보장하고 또 한편으로는 억압하는 것이 되었다. 예를 들어 인간의 본능적 욕구 가운데 하나인 성적 욕구는 종족의 번식을 위해서만 허용되었다. 일부일처의 가족제도 안에서만 해소될 수 있게 된 것이다. 덕분에 인간은 성적 욕구의 충족을 위해 대상을 찾아 헤매는 노력을 하지 않아도 되게 되었으나 가족이라는 제도를 벗어나는 충동은 죄악으로 취급되었다. 문명은 발전에 필요한 에너지의 대부분을 사랑에서 취하기 때문에 성생활로 낭비되지 않도록 사랑의 추구를 제한하고 일부만을 허용하고 일부일처제 외의 관계에 배타적이라는 것이다. 인간의 본능이 일부일처라는 가족제도와 가까운 것이라면 문제가 안 될 것이지만 프로이트에 따르면 애석하게도 일부일처제는 인간의 본능적 욕구와는 거리가 멀다. 남편이 아닌 남자, 아내가 아닌 여자에게도 성적 충동이 일어날 가능성은 있는 것이다. 이처럼 문명은 인간의 생존 가능성을 높이는 대신 인간의 본능적 욕구는 억압하게 되었다. 인간이 본능적 욕구의 충족에서 행복을 느낀다면 문명사회의 일원으로 살아가는 것은 인간에게 행복한 삶을 보장할 수 있을까?

인간은 모두 공평하게 행복하기 위해 즉각적인 본능적 욕구의 충족을 유예하고 지연하였다. 인간이 모여 문명을 이루기 위해 질서가 필요했고, 질서를 수호하기 위해 도덕이 필요했다. 도덕은 문명의 유지와 발전을 위해 인간의 본능적 충동을 억압하는 데 기여했다. 예를 들면 프로이트는 성적 욕구 외에도 타인에 대한 공격성을 인간의 원초적 욕구 가운데 하나로 보았다. 그러나 이를 그대로 분출하게 두면 문명은 붕괴의 위기를 맞이하게 될 것이다. 그래서 문명은 개인에게 '네 이웃을 네 몸처럼 사랑하라'고 요구한다. 이 요구는 '원수를 사랑하라'는 명령과 근본적으로 같다. 왜냐하면 '인간은 인간에게 늑대Homo homini lupus'이기 때문이다. 프로이트는 이웃에 대한 이와 같은 윤리적 계율은 인간이 지키기 어려운 것이라고 주장한다.

문명은 스스로 세련화하면서 윤리적 계율을 강화했고, 인간의 욕망을 억압하고 순치해 왔다. 인간은 문명을 지키기 위해 마음속에 본능적 욕구가 떠오르기만 해도 처벌할 양심과 죄책감이라는 주둔군을 두었다. 본능을 억압하는 윤리적 계율을 강조하는 것은 그 이면에 본능을 충족하고자 하는 강력한 충동이 자리 잡고 있기 때문이다. 프로이트에 따르면 문명의 유지와 발전을 위해 인간에게 요구되는 것은 죄책감의 강화인 것이다. 문명이 발전할수록 죄책감은 점차 커져 갈 것이다. 그런데 죄책감은 인간으로 하여금 도덕적이지 않은 스스로의 본성을 궁지로 몰아넣도록 한다. 죄책감이 커지면 커질수록 개인은 고통받게 되고, 그 고통은 개인이 더 이상 참을 수 없는 수준에까지 도달하고 말 것이다. 즉, 문명이 진보할수록 죄책감은 고조되어 인간은 고통받게 될 것이며 행복은 요원해질 것이다.

프로이트에 따르면 인간은 문명을 이룬 이상 순간적인 행복의 성취에 만족하면서 신기루처럼 사라질 행복의 숙명을 받아들일 수밖에 없다. 인간은 생존을 위협하는 고통으로부터 벗어나기 위해 문명을 만들었으나 문명 때문에 본능적 욕구를 억압하게 되었고, 본능적 욕구의 충족을 통해 행복을 느끼는 인간은 점점 불행해질 수밖에 없다는 것이다. 자신이 원하는 것이 무엇인지, 본능적 욕구가 무엇인지도 모르게 되는 것이 현대인의 운명이다. 프로이트에 의하면 건강한 자아를 가진 사람은 본능적 욕구와 문명적 요구 사이에서 균형을 찾는, 한편으로는 본능적 욕구를 충족하고 다른 한편으로는 문명적 요구를 사수하면서 균형을 유지한다. 즉, 초자아의 눈치를 보면서 영민하게 본능을 충족시킨다는 것이다.

프로이트 외에도 어떤 행위의 결과 얻어지는 쾌락이 인간의 행복을 좌우한다고 보는 이론가들이 있다. 그러나 이들은 인간이 무엇에서 쾌락을 느끼는가에 대해 프로이트와는 다른 입장을 취한다. '질적 공리주의'를 주장한 존 스튜어트 밀John Stuart Mill이 여기에 속한다. 밀은 인간의 본성이 동물적인 본성 이상의 쾌락, 질적으로 고차원적인 동감

sympathy, 자애benevolence와 같은 쾌락을 추구하도록 되어 있다고 주장하였다. 따라서 이러한 본성을 가진 인간은 자신의 쾌락만을 추구하지 않고 타인의 행복까지 고려한 정신적 쾌락을 추구한다고 하여 쾌락의 범위를 확장하였다. 밀에 따르면 인간은 본성적으로 자기 자신보다 타인을 위하도록 되어 있기 때문에 그대로 두어도 선한 방향으로 나아간다고 한다. 따라서 개인에 대한 간섭을 최소화하여야 한다는 자유방임을 정치이념으로 삼을 것을 주장한다.

예시 문명과 본능의 충돌, 〈변강쇠가〉[2]

〈변강쇠가〉는 인간의 성 본능과 문명의 갈등 문제를 다루고 있는 문제적 작품이라 할 수 있다. 성 본능의 에너지는 문명의 요구에 따라 순치되고 승화되어야 하기 때문에 갈등을 발생시킨다. 이 작품에서 변강쇠가 가진 성적 에너지는 변강쇠가 죽음을 맞이하며 문명에 의해 순치되고 결국 문명이 승리를 거두는 것으로 갈등이 마무리되는 것처럼 보인다.

(의원이 강쇠의 병에 방도가 없다는 말을 하고 돌아간 후,)

의원이 간 연후에 침약의 힘일는지 목신의 조화든지 강쇠가 말을 하여 여인 옥수를 덤뻑 잡고 낙루하며 하는 말이, "자네는 양서兩西 사람, 내 몸은 삼남三南 사람, 하늘이 지시하고 귀신이 중매하여 오다가다 맺은 연분 죽자살자 깊은 맹세, 단산丹山의 봉황이요, 녹수綠水의 원앙이라. 잠시도 이별 말고 백년해로하쟀더니 일야에 얻은 병이 백 가지 약 효험 없어, 청춘소년 이내 몸이 황천黃泉 원로遠路 갈 터이니 생기사귀生奇死歸 성인 말씀 나는 쉽지 않거니와, 생이사별生離死別 자네 정경 차마 어찌 보자는가. 비같이 붓던 정이 구름같이 흩어지면

눈같이 녹는 간장 안개같이 이는 수심愁心. 도리화桃李花 피는 봄과 오동잎 지는 가을, 두견이 섧이 울고 기러기 높이 날 제, 독수공방 저 신세가 잔생殘生이 불쌍하다. 자네 전경情景 가긍하니 아무리 살자 하되 내 병세 지독하여 기어이 죽을 테니, 이 몸이 죽거들랑 염습殮襲하되, 입관入棺하기 자네가 손수 하고, 출상出喪할 제 상여 배행陪行, 시묘侍墓 살아 조석 상식上食 삼년상을 지낸 후에 비단 수건 목을 졸라 저승으로 찾아오면 이 생生에 미진연분未盡緣分 단현부속斷絃復續되려니와, 내가 지금 죽은 후에 사나이라 명색하고 십세전 아이라도 자네 몸에 손대거나, 집 근처에 얼른하면 즉각 급살할 것이니 부디부디 그리하소."

속곳 아구대에 손김을 풀쑥 넣어 여인의 보지 쥐고 으드득 힘 주더니 불끈 일어 우뚝 서며, 건장한 두 다리는 유엽전柳葉箭을 쏘려는지 비정비팔非正非八 빗디디고, 바위 같은 두 주먹은 시왕전十王殿에 문지긴지 눈 위에 높이 들고, 경磬 쇳덩이 같은 눈은 홍문연鴻門宴 번쾌樊噲런지 찢어지게 부릅뜨고, 상투 풀어 산발하고, 혀 빼어 길게 물고, 짚동같이 부은 몸에 피고름이 낭자하고, 주장군은 그저 뻣뻣, 목구멍에 숨소리 딸깍, 콧구멍에 찬 바람 왜, 생문방生門方 안을 하고 장승 죽음하였구나.[3]

문명의 목적은 개인의 행복을 증진시키는 데 있지 않다. 변강쇠와 옹녀. 한 연인이 서로와의 관계만으로 행복할 수 있다고 해도 문명은 이를 바라지 않는다. 오히려 연인이 둘만으로 너무 충분하면 다른 사회적 관계를 맺지 않으려 하거나 사회적 책무 수행에 소홀해지기 때문에 문명이 경계해야 될 대상이 된다. 따라서 옹녀만을 바라는 변강쇠의 욕망은 그 자체로 반문명적 성격을 갖는다고 할 수 있다.

그러나 위에서처럼 변강쇠가 험한 죽음을 맞게 된 것은 공동체의 안녕을 수호하던 장승을 함부로 뽑아 땔감으로 썼기 때문이다. 즉, 본능에 충실했던 변강쇠는 문명의 수호자 역할을 하는 장승에 의해 죽음을 맞게 된 것이다.

그리고 변강쇠의 죽음 이후에 벌어지는 소동, 변강쇠의 시신에 다른 사람들이 달라붙게 되는 장면은 성적 본능이 변강쇠에게만 속한 것이 아님을 암시한다. 문명에 위협적인 본능은 모두가 갖고 있는 것이다.

성적 본능의 추구가 문명과 필연적으로 갈등을 빚을 수밖에 없다면 우리는 어떻게 해야 할까? 이에 대한 단서도 〈변강쇠가〉에서 찾을 수 있다. 옹녀를 도와 변강쇠의 시신을 처리해 준 뎁득이처럼 하면 된다. 우리에게는 뎁득이처럼 타인의 입장을 이해하고 함께 느끼는 공감 능력과 복잡한 상황을 단순하게 이해해 판단하는 도덕적 지혜가 필요하다. 문명의 요구를 그대로 따르기엔 본능의 희생이 너무 커서 행복해지기 힘들고, 본능대로 사는 것은 변강쇠의 죽음이 보여주듯 그 대가가 너무 크다. 문명과 본능의 대립과 충돌은 어느 한쪽의 희생(대부분 개인)으로 마무리되기 마련이기에 그 사이 어딘가에 유연하게 자리 잡는 방법을 깨달아야 행복한 삶을 살 수 있을 것이다.

칼 구스타프 융Carl Gustav Jung: 대극의 통합과 자기실현

융은 인간이 가진 자유의지가 인간을 행복으로 인도한다고 주장하였다. 융은 인간이 원래의 '자기'를 회복해야 한다고 주장한다. 이때 자기는 인간 정신의 총체, 의식과 무의식을 포괄하는 전 범위이다. 자기는 신을 닮은 인간의 본성이고, 상징을 통하여서만 그 모습을 나타낸다. 자기의 회복은 대극 요소들의 조화, 전일성의 획득을 의미한다. 현대인이 삶에서 목적을 잃고, 소외되어 있는 상태를 벗어나기 위해서는 자기를 인식하고, 자기 내면의 신성성을 회복하여 자기를 실현하도록 하는 것을 인생의 과업으로 삼아야 한다고 주장한다.

인간은 35세를 전후로 하여 전반기의 과업과 후반기의 과업이 다르다. 전반기의 과업은 '외부 현실에의 적응'으로 외적 현실에서 요구하는 역할에 대한 기대에 부응하는 것이다. 이에 비해 후반기 과업은 '내면세계에 입문'하는 것이다. 그래서 자기를 통찰하고 인간에 대해 이해하며 무의식에 가라앉아 있는 자기를 검토하여 고유한 개성을 발견하고 자기 안에 있는 세계[내부 세계]와 밖에 있는 세계[외부 세계]를 합치시켜야 한다. 이를 '개성화 과정process of individuation'이라 한다.

융은 근대적 이성을 발견한 이후 인간들이 합리적인 이성 활동을 하게 되면서 본래의 자기를 잃었다고 주장한다. 합리적 이성은 세계를 선과 악의 이분법적 대립 구도로 파악하도록 요구하고, 인간은 그 가운데 '선'을 선택해야 한다고 강요받는다. 그러면서 사회적으로 요구되는 자아상과 어긋나는 내면은 무의식적으로 억압하여 그림자로 존재하게 한다.

융은 인간이 사회의 일원이 되기 위해 동물적 기질들을 길들여 그림자로 가지게 된다고 하였다. 동물적 기질은 그림자의 여러 징후를 억압하고 그림자의 힘에 대항하는 강한 페르소나를 발달시킴에 따라 길들이게 된다. 자기 본성의 동물적인 측면을 억제하는 사람은 문명인이 될 수 있다. 그러나 동물적 기질은 자발성, 창조성, 강한 정서, 깊은 통찰의 원동력이 되므로 이를 감퇴시킨 대가를 치르게 된다. 자아와 그림자가 서로 조화를 이루면 인간은 삶의 충만함과 활기를 느끼게 된다. 그러나 그림자를 억압하면 할수록 인간은 야수로 돌변하게 된다. 그림자는 자기의 마음 가운데 열등하고 부정적인 요소로 '사람들이 되기 원하지 않는 것'이면서 '또 다른 나'이지만 그 존재를 인정하기 싫은 '검은 형제'이다.

융은 그림자를 비롯하여 인간의 인격과 행동을 형상화하는 주요한 원형으로 페르소나persona, 아니마anima · 아니무스animus, 그림자shadow, 자기self와 같은 개념을 동원하였다.

인간은 겉으로 드러나는 사회적 가면인 페르소나에 의해 자신의 성격이 아닌 다른 성격을 연기할 수 있다. 페르소나란 개인이 대중에게 보여주는 가면 또는 겉모습이며, 사회의 인정을 받을 수 있도록 좋은 인상을 주려는 의도가 내포되어 있다. 사회의 요구에 '순응conformity'하려는 시도인 것이다.

페르소나는 사회생활을 영위할 수 있도록 하기 때문에 생존을 위해 필요한 것이다. 못마땅한 사람과도 친교를 맺을 수 있도록 하고, 다른 정신적 욕구의 충족을 위해 이중생활도 가능하게 한다. 인간에게 페르소나는 적어도 하나 이상이고 각기 다른 상황에 맞추어 다른 페르소나를 사용한다. 어떤 페르소나가 지나치게 발달하면 그 페르소나와 상치되는 다른 인격의 일부와 갈등을 일으키고 긴장을 발생시키기도 한다.

아니마와 아니무스는 각각 남성 정신의 여성적 측면과 여성 정신의 남성적 측면을 지칭한다. 인간은 태도나 감정 등의 심리학적 의미에서 생물학적 성과 다른 이성異性의 성질을 가지고 있으며 이 둘 사이의 균형을 유지해야 한다. 예를 들어 어떤 남자가 겉으로 남성적인 성향만을 나타낸다면 그의 여성적 특성은 발달되지 못한 원시적 상태로 무의식에만 머물게 된다. 이는 무의식에 나약함과 민감성을 만들어서 겉으로 보기에는 남자다워 보여도 내면으로는 연약하고 고분고분한 특성을 보이게 된다. 페르소나가 발달하면 남성은 자신의 여성성, 여성은 자신의 남성성을 억압하게 되고, 무의식으로 억압된 아니마나 아니무스는 반란을 일으킬 가능성이 커진다.

융에 따르면 인간 정신의 궁극적인 목표는 자기다움과 자기실현의 상태를 달성하는 것이다. 대표적으로 예수나 석가가 자기실현을 달성한 인물들이다. 자기는 개성화의 과정을 거쳐 충분히 발달되어야 서서히 그 모습을 드러내기 시작한다. 자기 인식은 꿈을 분석하거나 진실한 종교적 체험을 통해 자기를 이해하게 되면 가능하다. 자기실현의 상태로 가기 위해서는 자기 인식에 중점을 두어야 한다. 자기에 대해 알려고 하지 않고 이해하려 하지 않으면서 자기실현에 도달할 수는 없다. 인간은 무의식적인 것을 의식화하는 노력을 거듭하며 자기 자신의 본성과 위대한 조화를 이루어야 한다. 자신의 무의식을 미지의 영역으로 남겨두면 무의식적 요소들을 다른 사람에게 투사하게 되고, 자신이 지각못한 자신의 결점 때문에 다른 사람을 공격하고 비난하게 된다. 자기 인식은 이런 투사의 정체도 알게 해 준다.

예시 통합하지 못한 그림자, 〈지킬 앤 하이드〉

〈지킬 앤 하이드〉는 우리 내면에 공존하는 빛과 그림자의 존재를 잘 보여주고 있는 작품이다. 지킬 박사는 정신병을 앓고 있는 아버지를 살리기 위해 인간의 정신을 분리해 내는 신약을 개발하던 중, 스스로에게 개발한 약의 효과를 실험하게 된다. 이 실험에서 지킬 박사는 하이드라는 내면의 그림자를 깨우게 되는데, 사람들을 신사적으로 대하고 온순한 성격을 가진 지킬 박사와는 달리 하이드는 충동적이고 본능에 충실하다.

〈지킬 앤 하이드〉

지킬 박사는 인격을 분리하려는 시도는 성공했으나 새로 깨어난 인격을 제어할 수 없음을 곧 깨닫게 된다. 사랑하는 여자를 대하는 방식도 너무 다른 두 인격. 급기야 하이드는 사랑에 빠진 여인을 살해하는 범죄를 저지르고 지킬 박사는 하이드를 제어할 수 없음에 괴로워한다.

지킬 박사는 우리가 사회적 관계의 안정을 위해 다른 사람들에게 보여주기 좋은 모습을 선별하여 만들어 낸 '페르소나'에 가깝다면, 하이드는 우리가 사회의 일원이 되기 위해 길들인 동물적 기질들을 표상하는 '그림자'에 가깝다. 지킬 박사에게는 없는 활력이 하이드에게는 있으며, 하이드에게는 없는 사회성이 지킬 박사에게는 있다. 이 작품을 통해 우리는 우리 내면에 상반된 두 인격, 페르소나와 그림자를 모두 가지고 살아간다는 사실과 두 인격 모두 우리에게 필요하다는 사실을 상기하게 된다. 여기에서 중요한 것은 두 인격 모두 우리 안에 존재한다는 것이다. 두 인격을 분리해서 필요에 따라 한 인격만을 남기려는 지킬 박사의 시도는 실패로 치닫는 것이 당연하다. 소외되고, 억압되어 있는 인격은 사라지지 않고 우리가 사는 동안 우리를 끊임없이 괴롭힐 것임이 분명하기 때문이다. 따라서 우리의 목표는 하이드를 만들지 않는 것이다.

알프레드 아들러Alfred Adler: 콤플렉스complex적 인간[4]

콤플렉스는 프로이트S. Freud에 의해 발견된 이후 여러 학자들에 의해 그 심리적 구조가 언급되었고, 그 원인과 양상에 대해서도 다양한 이론이 제기되었다. 그 중에서도 아들러가 제기한 이론이 오늘날 우리들이 콤플렉스에 대해 이해하는 바와 유사하다.

아들러는 우리에게는 누구나 상대적으로 열등한 부분이 있고, 그 열등성에 대한 무의식적 인식, '열등감'이 인간의 성격 형성에 작용한다고 주장하였다. 열등감에 고착되면 과도하게 위축되거나, 반대로 열등감을 극복하기 위한 노력이 과대 보상의 형태로 발현되어 병적인 우월감이나 지배욕, 폭력적 성향을 띠게 되는 등의 문제적 상황이 발생한다고 보았다.[5]

아들러에 따르면 콤플렉스는 '무의식적으로 얽혀 고착된 부정적 자기 인식[6]'으로 정의할 수 있다. 콤플렉스가 무의식적인 영역에서 작동하는 기제라고 보는 이유는 우리 스스로 의식적 차원에서 자신의 콤플렉스에 대해 자각하고 통제하기 어렵기 때문이다. 우리들은 살면서 간혹 원하거나 의도하지 않은 자기 자신의 정서적인 반응 혹은 행동에 당혹스러움을 느끼는 경험을 하기도 한다. 또는 전혀 관련이 없는 것처럼 보이는 정보나 자극에 유사한 패턴의 반응을 보이고 있다는 것을 발견하기도 한다. 이처럼 삶의 경험을 통해 우리는 무의식적인 영역에서 일정한 메커니즘을 형성하고 작동하고 있는 콤플렉스의 존재를 느낄 수 있다.

대부분의 콤플렉스는 자기 자신이 부정적으로 받아들이는 어떤 경험의 원인을 스스로에게서 찾는 것을 핵심으로 한다. 아들러에 의하면 이 부정적 자기 인식에 작용하고 있는 것이 열등감이다. 자기 스스로에 의해서 혹은 다른 사람에 의해서 자신의 부족하고 모자란 부분만 들여다보게 되면서 그에 고착되어 '나는 어차피 못해', '나는 안 돼'라는 인식에 사로잡히게 되고, 이와 같은 자기 인식이 현실 대응 방식에 반영되어 나타나게 된다는 것이다. 콤플렉스에 사로잡히게 되면 모든 것이 그

필터를 통해서만 인식되기 때문에 삶의 태도나 가치관, 대인 관계 등이 모두 그 영향권에 놓이게 된다.

예를 들어, 한 광고 기획사에서 한 회사의 광고 제작 프레젠테이션을 할 때 회사의 로고를 비뚤게 하면 광고주들은 그 로고를 보느라 정작 보아야 할 광고의 내용은 주의 깊게 보지 못한다고 한다. 광고주들은 프레젠테이션의 내용에 대해서는 특별한 불만을 표시하지 않고 로고가 비뚤어진 것만 지적하게 된다는 것이다. 이처럼 콤플렉스는 그 자체로는 그렇게 중요한 것이 아님에도 불구하고 비뚤어져 있어서 계속 시선을 끌며 우리들의 마음을 사로잡는다.

예시 외모 콤플렉스의 재발견, 〈슈렉〉

〈슈렉〉에는 여느 동화처럼 납치된 공주와, 공주를 구하러 가는 남자가 등장한다. 그러나 여느 동화처럼 공주가 아름답지도, 공주를 구하러 가는 남자가 훤칠한 외모를 가진 왕자도 아니다. 당연히 공주를 구하러 가는 남자는 공주의 아름다운 외모 때문에 구하러 가는 것이 아니다. 그러나 남자와 공주는 사랑에 빠진다. 스스로의 외모에 자신이 없고, 당연히 다른 사람들은 자신을 무서워하고 싫어할 것이라고 단정한 채 마음의 문을 닫아걸고 다른 사람의 방문조차 허락하지 않으며 살던 슈렉. 그러나 슈렉은 가기 싫지만, 어쩔 수 없이 가게 된 공주를 구하는 여정에서 원래의 미모를 되찾지 못하여 슈렉처럼 외모가 변해 버린 공주를 사랑하게 된다. 슈렉의 외모 콤플렉스는 자신과 마찬

〈슈렉〉

가지인 사람을 사랑하는 경험을 하게 되면서, 자신이 상대를 사랑하는 것처럼 자신도 사랑받을 수 있는 존재임을 깨닫는 사건을 경험하며 깨어진다.

슈렉을 통해 우리는 사랑하는 사람을 알아보는 데에는 사랑하는 사람의 외모 조건보다 더 중요한 것이 있음을 상기하게 된다. 우리는 이미 알고 있다. 내가 사로잡혀 있는 나의 못난 부분을 다른 사람들은 별로 중요하게 여기지 않는다는 것. 그래서 나의 존재를 알아보는 데에는 별로 영향력을 미치지 못한다는 것을.

예시 신체적 열등감의 문제, 〈숙영랑 · 앵연랑 신가〉[7]

이 작품은 함경도 지역에서 연행되던 서사무가로, 장님으로 태어난 거북이와 앉은뱅이로 태어난 남생이 형제가 그들이 태어날 때부터 지니고 있던 장애를 치유하고 혼수성인으로 좌정하게 되는 과정을 이야기하는 한국 신화이다. 거북이와 남생이 형제는 자신들의 선천적 장애를 다른 사람들로부터 사랑받지 못하는 원인으로 지목하며 스스로를 무능과 무용의 존재로 인식한다. 그러나 이러한 자기 인식이 당위적인가에 대해서는 재고의 여지가 있다. 오히려 부정적 자기 인식으로 말미암아 형제는 정말로 쓸모없는 존재로서의 삶을 사는 모습을 보여준다. 형제는 부모님이 돌아가시며 남겨 준 유산을 소진하며 살 뿐이다. 이는 형제가 콤플렉스에 사로잡혀 스스로를 무엇을 해도 잘 못해 낼 존재라고 인식한 서사적 결과라 할 수 있다.

그러나 형제는 '나는 다르게 살 수 없는 존재인가?'라는 물음에 답을 구하기 위해 여행을 떠난다. 그 여행길에서 형제는 상대에게 없는 부분을 채워 줄 힘이 자기 자신에게 있음을 발견하게 된다. 즉, 앞은 못 보지만 걸을 수 있는 사람은 앞은 볼 수 있지만 걷지 못하는 사람의 다리가 되어, 앞을 보는 사람은 앞 못 보는 사람의 눈이 되어 더디지만 앞을 향해 나아갈 수 있음을 깨닫게 된 것이다. 그 여정을 통해 형제는 자신들의 문제가 사실은 극복하지 못할 문제가 아님을, 스스로를 무능하고 무용한 존재로 인식하는 내면의 콤플렉스가 보다 근본적인 문제임을 깨닫는다. 자신들의 내면에 자리 잡은 콤플렉스를 인식하고 나니, 할 수 없다고 생각한 일이 사실은 노력으로 해낼 수 있는 일이 된다. 형제는 그렇게 노력하며 앞으로 나아가는 방법을 선택할 수 있게 된 것이다.

프리츠 펄스Fritz Perls: 지금-여기now & here와 자기 의존[8]

펄스는 실존주의적 관점에서 게슈탈트 치료Gestalt therapy를 주창하였다. 펄스에 의하면 인간은 자신의 욕구나 감정을 하나의 의미 있는 행동 동기로 조직화하고 게슈탈트Gestalt를 형성하여 지각한다. 이때 인간의 신체 · 정서 · 사고 · 감각 · 지각 등 모든 부분은 서로 관련을 맺고 있는 전체로 파악하여야 한다. 인간은 전체 또는 완결성을 지향한다. 이때 이를 저해하는 불균형이나 부적응의 상태에 놓이게 되면 자기 조절self-regulation과 외부 조절external regulation을 통해 이를 조정하려고 한다. 인간은 건강할수록 자기조절을 통해 문제 상황을 극복한다.

펄스에 의하면 인간은 내 · 외적 자극에 대하여 능동적으로 반응하며 책임을 지는 실존적 존재이다. 인간은 경험을 통해 즐거움과 기쁨을 느끼기도 하지만 슬픔과 고통을 느끼기도 한다. 그러나 부정적인 감정 또한 그 자체로 중요하기 때문에 피하거나 억압하려고 해서는 안 되고 그 자체로 받아들여야 한다. 인간은 자신의 존재를 있는 그대로 받아들이고 자기 자신의 존재를 실현하는 것을 목표로 삼아야 한다. 즉, 인간은 자기 존재가 실존하는 현재에 대해 인식하고, 당위에 의해 판단하지 않으며 지금 있는 모습 그대로를 받아들여야 한다고 주장한다. 과거는 이미 지나가 버려 다시는 경험할 수 없는 것이고, 미래는 아직 오지 않아 경험하지 못한 것이므로 실재하지 않는다는 것이다. 펄스는 '지금-여기now & here'에 존재하는 인간을 중요시한다.

또한 펄스는 인간은 자신이 가지고 있는 내적 자원들을 알아차리고 이로 인해 자립할 수 있는 능력을 이미 가지고 있다고 주장하였다. 인간은 '자기self'와 '자기상self-image'을 가지는데, '자기'는 자기 존재의 실현을 촉진하는 창조적 측면이고, '자기상'은 인격의 어두운 부분으로 성장을 방해하는 측면이다. 자기상이 발달할수록 인간은 내적 기준에 의해 있는 그대로의 자기 모습으로 살아가거나, 자기를 창조적으로 실현해 가는 존재가 되지 못하고 외부 환경이 요구하는 기준에 맞추어 살며 당위에 집착한다. 따라서 펄스는 자기 자신의 자기self에 의존하는 인간이 되어야 한다고 주장한다.

인간이 자기 자신을 있는 그대로 전부 받아들여 통합하지 못하고 일부만을 자신의 것으로 인정하게 되면 소외당한 나머지 인격은 구멍이 된다. 그리고 '인격의 구멍'은 성장을 방해한다. 이 때문에 자신이 느끼는 것을 그대로 말하면 다른 사람들이 자신의 곁을 떠날 것이라고 여기면서 다른 사람이 원할 것이라고 예상하는 역할을 연기하기도 한다. 그러나 펄스는 "나는 나고, 너는 너다."라고 말하며 타인의 기대나 요구에 따라 살기보다 자기 자신의 삶을 사는 것이 중요하다고 주장한다.

〈Gestalt prayer〉

프리츠 펄스

나의 일은 내가 하는 것이고, I do my thing,
그리고 그대의 일은 그대가 하는 것입니다. And you do your thing.
나는 그대의 기대에 따라 I am not in this world
이 세상을 살아가는 것이 아니며, To live up to your expectation,
그대 또한 나의 기대에 따라 And you are not in this world
이 세상을 살아가는 것이 아닙니다. To live up to mine.

그대는 그대이고, You are you,
그리고 나는 나입니다. And I am I.
그러나 만약 우리가 우연히 서로를 발견할 수 있다면, But if we find each other by chance
그건 아름답습니다. It's beautiful.
그러지 못할 땐 If not,
어찌할 수 없는 것이지요. It can't be helped.

예시 '지금–여기'의 나. 박지원의 〈영처고서瓔處稿序〉[9]

박지원은 이덕무의 시집 「영처고」에 써 준 서문인 〈영처고서〉에서 새롭게 지은 글을 평가할 때 무엇을 기준으로 삼아야 하는지 논하고 있다. 과거에만 가치를 두고 과거와 같지 않은 오늘날의 것을 비루하다 평가하는 것을 경계하고 오늘날의 것에서 가치를 찾아야 함을 역설하고 있는 것이다.

자패子佩(유연柳璉)가 말했다.

"비루하구나, 무관懋官이 시를 지은 것이야말로! 옛사람의 시를 배웠음에도 그와 비슷한 점을 보지 못하겠다. 털끝만큼도 비슷한 적이 없으니 어찌 그 소리인들 비슷할 수 있겠는가? 야인野人의 비루함에 안주하고 시속時俗의 자질구레한 것을 즐기고 있으니, 바로 오늘날의 시이지 옛날의 시는 아니다."

나는 이 말을 듣고서 크게 기뻐하여 말했다.

"이것이야말로 그의 시에서 살필 수 있는 점이다. 옛날을 기준으로 지금을 본다면 지금이 진실로 비속하기는 하지만, 옛사람들도 자신을 보면서 반드시 자신이 예스럽다고 생각하지는 않았을 것이다. 그 시를 살펴보던 사람 역시 그때에는 하나의 지금 사람이었을 따름이다.

그러므로 세월이 도도히 흘러감에 따라 풍요風謠도 누차 변하는 법이다. 아침에 술을 마시던 사람이 저녁에는 그 자리를 떠나고 없으니, 천추만세千秋萬世토록 이제부터 옛날이 되는 것이다. 그렇다면 '지금'이라는 것은 '옛날'과 대비하여 일컬어지는 이름이요, '비슷하다'는 것은 그 상대인 '저것'과 비교할 때 쓰는 말이다. 무릇 '비슷하다'고 하는 것은 비슷하기만 한 것이어서 저것은 저것일 뿐이요, 비교하는 이상 이것이 저것은 아니니, 나는 이것이 저것과 일치하는 것을 아직껏 보지 못하였다.

(중략)

지금 무관懋官은 조선 사람이다. 산천과 기후가 중화中華 땅과는 다르고 언어와 풍속도 한당漢唐의 시대와 다르다. 그런데도 만약 작법을 중화에서 본뜨고 문체를 한당에서 답습한다면, 나는 작법이 고상하면 할수록 그 내용이 실로 비루해지고, 문체가 비슷하면 할수록 그 표현이 더욱 거짓이 됨을 볼 뿐이다.

우리나라가 비록 구석진 나라이기는 하나 이 역시 천승千乘의 나라요, 신라와 고려가 비록 검박儉薄하기는 하나 민간에 아름다운 풍속이 많았으니, 그 방언을 문자로 적고 그 민요에다 운韻을 달면 자연히 문장이 되어 그 속에서 '참다운 이치[眞機]'가 발현된다. 답습을 일삼지 않고 빌려 오지도 않으며, 차분히 현재에 임하여 눈앞의 삼라만상을 마주 대하니, 오직 이 시가 바로 그러하다."[10]

이 글은 자패가 이덕무의 시를 비난하는 것으로 시작한다. 자패는 이덕무의 시가 옛글과 닮지 않고 야인의 비속함, 시속의 자질구레함만 좇는 '지금의 시'라 비판하였다. 이에 박지원은 오히려 기뻐하며 옛사람도 그 때에 '지금의 시'를 지었다는 점을 지적한다. 지금도 후대에는 옛날이 될 것인데, 이덕무의 시는 무언가를 따라하지 않고 조선에 사는 사람으로 조선의 풍속을 반영한 문장을 지어 참다운 이치를 발현했음을 발견하고 있는 것이다. 지금-여기 사람은 자기실현의 노정에서 외부에 의지하는 대신 자신에게 의지하고, 타인을 위해 연기하는 대신 자신의 내적인 본질이 반영된 행동을 한다고 한다. 박지원이 옛글의 권위에 의존하지 않고 지금-여기를 내세울 수 있었던 것도 그의 자기실현의 의지, 심리적 건강성에 기인한 바가 크다 할 것이다. 박지원이 훌륭한 작자가 될 수 있었던 까닭도 지금-여기에 주목하고 있기 때문 아닐까.

에이브러햄 매슬로Abraham Maslow: 인간 욕구 단계설[11]

매슬로 역시 인간은 심리적으로 성장하는 존재이고, 그 마지막 단계는 자기의 실현이라고 보았다. 매슬로에 따르면 인간의 욕구는 5단계의 발달 과정을 거친다. 1단계는 기초적이고 원초적인 단계로 생리적 욕구의 추구이다. 2단계는 안전하고자 하는 욕구이다. 3단계는 소속감과 애정의 욕구이다. 인간은 집단을 만들고 동료들로부터 환대받고 싶어하며, 사랑받고자 하는 욕구를 가진다. 4단계는 존경의 욕구를 갖는 것이다. 인간은 집단에 속하려는 욕구가 만족되면 그 집단의 지배적 위치에 올라 스스로 자존감을 느끼는 동시에 타인으로부터 존경받기를 원한다는 것이다. 5단계는 자기실현의 욕구이다. 이 단계의 인간은 자신이 이룰 수 있는 것 혹은 될 수 있는 것을 성취하려는 욕구를 가지며 계속적인 자기발전을 통하여 성장하고, 자신의 잠재력을 극대화하여 자기를 완성시키기를 추구한다.

매슬로에 따르면 자기실현을 행한 이들의 심리적 특성은 다음과 같다.

1. 현실 중심적이다(reality-centered)
2. 문제 해결 능력이 강하다(problem-centered)
3. 수단과 목적을 구분한다(discrimination between ends and means)
4. 사생활을 즐긴다(detachment: need for privacy)
5. 환경과 문화에 영향을 받지 않는다(autonomy: independent of culture and environment)
6. 사회적인 압력에 굴하지 않는다(resistance to enculturation)
7. 민주적인 가치를 존중한다(democratic behavior)
8. 다른 사람들에 대해 관심, 인간적 연민을 갖는다(social interest)
9. 인간관계를 깊이 한다(intimate personal relations)
10. 공격적이지 않은 유머를 즐긴다(sense of humor)
11. 자신과 남을 있는 그대로 받아들인다(acceptance of self and others)
12. 자연스러움과 간결함을 좋아한다(spontaneity and simplicity)
13. 풍부한 감성이 있다(freshness of appreciation)
14. 창의적이다(creativeness)
15. 초월적인 것을 경험하려 한다(peak experience, mystic experience)

여기에 열거된 특성들을 자기를 점검할 수 있는 참조 기준으로 삼아서 현재의 자기가 자기실현에 얼마만큼 도달해 있는지 확인해 보는 척도로 삼아 보자. 매슬로의 욕구설이 우리에게 주는 또 하나의 가르침은 개개인이 자기실현이라는 상위의 목표를 이루기 위해서는 기본적인 생리적 욕구나 안전의 욕구 등이 충족되어야 한다는 것이다. 1단계에서 3단계까지의 욕구는 우리가 속해 있는 사회에 기대할 수 있는 것들이고, 4단계와 5단계는 스스로 만들어 가야 할 것들이다. 더 많은 사람들이 행복할 수 있는 사회란 최소한의 욕구 성취를 튼튼하게 보장하여 개개인이 더 상위의 목표로 나아가는 데 도움을 줄 수 있는 것이 아닐까 한다.

빅터 프랭클Viktor Emil Frankl: 자아를 초월한 인간[12]

의미치료Logotherapy를 주창한 프랭클은 인간이 인생에서 추구하여야 하는 의미와 목적의 중요성을 강조하였다. 인간은 자유와 책임, 의미에의 의지, 영성을 가진 존재이고, 자신이 처한 외부 상황에 맞서 삶의 의미를 찾아야 한다는 것이다.

프랭클은 1942년에서 1945년까지 3년 동안 아우슈비츠를 포함해 4곳의 강제수용소에 있었다. 그는 이때 죽음에 대한 극도의 공포와 긴장 속에서 인간의 실존에 대해 고민하는 경험을 하게 된다. 수용소에서 굶주림과 추위, 처형에 대한 공포, 부모와 아내, 두 자녀를 잃는 고통을 경험하며 죽음의 문턱에서 삶의 의미와 목적을 찾기 위해 노력했다. 프랭클은 인간에게는 죽음을 넘어선 삶의 의미와 목적이 있고, 어떠한 극한 상황에 놓이더라도 자신의 태도를 선택할 수 있는 자유가 있다고 보았다. 극도로 처참한 수용소 생활 속에서도 인간은 자신에게 남은 빵 조각을 남에게 나누어 줄 수 있는 존재라는 것, 그곳에서도 스스로 어떤 죄수가 될 것이냐 선택하여 결정할 수 있는 존재라는 것이다. 이렇게 인간은 주관적, 절대적, 유일의 존재로 연속적인 선택을 통해 인생의 방향을 자유롭게 정한다. 그러나 이 자유는 무언가를 피할 수 있는 자유가 아니다. 어떤 조건에서든 자신의 태도를 결정할 수 있는 자유이다. 그러므로 어떤 조건에서든 초연해질 수 있다. 또한 자기 자신은 스스로의 선택에 의해 만들어진 것이기 때문에 자신이 어떤 사람인가에 대한 책임을 지게 된다.

또한 프랭클은 인간을 의미에의 의지를 가진 존재로 보았다. 인간은 인생에서 궁극적으로 고귀한 의미와 목적을 찾고 이를 성취하고자 갈망하는 존재로 보았다. 이러한 '의미에의 의지'는 무엇보다도 가장 인간적인 현상이고, 동물과 구별되는 인간의 특성이다. 프랭클에 따르면 쾌락이나 권력에 대한 추구도 의미를 찾기 위한 시도이다. 예를 들어, 프랭클은 1944년 크리스마스부터 1945년 새해 첫날까지 일주일 동안에 수용소에서는 사망률이 그 어느 때보다도 증가했다는 어느 의사의 말에 주목하며 사망률의 증가는 노동조건이나 음식 배급의 상태, 기후의 변화나 전염병 등으로는 설명할 수 없다고 하였다. 그 이유는 죄수들 대부분이 크리스마스는 집에서 맞이할 수 있을 것이라는 순진한 희망 속에서 살고 있었는데 크리스마스가 다가와도 좋은 소식은 없고 그래서 실의에 빠진 결과가 신체의 저항력 저하로 나타났다는 것이다. 이 예는 "왜 살아야 하는지를 아는 사람은 어떻게든 참고 견딜 수 있다."는 니체의 말을 입증한다. 사람은 의미에의 의지를 가져야 살아갈 수 있다는 것이다.

프랭클은 인간을 영성을 가진 존재라고 보았는데 여기서 말하는 영성은 종교적인 차원과는 구별되는, 인간 존재의 인간다움을 뜻한다. 프랭클은 수용소에서조차 인간의 존엄성이 유지됨을 발견하고, 결코 빼앗을 수 없는 영적인 자유가 인생을 의미 있고 목적 지향적으로 만든다고 여겼다. 인간은 영적인 존재로서 인간다움을 갖추기 위해 의식과 양심을 지니고 스스로에 대해 반성할 뿐 아니라 심판자가 되기도 한다. 프랭클은 인간이 신체와 마음을 넘어서 자아를 초월해야 하고, 그래야 심리적으로 건강해질 수 있다고 주장한다.[13] 인간은 주어진 환경에 대하여 영향을 받게 되더라도 그 영향에서 자유로워질 수 있는 힘 또한 가지고 있고, 그럴 수 있을 때 건강해진다고 파악한 것이다.

예시 의미에의 의지가 사람을 살게 한다, 〈제이콥의 거짓말〉

제2차 세계대전 중 독일의 나치 세력은 인종차별정책으로 유대인들을 '게토'라는 수용소에 가두고 생활하게 한다. 뿐만 아니라 터무니없는 이유를 들어 유대인들을 학살하기까지 한다. 죽음이 언제 닥칠지 모른다는 두려움에 떨며 살아야 하는 유대인들은 절망에 압도당해 스스로 목숨을 끊는 극단적인 선택을 하기도 한다. 그러던 중에 수용소에 갇혀 있던 유대인 제이콥은 뜻하지 않게 거짓말을 시작하게 된다. 라디오에서 연합군이 곧 나치 세력을 제압할 것이라는 소식을 들었다고, 그래서 우리 모두 곧 자유를 되찾을 수 있을 것이라고 거짓말을 하게 된 것이다. 실수였지만, 이 거짓말은 점차 유대인들 사이에 퍼져 나가며 희망의 등불이 된다. 그들이 정말 제이콥의 거짓말을 눈치채지 못했을까? 거짓말이어도 괜찮다. 그 거짓

〈제이콥의 거짓말〉

말로 잊고 있었던, 절망 속에서 희망을 찾는 법을 깨달았으니까.

사회심리학: 인간은 관계에 의해 좌우되는 존재[14]

현대로 오면서 인간이 사회적 관계의 형성과 유지를 위해 많은 노력을 기울이고 그 결속이 단단할수록 행복한 삶으로 여긴다고 주장하는 학자들이 등장하였다. 사회심리학에서 특히 이와 같은 입장을 취한다. 사회심리학자들은 인간이 사교적 연대를 중시하는 생물학적 특성을 가지고 있다고 주장한다. 인간은 복잡하게 얽혀 있는 다수의 사회 연결망social network에 속해 있고, 그 영향으로부터 자유로울 수 없다고 주장한다. 사회 연결망이 인간에게 미치는 영향은 우리가 자각하고 있는 것보다 크다는 것이다. 이들은 때로 인간이 어떤 사안에 대해 주체적으로 판단하고 결정하였다고 여기지만 이때에도 실상은 사회 연결망이 지시한 방향을 따르는 경우가 많다고 주장한다.

개인이 맺고 있는 사회 연결망은 적어도 하나 이상이고, 서로 얽혀 있다. 이는 스탠리 밀그램의 실험을 통해서도 밝혀졌다. 밀그램은 1960년대에 네브래스카 주에 사는 주민 수백 명에게 1,600km 이상 떨어진 보스턴의 어느 기업인에게 편지를 전하라는 과제를 부여한다. 편지는 각자 개인적으로 아는 사람에게 전하고, 그 개인은 보스턴에 사는 기업가와 개인적으로 알 것으로 추정되는 사람에게 건네라고 하였다. 그러면서 편지가 최종 목적지에 도달하는 데 걸리는 단계를 추적했다. 그 결과 평균적으로 6단계만 거치면 편지는 도착하였다. 이 실험은 인간이 6단계 거리 안의 모든 사람과 연결되어 있다는 가정을 가능하게 하였다. 물론 영향을 주고받을 수 있는 사회적 거리는 그보다 좁아서 영향 관계는 친구(1단계), 친구의 친구(2단계), 친구의 친구의 친구(3단계)까지로 볼 수 있다.

이들은 인간이 사회 연결망을 통해 물질적인 것뿐 아니라 감정이나 바이러스에 이르기까지 비물질적인 것도 공유한다고 주장한다(예를 들면, 행복은 전염된다). 인간은 자신이 속한 사회 연결망에서 자유로울 수 없고, 개인의 행복은 바로 옆 사람에 의해 좌우된다고 보는 관점이다.

진화심리학: 인간은 생물학적 동물[15]

진화심리학자들은 인간이 생존에 필요한 일을 하면 그 보상으로 행복을 느끼도록 프로그램화되어 있고, 이 프로그램은 DNA와 같은 인간의 생물학적 특성에 속한다고 보았다. 지구의 탄생 이래로부터 지금까지는 365일로 환산하면 인간이 등장하여 문명 생활을 이루는 데까지 걸린 시간은 고작 2시간에 불과하다. 인간은 문명을 이루기 전 대부분의 시간을 피비린내 나는 싸움과 사냥, 짝짓기에 몰두했다. 아리스토텔레스는 인생의 목적을 행복이라고 하였지만 진화심리학자들은 행복이 생존하여 유전자를 남기기 위한 수단이었다고 주장한다.

인간의 생물학적 유전자는 진화 과정에서 직면한 여러 문제들에 대응하며 살아남아 왔다. 예를 들면, 인간은 생물학적으로 공포라는 감정을 느끼도록 프로그램되어 있다. 이는 공포를 느끼게 하여 생존에 더 필요한 일들을 즉각적으로 해결하기 위해 내재된 것이다. 행복을 느끼는 프로그램도 이와 유사한 방식으로 미리 정해져 있을 가능성이 높다. 진화를 통해서 우리 안에 만들어진 행복 프로그램의 목적은 행복 그 자체가 아니라 우리로 하여금 행복을 가져다주는 일들을 믿고, 그런 일들을 수월하게 추구하게 만드는 것이다. 우리 마음속의 행복 시스템은, 생물학적 견지에서 우리로 하여금 좋은 것들(짝짓기, 좋은 음식, 쾌적한 환경)을 계속 추구하게 하고 나쁜 것들을 멀리하게 만드는 것이라고 할 수 있다. 행복은 "개가 서핑을 하도록 만드는 새우깡"처럼 어려운 과업을 수행하도록 하는 미끼로 기능한다. 인간에게 있어서 행복 프로그램의 목적은 생존을 위해 계속 노력하도록 만드는 것이다.

자연 상태의 인간은 혼자 있을 때보다 무리를 이루었을 때 생존과 번식의 확률을 높일 수 있다. 인간의 행복 시스템은 생존을 위해 가동하기 때문에 다른 사람들과 같이 있을 때 행복을 보상으로 얻게 한다. 내향적인 사람보다 외향적인 사람이 다른 사람들과 접촉하고 관계를 지속할 확률이 높기 때문에 스스로를 행복하다고 평가하는 경우가 많은 것도 이와 관련된다.

또 인간은 타고난 신체적 능력이나 건강이 좋지 않아도 다른 사람보다 상대적으로 지위가 유리하면 살아남아서 생존에 성공할 수 있다고 믿게 되어 있다. 우리가 효용성에 입각한 선택을 하면 더 행복해질 수 있는데도 종종 위치재에 현혹되는 이유이다. 이를 지위심리라고 하는데, 다른 사람보다 나은 위치를 선점하는 것, 예컨대 다른 남자보다 예쁜 아내를 맞는 것, 좋은 직장을 갖는 것 등을 행복의 조건으로 삼는 것이다.

진화심리학자들은 우리가 다른 사람과 어울려 살면서 다른 사람보다 높은 지위를 갖는 데에서 행복을 느끼는 것은 진화 과정이 우리 뇌에 심어 둔 프로그램이라고 주장한다.

> 왜 사람에게 행복이 그토록 중요할까? 뇌의 행복전구가 켜지는 것은 개가 서핑을 하도록 만드는 새우깡과 비슷하다. 뇌는 우리의 행복에 일말의 관심도 없다. 우리에게 가장 중요한 것을 찾도록 하기 위해 뇌는 설계되었다. 그것은 생존과 직결되는 '사람'이다. 그래서 뇌는 사람이라는 생존 필수품과 대화하고 손잡고 사랑할 때 쾌감이라는 전구를 켜도록 설계된 것이다. 이렇게 보면 행복은 타인과 교류할 때 자동적으로 발생하는 일종의 '부산물'이라고 볼 수도 있다.
>
> – 서은국, 『행복의 기원』

『행복의 기원』에서는 한국인들이 행복을 느끼는 순간은 '사랑하는 사람과 함께 맛있는 음식을 먹을 때'라고 적고 있다. 누구든 이러한 순간을 떠올리면서 행복하지 않겠다고 생각하지는 않을 테지만 그것이 행복의 전부라고 말하기는 께름칙할 것이다. 인간에게 생존이 중요하지 않아서가 아니라 우리가 때로 생존을 넘어서는 무엇 때문에 행복한 순간도 있다고 직관적으로 느끼고 있기 때문이다.

예시 관계를 원하는 열망이 배구공을 '윌슨'으로, 〈캐스트 어웨이〉

영화 〈캐스트 어웨이〉에는 놀란드라는 남자가 비행기 사고로 우연히 한 무인도에 홀로 살아남아 생존을 위해 고군분투하는 모습이 그려져 있다. 놀란드는 4년 동안이나 섬에서 생존하며 어떻게든 섬을 빠져나가기 위해 여러 시도들을 해 보지만 탈출 가능성은 시간이 갈수록 희박해만

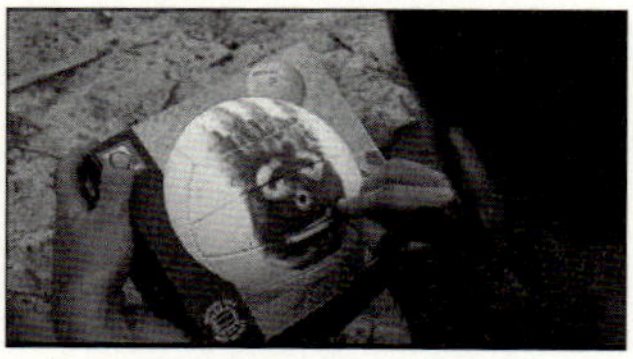

〈캐스트 어웨이〉

보인다. 놀란드는 해안가로 떠밀려 온 비행기의 잔해에서 생존에 필요한 물건들을 수거하다가 배구공을 발견하고, 자신의 손바닥에 묻은 피가 배구공에 묻자 얼굴 모양의 그림을 그려 '윌슨'이라는 이름을 붙인다. 그후 놀란드는 혼자이지만 배구공과 대화하며 하루하루를 버텨 간다.

무인도에 홀로 살아남은 사람에게 생존만큼 중요해 보이는 것이 '대화'라는 점이 흥미롭다. 당연한 것이지만 대화는 말하는 화자와 듣는 청자의 상호관계를 전제로 한다. 사회심리학과 진화심리학적 관점에서 놀란드가 배구공과 끊임없이 대화하는 이유는 인간이 행복할 수 있는 기본 조건이 되는 것이 바로 인간관계이기 때문이라 할 수 있다.

로버트 노직Robert Nozick: 서사가 어디를 향해 있는지가 중요하다[16]

로버트 노직은 인생에서 가장 중요한 일이 행복이라고 주장하는 이론가들과 달리 인생을 평가하는 유일한 기준이 인생에 담긴 행복의 총량인가에 대해 의문을 제기한다. 총량만이 문제가 된다면 더 행복한 삶에서 덜 행복한 삶으로 가는 총면적과 덜 행복한 삶에서 더 행복한 삶으로 가는 총면적이 같은 삶이 질적으로 동일해야 한다. 그러나 인간은 행복이 지속적으로 증가하는 삶을 더 좋아한다. 삶의 방향이 어디로 향하고 있는가를 중요하게 여기기 때문이다.

또한 인간은 자신의 삶의 서사가 올바른 방향으로 가고 있다고 믿으면 이를 위해 당장의 행복을 얼마쯤은 기꺼이 포기하기도 한다. 우리가 정말로 상향하기를 원하는 것은 행복의 양이 아니라 삶의 서사일 수 있으며, 삶의 서사는 행복의 깊이를 위해 필요하다. 행복의 깊이가 양보다 중요해지기도 한다는 것이다.

또 우리는 행복에 있어서 실재와의 실질적 연결을 중요시한다. 이는 우리가 가상의 세계에서 행복을 경험할 수 있도록 하는 기계를 가질 수 있다고 가정해 보면 드러난다. 우리가 그런 기계를 가지기를 원하지 않는 것은 실재 세계에서 실현된 것이 아니기 때문이다. 가상의 세계는 개인의 머릿속에만 있는 것이어서 다른 사람들과 공유도 되지 않는다. 이 기계의 존재를 상상하여 우리가 얻을 수 있는 소득은 우리가 행복을 판단할 때 현실에서의 실현과 다른 사람들과의 공유를 중요한 기준으로 삼는다는 것이다.

행복은 서사이다. 행복하기 위해서 시험을 준비하는 학생이 있는데 이 학생이 시험 기간에 맛있는 음식을 먹고 게임을 하고 텔레비전을 보고 아이돌한테 편지를 썼다고 가정해 보자. 이 학생은 시험 준비 기간 동안 이 일들 덕분에 행복해했다. 그런데 시험이 끝나고 나니 시험공부를 하지 않은 탓에 좋은 성적을 받지 못해서 엄청난 좌절감과 죄책감에 시달렸다. 이럴 경우 성취된 행복의 절대적 양은 많다. 그러나 행복한 삶을 위해 바람직한 일이었다고 할 수 있을까.

행복한 순간을 자주 경험해도 전체적인 삶의 만족으로 이어지지 않는다면 진정한 행복이라고 하기 어렵다. 행복을 추구하는 성향은 전체적인 삶에서 지속적으로 행복한 느낌을 가져올 가능성이 높다. 또 행복을 추구하는 성향은 현재 상황을 평가하고 개선하는 척도를 선택하는 데 영향을 미친다. 이렇게 보면 행복은 우리에게 달려 있는 것이 된다.

행복을 추구하는 성향은 삶의 서사를 통해 구체화될 수 있다. 삶의 서사에 주목하면 우리가 겪고 있는 문제의 원인과 해결에 대해 전망할 수 있게 된다. 문학치료학은 주체가 가지고 있는 삶의 서사는 주체가 맺고 있는 인간관계의 문제를 중심으로 드러낼 수 있다고 주장한다. 우리에게 달려 있는 행복한 삶의 성패는 우리가 어떠한 삶의 서사를 가지고 살아가는가에 의해 성취되고, 이는 우리가 맺고 있는 인간관계의 양상을 통해 드러낼 수도 있고 수정할 수도 있는 것이 되는 것이다.

예시 **꿈속의 행복은 꿈일 뿐. 시궁창이어도 더 행복해질 가능성이 있는 현실, 〈인셉션〉**

꿈은 아무리 행복해도 진짜 행복과는 거리가 먼 허상일 뿐이다. 로버트 노직은 가상현실을 체험하게 해 주는 기계가 발명되고 이 기계를 통해 그 어떤 행복한 경험을 하게 되어도 이는 허상일 뿐, 진짜 행복이 아니기에 우리의 삶이 행복해지는 데에는 별로 도움이 되지 않음을 이야기한다.

영화 〈인셉션〉에는 현실에서 꿈으로 도망치는 사람들에 대한 장면이 있다. 코브가 새로운 작전에 참여할 꿈 기술자 중, 꿈에 빠져드는 약을 개발하는 기술자 유서프를 찾아갔을 때 유서프가 코브에게 보여주는 광경이다. 유서프는 코브에게 옅은 조명으로만 밝혀져 있는 어둡고 넓은 방에서 잠을 자고

〈인셉션〉

있는 많은 사람들을 보여준다. 이 많은 사람들이 매일 자려고 찾아오느냐는 말에 방에 있던 노인은 "아니, 깨려고 오는 거지. 저들에게 꿈은 현실이야. 꿈이나 현실이나 다를 게 없지만."이라고 대답한다.

방에 누워 꿈을 꾸는 사람들은 마음먹은 대로 할 수 없는 현실은 허상으로, 마음먹은 대로 할 수 있는 꿈은 현실로 여기는 데 중독되어, 빠져나올 수 없어서 유서프를 찾아오는 것이다. 꿈을 실제처럼 살기 위해 찾아오는 사람들이 별로 희망차 보이지도, 행복해 보이지도 않는 모습을 보면서 우리는 그 아무리 행복한 꿈이어도 허상으로는 진정한 행복을 누릴 수 없음을 깨닫게 된다.

2 문학치료학과 인접 학문[17]

문학치료학은 '문학 연구의 실용화 · 과학화'라는 새로운 패러다임을 제기하며, 작품에 대한 연구가 궁극적으로는 인간의 변화와 성장에 기여할 수 있어야 한다는 관점 하에 작품에 대한 연구와 사람에 대한 연구를 결합시키고자 하는 학문이다. 그렇다면 작품에 대한 연구가 어떻게 사람에 대한 연구와 연결될 수 있을까. 문학치료학에서는 작품과 사람이 '서사' 차원에서 연결될 수 있다고 보면서, 작품의 심층에는 '작품서사'가, 사람의 심층에는 '자기서사'가 존재한다고 상정한다. 작품의 작품서사와 사람의 자기서사는 구조적 상동성을 지니고 있기 때문에 서로 연결될 수 있다고 전제하면서, 작품서사를 통한 자기서사의 변화를 목표로 하는 것이다. 따라서 작품의 작품서사와 사람의 자기서사를 분석하는 것이 문학치료학 서사이론의 핵심적인 목표라고 할 수 있다.

문학치료학은 작품의 심층에 존재하는 작품서사를 분석하고자 한다는 측면에서 기왕의 문학이론 중에서도 특히 구조주의 서사이론과의 비교 연구를 시도하였다.[18] 전통적인 구조주의 서사이론은 언어학을 모델로 하여 서사적 요소들의 체계적인 목록을 작성하고 그것들 사이의 결합 가능성을 파악하면서, 서사물들에 공통적으로 내재하는 보편 구조와 문법 체계를 밝히는 데 주력해 왔다. 구조주의 서사이론에서는 작품의 구조와 장치,[19] 즉 심층구조가 '어떻게' 구성되는가에 관심을 가진 것이다. 반면, 인간의 변화와 성장에 관심을 갖는 문학치료학에서는 그 심층구조가 의미하는 것, 즉 '어떻게'보다는 '무엇'을 밝히는 데 초점을 두고 있다는 점에서 중요한 차이를 갖는다.

한편, 문학치료학은 작품의 기저에 있는 심층구조뿐 아니라 인생살이의 기저에 있는 심층구조, 즉 자기서사 또한 분석의 대상으로 삼는다는 점에서 인지심리학과 가까운 거리에 놓여 있다. 인지심리학에서 사용하는 '스키마(인지도식)' 개념은 사람의 인지 활동이나 행위의 기저에 있는 마음 체계의 구조를 가리키는 용어로서, 문학치료학의 '자기서사'와 유사한 개념이다.[20] 문학치료학의 창시자인 정운채는 작품에 대한 이해는 작품서사라는 스키마가 있기 때문에 가능한 것이며, 인생에 대한 이해는 자기서사라는 스키마가 있기 때문에 가능한 것이라고 하면서 자기서사뿐 아니라 작품서사를 포함한 문학치료학의 서사 개념이 스키마 개념과 연결될 수 있음을 시사하였다.[21]

문학치료학의 '서사epic'와 서사학narratology의 '서사narrative'

일반적으로 서사학에서는 '서사narrative'가 '스토리story'와 '담화discourse'로 구성된다고 본다. 스토리는 사건 혹은 사건의 연속(행위)이며, 담화는 스토리가 전달되고 소통되는 방식과 관련된다. 채트먼은

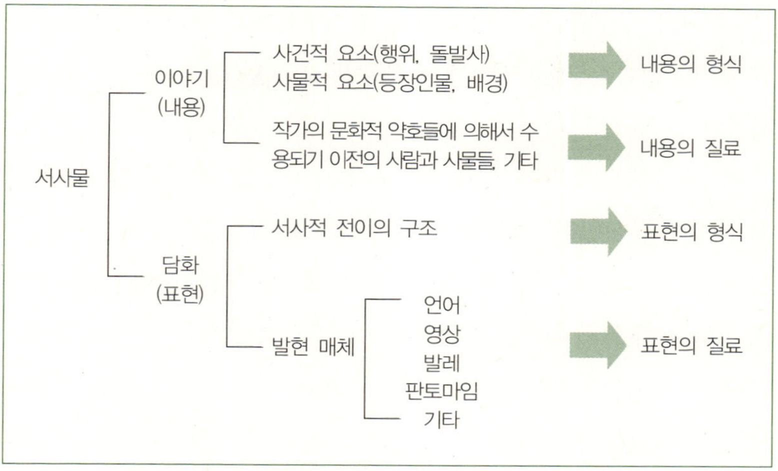

[그림 1] 채트먼의 서사 구조

서사를 내용story과 표현discourse의 영역으로 나누고, 각각의 영역이 질료와 형식을 갖는다고 하였다.

이야기(내용)의 질료는 작가가 속한 사회적 약호들을 통해 걸러진 것으로서, 서사적 매체를 통해 모방될 수 있는 대상과 행위들의 실제적인, 혹은 상상적인 세계 속에서의 재현이며, 이야기(내용)의 형식은 사건적 요소들, 사물적 요소들과 그것들 사이의 관계를 지칭한다. 담화(표현)의 질료는 이야기를 전달할 수 있는 매체들을 가리키며, 담화(표현)의 형식은 어떤 형태의 매체에 의한 것이든 서사를 공유하고 있는 요소들로 이루어진 서사적 담론, 즉 서사적 전달 구조를 가리킨다.[22]

이러한 이원적 서사 구조 외에도 또 다른 서사적 층위를 논의의 대상에 포함시키는 경우도 있다. 쥬네트는 서사의 내용은 '스토리story'로, 서사 텍스트 그 자체는 '서사(서술, narrative)'로, 서사화하는 활동은 '서술하기(서사 행위, narrating act)'로 구별하였다. 쥬네트는 세 가지 서사의 차원을 분류하면서 서사 담론의 차원만이 좁은 의미의 텍스트 분석에 유용하고, 그것만이 문학적 서술 영역에서 사용할 수 있는 탐색 도구가 된다고 하였다.[23]

이처럼 기왕의 서사학에서는 '담화' 또는 '텍스트' 차원의 서사를 분석의 대상으로 삼았다. 채트먼의 경우 질료보다는 형식에 대한 이해를 서사 분석의 궁극적 목표로 삼았으며, 쥬네트는 서사에 관심을 가지면서도 특히 서사 담론 차원을 분석 영역으로 초점화하였다. 문학치료학에서 서사학의 연구 대상인 '서사'와 문학치료학의 연구 대상인 '서사'가 다르다는 것을 강조하기 위해, '서사'를 영어로 번역할 때 'narrative'라고 하지 않고 'epic'이라고 번역한 것은 바로 이러한 이유 때문이다.

문학치료학의 서사이론이 기존의 서사이론과 근본적으로 다른 점은, 문학치료학에서는 텍스트 자체를 서사라고 지칭하는 것이 아니라, '텍스트를 분석하여 구성해 낸 것'을 '서사epic'라고 지칭한다는 것이다. 문학치료학의 '서사'는 텍스트보다 선행하는 실질적인 재료로서 텍스트의 시원始原이며, 근간根幹이며, 기준基準이 된다. 문학치료학의 '서사'는 텍스트의 실질적 재료가 된다는 측면에서 스토리story 개념과 가까운 거리에 있다고 할 수 있다.

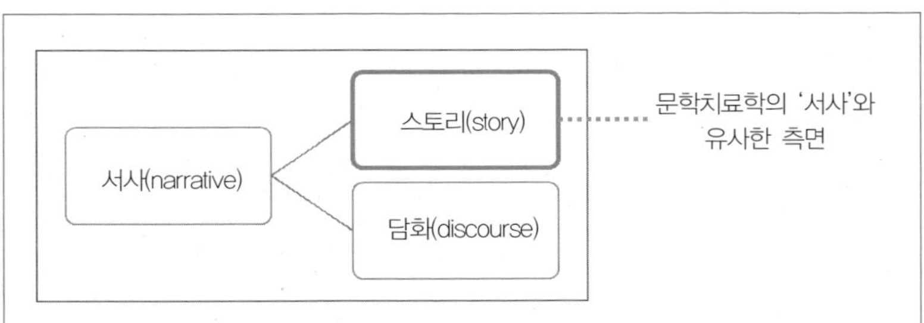

[그림 2] 텍스트의 실질적 재료로서의 '스토리'와 문학치료학의 '서사'

기존 서사이론에서는 보통 서사narrative가 '스토리story'와 '담화discourse'로 구성된다고 보는데, 문학치료학의 서사는 '담화'보다는 '스토리'와 가까운 개념이다. 그렇지만 스토리는 텍스트로부터 추상화된 구조물에 가깝다면, 문학치료학의 서사는 텍스트의 시원始原이 된다는 측면에서 중요한 차이를 갖는다. 대개의 경우 텍스트를 요약하면 스토리가 되는데, 문학치료학에서는 발생론적으로 먼저 서사가 마련이 되고, 그 서사가 점점 구체화되면서 텍스트가 만들어지는 것이라고 본다. 정운채는 구비문학 현장에서 같은 이야기를 수많은 사람들이 제각기 다르게 구연함에도 불구하고, 사람들이 그것을 전부 같은 이야기라고 인지하는 현상을 통해 서사가 텍스트의 시원이 된다는 것을 설명하였다. 사람들이 어떤 이야기를 기억하고 전승할 때, 구연된 텍스트를 기억하고 그 텍스트를 재생하여 구연하는 것이 아니라, 구연된 텍스트가 기반에 두고 있는 서사를 기억해서 이 서사로부터 그때그때 텍스트를 만들어 구연한다는 것이다. 이러한 현상은 서사가 텍스트의 시원이 된다는 것을 보여주는 하나의 예가 될 수 있다.[24]

그렇지만 형태적 측면에서 스토리와 문학치료학의 서사는 상당한 유사성을 지니고 있다. 형태적인 측면에서 스토리는 사건적 요소(행위, 돌발사)와 사물적 요소(등장인물, 배경)로 구성된다고 할 수 있다.[25] 문학치료학의 서사 역시 사건적 요소와 사물적 요소를 지닌다고 할 수 있겠지만, 문학치료학의 서사는 사물적 요소보다는 사건적 요소에 초점을 맞추어 구성되는 것이다. 문학치료학에서 프랭스의 서사이론에 나오는 '핵서사물kernel narrative'과 문학치료학 '서사'의 유사성에 관심을 가진 것도 핵서사물이 사물적 요소가 아닌 사건적 요소로 구성되는 것이기 때문이다.[26] 프랭스는 서사물을 이루는 근본 규칙들을 기술하는 서사문법을 제안하면서, n개의 사건을 포함하고 상황이나 상태의 수정modification을 하나만 포함하는 모든 서사물의 집합을 핵서사물 또는 최소의 스토리라고 하였는데, 이러한 '핵서사물'과 문학치료학의 '서사'는 유사한 측면이 있다.[27]

한편, 서사narrative적 인지cognition에 관심을 가졌던 인지심리학자 포킹혼은 내러티브가 갖는 의미의 층위를 크게 세 가지로 구분하였다. ① 이야기를 만드는 과정the process of making a story으로서의 내러티브, ② 인지적 도식the cognitive scheme of the story으로서의 내러티브, ③ 이야기 만들기 과정의 결과the result of the process–also called "stories," "tales," or "histories"로서의 내러티브 등이 있다.[28]

내러티브의 세 가지 의미 층위 가운데 문학치료학의 서사와 가장 유사한 지점은 '인지적 도식'으로서의 내러티브 층위이다. 문학치료학은 담화나 텍스트 차원의 서사가 논의의 초점이 아니라는 것을 강조하기 위해 '서사'를 '내러티브narrative'라고 번역하지 않았다. 담화나 텍스트가 구현되는 방식이나 모습에 영향력을 행사하는 '심층구조'로서의 서사

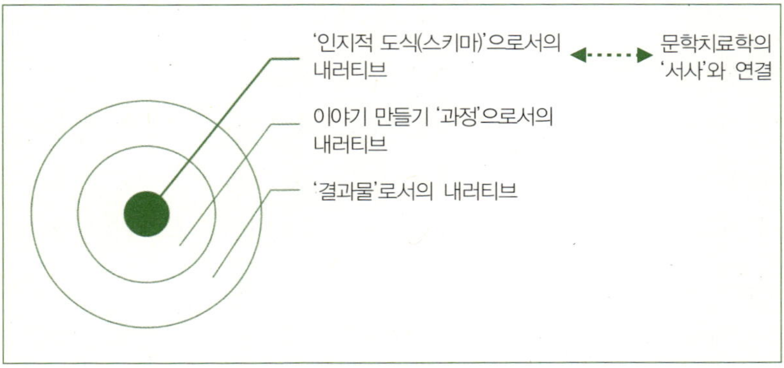

[그림 3] 내러티브(narrative)의 세 가지 의미 층위

를 논의의 대상으로 삼고자 한 것이다. 기왕의 서사학이 주요 연구 대상으로 삼은 것은 이야기 만들기 과정으로서의 내러티브와 결과물로서의 내러티브였다면, 문학치료학은 인지적 도식으로서의 내러티브를 주요 연구 대상으로 삼았다.

물론 서사학에서도 담화 또는 텍스트 이면에 존재하는 심층적인 서사 구조에 대해 관심을 갖지 않은 것이 아니다. 그러나 기왕의 서사학에서는 구조주의적 언어분석에 기반을 두고 서사의 심층구조에 대해 형식적으로 접근하였다. 서사의 '내용'보다는 '어떻게' 서사의 각 단위들이 구성되며 형식화되는지에 초점을 맞춘 것이다. 그것은 포킹혼이 말하는 인지적 도식으로서의 내러티브 역시 마찬가지이다. 인지심리학에서 관심을 갖는 인지적 도식으로서의 내러티브 또한 '무엇을'이 아닌 '어떻게'에 초점을 맞추어 구성되는 것이다. 그러나 문학치료학의 분석 대상인 서사는 '어떻게'보다는 '무엇을'에 초점을 맞추어 구성된다. 심층구조의 '내용'과 '의미'를 '형식'보다 근본적인 것으로 파악하기 때문이다.

문학치료학의 '서사epic'와 인지심리학의 '인지도식schema'

스키마 이론은 심리학을 중심으로 발전해 오다가 1950년대 인간의 마음을 과학적으로 연구하고자 하는 인지혁명이 일어나게 되면서 심리학 외의 여러 분야에서 중요한 개념적 도구가 되었다. 인지과학이 인간의 마음에 관한 연구에 불러일으킨 가장 혁신적인 변화는 인간의 마음을

'각종 자극 상황에서 능동적으로 의미 정보를 파악하여 이를 저장하고, 저장된 정보를 활용하는 정보처리체제information processing system'로 보게 한 것이다.[29] 인간의 마음이 대상 자체를 그대로 받아들이는 것이 아니라 상징화 및 부호화를 하여 저장하고 활용한다는 관점을 확립한 것이다.

이러한 인간 마음 연구의 새로운 패러다임 속에서 스키마 개념은 심리치료에도 적용되었다. 특히 인지치료에서는 개인이 자극을 선택적으로 받아들이고 의미를 해석하며 주관적인 경험을 조직하는 인지적 틀로서의 스키마 개념에 주목하면서 '역기능적 스키마'를 중요한 치료 대상으로 삼게 되었다. 인지치료자들은 내담자가 기존의 스키마에 부합하는 정보들에만 선택적으로 관심을 기울이는 편향된 정보처리를 통해 역기능적 스키마가 유지되는 과정을 탐색하면서, 스키마는 쉽게 변화되지 않으며 꾸준히 유지되려는 저항성을 지닌다고 하였다.[30]

한편, 전통적 인지치료가 인지적 요소를 지나치게 강조하는 반면 정서적 요소는 간과한 '차가운 인지cold cognition'라는 비판을 받게 되면서 '뜨거운 인지hot cognition'라는 개념이 주목받게 되었다.[31] '차가운 인지'에서 '뜨거운 인지'로의 관심의 전환은 스키마가 '인지'뿐 아니라 '감정'과도 관련되며 나아가 '무의식'과도 관련된다는 점에 주목하게 만들었다.

차가운 인지에서 뜨거운 인지로의 전환과 함께 일어난 스키마 개념의 변화 과정을 도표로 제시하면 다음과 같다.

스키마는 문학치료학의 '자기서사' 개념과 관련이 되는데, 스키마와 자기서사는 '기능적' 측면에서 상당한 공통점을 갖고 있다. 정운채가 스키마 개념에 주목했던 것도 스키마의 기능이 자기서사의 기능과 유사

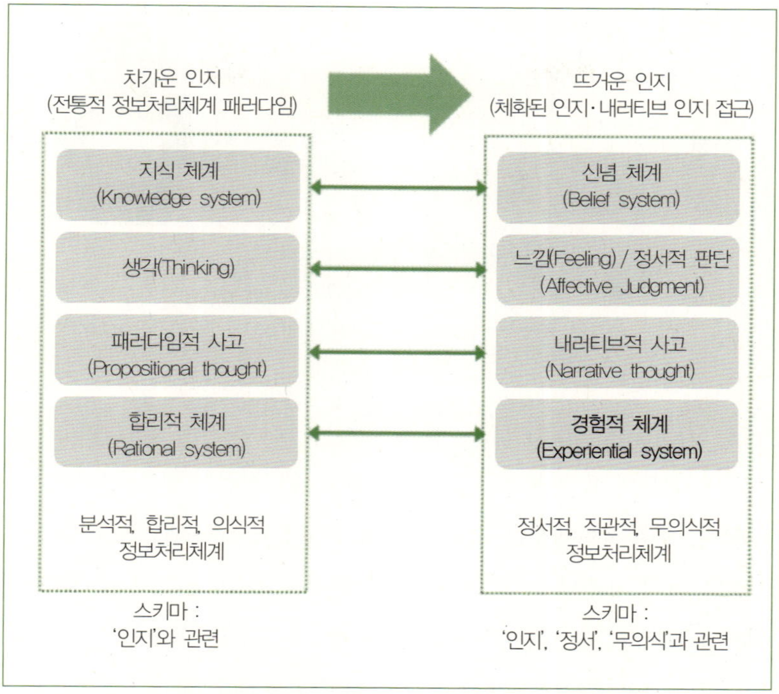

[그림 4] 차가운 인지에서 뜨거운 인지로의 전환과 스키마 개념 변화

했기 때문이다. 지금까지 문학치료학에서 '자기서사'가 갖는 기능은 주로 '인지적 측면'과 관련되어 묘사되었다. 문학치료학의 '자기서사'는 우리가 작품이나 인생에서 벌어지는 사태를 이해하기 위한 일종의 '해석 틀'이면서, 지각의 주의, 기억, 사고 등에 관여하며,[32] '행동 방침'을 정할 수 있다.

이때 치료 대상으로서의 자기서사는 뜨거운 인지 관점의 스키마와 관련된다. 분석적이고 합리적인 판단을 내릴 때 작동하는 정보처리체계가 아니라 경험적이고 직관적이며 감정적인 판단을 내릴 때 작동하는 정보처리체계와 관련된 자기서사가 치료의 대상이 되는 것이다. 이는 자기서사를 진단하는 핵심 원리를 통해서도 확인할 수 있다.

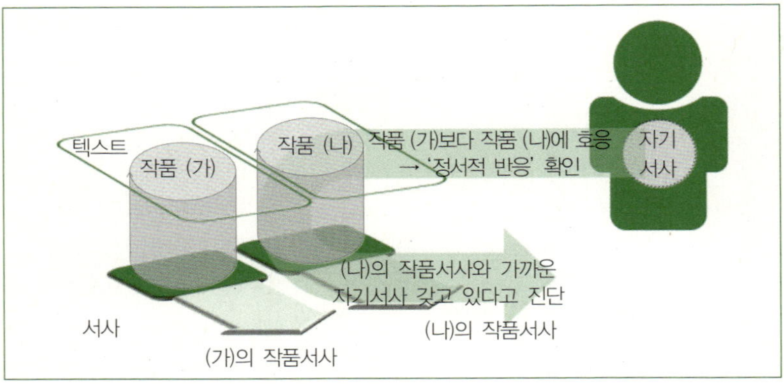

[그림 5] '정서적 반응'을 통한 자기서사의 진단 원리

자기서사를 진단하는 핵심 원리는 내담자의 '정서적 반응'을 확인하는 것이다. 문학치료에서는 작품을 감상하면서 보이는 내담자의 정서적 반응을 통해 내담자의 자기서사를 진단할 수 있다고 전제한다. 내담자가 정서적으로 호응을 많이 하는 작품일수록 그 작품의 작품서사가 내담자의 자기서사와 유사할 것이라고 보는 것이다. 반대로 내담자가 정서적으로 거부감을 많이 느끼는 작품일수록 그 작품의 작품서사가 내담자의 자기서사와 충돌하는 것이라고 가정한다. 그것은 자기서사 역시 뜨거운 인지 관점의 정보처리체계에 관여하기 때문이다.

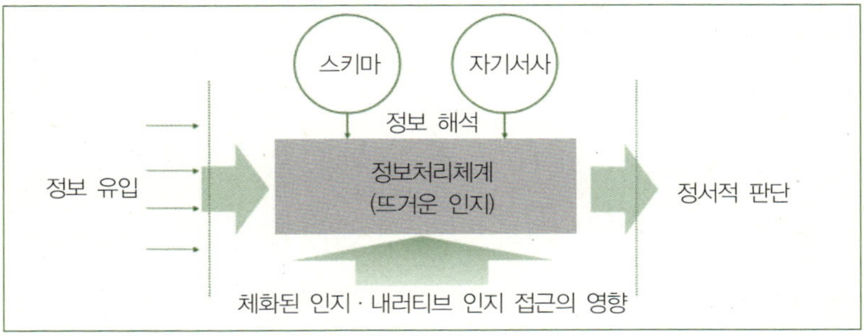

[그림 6] 정서적 판단을 결정하는 뜨거운 인지 관점의 스키마와 자기서사

뜨거운 인지 관점의 정보처리체계는 정서적, 직관적, 무의식적으로 작동하며 '정서적 판단'을 가능케 한다. 이때 스키마나 자기서사는 정서적 판단을 이끌어 내는 해석의 틀을 구조화한다고 할 수 있다. 뜨거운 인지 관점의 정보처리체계에 대한 관심이 높아지게 된 배경에는 체화된 인지 · 내러티브 인지 접근의 영향도 자리 잡고 있다. 체화된 인지 접근과 내러티브 인지 접근이 인간 마음 연구에 제기한 문제의식은 문학치료학의 문제의식과도 밀접한 관련을 맺고 있다.

우선 내러티브 인지 접근은 문학치료학과 공통된 연구 시각을 갖는다. 정운채는 애초에 문학치료가 가능한 이유가 우리들의 삶이 '서사적'으로 구조화되어 있기 때문이며,[33] 현실은 객관적으로 존재하는 것이 아니라 서사에 의해 구조화되는 것이라고 보았다.[34] 이러한 연구 시각은 내러티브 인지 접근의 핵심 명제이기도 하다. 내러티브 인지 접근의 형성에 결정적인 영향을 미친 부르너는 서사적으로 작동하는 인간의 마음에 주목하면서,[35] 인간이 내러티브 사고양식을 통해 자신의 경험이나 기억들을 서사적으로 구성한다고 하였다.[36]

다음으로 체화된 인지 접근은 문학치료의 원리를 설명할 수 있는 하나의 중요한 근거가 된다고 할 수 있다. 정운채는 '문학과 인간의 역동적인 상호작용'에서 문학치료가 가능해진다고 하면서,[37] 인간과 문학의 '상호작용성'을 치료의 전제로 삼았다. 인간의 마음 문제를 다루면서 인간의 내면에만 초점을 맞춘 것이 아니라, 인간 외부에 존재하는 작품과의 상호관계를 동시에 고려한 것이다. 이렇게 인간의 마음 문제를 다룰 때 환경과의 역동적인 관계를 동시에 고려하는 것은 체화된 인지 접근의 핵심적 특성과 연관된다. 체화된 인지 접근은 '인간의 인지과정을 뇌에 국한시키지 않고 생물학적 대상인 인간의 몸을 통해 경험적 차원에서 해명하려는 시도[38]라고 볼 수 있는데, 체화된 인지 접근에서는 '체화성embodiment' 못지않게 '상호작용성interactivism'과 '역동성dynamicism'이 강조되고 있다.[39]

체화된 인지 접근과 내러티브 인지 접근의 통합은 궁극적으로 인간의 변화와 성장을 설명할 수 있는 이론적 기반이 될 수 있다. '서사적' 속성을 지닌 인간의 마음을 외부의 자극을 통해 '역동적'으로 변화시킬 수 있다고 보는 관점이 마련되기 때문이다. 뜨거운 인지 관점의 스키마를 치료의 대상으로 삼는 것은 체화된 인지 접근과 내러티브 인지 접근을 통합하려는 움직임으로 이해할 수 있다. 문학치료 역시 체화된 인지 접근과 내러티브 인지 접근을 통합하려는 움직임의 연장선에서 이해할 수 있다. 뜨거운 인지 관점에서의 치료 대상인 스키마와 문학치료의 치료 대상인 자기서사는 '체화된 인지'적 속성과 '내러티브 인지'적 속성을 모두 지니고 있기 때문이다.

더 읽을 거리

나지영, 「인지역동 스키마 이론과의 연계를 통한 문학치료학 서사이론 발전 방향 연구」, 건국대학교 박사학위논문, 2016.

조홍윤, 「콤플렉스 치유의 관점에서 본 한국 무속신화 연구」, 건국대학교 박사학위논문, 2015.

로버트 노직 지음, 김한영 옮김, 『무엇이 가치 있는 삶인가: 소크라테스의 마지막 질문』, 김영사, 2014.

로버트 존슨 지음, 고혜경 옮김, 『당신의 그림자가 울고 있다』, 에코의서재, 2007.

빅터 프랭클 지음, 이시형 옮김, 『죽음의 수용소에서』, 청아출판사, 2012.

서은국, 『행복의 기원』, 21세기북스, 2014.

이부영, 『그림자』, 한길사, 1999.

프로이트 지음, 김석희 옮김, 『문명 속의 불만』, 열린책들, 2003.

PART 03

문학치료학의 핵심 이론

1 영화 〈인셉션〉과 문학치료학[1]

크리스토퍼 놀란Christopher Nolan이 감독한 〈인셉션Inception〉은 2010년 개봉되어 전 세계적으로 흥행한 영화로 비평가들의 찬사와 대중들의 적극적인 반응을 일으켰다. 꿈의 세계를 본격적인 제재로 삼고 있는 이 영화는 꿈을 설계하고 다른 사람과 꿈을 공유한다는 독특한 아이디어로 꿈의 현상에 대한 새로운 관심을 불러 모았다. 특히 꿈인지 현실인지 잘 구분하기 힘든 마지막 장면에 대한 분분한 해석으로 논란이 되기도 했다.

'인셉션inception'이란 제목의 사전적인 의미는, '(음식물의) 섭취, (어떤 일의) 시작'인데 이 영화에서는 독특하게 '생각심기'라는 뜻으로 사용되고 있다. 반대의 뜻, 즉, '생각빼내기'는 영화에서 '익스트렉션extraction'이라 지칭된다. 이 영화는 전문적인 훈련을 받고 특수한 기계, 약물을 갖춘 꿈 기술자들이 표적 인물의 생각을 빼내거나 심는 작전을 흥미롭게 그리고 있다. 꿈 기술자들은 자신들이 설계하고 연출한 꿈에 표적 인물을 등장시켜 그의 잠재의식을 조작하는 방식으로 익스트렉션과 인셉션을 수행한다.

이 영화의 서사narrative는 꿈을 기획하고 잠재의식을 조작하는 기술자들인 코브 일당이 거대 에너지 재벌 그룹 상속자에게, 물려받은 사업체를 해체하고자 하는 생각을 심어 주는 목표를 향해 나아간다. 이러한 서사는 장르영화의 관습에 따라, 다양한 능력과 개성을 가진 성원들의 규합, 공동의 작전 기획과 역할 분담, 작전의 수행, 결과 등의 흐름으로 구성된다. 그럼에도 이 영화가 새로운 이유는 꿈과 무의식의 세계를 심도 있게 다루고 있다는 점, 꿈과 현실의 관계에 대한 통찰을 제공한다는 점 때문이다.

문학치료학의 관점에서 볼 때도 이 영화는 상당히 흥미롭다. 〈인셉션〉에서는 잠재의식에 심겨진 씨앗seed 같은 생각이 자라나 현실에서 자발적인 선택과 결정을 유도한다고 가정한다. 이는 자기서사의 존재와 작용에 대한 문학치료학의 이론과 상통하는 점이 있다.[2] 또 〈인셉션〉에서는 꿈 기술자들이 제작하고 연출한 꿈을 체험함으로써 표적 인물은 새로운 생각을 갖게 되는데 이 역시 문학작품을 통해 자기서사가 변할 수 있다는 문학치료학의 가정과 구조적으로 유사하다. 여기서는 이러한 유사점에 착안하여, 영화 〈인셉션〉과 문학치료학을 비교해 보면서 문학치료학에 대한 이해를 넓혀 나가도록 하겠다.

영화의 '꿈'과 문학치료학의 '꿈'

이 영화에서 꿈은 자연스러운 것이 아니라 연출된 것이다. 이런 의미에서 인셉션 단계의 꿈들은 영화 속 영화로도 이해할 수 있다. 영화의 감독은 코브이며, 그를 도와 영화 제작 과정 전반을 관리하는 이는 조감독 격인 아서이다. 주연 배우는 표적 대상이 되는 로버트 피셔 주니어로, 그에게는 "아버지가 물려준 회사를 해체해야 한다."는 생각을 해야 한다는 목표가 부여되어 있다. 이 목표를 향한 시나리오는 코브의 지휘 아래 공동으로 작성된다. 시나리오가 펼쳐질 꿈의 설계자인 아리아드네는 영화 배경의 밑그림을 제공하는 미술감독이며, 단계마다 번갈아 가며 꿈을 제공하는 이들은 영화의 구체적인 미장센을 담당한다. 그리고 인셉션에 참여하는 모든 이들은 영화의 출연진으로 꿈속에서 자기 배역을 수행한다.

표적 인물인 피셔의 입장에서 보았을 때 꿈은 스스로 만들어 꾸는 것이 아니다. 피셔는 다른 사람이 설계하고, 또 다른 사람이 구체화한 꿈의 세계를 공유하며 체험할 뿐이다. 피셔는 영화처럼 기획되고 연출된 꿈속에서 단지 주인공 노릇을 수행하는 것이다. 그럼에도 이 꿈은 피셔의 생각을 바꿀 만큼 큰 영향력을 발휘하게 된다. 그는 꿈에서 다채로운 체험을 통해, 처음에 아버지가 물려준 유산인 기업체를 분해할 뜻이 전혀 없다가 나중에는 자신의 방식으로 회사를 경영하겠다는 결심을 하였다.

한편, 영화 속에서 코브는 피셔와 달리 자기가 만든 꿈을 꾼다. 코브는 자신의 기억으로 채워진 건물을 지어 놓고는 꿈을 꿀 때마다 층층이 오르내리며 좋았던 추억이나 회한의 순간을 되풀이한다. 이렇게 코브가 오랫동안 자기 꿈속에서 떠나지 못하고 있음은 맬의 자살 사건이 가져다 준 충격 후 스트레스가 지속되고 있음을 보여주기도 한다. 흥미로운 점은, 남의 꿈을 체험한 피셔는 아버지와의 심리적 화해를 할 수 있었는데 반해 자기 꿈을 반복한 코브는 기억의 굴레에서 벗어날 수 없었다는 사실이다. 코브의 꿈에 대한 영화적 서술은 오로지 자기 속으로만 빠져들 때, 타자를 통해 배우고 스스로 변화할 기회를 잃어버림을 말해준다.

문학치료학에서도 꿈은 매우 비중 있게 다루어졌으며 다양한 함의를 지닌 것으로 분석되었다. 「오줌 꿈을 사는 이야기의 전승 양상과 문학치료적 의미」에서 정운채는 꿈을 사는 것의 의미를 논하였다. 김유신의 누이인 문희나 보육의 딸인 진의가 한국의 설화에서 꿈을 사는 대표적인 인물들이다. 이들은 언니들로부터 산꼭대기에서 오줌을 누자 나라 안에 혹은 천하에 가득 넘치는 꿈 이야기를 듣고 그 꿈을 사서 훌륭한 남성들과 인연을 맺고 귀한 아들을 낳게 된다. 문희나 진의도 〈인셉션〉의 피셔처럼 자기 꿈이 아닌데도 그 꿈으로 인해 삶의 중대한 변화를 겪었다.

꿈을 꾼 언니들이 아니라 꿈을 산 문희와 진의가 변할 수 있었던 까닭은 다음과 같다. "꿈은 미래의 운명과 관련이 있다. 그러나 꿈을 꾸는 것만으로는 충분하지 않고, 그 꿈을 자신의 꿈으로 소유해야 한다. 남이 꾼 꿈이라도 그 꿈을 자신의 것으로 소유하면, 그 꿈이 지시하는 미래는 자신의 것이 된다."[3] 문희와 진의는, 산꼭대기에서 보란 듯이 오줌을 누고 그 오줌을 나라에 넘치게 하는 꿈을 부끄러워하지 않고 자신의 것으로 받아들여 김춘추나 당 숙종이 나타났을 때 예의범절에 구속되어 망설이는 일 없이 자신의 길을 헤쳐 나갈 수 있었다.[4]

꿈이 인생을 변화시킨다는 것은 이미 많은 문학작품의 모티프가 되기도 했는데 〈구운몽〉이 그 대표적 사례이다. 성진은 양소유가 되어 유가적 소망을 최상의 수준으로 충족하는 꿈을 꾸었기에 혼란스러운 마음을 다잡고 수행에 정진할 수 있었다.[5] 물론 모든 사람이 성진처럼 수행자가 될 수는 없다. 그러나 자신의 일상적인 삶이나 사회적 규범과는 다른 꿈을 깊이 있게 체험한 후 그 체험을 현실의 자기와 의미 있는 방식으로 통합해 살아가게끔 하는 것은 문학치료학이 명료화한 꿈의 효용이라 할 수 있다.

한편, 남의 꿈을 자기 것으로 할 수 있다는 사실은 문학치료학의 전환을 이룰 만큼 새로운 통찰을 제공하기도 했다.[6] 남의 꿈을 자기 것으로 삼아 자신의 운명을 바꿀 수 있다면, 문학작품을 문학치료의 자원으로 활용할 수 있는 길이 열리게 되는 것이다. 이에 따라 문학치료는 창작치료와 함께 감상치료도 병행하고 수많은 문학 유산들은 문학치료를 위한 자원으로 활용하면서, 평소에 좋은 작품을 읽고 가르치는 일의 의의를 크게 할 수 있게 되었다.[7]

문학치료학에서는 꿈과 문학을 다음과 같이 파악한다. 문학치료학에서는 정신분석학의 성과를 이어받아, 꿈을 집단적 욕망 성취에 위배되는 개인적인 욕망들을 금지하는 문명적 요구에 대한 일탈의 장치로도 파악했는데, 문학도 이와 마찬가지인 것으로 보았다. 덧붙여, 문학치료학에서는 꿈과 문학이 동일한 원리에 기반을 두고 형성된다고 여긴다.[8] 이를 보다 구체적으로 말하면, 꿈이 의식의 검열을 거치면서 표상 가능성을 고려하고, 2차 수정 작업[9]을 거쳐 생성되는 것처럼, 문학도 문화적 검열을 통과하기 위해 동일한 방식을 취한다는 것이다.

프로이트도 무의식의 발견자가 자기가 아니라 앞서간 시인이라고 했다. 그에 따르면, 〈오이디푸스 왕〉은 하나의 꿈이자 집단적인 꿈이다. 이 드라마는 잠재되어 있던 꿈의 내용이 의식의 검열 작용을 거치면서 적절히 변형되어 구체적인 이미지로 육화된 현시적 꿈이 된다. 이런 관점에서 보았을 때, 우리가 자면서 꿈을 꾼다면, 창조적 작가들은 깨어 있는 상태에서 꿈을 꾼다고 할 만하다.[10] 이 백일몽白日夢은 비록 작가가 제공하고 독자들이 공유하는 꿈이지만 그 꿈을 체험하는 것은 꿈을 산 문희나 진의처럼 우리를 변화시키기도 하는 것이다.

요컨대, 〈인셉션〉과 문학치료학은 공히 꿈을 중시하는데, 그 꿈은 반드시 자기 꿈이 아니어도 된다. 영화에서는 공유하는 꿈과 그 속에서 체험이 피셔 인생의 나침반을 돌려놓았다. 문학치료학에서는 남의 꿈도 자기 것이라고 여긴다면 인생에 지대한 영향을 줄 수 있다고 보았다. 문학치료학에서는 꿈과 문학을, 개인적 욕망 성취를 위한 시도로 파악하며 그 형성 원리가 구조적으로 유사하다고 본다. 이런 맥락에서 문학작품도 일종의 꿈이라 할 수 있다. 백일몽 같은 문학작품도 자기 것으로 삼을 만큼의 깊이 있는 체험을 한다면 독자 자신 및 독자의 삶도 변화할 수 있다.

영화 속 인물의 '자기서사'와 문학치료학의 '자기서사'

〈인셉션〉에 등장하는 모든 인물은 각자 자기 삶의 주인공으로 살아가는 서사 주체라고 할 수 있다. 그러나 여기서는 이들 모두의 서사적 삶을 분석하기보다는 피셔를 중심으로 설명하도록 하겠다. 유독 피셔의 이야기에 집중하는 이유는 이 영화가 피셔의 마음속 이야기를 분석하고, 변화시키는 인셉션 과정을 중심 내용으로 삼고 있기 때문이다. 이 절에서는 인셉션이 착수되기 전, 피셔의 생각에 초점을 맞추어 서술하고,

이어지는 절에서는 이 이야기 형태의 생각이 변모되는 과정을 논하도록 하겠다.

영화에서 피셔는 거대 에너지 재벌의 상속자이다. 그런데 그는 아버지와 관계가 그리 좋지 못하다. 피셔는 아버지의 관심과 애정을 바라면서 아버지와 추억이 담긴 사진을 아버지의 병상에 놓았으나 아버지는 그 사진에 전혀 반응하지 않는다. 또한, 아버지의 임종 순간 피셔가 알아들을 수 있었던 유일한 단어는 '실망스럽다disappointed'였다. 이 말에 피셔는 아버지가 죽을 때까지 인정받지 못한 자신을 자책하며 괴로워한다.

아버지가 죽자 피셔는 아버지의 유언장에 따라 기업체를 상속 받기로 되어 있다. 피셔는 아버지를 이어 에너지 그룹을 이끌 총수가 될 것이며 자신도 이를 당연하다 여긴다. 이런 상태에 있는 피셔는, 명료하게 의식되고 표현되지는 않았으나, '나는 아버지에게 사랑받지 못하고 실망만 안겨 주는 아들이었다. 그러나 나는 아버지의 유산으로 회사를 물려받았다. 나는 앞으로 회사를 잘 경영하여 아버지가 자랑스러워할 만한 아들이 될 것이다'는 자기 기획을 품었을 것이다.

이러한 자기 기획도 문학치료학에서 말하는 '자기서사'라고 할 수 있다. 문학치료학에서는 각자가 삶을 구조화하여 운영하는 서사를 '자기서사'라고 규정한다.[11] 넓은 의미에서 자기서사는 피셔와 같은 자기 기획도 포함할 수 있다. 한편, 문학치료학에서는 내담자의 문제에 보다 가까이 접근하기 위해, 자기서사가 터하고 있으며 주된 관심의 대상이 되는 기초서사 영역으로 자기서사를 분류하기도 한다.[12] 피셔의 자기서사는 자녀서사 영역으로 분류될 수 있으며, 그는 '나'의 '소망'보다는 '세상'의 '법칙', 즉, 아버지의 법에 따르려는 '순응의 서사'를 갖고 있다고 이해할 수 있다.[13]

그러나 피셔는 아버지가 살아 있는 동안, 아버지의 인정을 받지 못했다. 세상의 법칙에 따르려 했으나 아버지의 법은 피셔의 능력이 닿을 수 없을 만큼 높았다. 내향적인 피셔는 완고한 아버지의 인정을 받지 못하자, 아버지의 애정을 갈구하는 한편 문제의 원인을 자기 자신으로 돌려 자책하게 된다. 그러나 그런 방식은 오히려 아버지의 실망만을 더할 뿐 관계의 회복에 도움을 주지 않았다.[14] 아버지가 세상을 떠난 후에야, 일방적으로 아버지의 애정을 구하고 인정을 받으려 했던 피셔는 비로소 순응의 자녀서사를 본격적으로 작동시키며 살 수 있는 기회를 갖게 되었다.

그렇지만 순응의 자녀서사를 자기서사로 운영한다고 하더라도, 피셔에게는 아버지에 대한 감정적 앙금이 남아 있었을 것이다. 아무리 그가 아버지에게 자랑스러운 아들이 되고자 아버지의 뜻(유언)에 따라 살고자 한다 하더라도, 생전의 아버지에게 인정을 받지 못했으며 임종 직전에 '실망스럽다'는 말까지 들은 아들이 자기서사를 힘 있게 작동시키며 살아 나갈 수 있을지에 대해선 미심쩍다. 피셔가 이렇게 미약한 자기서사를 가지고 있었기에 그에게 새로운 생각을 심는 인셉션 작업이 가능했다고도 이해할 수 있다. 피셔가 가진 자기서사의 변화 과정에 대해서는 다음 절에서 이어 논하기로 한다.

이 절에서는 피셔의 경우를 들어, 영화 속 인물을 이해하는 데 있어서도 문학치료학의 자기서사 개념이 유용함을 확인하였다. 인물의 목표가 설정되고 서사적 행로가 규정되기 위해서 영화 속 인물들은 자기서사를 필요로 한다. 그러나 이러한 자기서사는 인물의 의식 표면으로 명료하게 떠오르지 않거나 말로 표현되지 않을 수도 있다. 혹은 단순한 계획이나 심정의 표출 등 구성적인 서사 형태를 갖추지 못했을 수 있다. 그러나 영화는 주요 등장인물의 자기서사를 구조화해서 이해할 수 있게 하는 서사적 맥락을 제공한다. 이를 통해 인물의 자기서사를 재구하여 이해할 수 있다.

문학치료학은 유사한 상황에서 반복되는 인지적, 정서적 반응이나 행동 방식을 자기서사의 발현으로 이해할 수 있게 한다. 또한, 기초서사 영역으로 자기서사를 분류하여 실제 인간이나 허구적 인물이 처한 문제적 상황이나 겪고 있는 심리적 문제에 보다 가까이 접근하게 한다. 그런데 서로 다른 용례들이 정리될 필요가 있을 정도로 다양하게 해석되며 여러 국면에서 활용되는 자기 서사는 그 개념적 혼란이 문제가 되기도 한다.[15] 자기서사가 문학치료학의 중추적 개념인 만큼 그 정확한 사용도 중요하겠으나, 충분히 규격화되지 않은 자기서사를 두고 시비를 논하기보다는 자기서사가 다양한 발현 양태를 취하며, 그 존재 층위도 여럿일 수 있음을 인정하는 상태에서 종합적 연구를 진행하는 것이 바람직하지 않을까 한다.

영화의 '인셉션 과정'과 문학치료학의 '문학치료 과정'

피셔는 순응의 자녀서사를 작동시키며 살 수 없었다. 코브 일행의 인셉션 때문이다. 코브 일행은 피셔의 생각, 즉 자기서사를 바꾸려는 계획을 세운다. 다음은 코브 일행이 계획을 논의하는 장면이다.

작업실-낮

아리아드네, 아서, 유서프, 임즈와 사이토는 파일들을 보면서 방에 둘러앉았다. 코브가 회의를 주관한다.

코브: (크게 읽는다) "나는 아버지의 회사를 해체할 것이다."

(코브가 팀을 돌아본다.)

코브: 지금 이건 로버트가 확실히 거부하고 싶을 생각이야. 그의 잠재의식 속에 이 생각을 깊이 심어 놓아야 해.

코브: 잠재의식의 동기 유발은 이성이 아닌 감정에 의한 거야. 이걸 감정적인 개념으로 바꾸는 방법을 찾아야 해.

아서: 어떻게 사업 전략을 감정으로 바꾸지?

코브: 그걸 알아내려고 온 거잖아. (코브의 파일에 스크랩된 기사들. "모리스와 로버트, 피셔 가의 두 세대 아주 다른 두 가지의 경영 방식", 다른 신문에는 "두 피셔간의 전쟁"이란 제목의 기사가 실렸다.) 지금 로버트는 아버지와의 관계로 큰 스트레스를 받고 있어.

임스: (파일을 보며) 이렇게 하면 어떨까? 아버지의 회사를 해체하는 게 아버지에 대한 복수라고 암시하는 거.

코브: 아냐, 난 긍정적인 감정이 부정적인 감정을 이긴다고 생각해. 화해를 통해 카타르시스를 줘야 해. 로버트가 이 모든 것에 긍정적인 감정으로 반응하게 해야 해.

(임스가 생각한다. 잠시 후.)

임스: 좋아, 이렇게 하지. 어… 이건 어때, "아버지는 내가 당신의 발자취를 따르지 않고 스스로 이루기를 바란다."

코브: 될 것 같군.

아서: 될 것 같다고? 그것보다는 더 잘해야지. 우린 좀 더 잘해야 한다고.

임스: 의견 제시해 줘서 고맙다.

아서: 구체적인 걸 요구해서 미안해, 임스. 구체적인 거 몰라?

코브: 인셉션은 구체적인 거랑 상관없어. 그의 마음속에 들어가서 찾은 걸로 작업에 들어가야 해.

(이들이 꿈을 공유하는 뉴욕 거리로 배경이 바뀐다.)

임스: 최고 단계에서는 아버지와의 관계를 터놓자고. "난 아버지의 발자취를 따르지 않겠다."고 하는 거야. 다음 단계로 내려가선 이렇게 불어넣자고. "나 스스로 뭔가 이루어 보겠다." 그리고 최하 단계에 왔을 때 결정타를 먹이는 거지.

코브: "아버지는 내가 자기처럼 안 되길 원한다."

코브 일행이 인셉션의 단계 및 각 단계의 목표, 주요 감정 등을 설계하는 위 장면들의 내용을 바탕으로 영화의 인셉션 과정을 이해하면 다음과 같다. 작업실에서 회의를 주재하는 코브는 "나는 아버지의 회사를 해체할 것이다."라는 목표를 제시한다. 그러나 앞 절에서 피셔의 서사적 맥락이나 행동으로 재구한 자기서사는 '나는 아버지에게 사랑받지 못하고 실망만 안겨 주는 아들이었다. 그러나 나는 아버지의 유산으로 회사를 물려받았다. 나는 앞으로 회사를 잘 경영하여 아버지가 자랑스러워할 만한 아들이 될 것이다'였다. 이러한 내용의 자기서사를 읽어 낸 코브도 인셉션의 최종 목표에 대해 "지금 이건 로버트가 확실히 거부하고 싶을 생각이야An idea Robert Fischer's conscious mind would never accept."라고 의견을 피력했다.

그래서 코브는 이질적인 생각을 심기 위해 고도의 심리적 전략을 쓴다. 전략인즉슨, 첫째, 잠재의식의 동기 유발을 위해 감정을 촉발하기, 둘째, 현재 피셔의 정신적 문제를 야기하는 아버지와의 관계에 집중하기, 셋째, 부정적인 감정보다는 긍정적인 감정을 활용하기, 넷째, 카타르시스 이용하기, 다섯째, 최종 목표에 도달하기 위한 단계별 세부 목표 구성하기 등이다. 이러한 전략들이야말로 문학치료의 과정과 밀접한 연관을 갖는다.

문학치료학에서는 불완전하고 미약한 자기서사를 온전하고 건강하게 하는 것으로 작품서사를 상정한다.[16] 문학치료의 과정, 즉, 문학작품의 작품서사를 통한 자기서사의 교정과 개선이라는 입지점에서 볼 때, 코브가 사용하는 전략들은 문학치료의 중요한 측면을 드러내고 있다. 첫째, 사람의 행동, 나아가 삶을 규정하는 자기서사의 변화는 감정으로 촉발될 수 있다. 둘째, 서사주체가 놓인 인간관계의 문제 상황에 집중할 때 그의 자기서사가 잘 파악된다. 셋째, 인간관계의 회복에 대한 내용을 담고 있는 서사가 자기서사의 교정과 개선에 효과적일 수 있다. 넷째, 자기서사의 변화라는 목표는 단번에 달성되는 것이 아니라 작품서사를 위계적으로 제공하고, 작품에 대한 반응을 순차적으로 심화시키는 등 연계적이고 지속적인 과정을 거치며 서서히 이루어진다.

위와 같은 내용은 영화가 제안하기 전에 이미 문학치료학에서 이론적으로 연구한 바이자, 실제적인 문학치료 경험을 통해 쌓은 지혜라고 할 수 있다. 〈인셉션〉이 문학치료학을 참조한 것은 아닐 터이나, 이 영화는 인셉션의 대상이 되는 생각이 문학적 형상을 갖추어야 한다고 보는 한편, 문학적 감동과 내면화가 정신적 변화와 성장을 가능하게 한다는 사실을 인지하였다. 이러한 점에서 볼 때, 영화의 대본과 감독을 담당한 이들이 문학적 감동의 원리와 그 위력을 잘 이해하고 있다고 판단된다.

한편, 코브 일행은 각 꿈의 단계에 따라 목표를 설정하는 데 있어서는 작가적인 재능도 발휘하고 있다. 아버지 회사의 해체라는 최종 목표는 단계적으로 나뉘어져 1단계에서, "난 아버지의 발자취를 따르지 않겠다."고 설정되었다. 실제 1단계 꿈에서 이 목표는 아버지의 유언장 내용을 의심하고 아버지의 본뜻이 따로 있었을 것이라는 생각을 갖게 하는 것으로 실현된다. 그다음 단계에서 계획된 목표는 피셔에게 "나 스스로 뭔가 이루어 보겠다."는 생각을 불어넣는 것이다. 실제 2단계의 꿈에서 피셔는 (코브 일행의 계략이기는 하지만) 꿈을 빼내려는 사람들로부터 스스로 방어하려 하였으며, 브라우닝을 의심하고 그의 생각을 알아보기 위해 자발적으로 꿈을 공유하고자 하는 의욕을 보인다.

최종적인 3단계의 꿈에서 피셔는 "아버지는 내가 자기처럼 안 되길 원한다."는 생각을 가져야 한다. 잠재의식 깊은 곳에 심어질 이 생각은 앞으로 피셔의 운명을 지배할 수도 있는 위력적인 것이다. 이를 위해 코브 일행은 감정적 폭발력을 지닌 카타르시스를 준비하였다. 그런데 그 에너지는 원래 피셔가 아버지에 대해 가지고 있는 감정에서 비롯된 것이라 할 수 있다. 코브 일행은 이렇게 부정적인 감정을 긍정적인 감정으로 변화시키는 한편, 부정적인 감정이 응축시켜 온 에너지를 활용하는 영민함을 보여주기도 한다. 다음은 아버지에 대한 괴로운 기억이 재편되는 장면이다.

아버지: (병상에 누워) 난 실망했다.
피　셔: 아버지처럼 못 돼서 실망한 거 알아요.
아버지: 실망한 건 네가 나처럼 되려 해서다. (손짓으로 금고를 열게 한다.)

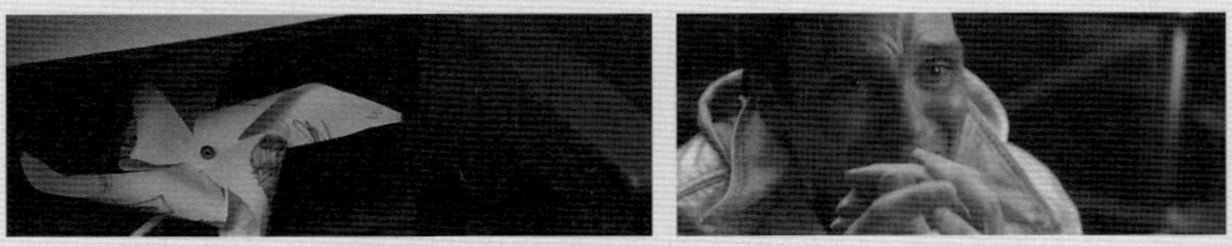

피셔는 금고를 열어 최종 유언장과 아버지와 찍은 사진에 있던 바람개비를 발견한다. 아버지는 숨을 거두고 피셔는 오열한다.

비록 꿈속의 체험이지만 이 일 이후 피셔의 생각은 변했다. 1단계의 꿈에서 깨어난 피셔는 브라우닝으로 변장한 임스를 향해, "유언장에서 아버지는 내가 나로 살라고 하셨어요. 아버지를 위해 살지 말라고. 이제 그렇게 할 거예요, 아저씨."라고 말했다. 이 말을 통해 관객들은 피셔의 생각이 확실히 변했으며, 인셉션이 성공했다는 사실을 확인할 수 있다.

순차적으로 변해 가는 피셔의 생각은 문학치료 과정에서 자기서사의 변화 과정과 구조적으로 유사하다. 피셔의 생각은, 1단계에서 자기가 가지고 있다고 믿었던 자기서사에 대해 의심하고, 2단계에서는 새로운 자기서사를 쓰기 위한 힘을 길렀으며, 3단계에서 새로운 자기서사를 완성하는 과정을 거쳐 변화되었다. 한편, 문학치료학에서는 자기서사의 변화 과정을, 첫째, 작품서사를 통해 서사에 많은 길이 있음을 인식하고 선택가능성을 이해하기, 둘째, 우리 안의 자기서사와 거리두기, 셋째, 새로운 서사의 길내기로 구조화한 바 있다.[17] 이렇게 인셉션과 문학치료는 기존의 자기서사를 회의하고 다른 선택 가능성을 이해하면서 새로운 자기서사를 쓰는 일련의 과정을 공유한다.

인셉션 과정과 비교할 때 문학치료 과정은 작품서사를 통해 서사의 갈림길이 여럿임을 알게 되는 것이 자기서사 변화의 시작이라고 하는 점이 특징적이다. 남이 만들어 준 꿈을 통해 변화하는 것은 공상과학영화에서나 가능한 일이므로 문학치료학의 제안은 실용적인 면이 있다 하겠다. 한편, 인셉션 과정에서는 자기서사를 바꿀 수 있게 하는 내면적 힘을 강화하는 절차를 두었다. 이는 주로 2단계에서 이루어졌다. 결국 자기서사를 변화시키는 주체는 바로 자신이기 때문에 이러한 역량을 갖추는 과정은 반드시 필요하며 이런 점은 문학치료 과정을 실행할 때 유용한 참조가 될 수 있을 것이다.

덧붙여, 문학적인 감동과 카타르시스를 통해 자기서사의 실질적 변화를 도모하는 영화의 인셉션 과정에도 주목할 수 있다. 문학치료학은 기본적으로 문학이 사람을 느껴 움직이게 하는, 내면적 울림과 감동의 힘을 전제로 성립되었다. 물론 문학치료 과정에서 어떤 문학작품을 선별하고, 어떤 내용의 작품서사가 유용할 것인가 하는 탐구와 고민은 중요하며 이러한 연구가 축적되는 것은 바람직한 일이다. 그러나 영화에서 보여주듯, 아무리 바람직한 작품서사라도 감동과 카타르시스 없이는 자기서사에 다다를 수 없다. 그럼에도 불구하고 자기서사의 진단과 작품서사의 선별 논의에 비해 문학치료의 방법론에 대한 연구는 비교적 한산하다. 이렇게 영화는 문학적 감동을 어떻게 심화시키고 내면화하게 할 것인가에 대한 문학치료학의 연구 과제를 돌아보게 하는 효용을 갖기도 한다.

같은 꿈을 꾸는 영화와 문학치료학

영화 〈인셉션〉은 꿈과 무의식의 세계를 심도 있게 다루며, 꿈과 현실의 관계에 대한 통찰을 제공하는 한편, 문학치료학과 구조적인 상동성을 갖고 있다. 잠재의식에 심겨진 씨앗 같은 생각이 자라나 현실의 자발적인 선택과 결정을 유도한다고 가정하는 것은 문학치료학에서 말하는 자기서사의 존재와 작용과 상통하며, 인셉션 과정을 통해 인물이 새로운 생각을 갖는 과정 역시 자기서사의 변화 과정과 유사하다. 이 글에서는 이런 점에 착안하여 영화와 문학치료학을 비교해 보았다.

위 글에서는 〈인셉션〉의 주요 발상이나 개념이 어떤 문학치료적인 함의가 있으며, 그에 대해 문학치료학에서는 어떤 접근이 이루어졌는지를 중심으로 논하였다. 우선, 영화의 '꿈'과 문학치료학의 '꿈'을 비교해 보았다. 영화에서는 공유하는 꿈과 그 속에서의 생생한 체험을 통해 인물의 생각이 변하였고, 그 삶의 계획이 이전과 달라졌다. 문학치료학에서도 남의 꿈이라도 자기 것처럼 여길 때 사람과 인생에 지대한 영향을 줄 수 있다고 보았다. 특히 문학치료학은 꿈과 문학의 형성 원리가 구조적으로 유사하다고 가정한다. 즉, 작가의 백일몽과 같은 문학작품도 심도 있게 체험하고 자기 것으로 삼는다면 독자 자신 및 독자의 삶이 변화할 수 있다고 보는 것이다.

둘째, 영화 속 인물의 서사적 삶을 문학치료학의 '자기서사'의 관점에서 설명하였다. 영화에서 인셉션의 표적 인물이 되는 피셔는, 순응의 자녀서사를 가지고 있으나 아버지의 법이 너무 높아 자책하는 내향적인 인물이다. 피셔는 아버지가 죽은 후에 아버지의 뜻을 따라 회사를 경영

해 보고자 하는 자기 기획을 품었다. 이러한 자기 기획도 넓은 의미에서 문학치료학에서 말하는 자기서사가 될 수 있다. 문학치료학은 유사한 상황에서 반복되는 인지적, 정서적 방응이나 행동 방식을 자기서사의 발현으로 이해할 수 있게 해 주며 기초서사 영역으로 자기서사를 분류하여 문제적 상황이나 심리적 문제에 보다 가까이 접근하게 해 준다.

셋째, 영화의 '인셉션 과정'과 문학치료학의 '문학치료 과정'을 비교하였다. 영화는 인셉션의 대상이 되는 생각이 문학적 형상을 갖추어야 한다고 보는 한편, 문학적 감동과 내면화가 정신적 변화와 성장을 가능하게 한다는 사실을 잘 알고 있다. 또한, 인셉션의 과정은 기존의 자기서사에 대해 의심하고(1단계), 새로운 자기서사를 쓰기 위한 힘을 기르고(2단계), 새로운 자기서사를 완성하는(3단계)로 구성되었다. 이는 문학치료학에서 말하는 자기서사 변화 과정, 즉, 다른 선택 가능성에 대한 이해, 자기서사와의 거리두기, 새로운 서사의 길내기 등의 단계와 구조적으로 유사하다 할 수 있다.

영화 〈인셉션〉과 문학치료학은 각각 영화와 이론으로, 둘을 비교하는 논의가 무색할 만큼 서로 다른 영역을 점하고 있다. 그러나 논의 결과, 둘 간에는 상당한 유사성이 있으며 서로를 비춰 볼 수 있는 상대가 될 수 있음을 살필 수 있었다. 둘은 어쩌면 서사를 통한 인간성 회복이라는 꿈을 공유하고 있는 것은 아닐까 한다.

2 문학치료학의 기본 개념: 서사, 자기서사, 작품서사

문학치료학의 '서사' 개념

문학치료학의 구심점, '서사'

국어 선생님이 학생들에게 〈나무꾼과 선녀〉에 대한 이야기를 떠올려 보라고 주문한다. 그럼 학생들은 대부분 제목에서 보인 바와 같이 나무꾼과 선녀가 등장할 것이라는 것 정도는 기억할 것이다. 그런데 기억나는 대로 이야기를 구연해 보라고 한다면 그 구연 결과는 저마다 약간 혹은 큰 차이를 드러낸다. 어떤 학생은 나무꾼이 선녀와 행복하게 살았다는 것으로 이야기를 구연하기도 하고, 어떤 학생은 사슴의 보은 이야기를 빼고 우연히 선녀와 나무꾼이 만났다는 이야기로 말하기도 하며, 또 어떤 학생은 선녀 이야기를 뺀 채 사슴과 나무꾼의 사랑 이야기로 바꾸기도 한다.

일반적으로 〈나무꾼과 선녀〉라고 한다면, 나무꾼이 사슴의 보은으로 선녀를 만나지만 숨겨 왔던 선녀의 옷을 내주면서 선녀가 자식들을 데리고 하늘로 올라가 버리고 나무꾼이 애타게 선녀를 그리워해 극적으로 선녀와 재회하지만 선녀의 당부를 제대로 지키지 못해 영영 하늘로 올라가지 못하고 선녀와 이별하게 되었다는 얘기, 그리고 나무꾼이 다시 선녀를 만날 수 없어 선녀를 그리워하다 수탉이 되었다는 사연까지의 내용을 담고 있어야 한다.

그런데 앞서 말한 바와 같이 실제로 이 모든 내용을 온전하게 구연하는 학생은 그리 많지 않다. 이것은 비단 학생들의 구연 결과만으로 확인되는 것은 아니다. 『한국구비문학대계』에도 여러 편의 이본들이 존재하는데, 그 이본들은 저마다 조금씩 차이를 드러내기도 한다. 그런데 우리는 사슴의 보은담이 없어도, 그리고 선녀와 나무꾼이 재회하는 결말로 끝나도, 혹은 나무꾼이 하늘로 올라가 시험을 통과하는 이야기가 비대해져도, 나무꾼이 지상에 내려와 수탉이 되었다는 얘기가 빠졌다고 하더라도 이러한 이야기를 듣고 바로 "〈나무꾼과 선녀〉 이야기이구나!"라고 말한다.

이렇게 저마다 다르게 구연하는데도 어떻게 이러한 이야기를 하나같이 〈나무꾼과 선녀〉라고 부를 수 있는 것일까? 물론 단지 '나무꾼'과 '선녀'라는 이름 혹은 캐릭터가 나오기 때문일 수도 있다. 그러나 이름이나 캐릭터만으로는 해명될 수 없는 것이 있는데, 바로 그 캐릭터가 등장한다고 할지라도 사슴과 나무꾼의 사랑 이야기를 듣는다면 이것을 〈나무꾼과 선녀〉라고 보지는 않을 것이다. 그것은 적어도 포장만 비슷할 뿐 우리가 기대하는 〈나무꾼과 선녀〉의 흐름을 갖고 있지 않기 때문이다.

이에 문학치료학에서는 같은 이름의 캐릭터가 등장하더라도 그것이 〈나무꾼과 선녀〉인지 아닌지를 가늠할 수 있는 기준을 제시하는데,

그것이 바로 '서사epic'이다. 이와 같이 여러 형태로 구연된 이야기들이 동일한 서사의 범주로 묶이려면 첫째, 인간관계의 구도가 같아야 하고, 둘째, 그 인간관계에서 벌어지는 문제와 그 해결에 이르는 자초지종이 유사해야 한다. 그래서 구연된 이야기가 최종적인 결말까지 보여주지 않았다고 하더라도 그 문제의식을 내포하고 있고 그에 대한 지향점이 동일하게 내재되어 있다면 우리는 그것을 하나의 서사 범주로 묶을 수 있다고 보는 것이다.

이를테면 큐빅이 박힌 머리핀이 있는데 어느 날 갑자기 그 큐빅이 빠졌다고 가정해 보자. 물론 큐빅이 빠져 예전처럼 예쁜 머리핀일 수는 없지만 그럼에도 불구하고 우리는 이것을 머리핀이라고 명명한다. 곧 큐빅이 장식이라면, 그리고 큐빅이 없어도 그 기능을 지탱케 하는 것이 있다면 우리는 그것을 머리핀이라 부를 수 있는 것이다. 마찬가지로 구연자가 〈나무꾼과 선녀〉에서 나무꾼이 하늘에 올라가 시험을 통과하는 장면을 소상하게 묘사하지 않더라도, 이야기의 흐름이 나무꾼이 선녀와 재회함에도 불구하고 나무꾼의 실수로 영원히 이별하게 된다는 논리를 놓치지 않고 있다면 우리는 그 구연자가 〈나무꾼과 선녀〉를 구연했다고 말할 수 있게 되는 것이고, 이는 곧 〈나무꾼과 선녀〉의 서사 범주 안에 포함된다.

따라서 저마다 다른 형태로 구연되었다 할지라도 그 각각의 이야기들이 관통하고 있는 이야기가 존재한다면 우리는 그것을 하나의 '서사'로 설명할 수 있으며, 저마다 다른 양상의 구연물에 대해 '서사는 동일하지만 텍스트가 다르다'라고 표현할 수 있다. 그러기에 우리는 제각각 모양을 달리하는 텍스트에도 주목해야 하지만 다른 모양 속에서도 사건의 흐름을 이끌어 나가는 핵심적인 서사에도 주목해야 한다.

서사에 주목하면 무엇이 좋을까?

앞서 언급한 바와 같이 문학치료학에서 강조하는 서사는 텍스트와 구별하여 이해할 필요가 있다. 그러면 텍스트와 구별하여 서사를 강조할 때 우리에게 어떤 이로움이 있을까? 이에 대한 설명을 위해 다음 그림을 살펴보자.

그림 ①　　　　그림 ②

[그림 7] 텍스트와 서사의 관계

위의 [그림 7]에서 그림 ①은 무엇으로 보이는가? 어떤 이는 그림 ①을 보고 단순한 선의 연결이라고 말할지도 모른다. 그러나 설령 그렇게 말한다고 하더라도 대부분은 그림 ①을 보면서 삼각형을 연상하게 될 것이다. 이에 선이 미처 다 그어지지 않은 부분을 점선으로 표시해 보면, 우리는 그림 ②와 같은 형태를 그려 볼 수 있다. 이 그림을 이용해 텍스트와 서사의 관계를 설명해 보자면, 눈으로 보이는 실선 부분은 텍스트라고 표현해 볼 수 있다. 실제 텍스트는 구연자에 의해서 구연된 결과물, 혹은 문자화된 작품 그 자체를 가리킨다고 할 수 있다. 즉 눈으로 확인 가능한 것이다. 반면 비어 있는 점선을 채워서 삼각형으로 인지할 수 있게 하는 것이 서사이다. 즉 서사는 눈에 보이지 않는 부분까지 포함하는 것이다.

앞에서 예로 든 〈나무꾼과 선녀〉를 이용해 설명해 보자. 〈나무꾼과 선녀〉의 다양한 이본 중, 여기에서는 나무꾼과 선녀가 서로를 믿지 못하여 결국에 이별하는 것으로 귀결되는 것을 〈나무꾼과 선녀〉의 기본적인 흐름이라고 가정해 보자. 그런데 이본 중에는 하늘로 올라간 선녀를 찾아 나무꾼이 뒤따라가게 되면서 재회하는 것으로 끝난 이야기도 있다. 만약 우리가 '서사'에 주목하지 않으면 나무꾼과 선녀가 이별하는 이야기와 나무꾼과 선녀가 재회하는 이야기를 같은 유형의 이야기로 봐야 할지 아니면 둘을 분리시켜 봐야 할지 혼란스러울 수 있다. 그러나 만약 나무꾼과 선녀가 하늘에서 재회하더라도 나무꾼이 어머니를 그리워하여 인간 세계에 내려왔다가 선녀의 당부를 지키지 못해 다시는 하늘로 올라갈 수 없었다는 이야기가 〈나무꾼과 선녀〉의 대표적인 서사라고 한다면, 나무꾼이 선녀를 뒤따라 하늘로 올라가 재회하게 되었다는 것으로 마무리한 이야기는 아직 덜 구연된 이야기로 간주될 수 있다. 다시 말해 〈나무꾼과 선녀〉의 서사가 텍스트로 온전히 구현되려면 1에서 100까지 보여줘야 한다고 가정할 때, 나무꾼과 선녀가 재회하는 것으로 마무리되는 이야기는 1에서 80까지의 텍스트만을 보여준 것이라고 표현해 볼 수 있다. 그렇게 볼 때 나머지 20이 이 이야기에서는 제대로 표현되지 않았지만, 심층의 서사를 우리가 알고 있다면, 우리는 텍스트에서 빠진 나머지 20도 자연스럽게 연상해 볼 수 있다. 즉 나무꾼과 선녀의 재회 뒤에, 나무꾼이 선녀와 행복하게 살았지만 그 행복은 잠시뿐이고 또 다시 나무꾼 선녀 사이에서 불안한 요소들이 발생하면서 둘이 결국엔 헤어지고 말 것이라는 결말을 추가해 볼 수 있는 것이다. 이렇게 재회한 부부의 이야기 뒤로 이별의 이야기를 추가하는 과정은, 위의 그림 ①에 비어 있는 부분에 점선을 그어 온전한 삼각형을 만드는 작업과 동일한 과정으로 설명해 볼 수 있는 것이다.

만약 대표성을 띤 서사를 찾아낸다면 우리는 엉성했거나 혹은 불분명했던 이야기도 온전한 이야기로 재구성해서 이해해 볼 수 있다. 아직 다 말하지 못한 부분을 우리는 서사를 통해 채워 나갈 수 있는 것이다. 두 번째 삼각형 그림에서 점선 부분을 채우려면 나머지 실선 부분의 역할이 매우 중요할 것이다. 일단 실선 부분의 인과관계를 분명하게 파악해 내면 비어 있는 나머지 부분도 얼마든지 구성해 낼 수 있다는 것이다. 주어진 실선 부분만 보고도 나머지 점선을 유추해 내려면 실선 부분에 대한 분석이 중요하다. 즉, 〈나무꾼과 선녀〉에서 나무꾼과 선녀가 재회하는 이야기는, 결말만 봐서는 행복한 이야기이지만 행복하더라도 그것이 불안한 행복임을 추측하게 하는 요소들이 텍스트 곳곳에 노정되어 있어야 할 것이다.

반대로 〈나무꾼과 선녀〉의 이본 중에는 지나치게 특정 장면이 확대된 것도 있다. 그 예로 나무꾼이 하늘에 올라가 옥황상제의 사위가 되기 위한 시험을 통과하는 장면이 그러하다. 만약 우리가 서사에 주목하게 된다면, 시험 통과 장면은 나무꾼과 선녀가 어렵사리 재회를 했는데도 결국 그 관계를 지속하지 못하고 파국에 이른다는 최종적인 이야기로 향하는데 그 중 '어렵사리 재회'에 방점을 두기 위한 것이거나 두 사람 사이에 여전히 '애정이 존재'하고 있음을 강조하기 위한 하나의 전략 정도로 간주해 볼 수 있다. 서사로 파악하게 된다면 보다 압축적으로 사건을 관망할 수 있는 장점을 얻게 되는 것이다.

이와 같이 서사는 다양한 텍스트로 이루어진 〈나무꾼과 선녀〉의 공통서사를 찾음으로써 부족한 텍스트를 채울 수 있게 하고 지나치게 확장된 텍스트를 과감히 가지치기를 하여 전체를 통찰할 수 있게 한다.

이는 비단 설화에만 적용되는 것이 아니다. 사람의 경우도 마찬가지이다. 사람 1과 사람 2가 텍스트는 달라 보여도 서사에 주목하면 사람 1과 사람 2는 같은 서사를 지향할 수도 있고, 반대로 사람 1과 사람 2가 비슷해 보이지만 사실은 매우 다른 서사를 지향하고 있는 경우일 수도 있다. 또 사람 1과 작품 1이 겉으로는 달라 보이지만 서사에 주목하게 되면 작품 1과 사람 1은 같은 서사를 가지고 있을 수도 있다.

바로 이 시점에서 우리는 '치료'라는 용어를 붙일 수 있게 된다. 즉 사람1의 텍스트만 봐서는 도무지 이해할 수 없었는데 그 사람의 서사를 파악하게 되면 이 사람의 삶은 서사의 어느 부분이 집중되어 있는 것이고 장차 어떤 패턴을 보일 것인지 시뮬레이션할 수 있게 될 것이다. 그리고 이 사람의 서사를 파악하고자 할 때 우리는 작품에서 얻어 낸 서사를 활용해 그 사람의 서사를 파악할 수 있는 설명력도 갖게 된다.

이처럼 작품도 서사로 이해할 수 있고, 사람도 서사로 이해할 수 있다는 점을 고려하면 우리는 문학작품의 서사로 분석하듯이 사람도 서사로 분석할 수 있다는 것이고, 사람을 서사로 이해하여 분석한다는 것은 곧 사람을 문학작품처럼 여긴다는 것을 의미한다. 이렇게 볼 때 문학치료라는 용어는 문학을 이용한 치료일 수도 있지만 사람 내면에 존재하는 문학을 치료하는 것이라는 의미도 포함된다고 할 수 있으며, 이러한 관점에서 볼 때 치료는 심리학적 방법만이 아니라 문학적인 방법으로도 가능하다는 것을 알 수 있게 된다.

작품서사, 자기서사에 대한 서사이론

문학치료학에서는 문학의 세계에서 다양한 텍스트가 존재하는 것처럼 이 세상의 사람살이도 다양한 텍스트라고 본다. 문학 텍스트의 심층에 서사가 존재한다는 것을 고려한다면 사람살이 텍스트의 심층에도 서사가 내재한다고 볼 수 있다. 그리고 사람살이의 텍스트에서 이해되지 않을 때, 그리고 사람살이에서 서사가 잘 포착되지 않는다고 할 때 텍스트는 다르지만 그 이면에 존재하는 공통된 서사가 문학작품에서 발견될 수도 있다는 점을 강조한다. 이렇게 볼 때 서사에는 사람의 서사와 작품의 서사가 존재하고 있고 이 둘은 구조적으로 매우 유사한 관계에 있다는 것을 알 수 있다. 문학치료학에서는 사람의 서사를 '자기서사', 작품의 서사를 '작품서사'로 명명하고 있다. 여기에서는 이 둘의 개념과 관계를 설명하고자 한다.

서사의 두 종류, 작품서사와 자기서사

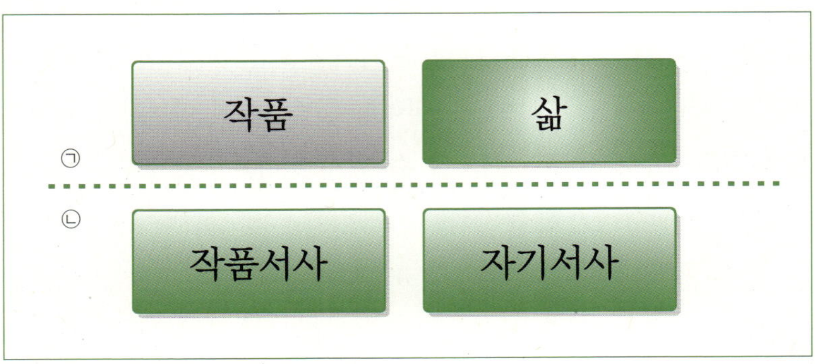

[그림 8] 작품서사와 자기서사의 존재 양상

[그림 8]은 문학치료학의 기본 개념들을 아주 간명하게 나타내 본 것이다. 사람들은 '삶'을 살고 있다. 그리고 그중에 작가들은 '작품'을 쓰고 독자들은 그 작품을 읽는다. 지금까지의 문학연구는 대체로 작가가 쓰고, 독자가 읽는 '작품'이나 작가의 '삶'에 대해서 관심을 기울여 왔다. 다시 말해서 ㉠에 속하는 '표층'의 '작품'에 매달려 온 것이다. 그런데 문학치료학에서는 '작품'을 넘어서서 '작품서사'에까지, 그리고 '삶'을 넘어서서 '자기서사'에까지 연구 영역을 넓혔다. 다시 말해서 ㉡에 속하는 '심층'의 '서사'를 새롭게 주목한 것이다. '작품'의 기반에는 '작품서사'가 있고 '삶'의 심층에는 '자기서사'가 있다. 정리하자면 '작품서사'와 '자기서사'는 '심층'에 있는 '서사'에 해당하는 것이라면, '작품'이나 '삶'은 '표층'에 있는 것이며 '텍스트'에 해당하는 것이다.

[그림 9]는 '삶'과 '자기서사'의 상호작용, '자기서사'와 '작품서사'의 상호작용, 그리고 '작품서사'와 '작품'의 관계를 전체적으로 조망할 수 있도록 한 것이다. 먼저 ㉠은 '자기서사'로부터 '삶'으로 향하는 방향을 표시한다. 우리가 그냥 마구 사는 것 같지만 사실은 '삶'을 구체적으로 설계하고 운영하는 데에 '자기서사'를 기반으로 하고 있다는 것이다.

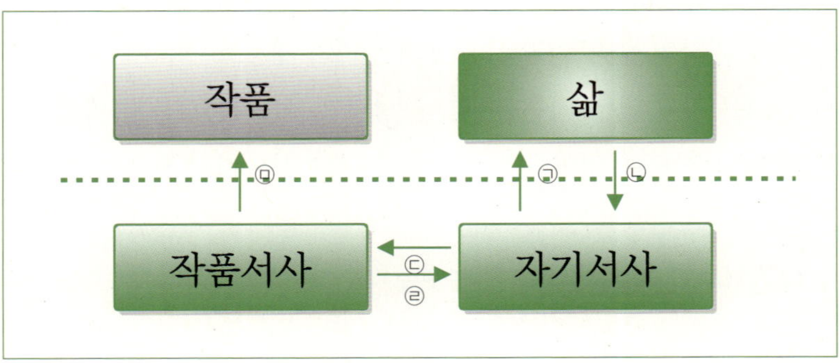

[그림 9] 작품서사와 자기서사의 상호작용

다시 말해서 '자기서사'라는 바탕 위에서 우리의 '삶'이 설계되고 운영된다는 것이다. 물론 '삶'에는 여러 가지 돌발요소들이 있기 마련이다. 이 돌발요소들은 거꾸로 '자기서사'의 확충이나 조정 등을 요구하게 된다. ㉡은 이러한 방향의 작용을 표시한 것이다.

다음으로 생각해 볼 것은 '작품'에 대한 이해 내지 '작품' 창작의 원리에 대한 것이다. 우리가 '작품'을 대했을 때 문면의 의미에 만족하지 않는다. 우리가 '작품'을 이해하게 되는 것은 '작품서사'에 이르렀을 때이다. 그런데 이 '작품서사'는 작가의 '자기서사'와 관련을 맺는다. 그러니까 ㉢이 나타내고 있는 것처럼 '자기서사'는 '작품서사'를 구성하고, ㉤이 나타내고 있는 것처럼 이 '작품서사'에 의거해서 '작품'은 비로소 이해될 수 있는 것이다.

그런데 '작품서사'가 '자기서사'에 의거해서 구성되는 것은 틀림없지만, 구성된 '작품서사'가 '자기서사'와 온전히 일치하지 않는 경우도 종종 발생한다. '작품서사'를 구성할 때에는 '자기서사'의 틀도 중요하지만 객관적인 서사의 논리도 무시할 수 없기 때문이다. 아무튼 '자기서사'와 일치하지 않는 '작품서사'는 화살표 ㉣이 나타내고 있는 것처럼 '자기서사'를 조정하는 작용을 하게 된다.

'작품' 창작의 원리는 '작품' 이해의 원리와 대동소이하다. '자기서사'에 근거를 두고 있는 '작품서사'가 구성되고, 이 '작품서사'를 바탕으로 '작품'이 창작되는 것이다. ㉢과 ㉤이 나타내는 바가 이것이다.[18]

작품서사와 자기서사의 상호작용

앞서 제시한 〈나무꾼과 선녀〉를 다시 거론해 보자면, 우리는 똑같은 이야기를 접하고 경험해 보았어도 똑같은 내용을 구연하지 않는다는 점을 상기할 필요가 있다. 예로 〈나무꾼과 선녀〉를 구연해 보라는 주문을 하였을 때, 어떤 학생은 선녀라는 존재를 소거하고 사슴과 나무꾼의 사랑 이야기로 표현하기도 한다. '이물異物과 이룰 수 없는 사랑'에 주목하고 있는 것이다. 왜 이런 이야기를 만들었을까? 물론 기억에 왜곡이 생겼기 때문이라고 설명해 볼 수 있을 것이다. 그러나 문학치료학적 관점에 의하면, 이 기억의 왜곡도 '서사'로 설명해 볼 수 있다. 한 사람의 삶을 추동하는 서사가 활성화되어 있거나 자동화되어 있을 적에 특정 작품을 접하더라도 그 작품과 접속을 하지 못하고 자기서사가 고집하는 방향으로 작품을 변형시킬 수 있다는 것이다. 즉 〈나무꾼과 선녀〉라는 작품을 접하였다고 하더라도 그 작품을 접한 사람의 자기서사가 이물과의 애정담과 유관한 서사를 지향하고 있어서 〈나무꾼과 선녀〉를 있는 그대로 받아들이지 못했다고 설명할 수 있다.

다른 예로 설화 〈문둥이 처녀와 동침한 총각〉을 활용하여 설명해 보고자 한다. 먼저 설화의 줄거리를 소개한다.

① 〈문둥이 처녀와 동침한 총각〉

> (1) 옛날에 조실부모한 총각이 있었다. (2) 총각이 길을 나섰는데 삼일 동안 길을 가다보니 무인지경에 가랑잎이 사람 머리까지 빠질 만큼 쌓여 있었다. 총각이 가랑잎에 빠져 목만 내 놓고 하루 밤을 자게 되었는데 가만히 보니 산 건너에 불이 보였다. (3) 총각이 찾아 올라갔는데 단간 초옥에 무척 아름다운 색시가 앉아 있었다. (4) 총각은 들어가서 자고 가기를 청했는데 여인이 반갑게 맞았다. (5) 총각은 색시의 얼굴이 기가 막혀 동품을 했는데 아침에 보니 문둥이였다.

(6) 아침이 되어 이 모습을 본 총각이 달아나려 하자 색시가 보따리를 붙들었다. 총각은 보따리를 내 버리고 달아났다. (7) 그 보따리 속에는 총각이 산에 올라오는 길에 따온 복숭아 세 개가 상옷과 함께 들어 있었다. 색시가 보따리를 풀어 보니 성명이 적힌 옷과 복숭아가 있어 그것을 먹었다. 복숭아는 천도복숭아인데 색시가 그것을 먹은 뒤 몸에서 벌레가 쏟아져 나와 색시의 병이 낫게 되었다. (8) 색시는 사실 임금의 딸로 나병이 들어 산골에 투막을 짓고 투병을 하고 있었던 것이었다. 나라에서는 공주의 차도를 확인해 왔는데 다 나은 공주를 발견하고는 궁으로 데리고 갔다. (9) 공주가 병이 낫게 된 사연을 말해서 옷에 적힌 성명의 주인공을 찾게 되었다. (10) 총각은 영문도 모르고 붙잡혀 가게 되었는데 가서 임금의 부마가 되어 사위 노릇을 하며 살았다.[19]

이 설화는 어떤 처녀가 예뻐 보여서 동침을 했는데, 다음날 처녀가 문둥이였다는 사실을 알고 총각이 도망을 가지만, 처녀가 병에서 회복하고 총각과 재회함으로써 잘 살게 되었다는 내용을 기본 줄거리로 삼고 있다. 이 이야기는 문둥이 처녀의 추한 외모에 충격을 받긴 하지만 성적 교감의 실체는 바로 처녀의 외모에서 비롯된 것이 아니었음을 깨달을 때 서사의 핵심에 근접했다고 할 수 있다. 이와 관련해 원효대사의 해골물 이야기는 성적 욕망의 실체와 허상에 대한 것을 이해하는 데 도움을 줄 수 있다. 캄캄한 밤에 물을 마셔 갈증을 해소했는데 아침에 일어나 보니 밤에 마신 물이 해골에 담겨 있던 물이었다는 사실을 확인하고 크게 깨달음을 얻었다는 것인데, 이처럼 눈에 보이는 것이 오히려 허상일 수 있고 그 실체는 보이지 않는 데에 있을 수 있다는 사고의 전환이 일어난다면, 추한 외모의 문둥이 처녀와 관계를 회복하는 것은 긍정적으로 받아들일 수 있는 것임을 보여주는 것이다.

그런데 실제로 이 설화의 전반부((1)~(5)까지)만을 접한 학생들이 이어쓰는 후반부의 내용을 보면 저마다 차이를 드러낸다. 예로 다음 두 가지를 들어 보고자 한다.

② 〈문둥이 처녀와 동침한 총각〉 이어쓰기 예

〈1〉

(1)~(5) / 남자는 어쩔 줄 몰라 하면서 색시네 집에 있었다. 시간이 흐를수록 남자의 얼굴과 몸에 문둥병으로 상처가 나고 종기가 나기 시작했다. 남자는 하루하루를 두려움으로 살다가 어느 날 문득, 마지막까지 이 두려움으로 둘러싸여 살 순 없겠단 생각을 했다. 그러던 어느 날 색시에 증세가 악화되기 시작했다. 살이 썩고 곪는 것을 보니 남자는 징그럽고 무서워졌다. 그래서 남자는 떠나기로 결심을 하고 색시가 자는 틈을 타서 나가려고 하는데 색시가 절대로 밖에 나가지 말라고 했다. 이 말을 흘러 넘기고 남자는 집밖으로 나왔는데 남자 몰래 색시가 문 앞에 설치해 놓은 덫을 밟아서 남자는 다리가 잘렸다. 잘려서 오도 가도 못하는 남자를 색시가 다시 데려와 간호를 해 줬으나 남자의 다리는 점점 썩고 있었다. 남자는 이 모든 걸 후회하면서 색시에게 용서를 구했다. 색시의 용서를 받은 후에 남자는 죽었다.

〈2〉

(1)~(5) / 아침에 일어나 보니 색시는 나병환자였다. 남자는 기가 막혔다. 간밤에는 그렇게 달콤하고 부드러웠던 색시의 몸이 썩어 문드러져가는 몸둥이였다니… 남자는 문을 박차고 나가 토악질을 하기 시작했다. 속을 한바탕 뒤집고 나니 속이 시원하였다. 그 순간 남자가 깨달은 바가 있었으니 세상사 생각하기 나름이고 눈에 보이는 것은 한낱 부질없는 것이구나 하였다.

그렇게 깨달음을 얻은 남자는 다시 방에 들어가 색시에게 말하길 동품을 하였으니 우리는 부부와 마찬가지요, 내 당신을 통해 깨달음을 얻어 세상에 나가기로 하였으니 나중에 우리아이가 나오거들랑 이것을 주어 나에게 보내시오. 하고 품속에서 붓을 꺼내 반으로 쪼개어 한쪽을 건네주었다. 남자는 그길로 떠나 절에서 공부를 한 뒤 관직으로 나갈 수 있었고 깨달음이 있어 눈에 의지하지 않은 맑은 눈으로 백성을 다스릴 수 있었다.

그렇게 세월이 흘러 한아이가 찾아와 아버지라 부르며 증표를 꺼내 맞추어 보니 꼭 맞았다. 그 길로 부인을 대려와 지극정성으로 치료하고 모시며 살았다. 부인의 나병은 남자의 지극정성에 하늘도 감동하였는지 점점 호전이 되었고 부부는 정을 쌓으며 행복하게 살 수 있었다.

〈1〉의 경우는 처녀가 문둥이라는 사실을 알고 난 뒤 도망을 간 총각이 처녀로부터 병이 전염됐을 것이라는 두려움에 자살을 하게 된다는 내용으로 되어 있다. 〈1〉의 반응에서 이성과 동침을 했다는 것은 자신의 '성적 욕망'을 실현하고 기쁨이 충만했던 소중한 체험이었음에도 불구하고 처녀와의 성적 교감보다는 처녀가 자신을 속였다는 사실에 집중함으로써 처녀에게 엄청난 분노를 표출한다. 따라서 〈1〉에서의 처녀는 성적 욕망의 잘못된 실현으로 총각을 죽음으로 몰아넣은 무서운 존재로 각인되는 것이다.

특이하게도 〈1〉의 반응을 보인 학생은 〈문둥이 처녀와 동침한 총각〉의 원래 흐름을 따르기보다는 오히려 〈신립 장군과 원귀〉와 가까운 반응을 보였다고 설명해 볼 수 있다. 〈신립 장군과 원귀〉의 기본 줄거리는 다음과 같다.[20]

권 판서의 맏사위는 오성이고 둘째 사위는 신립이다. 권 판서는 몇 해 동안 두 사위에게 글을 가르친 후 열흘씩 놀다 오라고 했다. 맏사위 오성이 나귀를 타고 가다가 비를 만나 주막집에 들어가 저녁을 먹는데 어떤 미친 여자가 춤을 추면서 방으로 들어와 오성을 덮쳤다. 몇 해 글을 읽느라 단방斷房을 했던 오성은 미친 여자와 관계를 했다. 그러자 미친 여자는 이제 죽어도 원이 없다며 춤을 추며 밖으로 나가더니 마당에서 죽어 버렸다. 오성이 걱정을 하자 아랫방에 있던 사람이 여자의 송장은 동네에서 알아서 치울 테니 아무 걱정 말고 가라고 했다. 한편 둘째 사위 신립은 총을 둘러메고 강원도로 사냥을 갔는데 날이 저물어 어느 집을 방문했다. 신립이 하룻밤 묵기를 청하자 처녀는 오늘 저녁에 자신이 마지막 죽을 운명이니 다른 곳으로 가라고 했다. 신립은 죽기는 무슨 일로 죽겠느냐며 방으로 들어가 저녁을 먹었다. 잠시 후 갑자기 덩치 큰 장사가 마루로 올라와서 "어느 놈이 여길 들어와 있느냐?"고 했다. 신립은 재빠르게 몸을 피해 장사를 죽여 버렸다. 신립이 처녀에게 사연을 묻자 처녀는 집에서 일하던 종이 자신을 아내로 맞으려다가 부모의 반대에 부딪치자 식구를 죽이고 오늘 저녁에 자신을 죽일 차례였다며 고맙다고 인사를 했다. 그리고는 신립에게 자신을 몸종도 좋고 부엌데기로 삼아도 좋으니 함께 살자고 했다. 그러자 신립은 그렇게 할 수 없다며 그 집을 나왔다. 신립이 걸어가는데 처녀가 집 주위에 기름을 두르고 자기를 보라며 소리를 쳤다. 신립이 뒤를 돌아보자 처녀가 지붕에서 타 죽었다. 그렇게 두 사위가 각자 열흘을 보내고 처갓집에 다시 들어오는데 권 판서가 맏사위에게 무슨 일을 해서 얼굴에 화가 도냐고 했다. 오성이 미친 여자와 있었던 일을 말하자 권 판서는 남에게 잘 했다며 칭찬을 했다. 그런데 둘째 사위에게는 큰사람이 될 줄 알고 사위로 삼았는데 무슨 일을 해서 얼굴이 흉하게 되었냐고 했다. 신립이 처녀를 구해 주고 자신을 따라오려는 것을 뿌리치고 왔다고 하자 권 판서는 못난 녀석이라며 혼을 내고는 유리병을 주며 일평생 몸에 지니고 다니다가 어느 정도 할 일을 다한 뒤 그 마개를 뽑아 보라고 했다. 나중에 신립이 대장이 되어 전쟁을 하게 됐는데 공중에 어떤 여자가 나타나 이곳에 진을 치면 망한다며 탄금대에 진을 치라고 하였다. 신립이 탄금대에 진을 치고 나서 전쟁의 승리를 확신하며 장인이 준 병마개가 뽑았다. 그런데 일본 사람들이 신립 장군이 탄금대에 진을 친 것을 알고 덮쳐서 신립 장군은 전쟁에서 지고 말았다

일반적으로 〈신립 장군과 원귀〉는 이성 선택에 대한 흔들림, 두려움이 주조를 이루는 서사의 흐름을 보여준다고 할 수 있는데, 그 결과

처녀에 대한 거절과 부정이 자기를 파멸시키는 데까지 이른다. 이런 점에서 반응 〈1〉을 보인 학생은 〈문둥이 처녀와 동침한 총각〉이라는 작품서사를 접했어도 학생의 자기서사가 아직 〈문둥이 처녀와 동침한 총각〉과는 접속할 만큼의 단계에 이르지 못한 것으로 설명해 볼 수 있다.

다음 〈2〉의 경우는, 피상적인 외모에만 집착했던 자신을 되돌아보고 깨달음을 얻은 뒤 훗날의 만남을 기약하며 헤어지지만, 시간이 흘러 재회를 하고 행복하게 산다는 내용이다. 처녀와의 동침 사실을 책임이나 두려움으로 이해하는 것이 아니라, 자신의 새로운 깨달음을 인도하는 데 기여한 것으로 이해하고 있는 것이다. 그리고 자신의 성장에만 그치는 것이 아니라, 그 성장이 처녀와의 결연에도 기여하고 심지어 처녀의 변화에도 영향을 미치고 있다.

〈2〉의 반응을 보인 학생은 〈문둥이 처녀와 동침한 총각〉과 어느 정도 유사한 반응을 보이긴 했지만 이보다는 〈거지 여자와 동침하고 벼슬 얻은 남자〉와 더 가까운 거리에 있는 반응을 보였다고 설명할 수 있다. 〈거지 여자와 동침하고 벼슬 얻은 남자〉의 기본 줄거리는 다음과 같다.[21]

> 하동에 만석 부자인 권씨가 살았는데 권씨는 죽기 전에 벼슬을 해보아야겠다는 생각에 서울로 올라가 한 대감을 찾았다. 그리고 대감의 살림을 맡겠다고 하고 십 년을 일했지만 벼슬자리를 구하지 못했다. 하루는 권씨가 고향의 가족들이 다 죽게 되었으니 집에 들르라는 편지를 받고 고향으로 돌아갔다. 돌아가는 길에 주막에서 하룻밤을 묵다가 거지 여자를 만나 동침하였다. 권씨는 길을 떠나면서 거지 여자에게 자신의 이름을 남기고 아침을 사 주었고, 주막 주인에게

돈 넉 냥을 주고 거지 여자의 옷을 마련해 달라고 부탁하였다. 거지 여자는 권씨와 하룻밤을 보내고 임신을 하여 주막에서 아이를 낳았다. 하루는 주막에 사람들이 와서 도박을 하는데, 한 사람이 돈을 모두 잃고 주막 주인에게 돈을 빌렸다. 주인은 권씨가 거지 여자에게 준 넉 냥을 빌려주었는데, 그 돈을 빌려 간 사람이 도박에서 이기게 되었다. 그 뒤로 거지 여자의 넉 냥을 빌려 가면 도박에서 이기게 된다는 소문이 났고 모두들 거지 여자의 넉 냥을 빌리려고 하였다. 그렇게 몇 년이 지나자 거지 여자는 돈을 많이 벌게 되었고 그 돈으로 서울 남대문 밖에 큰 기와집을 사고 문간 하인을 하나 얻어 돈 관리를 맡겼다. 여전히 그 돈을 빌려간 사람들은 돈을 떼어먹는 일이 없었고, 여자는 부자가 되었다. 부자가 된 여자는 하동 사는 권 선달을 잊지 않고 만날 방법을 찾았다. 하루는 하동 사는 이방이 삼세(三稅)를 걷어 서울에 바치러 왔는데 계산을 잘못해서 천 냥이 부족했다. 남대문 밖 여자에 대한 소문을 들은 이방은 그 집을 찾아왔다. 여자는 하동에서 왔다는 말을 듣고는 이방에게 돈을 빌려준 뒤 권 선달의 소식을 물었다. 이방은 권 선달이 본래는 부자로 살았는데 지금은 다 잃고 나무를 팔아 먹고산다고 했다. 여자는 돈을 빌려주며 돌아갈 때 다시 자신의 집에 들르라고 했다. 이방이 다시 찾아오자 여자는 돈 백 냥을 주면서, 그 돈을 권씨에게 주고 이곳에 한번 들러 달라는 말을 전해 달라고 했다. 고향으로 돌아온 이방은 권씨를 불러 백 냥을 주고 서울 남대문 밖에 여자의 말을 전해 주었다. 권씨는 아내에게 돈 백 냥을 주고 서울 남대문 여자를 찾아갔다. 여자는 버선발로 달려 나와 반기며 권씨를 방으로 모신 뒤 아들을 불러 아버지라며 인사를 하게 했다. 그리고 장터에서 둘이 만난 내력을 이야기했다. 한동안 권씨는 여자의 집에 묵으면서 대접을 받았다. 며칠이 지나자 여자는 권씨에게 돈 천 냥을 주면서 나가서 다 쓰고 오라고 했다. 권 선달이 돈을 갖고 나가서 종로 네거리를 돌아다녔지만 막상 쓸 곳이 없어 그냥 돌아왔다. 그러자 여자는 그렇게 못나서 무엇이 되겠느냐며 배고픈 사람 밥도 사 주고 헐벗은 사람 옷도 사 입히면 저 돈을 다 쓸 수 있지 않겠냐고 했다. 다음날 권씨는 다시 천 냥을 가지고 나갔다. 그날따라 어떤 사람이 팥죽 반 동이를 외상으로 달라고 팥죽장사와 실랑이를 벌이고 있는 것을 발견했다. 이에 권씨는 그 사람의 밀린 외상을 모두 갚아 주고 팥죽을 사 주었다. 그 사람은 사실 한 대감의 하인이었는데, 대감이 반대세력에 밀려 벼슬을 관두자 가난해져서 이 하인이 가지고 온 팥죽으로 스무 명이 넘는 가족이 나누어 먹으며 살고 있었던 것이었다. 대감은 보통 때와 달리 팥죽 양이 많은 것을 보고 하인에게 죽의 양이 왜 이렇게 많은지 물었다. 그래서 하인은 그날 아침 일을 설명했다. 대감은 그렇게 고마운 일이 없다며 권씨를 모셔 오게 했다. 권씨는 죽을 사고 남은 돈으로 대감댁의 양식과 살림을 마련해 주었고, 대감의 집안 살림은 넉넉해졌다. 얼마 지나지 않아 대감의 반대 세력이 몰락하게 되었고 그 대감이 다시 조정에 들어가게 되었다. 대감은 권씨의 공로를 보답하겠다며 소원을 물었다. 그러자 권씨는 통영 통제사가 되는 것이 소원이라고 했다. 그래서 권씨는 통영 통제사가 되었고, 하동의 본처까지 데리고 와서 잘 살았다.

〈거지 여자와 동침하고 벼슬 얻은 남자〉는 여자가 거지이고 냄새나는 추한 여성이라고 하더라도 자신의 성적 욕구도 충족하는 동시에 여자의 욕구에도 관심을 기울인다는 점이 두드러진다.[22] 이와 마찬가지로 〈2〉는 처녀와의 관계에서 욕망을 넘어서는 무언가를 고민하는 흔적이 역력하고 그 결과 총각이 관리가 되어 백성을 다스릴 적에도 남이 볼 수 없는 눈으로 정사政事에 임했다는 내용이 덧붙여져 있어 성적인 교감이 불안보다는 성장의 동력이 될 수 있다는 차원 높은 서사의 안목을 보여주는 것이다.

이처럼 똑같은 〈문둥이 처녀와 동침한 총각〉의 전반부를 읽은 학생 두 명이 제각각의 다른 결말을 만들어 내는 것은 문학치료학적 관점에서 볼 때 두 학생의 자기서사가 저마다 다른 방향을 지향하고 있기 때문이라고 할 수 있다. 특히 〈2〉의 반응을 보인 학생은 성적인 결합이 반드시 부정不淨한 것이거나 위태로운 것이 아닐 수도 있다는 입장을 견지하고 있다는 점에서 〈문둥이 처녀와 동침한 총각〉과도 접속할 수 있는 힘을 보유한 상태에 있다고 설명할 수 있다. 이러한 힘을 보유한 것은 남녀의 성적 문제에 대한 다양한 서사를 이해할 수 있을 만큼의 역량을 지녔으며, 이러한 역량을 갖게 하는 데에는 여러 형태로 축적된 작품서사가 자기서사에 영향을 미쳤기 때문이라고 할 수 있다. 또한 〈1〉의 반응을 보인 학생의 자기서사가 〈신립 장군과 원귀〉에 가깝고 〈2〉의 반응을 보인 학생의 자기서사가 〈거지 여자와 동침하고 벼슬 얻은 남자〉와 가깝다고 설명하는 것은 작품서사가 자기서사를 진단하는 데 적극적으로 활용될 수도 있다는 것을 보여준다. 이 바로 이 점이 작품서사와 자기서사의 상호보완성을 통한 문학치료의 예를 보여준다고 하겠다.

기초서사에 대한 이해

문학치료학은 자기서사의 영역을 자녀서사, 남녀서사, 부부서사, 부모서사 등으로 나누고 기초서사라 칭한다. 기초서사는 인간이 누군가의 자식으로 태어나 짝을 선택하고 부부 관계를 맺어 자식을 낳아 양육하는 개체의 발생과 사회화의 일반적인 양상을 고려하여 구안되었으며, 이러한 인간관계에서 주체가 되는 이(들)를 중심으로 하여 이름을 붙인 것이다. 한편, 여기에는 『주역』의 이원론적 사유 방식도 적용되었다. 즉, '세상'과 '나' 및 '소망'과 '법칙'의 이원항의 교합이 이 기초서사의 작용 원리에 해당한다.

이로 인해 기초서사는 비단 자녀로서 부모와 맺는 관계, 남녀로서 이성과 맺는 관계, 부부로서 배우자와 맺는 관계, 부모로서 자식과 맺는 관계에 한정되지 않는다. 네 기초서사는 인간관계에 작용하는 원리를 바탕으로, '세상'의 '법칙'이 작용하는 관계, '나'의 '소망'이 관건이 되는 관계, '상대'의 '소망'이 관건이 되는 관계, '나'의 '법칙'이 작용하는 관계 등으로 확장될 수 있는 성격의 것이다.[23]

이러한 점은 기초서사가 다양한 인간관계의 영역에 적용되는 데 있어 포괄성을 가지고 있음을 말해 준다. 이를테면, 부모가 제시하는 법칙의 자장 안에 있는 자녀로서 부모와 맺는 관계는 제자로서 스승과 맺는 관계와 구조적으로 유사하다. 또한 형과 아우,[24] 선배와 후배, 국가와 시민 등의 관계에서와 같이 '세상'의 '법칙'이 작용하는 다채로운 인간관계를 자녀서사의 관점에서 바라볼 수도 있다.

남녀서사의 경우 역시 마찬가지이다. 이 서사는 개별자가 자신의 소망에 따라 선택을 하는 문제 상황에서 작용하는 서사를 지칭하는 것일 뿐, 반드시 남자는 여자를, 여자는 남자를 선택하는 상황에 제한되지 않는다. 부부서사도 부부처럼 공동의 일을 합심해서 이루어 가는 수평적인 동료 관계로 확장될 수 있으며, 부모서사 역시 자신의 법칙이 미치는 영역 안에 있는 사람들과 어떻게 관계할 것인가 하는 문제로 환원될 수 있다.

이렇게 문학치료학에서는 유사한 인접 인간관계를 포괄할 수 있는 기본적인 관계에 대해 개체의 일반적인 발달 과정에 해당하는 이름을 붙였을 뿐, 기초서사를 명실상부한 관계로만 한정한 것은 아니다. 즉, 자녀서사, 남녀서사, 부부서사, 부모서사 등은 '세상'과 '나', '법칙'과 '소망' 중 우세하게 작용하는 항에 따라 규정되는 관계 맺기의 성격과 관계의 구조를 보여주는 것으로 유사 구조를 지닌 여타의 관계에 적용된다.

또한, 기초서사가 기본적이고 필연적이긴 하지만 실제로 우리가 이

기초서사 영역들을 꼭 순차적으로 거치는 것만은 아니다. 오히려 "하나의 영역이 제대로 실현되기 전에 다른 영역으로 넘어가서 나중에 잘못을 깨닫고 되돌아오는 일을 반복한다."[25]고 보는 것이 사리와 경험에 맞다. 이처럼 기초서사는 발달 과정을 따르되 발달의 경로를 일방통행의 방식으로 이해하지 않는 유연성이 있다 하겠다.

위에 서술한 기초서사에 대한 내용은 자기서사의 영역에 해당한다. 기초서사의 구분이 인간관계의 주체를 중심으로 이루어졌다면 여기에 새로운 기준이 추가된다. 그 기준이란, 어떤 방식으로 인간관계를 맺어나가느냐 하는 것이다. 이러한 인간관계의 양상에 따라서 기초서사는 재분류된다.

재분류된 가르기서사, 밀치기서사, 되찾기서사, 감싸기서사 등은 관계 맺기의 양상을 직관적으로 포착한 것만은 아니다. 여기에도 '확신'과 '의혹', '규범'과 '초극'이라는 이원항이 작용하고 있다. 확신을 가지고 추구하는 경우엔 가르기서사, 의혹을 품고 추구하는 경우에는 밀치기서사, 의혹을 품고 초극하는 경우에는 되찾기서사, 확신을 가지고 초극하는 경우에는 감싸기서사가 되는 것이다.[26]

문학치료학에서는 작품서사에 대한 반응에서 특정한 관계 맺기의 방식이 반복된다면 실제로 유사한 인간관계, 혹은 동일한 원리가 적용하는 인간관계에서도 이러한 패턴이 나타날 것이라 본다. 허구적 서사에 대한 반응의 내용과 실제 삶에서의 구체적인 상황 및 행위의 내용은 다르지만 이를 나타나게 한 심층적 서사의 구조는 유사할 것이라는 판단에서이다. 이러한 전제를 바탕으로 자기서사의 진단이 이루어지는데 이와 관련해서는 이 책의 "PART 04 자기서사의 진단과 길찾기"에서 자세히 알아보자.

3 문학치료학 서사이론의 성찰과 확장: 존재의 서사와 관계의 서사[27]

문학치료학 서사이론은 인간관계에 핵심적인 주안점을 두어 왔다. 자녀서사와 남녀서사 등의 기초서사는 서사의 주체에 착안하고 있지만, 이때의 주체는 '관계 속의 주체', 또는 '관계를 통해 규정된 주체'로서 성격을 지닌다. '자녀'는 부모에 대한 대타적 존재이고 남녀(남성과 여성)는 이성에 대한 대타적 존재이며, 부부는 배우자에 대한 대타적 존재이고 부모는 자녀에 대한 대타적 존재이다. 이러한 설정은 문학치료학적 인간관의 정체성을 특징적으로 보여준다. 인간의 삶이란 관계 속에서, 특히 가족으로 표상되는 관계 속에서 그 양상과 의미가 이해될 수 있다고 하는 관점이 그것이다.[28]

이와 같은 문학치료학의 서사이론에 대하여 우리가 필연적으로 직면할 바는 근원적인 철학적 질문이다. 인생의 근원 내지 궁극이 인간관계에 있다고 보아야 하는가의 문제다. 과연 우리는 '관계'를 위해서 이 세상을 움직이고 있는 것일까? 살펴보면 인간은 자녀이거나 부부, 부모이기 이전에, 또는 자녀이거나 부부, 부모인 동시에, 나아가 자녀이거나 부부, 부모이기를 넘어서서 '나 자신'이라고 하는 독립적 존재라 할 수 있다. 인간의 삶을 관계로 환원하게 되면 그러한 존재적 정체성이 소외되거나 몰각될 위험성이 크다.

이 문제를 보완적으로 해결해 내기 위한 실마리 또한 문학치료학 서사이론에서 찾을 수 있다. 문학치료학에서는 '서사의 주체'를 무척 중시하거니와 관심을 '관계적 주체'에 한정하지 않고 '존재적 주체'로 확장함으로써 새로운 시야를 열 수 있다. 다시 말하면, 서사를 말함에 있어 '존재로서의 존재'에 새롭게 관심을 가질 필요가 있다고 하는 말이다. 그를 통해 작품서사와 자기서사, 또는 문학과 인생에 대한 더욱 합리적이고 설득적인 이해로 나아갈 수 있다.

서사 속의 인물은 사건이나 관계에 의해 규정되기보다 독자적 존재로서 중요성을 가진다. 부모와 자녀의 관계에 얽힌 서사를 예로 들면, 서사의 주체가 부모인가 자녀인가의 문제도 중요하지만 그가 '어떤 사람인가' 하는 측면이 그 이상으로 중요하다고 할 수 있다. 예컨대 부모의 권위가 자녀를 억압하려고 든다고 할 때, 그 자녀가 햄릿이냐 돈키호테냐에 따라서, 또는 평강공주냐 장화 홍련이냐에 따라서 서사는 완연히 다르게 형성된다고 할 수 있다. 햄릿이나 장화 홍련이 그 권위 아래 짓눌릴 것임에 비해 돈키호테나 평강공주는 거기 맞서거나 그로부터 벗어나는 선택을 할 것이다. 인물의 존재적 정체성은 관계의 성립과 변화에 크나큰 영향력을 행사하거니와, 서사에 있어 '존재'는 '관계'에 대하여 대등한 수준의 역할을 인정하여야 한다.

문학작품에 있어서, 그리고 인생에 있어서 존재와 관계는 서로 불가분의 관계 속에 서로를 규정한다고 할 수 있다. 존재의 속성에 따라 관계가 성립되고 변화하며 관계적 경험을 통해 존재가 성립되고 변화한다. 그 중 어느 측면이 더 유력한가 하는 것은 일률적으로 말할 수 없다. 고유한 존재적 특성이 강력하게 작동하는 작품/인생이 있는가 하면

관계적 경험이 존재를 지배하는 작품/인생도 있다. 예컨대 〈내 복에 산다〉 같은 작품에서 존재적 속성이 관계를 형성하고 변화하는 측면이 두드러진다면, 〈지네각시〉 같은 작품에서는 관계가 존재를 규정하고 변환하는 측면이 두드러진다. 사례에 따라 다르게 나타나는 이러한 강약의 역학관계는 그 자체 작품/인생의 특성을 이룬다고 할 수 있다. 인간으로 말하자면, 존재 중심으로 살아가는 사람과 관계 중심으로 살아가는 사람이 있으며 이는 개인의 중요한 정체성이 된다는 말이다. 그 내면에 질적으로 다른 '자기서사'가 존재함은 정운채가 설명한 바와 같다.

서사(작품서사/자기서사)의 기본 축으로서 존재와 관계라는 요소는 긴밀히 결합되어 있지만, 개념적으로는 분리하여 이해할 수 있다. 이에 대해 '존재의 서사'와 '관계의 서사'라는 개념을 설정할 수 있다는 것이다. '관계의 서사'는 '타자와의 관계를 축으로 하는 서사'이고, '존재의 서사'는 '존재의 속성을 축으로 하는 서사'이다. 관계에 있어 존재가 전제되고 존재는 관계를 통해 발현된다는 점에서 양자는 실상 하나의 대상을 다르게 본 것이라고 말할 수 있다. 그러니까 그것은 각기 '관계를 축으로 본 서사'와 '존재를 축으로 본 서사'라고 표현할 수 있다.

왜 양자를 개념적으로 분리하는가 하면, 그렇게 함으로써 서사의 양상과 의미를 더욱 개방적이고 역동적이며 적실한 형태로 분석할 길이 열리기 때문이다. '관계의 서사' 개념을 설정함으로써 그간 문학치료학 서사이론에서 축적해 온 관계 중심의 서사분석 체계를 오롯이 이어받아서 나아갈 수 있다고 하는 것 또한 매우 중요한 조건이 된다. 그 일련의 서사분석 체계를 이론적 자산으로 삼는 가운데 존재 중심의 분석 시각을 함께 적용함으로써 서사이론의 연속적이면서도 확장적인 발전을 기약

할 수 있는 터이다.

관계의 서사는 그간 문학치료학의 서사이론에서 중점적으로 다루었기에 여기에서는 존재의 서사를 중점적으로 조명하였다. 존재의 서사는 '나'를 비롯한 존재의 본질 및 속성에 얽힌 서사라 할 수 있다. 여기서 나를 '비롯한'이라고 표현한 것은 존재가 단지 나 자신에 한정되는 것이 아니고 수많은 타자들과 세상 만유 또한 그 자체로 존재에 해당하는 것이기 때문이다. 존재에 대한 인식은 이들 모두를 대상으로 하는 것이 원칙이라고도 말할 수 있다. 하지만 타자와 세상 만유는 일반적으로 나에 대한 대타적 존재로서 속성을 지닌다.

인물이 서사로 나아가게 되는 것은 모종의 사건에 접속하게 되면서부터이지만 이는 인물(존재)이 사건(관계)에 종속된다고 하는 것과는 전혀 다른 말이다. 오히려 인물은 그 자체에 서사적 요소를 구조화된 형태로 '내포하고' 있다고 보는 것이 합당하다. 존재 자체가 '인지-표현 체계'와 관련되는 여러 구조요소의 총합으로서 성격을 지닌다는 뜻이다. 이때 그 구조는 '순차성'보다 '대립성'이 두드러진다고 할 수 있다. 그것은 다양한 형태의 2항(또는 3항, 4항) 대립으로 표현할 수 있다. 그 중 어느 쪽으로의 정향성을 지니는가에 따라 존재적 정체성이 달라지고 서사가 달라지게 된다.

구체적인 예로써 '자존/비하'의 대립항을 들어 본다. 인물들 가운데는 기본적으로 자기를 존중하는 성향을 내면화한 이들도 있고, 그와 달리 낮은 자존감으로 스스로를 비하하는 성향이 내면화된 이들도 있다. 그들이 지닌 서로 다른 정체성은 예컨대 낯선 타인과 관계를 맺는다거나 뜻밖의 사건에 부딪히거나 할 때 아주 다른 형태의 태도와 행동을 낳게 된다. '자존'의 요소가 체화된 인물은 '수용'의 태도를 통해 적극적 관계 형성으로 나아갈 가능성이 큰 데 대해 '비하'의 성향이 체화된 인물은 '배척'을 통해 관계의 단절 내지 갈등으로 나아갈 가능성이 크다. 요컨대 존재적 정체성의 차이는 곧 '존재의 서사'의 차이로 이어진다고 할 수 있다. 서로 다른 존재적 정체성 안에 서로 다른 존재적 서사가 깃들어 있다고 보아도 좋다.

존재의 서사와 관련되는 구조적 대립요소들로 꽤 많은 항목을 제시할 수 있다. 다음은 그것을 임의로 열거해 본 것이다.

자존/비하 유능/무능 충족/결핍 안정/불안 의미/무의미 행복/우울
긍정/부정 강대/약소 적극/소극 건강/병약 통합/분열 저항/종속
존재/관계 독립/의존 욕망/규범 이상/현실 도전/안주 자유/속박 등

여기서 이 항목들을 존재의 서사의 요소로 제시한 것은 그것이 '존재적 정체성으로 체화되는 상황'을 전제한 것이다. 그러니까 '적극적인 태도와 지향성 대 소극적인 태도와 지향성', '통합 지향의 성향과 태도 대 분열 지향의 성향과 태도' 등을 염두한 것이다.

존재와 관련되는 여러 대립적 구조요소들이 사건이나 관계와 만남에 있어 늘 똑같은 방향의 결과를 낳는다고 하기는 어렵다. 구체적으로 어떤 상황이나 관계에 접속되는가에 따라 그 발현 양상은 많이 달라질 수 있다. 하지만 그러한 차이에도 불구하고 그 기본 정향성이 지니는 의미는 무화되지 않는다. 그것은 언제라도 관계의 방향성에 의미 있는 차이를 가져올 수 있는 변수로서 의의를 지닌다. 그것은 서사이론에서 말하는 '캐릭터'에 해당하고 심리학에서 말하는 '성격'이 된다. 그 속성에 따라 서사는 색깔을 달리하며, 그것은 주제적 차이로까지 연결된다. '존재의 서사'를 축으로 한 서사분석이란 이러한 존재적 속성이 서사에서

어떻게 구체적으로 작동해 가면서 의미를 발현하는지를 살피는 작업이라고 할 수 있다.

인간관계에 한정하지 않고 존재를 또 하나의 축으로 삼아서 서사에 접근할 때 기약할 수 있는 한 가지 중요한 장점은 그를 통해 서사의 근원 내지 궁극에 대한 가치론적 이해를 심화할 수 있다는 것이다. 세상에 존재하는 수많은 서사(작품/인생)란 모름지기 "나는 누구인가, 나는 왜 이 세상에 존재하게 됐나, 나의 존재 가치는 무엇인가, 나는 어떻게 해야 행복할 수 있는가, 나의 존재를 오롯이 실현할 수 있는 방법은 무엇인가" 하는 등의 문제를 근원적이고 궁극적인 화두로 삼는 것이라 할 수 있다. 가족을 비롯한 타인들과 맺는 관계, 또는 '세계'와 맺는 수많은 관계도 결국은 이 화두와 맞물려 있다고 할 수 있다. '존재의 서사'를 설정함으로써 이러한 본원적 의문을 본격적인 분석 대상으로 포괄할 수 있게 된다. '관계의 서사'와 관련하여 말하면 그것은 궁극적으로 '존재의 서사'와 접속됨으로써 존재론 차원의 본원적인 의의를 부여받게 된다고 할 수 있다.

철학적 성격이 짙은 존재론적 문제와 관련하여 어느 쪽이 낫고 어느 쪽이 못하다는 식으로 층하를 나누는 것은 섣불리 행할 바가 아니다. 하지만 문학치료학이 지향하는 '건강하고 행복한 삶'과 관련하여 그 기본적인 방향성은 가늠해 볼 수 있을 것이다. 예컨대 "적절한 자존감을 바탕으로 긍정의 태도로 상황에 적극 대처하여 문제를 해결하고 과제를 성취하는 가운데 지속적 성장을 이루어 나가며 그 일련의 과정에서 행복감과 의미를 찾으면서 자기실현의 고양된 경험을 해 나가는 것"이 우리가 지향해야 할 존재의 서사라고 말할 수 있다. 방식을 달리해서 상징적으로 말한다면, "자기 안의 신성과 접속하여 그것을 오롯이 발현하는 것"과 같이 표현해 볼 수도 있다.[29] 세상 사람들의 자기서사를 이러한 방향으로 바꾸어 나가는 것이 '존재의 서사'에 얽힌 문학치료학의 과제가 된다고 할 수 있다.

다음으로 관계의 서사에 대하여 간략히 살펴본다. 관계의 서사는 '나와 타자의 관계에 얽힌 서사'로 규정될 수 있다. 이때 타자는 기본적으로 세상을 함께 살아가는 인간들이라 할 수 있다. 관계 속의 '나'는 누군가의 자녀나 친구, 연인, 배우자, 부모로서 정체성을 지니게 되는 바, 그간 문학치료학의 논의를 따라서 이를 자녀서사와 남녀서사, 부부서사, 부모서사 등으로 개념화할 수 있다. 관계 맺음의 구체적인 방식 역시 정운채의 논의를 따라 가르기와 밀치기, 되찾기, 감싸기 등의 요소를 기본 축으로 설정할 수 있다. 관계의 추이가 좌절과 승리, 상생 가운데 어느 쪽으로 나아가는가 하는 것 또한 매우 중요한 사항이 된다.[30]

앞서 '존재의 서사'와 관련하여 존재의 속성에 얽힌 대립항들을 열거했거니와, '관계의 서사'에서도 서사적 특성과 의미에 관여하는 다양한 대립요소들을 설정할 수 있다. '가르기/밀치기/되찾기/감싸기'의 4원적 요소는 그 특별한 사례가 될 것이다. 이 밖에도 다음과 같은 항목들을 제시할 수 있다.

대등/차별	쌍방/일방	자발/강압	방임/구속	인정/무시	포용/배격
공격/수비	가해/피해	지배/피지배	보호/피보호	호응/거부	화해/불화
신뢰/불신	협력/경쟁	상생/상쇄	지속/단절	승리/패배	성공/실패 등

이러한 대립요소는 구체적으로 언제 어디 누구와의 관계에서 어떤 상황이 펼쳐지는가에 따라 다양한 형태로 실현될 수 있다. 어떤 관계상황에서 어떤 이유로 어떤 의미자질들이 실현되는 가운데 상황의 순차적

변화가 이루어지는가를 살핌으로써 '관계의 서사'를 분석해 낼 수 있다.

관계의 서사에 있어 어떠한 전개가 더 건강하고 바람직한 것인지에 대해서 일률적으로 말하기는 어렵다. 그것은 인물이라는 변수 및 여러 상황적 변수 등과 관련하여 세심하게 해석하고 평가해야 할 대상이 된다. 하지만 일반적인 차원에서 기본 방향을 말해 볼 수는 있을 것이다. "상대방의 가치를 인정하는 쌍방적이고 대등한 구도 속에서 만족스럽고 지속적인 상생의 관계를 유지해 가는 가운데 발전과 성공을 이루고 행복을 찾아나가는 서사"가 건강한 관계의 서사라고 할 수 있을 것이다.

이제 새롭게 설정한 '존재의 서사'와 '관계의 서사'라는 두 요소가 어떻게 상호 관련을 맺으면서 서사를 구성하고 의미를 실현하는가 하는 문제를 원론적 수준에서 간단히 짚어 보기로 한다. 존재의 서사와 관계의 서사는 초점과 층위가 다르지만 서로 긴밀한 상호관계를 맺고 있다. 먼저 '나'에 대한 기본적인 인식과 태도—특히, 서사적으로 정향화하고 구조화된—가 자녀와 남녀, 부부, 부모로서의 서사에 큰 영향을 미친다. 부모의 예를 들면, 자존감이 낮거나 부정적 자기 인식을 체화하고 있는 부모는 자녀와의 관계에 있어 행위의 일관된 규준을 잡지 못한 채 무책임한 태도를 취하게 될 가능성이 높으며, 결과적으로 '양육'의 임무를 제대로 감당하지 못하게 될 공산이 크다. 그것이 자녀에게도 심대한 영향을 미치게 됨은 물론이다. 자식과의 사이에 다양한 문제점과 갈등이 나타날 가능성이 크다. 거꾸로 부모와 자녀, 남자와 여자, 아내와 남편 등의 관계에 얽힌 인식과 행동양태—특히, 서사적으로 정향화하고 구조화된—는 '나'의 정체성에 큰 영향을 미치는 가운데 존재를 규정하게 된다. 예컨대 권위적이거나 무책임한 부모 밑에서 상처를 받으며 자란 자녀들은 자존감을 제대로 형성하지 못한 채 부정적 인식과 불안, 의존적 성향 등을 개인적 정체성으로 내면화할 가능성이 크다. 그러한 존재적 속성이 다시금 인간관계에 투사됨은 물론이다. 요컨대 존재적 측면과 관계적 측면은 밀접한 상호작용 속에서 자기서사를 이루고 삶을 움직여 나가게 된다고 할 수 있다.

두 서사를 비교하자면, 존재의 서사가 상대적으로 가변성이 적다고 할 수 있다. 한 인간의 존재적 속성은 관계의 구체적인 형태나 양상이 어떠한가를 떠나 일정한 정체성과 방향성을 지니며 모든 종류의 관계에 폭넓게 작용한다는 것이다. 하지만, 그 속성이 모든 관계 속에서 일률적인 방식으로 발현된다고 보기는 어렵다. 관계의 형태와 양상에 따라 특수한 변화를 나타낼 수 있다. 그 양상을 놓치지 않고 짚어 내는 것은 자기서사 분석에 있어 중요한 과제가 된다. 예컨대 어떤 사람이 다른 모든 인간관계에서 주체적 문제해결을 통한 행복의 성취를 두드러진 특성으로 나타내는 데 비해 배우자와의 관계에 있어서만큼은 유독 갈등과 불화, 좌절이 특징적으로 나타난다면 이는 그 사람의 부부서사에 문제가 있음을 알려 주는 의미 있는 지표가 될 수 있다. 반대로 어떤 사람이 관계 일반에 부정적 태도를 나타내면서도 유독 특정 대상과의 관계에 강한 집착성과 만족감을 나타낸다면, 이 또한 자기서사 분석을 위한 중요한 지표가 될 수 있다. 요컨대, 존재의 서사와 관계의 서사를 연계한 접근을 통해 한 사람의 서사를 더욱 입체적이고 역동적인 형태로 분석해 낼 수 있다.

관계의 서사는 '나'와 타인이라는 복수의 존재가 한데 얽히는 서사이기 때문에 일반적으로 존재의 서사보다 그 구도와 양상이 더 미묘하고 복잡하다고 할 수 있다. 실제의 문학작품에 있어서 존재의 서사보다 관계의 서사가 서사의 가시적인 골격이나 중심축을 이루는 사례가 더 많다. 한 인간의 삶에 있어서도 마찬가지다. 그리하여 작품서사나 자기서사 분석은 실질적으로 '관계의 서사'를 중심으로 하여 이루어질 가능성이 더 크다. 하지만, 앞서도 말했듯이, '관계의 서사'가 궁극적으로 자기 존재의 실현이라는 화두로 귀결된다고 하는 사실을 언제라도 소홀히 여길 수 없다. 관계의 서사에 대한 분석은 궁극적으로 그것이 존재적 문제에 어떻게 연결되는가 하는 데 대한 통찰로까지 나아감이 마땅하다. 예컨대 어떤 사람이 다양한 종류의 인간관계를 능숙하게 잘 풀어 가고 있다고 하더라도 관계를 벗어나 자기 자신으로 돌아오는 일을 힘들어하고 있다면 그의 존재가 관계 속에서 증발되고 있다고 해석할 여지가 생긴다. 외견상 좋은 관계 속에 훌륭한 삶을 펼치는 것처럼 보일지 모르지만 실질적으로 그 서사는 무척 불안하고 위험한 상태일 수 있다. 이러한 진단 또한 관계의 서사와 존재의 서사를 이원적으로 연계함으로써 새롭게 수행할 수 있는 바에 해당한다.

끝으로 강조할 것은 '존재의 서사' 개념을 통해 인생살이의 종적 측면과 횡적 측면 모두에서의 의미 도출이 가능하게 된다는 사실이다. 자녀서사에서 부모서사로까지 나아가는 인간관계의 변화 확장 과정은 인간의 성숙과 자기실현 과정을 설명하는 중요한 좌표가 되지만, 한편으로 그 체계로부터 비껴 난 사람들을 소외시킬 수 있다는 함정을 지니고 있다. 자녀서사로부터 남녀서사로 제대로 나가지 못했거나 남녀서사에서 부부서사로, 그리고 부모서사로 삶을 진전시키지 못한 사람들을 염두하고서 하는 말이다. 관계의 서사만 놓고 본다면 결혼을 하지 않았거나 자식을 낳아 키우지 못한 사람은 어떤 식으로든 부부서사나 부모서사의 측면에서 결핍감 내지 이질감을 가지지 않을 수 없는 바다. 예컨대 결혼하지 않은 고령의 남녀가 "결혼을 안 했으면 인생을 모르는 거야.

절반밖에 못 살았다고나 할까?" 하는 식의 말을 들을 때 갖게 되는 류의 소외감 같은 것이다.[31] 이러한 문제점을 '존재의 서사' 층위에서 대폭 해소할 수 있다. 비록 남녀서사나 부부서사, 부모서사로 나아가지 못했다고 해도, 또는 서사의 각 영역에서 좌절이나 실패를 겪었다고 하더라도 그것이 곧 인생의 실패라고 보지 않을 수 있는 통로가 열리는 것이다. 모든 인간은 자녀와 남녀, 부부, 부모 등의 정체성을 떠나 존재 자체로서 가치를 발견하고 실현할 수 있다고 말할 수 있기 때문이다. 인생의 목표가 '좋은 부모가 되는 것'이 아닐 바에야, 존재적 자기실현은 삶의 어느 시점이나 국면에서도 두루 가능하다고 할 수 있다. 다섯 살짜리 꼬마도, 아흔이 넘어서 혼자 사는 노인도 그 나름대로 존재적 가치를 발현할 수 있다는 뜻이다. '존재의 서사'를 서사의 한 축으로 삼음으로써 우리는 건강한 서사에 대한, 또는 행복하고 보람된 삶에 대한 더욱 개방적이고 중립적인 시야를 확보할 수 있다.

더 읽을 거리

김정애, 「〈나무꾼과 선녀〉의 결말 양상에 대한 문학치료적 해석의 의의」, 『문학치료연구』 23, 한국문학치료학회, 2012.

신동흔, 「문학치료학 서사이론의 보완 · 확장 방안 연구—서사 개념의 재설정과 서사의 이원적 체계」, 『문학치료연구』 38, 한국문학치료학회, 2016.

황혜진, 「영화 〈인셉션〉과 문학치료학」, 『문학치료연구』 32, 한국문학치료학회, 2014.

정운채, 『문학치료의 이론적 기초』, 문학과 치료, 2006.

정운채, 『문학치료학의 서사이론』, 문학과 치료, 2015.

PART 04

자기서사의 진단과 길찾기

1 자기서사 진단의 원리[1]

앞에서 우리는 행복과 관련된 동서양의 철학적, 심리학적 논의를 살펴보고, 문학치료학의 핵심적인 개념들에 대해 익혔다. 이제 본격적으로 내 마음속에 품은 자기서사가 어떤 모양새와 특성을 갖는지 진단하고, 설화를 통해 자기서사의 변화 가능성을 모색해 볼 것이다. 먼저 문학치료학 이론에서 제안한 네 영역의 기초서사를 바탕으로 다양한 국면의 인간관계에서 자기서사가 어떤 모습으로 자리 잡고 있는지 진단해 보려 한다.

문학치료학에서 가장 중요한 개념 중 하나는 바로 '자기서사self-epic'이다. 문학치료학에서 치료의 대상은 문학인데 이에 해당하는 것이 바로 자기서사이다. 이로써 치료의 문제는 병리적인 증상이나 환부에 대한 의학적 치료와는 달리, 인간 내면에 존재하는 자기서사에 대한 것으로 초점화된다. 즉, 문학치료학은 인간이 품고 있는 내면의 문학인 자기서사를 교정, 보충, 개선하는 독자적인 방법론으로 성립할 수 있는 것이다.

문학치료학이 이렇게 자기서사라는 새로운 개념을 만들어 낸 까닭은, 첫째, 인간의 행동과 판단, 감정 등을 생성하는 데 작용하는 내면적 힘이 존재하며 이를 정신적인 형식으로 구성할 수 있다고 믿기 때문이다. 이 힘은 도식의 형태로 자동화되어 의식되지 않을 수도 있으나, 관계를 맺으며 살아가는 인생살이에 직간접적 영향을 끼치게 된다. 이런 의미에서 자기서사는 그것을 품고 있는 인간 및 그 인생에 접근하는 매개적 역할을 담당한다.

둘째, 문학치료학의 치료가 행해지는 대상을 확정하고 초점화하기 위해서이다. 문학치료학의 치료 대상은 문학인데 이 문학은 실체라기보다는 심리적 도식에 가까움을 앞서 언급한 바 있다. 인간을 서사적 존재, 즉 서사를 품고 있는 존재로 보는 문학치료학에서는 존재 양상 및 존재 자체를 변화시키기 위해 인간 내면의 자기서사가 변해야 한다는 전제를 취한다. 이렇게 자기서사는 문학치료학 고유의 방법론을 성립시키는 개념이라 할 수 있다.

셋째, 문학치료 현상을 설명하기 위함이다. 문학이 치유적 힘을 갖고 있다는 사실은 경험적으로 확인이 되는 바이다. 그러나 문학치료학은 이 힘의 존재와 작용을 이론적으로 논증하는 역할을 맡아야 하며 치료가 이루어지는 내면적 기제에 대해 설명해야 한다. 이러한 과정에서 문학치료학은 자기서사라는 방법론적 개념을 창출하였으며 이를 통해 문학작품이나 문학활동의 치유적 기제를 기술하고자 하였다.

이처럼 자기서사는 문학치료학 이론과 실천에 있어 중핵적 개념으로 자리 잡고 있다. 문학치료학의 진단과 치유도 역시 자기서사를 중심으로 이루어진다. 특히 문학치료학은 인간관계의 주체에 따라 자녀서사, 남녀서사, 부부서사, 부모서사 등으로 기초서사를 정하고, 관계 맺기의 양상에 따라 가르기, 밀치기, 되찾기, 감싸기 등으로 기초서사를 재분류하였다. 이하의 내용에서는 자기서사의 진단을 가능하게 하는 원리에 대해서 서술하도록 하겠다.

문학치료학에서는 자기서사를 진단할 때 외부의 이야기들을 활용한다. 이때 이야기들은 일종의 거울 역할을 한다고 할 수 있다. 마음속의 자기서사를 끄집어내 볼 도리는 없다. 그러나 이야기에 대한 반응을 통해서 자기서사의 형태를 짐작할 수는 있을 것이다. 자기서사와 작품서사는 자초지종을 가진 서사이기에 상호작용이 활발히 이루어진다. 만약 어떤 외부의 이야기가 마음에 울려 강렬한 공감이나 반감을 갖게 한다면, 그것은 자기서사의 어떤 부분을 건드리고 자극했기 때문이며 이러한 반응을 근거로 자기서사의 형태를 추론해 볼 수 있다.

특히 자신이 좋아하고 자신에게 선명한 인상으로 각인된 외부의 서사, 즉 작품서사는 강력한 공명共鳴 작용을 일으킨다. 동류의 작품서사가 울리는 주파수周波數에 자기서사가 보다 민활한 반응을 하는 까닭이다. 이러한 작품서사의 울림과 그에 대해 되울리는 자기서사의 강한 반응은 작품서사를 통해 자기서사를 진단할 수 있는 원리에 해당한다. 다시 말하면, 내가 좋아하는 이야기가 내가 품고 있는 이야기를 말해 줄 수 있다는 것이다.[2]

한편, 문학치료학에서는, 이러한 반응 원리를 바탕으로 자기서사의 반응을 유도할 작품서사로서 설화를 선정하고 진단서사로 재구성하였다. 설화는 오랜 시간 전승될 정도로 보편적 삶의 핵심적인 문제를 품고 있으며, 전승 과정에서 구조적 완결성을 갖추었다고 보기 때문이다. 이에 따라 문학치료학에서는 기초적인 인간관계의 서사 주체와 관계 맺기의 양상에 따라, 한국 설화에서 16가지 대표적 설화를 선정하고 이들을 진단서사로 제시하였다.[3]

설화를 진단서사로 변형하는 과정은 서사의 다기성多岐性을 기초로 하였다. 서사의 다기성이란 서사가 진행되는 동안 요소요소마다 서사의 분기점이 있고, 이 분기점에서 다른 서사로 나아갈 수 있는 서사의 갈림길들이 있음을 의미한다.[4] 다른 서사로 옮겨갈 수 있는 분기점에서 어떤 선택을 하는지를 확인하기 위해 진단서사는 이러한 분기점을 명료하게 드러내는 방식으로 구조화되었으며 분기점을 중심으로 선택지를 마련하였다.

2 자기서사의 진단과 해석

'서사와문학치료연구소'는 기존 검사 도구에 대한 문제의식을 공유하면서 2014년 12월부터 새로운 자기서사진단도구 개발을 위한 연구를 공동으로 진행하였다. 이하의 내용에서는 기존의 자기서사진단도구를 변형하여 개발된 '간략식 서사분석형 진단검사도구'를 소개하고 그 구성 원리에 대해 설명하고자 한다. 이런 이름을 붙인 까닭은 이 도구가 서사분석형에서 파생한 것임을 밝히는 동시에, 그 내용을 간략화하였다는 특징을 드러내기 위함이다.

(가) 간략식 서사분석형 자기서사 진단지

〈안내〉

• 네모 안 지시문을 읽고, 그 뒤에 이어질 내용으로 가장 마음에 드는 것을 골라 주세요.
• 너무 오래 생각하지 말고 바로 눈에 들어오는 것을 고르는 것이 좋습니다.
• 각 문항마다 누구 입장에서 뒷이야기를 이어갈 것인지 지정되어 있습니다. 될 수 있으면 문항에서 지정한 입장에 맞추어 뒷이야기를 이어 주세요.
• 네 개의 선택지 중 반드시 한 개는 골라 주세요. 넷 중 마음에 드는 것이 없다고 해도 그중 그나마 나은 것을 고르시면 됩니다.

• 제1문항 •

한 남자가 아내가 죽자 후처를 들였다. 어느 날 후처가 병에 걸렸다며, 자기 병은 전처 아들의 간을 먹어야만 낫는다고 하였다. 남자는 백정에게 부탁해서 전처 아들을 산에 데리고 가서 간을 빼 오라고 했다. 백정은 차마 아이를 죽일 수가 없어서 남자에게는 개의 간을 주고 전처 아들은 도망가도록 도와주었다. 전처 아들은 서울로 가서 열심히 공부하여 과거에 급제하였다.

• 위의 지시문을 읽고 **전처 아들**의 입장에서 다음 중 마음에 드는 것을 선택하세요.

(1) 전처 아들은 고향으로 돌아가 계모를 처벌하였다.
(2) 전처 아들은 계모를 처벌하기 위해 고향에 갔다가, 계모가 병들어 있는 것을 보고 그냥 떠났다.
(3) 전처 아들은 계모를 처벌하기 위해 고향에 갔다가 마음을 바꾸어 용서하였다.
(4) 전처 아들은 고향으로 돌아가 계모의 잘못은 따지지 않고 부모로 모시며 잘 살았다.

• 제2문항 •

한 어머니가 오누이를 집에 두고 일하러 갔다가 떡을 얻어 집으로 돌아오는 길이었다. 산길에서 호랑이가 나타나 떡 하나 달라고 하더니 떡을 다 먹고는 어머니도 잡아먹었다. 호랑이는 어머니 옷을 입고 집으로 가서는 오누이에게 엄마 왔다며 문을 열어 달라고 하였다.

• 위의 지시문을 읽고 **오누이**의 입장에서 다음 중 마음에 드는 것을 선택하세요.

(1) 오누이는 호랑이인 것을 알아차리고 문을 열어 주지 않았다. 호랑이는 문밖에서 기다리다 지쳐 산으로 돌아갔다.

(2) 오누이는 호랑이가 어머니인 줄 알고 문을 열어 주었다가 호랑이 꼬리를 보고는 냅다 달아났다.
(3) 오누이는 호랑이를 피해 나무 위로 도망쳤는데, 호랑이도 나무를 타고 오르다가 떨어져서 다리가 부러졌다. 오누이가 그것을 보고 호랑이의 다리를 고쳐 주었다.
(4) 오누이는 호랑이가 둔갑한 것인 줄 알면서도 호랑이를 어머니로 모시며 정성을 다했다. 그러자 호랑이도 오누이를 잘 보살펴 주었다.

• 제3문항 •

한 부자가 세 딸에게 누구 덕에 먹고사느냐고 물었다. 첫째 딸과 둘째 딸은 부모님 덕에 먹고산다고 대답했다. 그러나 셋째 딸은 내 복에 먹고산다고 대답했다. 그러자 아버지가 셋째 딸을 내쫓았다.

• 위의 지시문을 읽고 **셋째 딸**의 입장에서 다음 중 마음에 드는 것을 선택하세요.

(1) 셋째 딸은 집에서 나가 숯장수를 만나 함께 살다가 숯가마에서 생금덩이를 발견해 큰 부자가 되었다. 부자는 얼마 뒤 곧 망하였다.
(2) 셋째 딸은 아버지의 화가 누그러지기를 기다렸다. 그러나 아버지가 계속 화를 내자 집을 나가 큰 부자가 되었다.
(3) 셋째 딸은 집을 떠난 뒤 숯장수를 만나 큰 부자가 된 뒤에, 부모가 잘 살도록 보살펴 주었다.
(4) 셋째 딸이 아버지의 화를 풀기 위해 열심히 집안 살림을 돌본 덕분에 집안은 더 큰 부자가 되었다.

• 제4문항 •

아들 칠형제를 데리고 사는 홀어머니가 있었다. 홀어머니는 칠형제가 잠이

들면 살그머니 나가서 강 건너 이웃 영감을 만난 뒤 새벽이 되어서야 돌아왔다. 칠형제는 어느 날 우연히 그 사실을 알게 되었다.

• 위의 지시문을 읽고 **칠형제**의 입장에서 다음 중 마음에 드는 것을 선택하세요.

(1) 칠형제가 어머니를 다그치자 어머니는 다시는 영감에게 가지 않겠다고 맹세했다.

(2) 칠형제는 어머니를 영감에게 시집보낸 뒤에, 고향에 남아 있기가 부끄러워서 뿔뿔이 헤어졌다.

(3) 칠형제가 영감을 만나지 못하게 하자 어머니가 상사병에 걸렸다. 칠형제는 할 수 없이 영감을 모셔와 함께 잘 살았다.

(4) 칠형제는 어머니 몰래 강물 속에 엎드려서 징검다리를 만들었다. 칠형제 덕분에 어머니는 강을 편하게 건너다니며 영감을 계속 만날 수 있었다.

• 제5문항 •

한 선비가 하루 종일 글을 읽었는데, 앞집 처녀가 선비의 글 읽는 소리에 반해서 남몰래 찾아왔다.

• 위의 지시문을 읽고 **선비**의 입장에서 다음 중 마음에 드는 것을 선택하세요.

(1) 선비는 냉정하게 처녀에게 회초리를 가져오라고 하여 처녀의 종아리를 때린 후 돌려보냈다.

(2) 선비는 매력적인 처녀를 보자 잠시 마음이 동했으나 자기가 사랑하는 여인을 생각하며 처녀를 돌려보냈다.

(3) 선비는 자신에게도 사랑하는 여인이 있었기 때문에 망설였으나 처녀가 측은하여 함께 밤을 보냈다.

(4) 선비는 용감한 처녀에게 탄복하여 함께 밤을 보낸 후 백년가약을 맺었다.

• 제6문항 •

한 아이가 서당에 가려고 고개를 넘을 적마다 어떤 처녀가 나타나 입을 맞추면서 구슬을 처녀의 입에서 아이의 입으로 넣었다 뺐다 하다가 도로 제 입에 넣고 사라지곤 했다. 그 뒤로 아이는 몸이 마르고 핏기가 없어졌다. 서당 선생은 처녀가 또 그렇게 하거든 구슬을 삼킨 뒤 먼저 하늘을 보고 다음에 땅을 내려다보면 천문과 지리에 두루 통할 수 있게 될 것이라고 하였다.

• 위의 지시문을 읽고 **아이**의 입장에서 다음 중 마음에 드는 것을 선택하세요.

(1) 아이가 선생 말대로 처녀의 구슬을 빼앗아 삼키고 하늘과 땅을 쳐다보아 천문과 지리에 두루 통하게 되었다.

(2) 아이는 선생 말대로 처녀의 구슬을 빼앗아 삼켰으나 미안한 마음에 땅만 쳐다보아 지리박사가 되었다.

(3) 아이는 선생 말대로 처녀의 구슬을 삼키려 했으나 처녀에게 미안하여 그냥 다시 입에서 꺼내 주었다.

(4) 아이는 선생의 말을 무시하고 처녀와 구슬 놀이를 하면서 처녀가 그만 놀자고 해도 더 놀자고 붙잡았다.

• 제7문항 •

임금이 밤에 산책을 하다가 한 학사의 방을 들여다보았는데, 한 궁녀가 칼을 앞에 놓고 앉아 자신을 한번 안아 주지 않으면 죽어 버리겠다고 하는 것이었다. 아무리 달래도 듣지 않자 그 학사는 할 수 없이 궁녀와 밤을 보냈다. 한 젊은 관원이 이 광경을 우연히 보고는 다음날 아침에 임금에게 이르며 학사를 엄벌로 다스려야 한다고 하였다. 임금은 젊은 관원을 평안도 어사로 파견하면서, 평안감사에게 편지를 보내 이번 어사에게 여인을 보내 유혹하도록 하였다. 어사가 된 젊은 관원이 평안도에 도착한 날 밤 한 여자가 소복을 입은 채 나타나 지금 당장 모시지 못하면 이대로 죽어 버리겠다고 하였다. 젊은 관원은 할 수 없이 여인과 함께 잠을 잤다.

• 위의 지시문을 읽고 **젊은 관원**의 입장에서 다음 중 마음에 드는 것을 선택하세요.

(1) 젊은 관원은 임무를 수행하는 중에 여색을 가까이한 잘못을 반성하며 임금에게 관직에서 물러나도록 해 달라고 청했다.

(2) 젊은 관원은 임금에게 여인의 목숨을 살리기 위해서는 어쩔 수 없었다고 하고, 자신은 이미 정절을 잃었기에 관직에서 물러나도록 해 달라고 청했다.

(3) 젊은 관원이 임금에게 여인의 목숨을 살리기 위해서는 어쩔 수 없었다고 하자, 임금은 학사도 똑같은 사정이었다고 하면서 인연을 맺었던 두 여인을 불러 두 사람에게 각각 보내 주었다.

(4) 젊은 관원은 학사도 이래서 궁녀와 하룻밤을 보낸 것이라는 사실을 깨달았다. 그래서 임금에게 가서 학사와 궁녀를 살려 달라고 청하였다.

• **제8문항** •

두 친구가 수행하여 부처가 되겠다며 산속에서 따로 움막을 짓고 살았다. 어느 날 밤 젊은 여자가 한 친구 움막에 찾아와 하룻밤 자고 가도 되겠느냐고 하였다. 남자는 도를 닦는 중이라며 여자를 내보냈다. 여자가 다른 움막에 가서 부탁하자 이 친구는 여자를 들어오게 하였다. 그런데 밤에 갑자기 여자가 배가 아프다고 하더니 아이를 낳았다. 남자가 탯줄을 잘라주고 여자의 몸을 깨끗하게 씻겨 주었더니, 여자가 자기가 목욕한 물에 남자도 목욕을 하라고 하였다.

• 위의 지시문을 읽고 **남자**의 입장에서 다음 중 마음에 드는 것을 선택하세요.

(1) 남자는 여자의 무례함을 나무라며 목욕을 거부하였다. 다음날 여자는 떠나고 남자는 묵묵히 수행을 계속하였다.
(2) 남자는 할 수 없이 함께 목욕했으나 마음이 괴로웠다. 여자가 떠난 뒤 남자는 여자의 유혹에 넘어갔던 일을 반성했다.
(3) 남자가 목욕을 하고 났더니 여자가 떠나면서 자신은 관세음보살이라고 하였다. 남자는 자신의 수행이 모자랐음을 깨달았다.
(4) 남자가 목욕을 하고 났더니 여자와 아이는 간 곳이 없고 자신은 금부처가 되어 있었다.

• 제9문항 •

한 선비가 과거를 보러 서울로 올라가다가 아름다운 여인이 혼자 살고 있는 집에서 묵게 되었다. 선비는 밤이 깊어지자 여인에게 동침하자고 했다. 여인은 자신이 시 한 구절을 지을 테니 그 뒤에 맞는 구절을 지어 보라고 하면서 "이 밤에 새로운 인연을 맺게 되면"이라고 했다.

• 위의 지시문을 읽고 여인의 입장에서 다음 중 마음에 드는 것을 선택하세요.

(1) 선비가 날이 새도 시구를 짓지 못하고 맞는 시구가 무엇인지나 가르쳐 달라고 하자 여인은 "예전 남편이 저승에서 운다."라고 했다. 그러고 난 뒤 여인과 집은 홀연히 사라졌다. 선비는 과거 길에 어느 정승집 며느리에게 유혹을 당했는데 같은 글귀를 알려 주어 위기를 모면하고 과거에 급제했다.
(2) 선비가 여인의 마음에 드는 시구를 짓자, 여인은 선비와 동침을 하려고 하였다. 그때 옆집 할멈이 불씨를 빌리러 오는 바람에 두 사람은 동침하지 못했다. 다음날 선비는 떠나고 여인은 계속 수절하여 열녀문을 받았다.
(3) 선비가 시구를 짓자 여인은 마음에 안 든다며 거절하였다. 그러자 선비가 자기는 오늘밤 여자와 동침을 하지 않으면 호랑이에게 물려갈 운명이라고 하면서 눈물을 흘렸다. 여인은 사람의 목숨을 구하는 것이 먼저라는 생각에

선비와 동침을 하였다. 다음날 아침, 밖에 나가 보니 쌓인 눈 위로 호랑이 발자국이 나 있었다.

(4) 선비가 날이 새도 시구를 짓지 못하고 맞는 시구가 무엇인지나 가르쳐 달라고 하자 여인은 "드디어 새로운 세상이 열린다."라고 가르쳐주고 선비와 동침을 했다. 다음날 다시 길을 떠나 선비가 과거장에 가보니 여인이 알려준 시구가 과제로 나왔다. 선비는 과거에 급제하고 돌아가는 길에 여인의 집에 들러 아내로 맞이하였다.

• 제10문항 •

한 가난한 남자가 이렇게 사느니 차라리 죽는 것이 낫다고 생각하고 있었는데, 호랑이가 나타나는 백인재 고개를 혼자 넘으면서 죽지 않으면 팔자를 고친다는 소문을 들었다. 남자가 혼자 백인재에 갔다가 호랑이를 만났는데, 호랑이가 잡아먹지 않는 것이었다. 왜 자기를 잡아먹지 않느냐고 하니 호랑이는 사람은 잡아먹지 않는다고 하면서 자기 눈썹을 하나 뽑아 주며 그걸 눈에 대고 사람들을 보라고 하였다. 남자가 호랑이 눈썹을 대고 보니 모두 짐승이었다. 남자가 집으로 돌아오다가 가난한 사기장수 부부가 오는 것을 보고 호랑이 눈썹을 대어 보니 남자는 수탉이고 여자는 사람이었다. 남자가 호랑이 눈썹으로 자신의 아내를 보았더니 암탉이었다.

• 위의 지시문을 읽고 **남자**의 입장에서 다음 중 마음에 드는 것을 선택하세요.

(1) 남자는 자기도 사기장수 부부처럼 서로 안 맞아서 못 산다는 것을 깨닫고 당장 아내를 내쫓았다. 그러자 조금씩 형편이 나아져 잘살게 되었다.

(2) 남자는 사기장수 부부를 집으로 데려와 하룻밤 재웠다. 남자는 밤중에 자기 아내와 사기장수 아내의 자리를 바꾸어 놓은 뒤 짐짓 화를 내며 아내와 사기장수를 쫓아버리고 자기는 사기장수 아내와 같이 잘살았다. 사기장수와 아내도 부자로 잘살았다.

(3) 남자는 자기도 사기장수 부부처럼 서로 안 맞아서 못 산다는 것을 깨닫고 당장 아내를 내쫓았다. 그러나 형편이 나아지지 않자 남자는 가난이 아내의 탓이 아님을 깨닫고 다시 아내를 찾아 나섰다. 아내는 주막을 차려 잘 살고 있었고, 남자는 진심으로 뉘우치며 자신의 잘못을 빈 뒤 아내와 함께 잘살았다.

(4) 남자는 아내에게 우리가 서로 잘 맞지 않아서 가난했던 것이라고 하였다. 그러나 이제 원인을 알았으니 그만큼 서로 더 맞추려고 노력하며 열심히 살아보자고 하였다. 그 뒤 두 사람은 서로 노력하여 의좋은 부부가 되었고, 열심히 일하여 결국 부자가 되었다.

• 제11문항 •

어떤 남자가 가난을 비관하여 산에 올라가 목매달아 죽으려 하였다. 그때 웬 어여쁜 여인이 나타나 남자를 구해 주더니 자신과 함께 살자고 하였다. 얼마 후 남자가 아버지 제삿날이라 집에 다녀오겠다고 하자, 여인이 남자를 보내 주면서, 잠을 자지는 말고 얼른 돌아오라고 하였다. 남자가 자기 식구들이 잘 살고 있는 것을 보고 여인의 집으로 돌아오는 길에, 돌아가신 아버지가 나타나 그 여인은 사람이 아니고 지네이니 네가 살려면 담배를 피우다가 입안에 고인 침을 그 여인 얼굴에 뱉으라고 하였다.

• 위의 지시문을 읽고 **남자**의 입장에서 다음 중 마음에 드는 것을 선택하세요.

(1) 남자가 아버지의 말대로 집에 가자마자 여인의 얼굴에 침을 뱉자 여인은 지네로 변하여 죽었다. 남자는 여인의 재산을 모두 가지고 돌아와 부자로 잘 살았다.

(2) 남자는 담배를 피우며 침을 뱉을까 말까 고민했는데, 여인은 그것을 보고 도망쳐 버렸다. 남자는 여인의 재산을 모두 가지고 돌아와 부자로 잘 살았다.

(3) 남자가 여인의 방 안을 몰래 들여다보니 과연 벌건 지네가 누워 있었다. 남자는 담배를 피우다가 그래도 저 여자 덕분에 호강하며 살았던 것을 생각하고, 침을 마당에 뱉어 버렸다. 그러자 여인이, 남자가 오는 길에 만난 아버지는 자기를 훼방하려던 구렁이라며 남자 덕분에 승천할 수 있게 되었다고 하였다. 여인이 승천한 뒤 남자는 집으로 돌아가 행복하게 잘 살았다.

(4) 남자는 아버지에게 그 말이 사실이더라도 자신은 여인의 은혜를 모르는 척할 수 없었다. 여인은 남자에게 일어난 일을 이미 알고 있었고 남자 덕분에 지네 허물을 벗고 사람이 될 수 있다며 고마워하였다. 남자는 여인을 집으로 데려왔고, 남자의 아내도 여인 덕분에 자신들이 잘살게 되었으니 은인이라며 같이 살자고 하였다. 세 사람은 함께 행복하게 잘 살았다.

• 제12문항 •

김 판서 아들과 이 판서 딸이 서로 반하여 마음에 두었으나 이 판서 딸이 다른 곳으로 시집을 가 버렸다. 김 판서 아들이 상사병에 걸려 죽을 지경에 이르자 김 판서는 세상 유람이나 하라고 돈을 주어 내보냈다. 김 판서 아들은 이 판서 딸이 시집간 곳을 찾아가 여자 방물장수로 꾸민 뒤 그 집에 들어가, 막내며느리가 되어 있는 이 판서 딸을 만났다. 그 집 첫째 아들이 보니 집에 자주 들락거리며 제수 방에서 며칠씩 자고 가는 방물장수가 아무래도 남자 같아서, 공부하러 절에 가 있던 동생을 불러 의논하였다. 동생(이 판서 딸의 남편)은 형에게 방 밖에서 기다리라고 하였다.

• 위의 지시문을 읽고 **이 판서 딸의 남편**의 입장에서 다음 중 마음에 드는 것을 선택하세요.

(1) 남편은 당장 칼을 들고 방 안으로 들어가 함께 자고 있던 아내와 방물장수를

주저함 없이 죽여 버렸다.

(2) 남편이 아내의 방에 들어가 보았더니 형 말대로 웬 남자가 아내와 함께 자고 있었다. 남편은 용서해 줄 테니 썩 꺼지라고 하였다. 방물장수는 그 길로 떠났고, 남편은 그 이후로 아내의 방에 얼씬도 하지 않았다.

(3) 남편이 아내의 방에 들어가 보았더니 형 말대로 웬 남자가 아내와 함께 자고 있었다. 방물장수는 남편을 보고 도망쳤고, 남편은 아내를 내쫓았다. 어느 날 남편은 자기를 흠모하던 기생 하나가 상사병에 걸려 죽었다는 이야기를 들었다. 그제야 아내의 마음을 이해하게 된 남편은 아내를 데려와 다시 같이 잘 살았다.

(4) 남편은 아내와 방물장수가 함께 자고 있는 방으로 들어가 큰 소리로 남자인 줄로 잘못 알고 그랬다며 백배사죄한다고 하였다. 그 후로 이 판서 딸은 남편의 넓은 도량에 고마운 마음을 품게 되어 남편과 잘 살았다. 김 판서 아들 또한 크게 뉘우치고 그 길로 나와 공부에 전념하여 과거에 합격했다.

• 제13문항 •

가난한 친구가 부자 친구를 찾아가 어떻게 하면 잘살 수 있는지 물어 보았다. 부자 친구는 가난한 친구에게 자신이 일하는 것을 잘 보라며, 자기 아들을 부르더니 지붕 위에 소를 올려 보라고 시켰다.

• 위의 지시문을 읽고 **부자 친구**의 입장에서 다음 중 마음에 드는 것을 선택하세요.

(1) 부자 친구는 아들이 자기 말대로 지붕 위에 소를 올리려고 애쓰는 것을 보고, 이렇게 자식이 부모의 말을 잘 따라야 부자로 살 수 있다고 했다.

(2) 부자 친구는 아들이 지붕 위에 소를 올리기 위하여 일을 시작하려고 할 때마다 간섭했다. 부자 친구는 이렇게 자식을 수시로 점검해야 부자로 살 수 있다고 했다.

(3) 부자 친구는 아들이 소는 뭐 하러 지붕에 올리느냐며 말을 듣지 않자 화를 내며 아들을 쫓아낸 후 가난한 친구에게 이런 꼴을 보여 부끄럽다고 했다. 그러나 나중에 아들이 부자가 되어 돌아오자 부자 친구는 그제야 아들을 인정해 주었다.

(4) 부자 친구는 아들이 소는 밭을 갈아야 하고, 지붕에 올리기 쉬운 것은 닭이니 닭을 올려 보겠다고 하자, 이렇게 자식을 똑똑하게 키우는 것이 부자로 사는 법이라고 했다.

• 제14문항 •

일흔 살 된 노인이 늦게 아들을 얻자 걱정이 되어 사위에게 재산을 맡기면서 서약서를 써 주었다. 그러고는 자기 아들 공부나 잘 시켜 주라고 했다. 노인이 죽은 뒤 아들이 나이가 들자 매형에게 아버지의 재산을 돌려달라고 하였다.

• 위의 지시문을 읽고 **노인**의 입장에서 다음 중 마음에 드는 것을 선택하세요.

(1) 노인은 생전에 사위가 서약서대로 아들에게 재산을 전달해 줄 것이라고 믿었다. 과연 사위는 아들에게 장인의 재산을 고스란히 돌려주었다.

(2) 노인은 생전에 사위가 재산을 가로챌 것 같아 서약서를 남긴 것이었다. 과연 사위는 서약서의 문구를 자신에게 유리하도록 해석하며 아들에게 재산을 돌려주지 않으려 했다.

(3) 노인은 생전에 사위가 재산을 가로챌 것 같아 서약서를 남긴 것이었다. 그러나 사위는 아들에게 노인이 자식들을 못 믿어서 이런 서약서를 쓴 것 같다며, 아들과 재산을 반씩 나누어 갖자고 하였다.

(4) 노인은 생전에 사위가 재산을 가로챌 것이라고 짐작했지만, 사위도 자식이니 누가 가져도 괜찮다고 생각하며 서약서를 주었다. 아들은 서약서를 보고 노인의 뜻을 헤아려서, 자신이 먼저 사위에게 재산을 똑같이 나누어 갖자고 하였다.

• 제15문항 •

한 나무꾼이 가난을 비관하여 옥황상제를 찾아갔다. 그러자 옥황상제는 삼 년 뒤에 태어날 아이의 복을 빌려줄 테니, 그 아이가 태어나면 복을 다시 아이에게 돌려주라고 했다. 그 뒤 나무꾼은 부자가 되었다.

• 위의 지시문을 읽고 **나무꾼**의 입장에서 다음 중 마음에 드는 것을 선택하세요.

(1) 나무꾼은 아이의 복이 아니라 자신의 노력 때문이라며 아이에게 한 푼도 물려주지 않았다.

(2) 나무꾼은 돈을 흥청망청 쓰는 아이를 믿을 수가 없어 아이에게 한 푼도 물려주지 않았다.

(3) 나무꾼은 아이에게 한 푼도 물려주고 싶지 않았지만 빌린 것이라고 하니 물려주었다. 그러자 아들이 나무꾼을 평생 모시며 호강시켰다.

(4) 나무꾼은 아이를 위해 모아둔 것이라며 아이에게 재산을 모두 물려주었다. 아이는 나무꾼을 평생 모시며 호강시켰다.

• 제16문항 •

한 대감의 딸이 시집간 지 일 년도 안 되어 과부가 되어 친정으로 돌아왔다. 대감이 밤에 산책을 하다가 딸의 방에서 남녀가 대화하는 소리를 들었다. 대감이 방 안을 몰래 들여다보았더니, 딸이 베개에 남자 옷을 입혀 놓고 술을 따라주며 혼자 놀고 있는 것이었다.

• 위의 지시문을 읽고 **대감**의 입장에서 다음 중 마음에 드는 것을 선택하세요.

(1) 대감이 딸에게 아녀자의 도리를 지키라며 호통을 치자, 딸은 자신의 잘못을 깨닫고 평생 절개를 지켰다.

(2) 대감은 딸이 안타까웠지만, 딸이 재가를 할 경우 가문의 명예가 훼손될 것이므로 딸을 절로 보냈다.
(3) 대감은 딸이 안타까웠지만 명예가 훼손될 것을 우려하여 딸을 쫓아냈는데, 딸이 왕의 후궁이 되어 돌아왔다.
(4) 대감은 딸이 죽었다고 소문내며 거짓 장례를 치른 후, 몰래 좋은 짝을 찾아 개가시켰다.

(가)는 변형 · 개발한 간략식 서사분석형 자기서사진단검사도구이다. 이 검사지는 자기서사의 기초적인 영역인 자녀서사 영역, 남녀서사 영역, 부부서사 영역, 부모서사 영역에서 각각 4문항씩 문제를 설정해 총 16문항으로 구성되어 있다. 이 도구의 진단서사는 기존의 진단검사에서 활용한 설화와 같다.

(가)를 개발하는 데에는 서사적 상황의 통일성, 반응의 용이성, 진단의 목표정합성, 표준화 가능성 등이 숙려되었다. 우선, 서사적 상황의 통일성을 갖추기 위해 하나의 진단서사에 대해 한 가지 선택을 하게 하였다. 이로써 선택 이후에 선택과 상관없이 다른 서사적 상황과 조우하게 되는 혼란을 줄이려 하였다. 다음으로 직관적이고 즉각적인 반응을 위해 '안내'에서부터 "너무 오래 생각하지 말고 바로 눈에 들어오는 것"을 고르게 하였으며 한 번의 선택으로 하나의 서사가 완료될 수 있게 하였다.

마지막으로 자기서사 형태 파악이라는 진단 목표에 정합적인 진단지 구성을 위해 네 가지 선택지를 마련하였다. 즉, 서사적 문제 상황과 그 해결 사이에 존재하며 서사의 성격을 결정하는 핵심적인 분기점에서, 가르기, 밀치기, 되찾기, 감싸기 방식으로 서사가 진행하는 네 가지 경로를 제시한 것이다. 이로써 참여자가 품은 자기서사 형태를 쉽게 분별해 낼 수 있는 가능성이 열린다. 그러니까 한 참여자가 자녀서사 영역에서 택한 다수의 선택지가 가르기에 해당할 경우 '부모가르기서사'에 해당한다고 할 수 있는 것이다.

그런데 이런 방식으로 구성한 진단지에 대해 굳이 16문항이 필요한 것인가 하는 의문을 품을 수 있다. 이를테면, 남녀서사에서 가르기를 선택지 중 하나로 배치하고 밀치기, 되찾기, 감싸기 등의 선택지를 마련한다면, 곧 이 한 문항의 선택만으로 남녀서사 영역의 태도가 확인된다는 것이다. 이런 방식으로라면 4문항만 있으면 된다. 그러나 문학치료사가 심층 면접이나 상담을 하지 않는 이상, 하나의 문항만으로는 내담자가 지닌 자기서사를 확정하기 어렵다. 특정 구도의 관계에서 반복적으로 나타나는 패턴을 확인하기 위해서는 다양한 이야기 속에서 어떤 공통적인 반응을 보이는지 살필 필요가 있다. 그래서 다양한 상황과 인물들이 등장하는 이야기에 대한 반응을 통해 자기서사 진단의 신뢰도를 높이려 하였다.

이렇게 자기서사의 형태를 가늠하는 것이 용이해졌으며 그 신뢰도도 높아지자 진단검사의 결과에 대해 분석하는 후속 작업도 용이해졌다. 기존 형태의 진단도구들은 진단 결과를 받아 분석하는 일에 많은 시간과 노력이 투여된다. 진단 결과를 표준화할 방안이 마련되어 있지 않았기 때문이다. 그러나 간략식 진단도구의 경우에는 기초서사 영역에서 관계 맺기 방식을 쉽게 분별할 수 있기 때문에 이에 대한 결과를 거의 실시간으로 보고될 정도로 표준화될 수 있다는 것도 이 진단도구의 장점이다.

진단지의 분석 결과는 1차적으로 '부모가르기서사', '이성감싸기서사', '부부서사 특성 없음',[5] '자녀밀치기서사' 등으로 파악된다. 그러나 이를 해석하여 적용하기 위해서는 문학치료학에서 쓰이는 전문 용어가 아닌 일상적인 언어가 긴요하다. 이에 따라 진단지의 분석 결과에서는 문학치료학의 용어보다는 일상적인 구어체를 사용하였다. 다음은 자기서사 진단 결과를 해석한 결과를 제시한 것이다.

(나) 자기서사 진단검사 결과보고서

이와 관련하여 앞서 행한 진단지에 대한 결과보고서를 소개하면 다음과 같다.

• 자녀서사 영역의 자기서사 •

이 문항은 자녀의 입장에서 부모와 자식 간의 관계, 나아가 세상의 규칙에 대한 수용 태도와 관련된 자기서사를 진단하기 위해 마련했습니다. 이러한 자기서사는 세상의 규칙, 윤리, 전통, 도덕, 규범 등과 같이 이미 세워져 있는 체계를 어떤 태도로 받아들이느냐를 알려 주는 지표가 됩니다.

• 당신의 자기서사에서 **가장 특징적인 면모**는 다음과 같습니다.

(※ ①은 가르기 ②는 밀치기 ③은 되찾기 ④는 감싸기를 의미함. 특성에 따른 결과 하나를 선택해 제시함. 이하도 마찬가지임.)

① 법칙과 권위에 대한 자신의 판단이 분명하며 좋고 싫음의 분별도 확실합니다. 그래서 따를 만한 것이라고 판단이 되면 잘 따르지만 따를 만한 것이 아니라고 판단이 되면 저항하는 태도를 취합니다. 권위와 충돌하는 문제 상황에 있어 결단력 있는 모습을 보이는 것입니다.

② 법칙과 권위가 따를 만한 가치가 있는지 아닌지에 대해 신중히 판단하는 경향이 있습니다. 그래서 부당한 권위에 압도당하지 않을 수 있습니다.

③ 법칙과 권위가 따를 만한 가치가 있는지 아닌지에 대해 신중히 판단하는

경향이 있습니다. 권위가 가지고 있는 새로운 가치를 발견할 수 있습니다.

④ 때론 불합리해 보이는 법칙과 권위라도 초월적 견지에서 받아들이려 노력하는 경향이 있습니다. 배움을 통해 자기를 성장시키는 기회를 많이 갖기도 하지요.

(※ 특성이 드러나지 않을 수도 있음. 이런 경우, "자녀서사 영역의 자기서사에 특별한 경향성이 드러나지 않습니다."로 진단 보고서에 표기함.)

어떤 인간관계나 상황 속에서 자신이 의식하거나 의식하지 못했던 자기서사를 알게 되는 것도 중요하지만, 이야기에도 다양한 선택지가 있는 것처럼 내 삶의 이야기도 기존의 습관과는 다른 방식으로 구성될 수 있음을 깨닫는 것이 더 중요합니다.

• 당신의 자기서사가 자녀서사 영역의 삶에서 운영될 때 초래할 수 있는 문제는 다음과 같습니다.

① 너무 쉽게 권위와 규범을 부정하거나 무조건 따르려는 경향이 있습니다. 이런 분명한 결단과 판단이 필요할 때도 있으나 시비와 호오를 분명히 가르는 태도로 인해 융통성 없는 사람이라는 인상을 주기도 할 것입니다.

② 결단을 하는 데 시간과 정신적 에너지를 많이 낭비합니다. 또 주로 고민을 해서 내린 결정이 전통과 규범을 존중하는 방향으로 실현되는군요. 고민에 고민을 거듭하다가 결국 '많은 사람들이 가는 길로 가는 게 좋겠지.'라고 생각하면서 자신만의 판단을 유보하기도 합니다.

③ 결단을 하는 데 시간과 정신적 에너지를 많이 낭비합니다. 또는 고민을 해서 내린 결정이 권위를 갖는 상대와 관계를 끊어 버리는 결과를 초래하는 경우도 있어, 속을 태울 뿐만 아니라 관계는 오히려 더욱 악화되는 경우도 있을 것입니다.

④ 현재 존재하는 법, 규범보다 이상적이고 초월적인 법칙을 따르려 하기에 무모한 이상주의자라는 인상을 주기도 할 것입니다.

(※ 특성이 없을 경우 문제점: 이건 꼭 지켜야 하겠다는 원칙이 없어 일관성이 없고 상황에 따라 편한 대로 행동하는 사람처럼 보일 수 있습니다.)

• 남녀서사 영역의 자기서사 •

이 문항은 애인과의 관계, 나아가 자신의 소망을 충족시키려는 태도와 관련된 자기서사를 진단하기 위해 마련했습니다. 이러한 자기서사는 대상을 선택할 때(관계나 사물 등) 내가 원하는 것, 나의 소망에 얼마나 비중을 두고 있느냐를 알려 주는 지표가 됩니다.

• 당신의 자기서사에서 **가장 특징적인 면모**는 다음과 같습니다.

① 자신이 소망이 확고하며, 소망에 비추어 애인이나 대상을 선택하는 데 주저함이 없습니다. 좋고 싫음이 분명하고 자신의 생각을 표현하는 데 망설임이 없습니다.

② 자기 소망을 먼저 실현하려 하기보다는 애인이나 대상을 신중하게 탐색하려 합니다. 자기 소망을 상대에게 강요하지 않으려는 조심성이 있습니다.

③ 자기 소망을 먼저 실현하려 하기보다는 애인이나 대상을 신중하게 탐색하려 합니다. 그렇게 심사숙고해서 고른 후에도 상대를 이해하고 배려하려 노력합니다.

④ 자기 소망에 비추어 애인이나 대상을 단정하려 하지 않습니다. 상대의 있는 그대로의 모습을 인정하며 상대를 배려하는 면모를 보입니다.

이러한 자기서사는 당신이 삶을 운영하는 데 있어 중요한 역할을 하지만 어떤 상황이나 관계에서는 부정적인 작용을 하기도 합니다. 이러한 점이 당신이 가진 자기서사의 문제점이라고 할 때 이 부분에 대한 인식을 통해 개선 방향을 모색해 볼 수 있습니다.

• 당신의 자기서사가 남녀서사 영역의 삶에서 운영될 때 초래할 수 있는 문제는 다음과 같습니다.

① 나의 소망에 부합하는 이상형을 찾아서 영원히 변치 않는 사랑을 해야 한다는 환상을 품고 있습니다. 이러다가는 현실에서는 애인을 찾기 어렵거나, 이상형이라고 판단되는 사람을 만나면 상대에게 맹목적으로 집착하는 모습을 보일 수 있습니다.

② 자신의 소망 대상이나 애정 상대를 사려 깊게 탐색하는 것은 좋지만 결단의 순간이 계속 뒤로 밀릴 수 있습니다. 즉, 고백의 적기를 놓쳐 버리고 아쉽게 떠나보내는 경우가 많다는 것이지요. 혹은 애인과 사랑에 빠졌다 하면서도 계속 자기중심적으로 계산하거나 관계에 대해 끊임없이 회의를 하기도 합니다.

③ 상대를 이해하고 배려하는 과정에서 중심인 자기를 잃을 수 있습니다. 내가 어떤 소망을 갖고 있는지, 내가 왜 그 사람을 사랑하는지 잊어버리고 상대에 끌려가기만 할 위험성이 있습니다.

④ 상대의 부당한 요구도 최대한 들어주려 하며 그 사람의 결점까지 감싸려 하는 태도로 인해 오히려 상대가 성숙하고 발전할 기회를 잃어버리게 할 위험성이 있습니다.

(※ 특성이 없을 경우 문제점: 자신의 진정한 소망이나 욕망에 대해 스스로 잘 모르고 그때그때의 기분에 따라 선택하는 문제가 있을 수 있습니다.)

• 부부서사 영역의 자기서사 •

이 문항은 부부 관계를 비롯하여 동료, 친구 등 지속적으로 교류하는 관계에서 상대의 소망에 대한 태도와 관련된 자기서사를 진단하기 위해 마련했습니다. 이러한 자기서사는 관계를 지속시켜나가야 하는 경우에 어떠한 태도를 취하느냐를 알려 주는 지표가 됩니다.

• 당신의 자기서사에서 **가장 특징적인 면모**는 다음과 같습니다.

① 배우자나 동료에 대한 일편단심의 태도를 보입니다. 절대 바람을 피우지 않고, 상대방을 배신하지 않아 가정의 평화를 이루거나 신뢰를 바탕으로 하는 관계를 유지하는 데 도움이 됩니다. 그러나 마음이 떠나버리면 절대 미련을 갖지 않기도 합니다.

② 배우자나 동료와의 관계에 대해 끊임없이 고민하며 의혹을 갖기도 합니다. 그러다 상대가 자신이 바라는 바와 맞지 않는다고 판단될 때에는 미련 없이 헤어지기를 선택하며 관계 지속을 위해 노력하지 않습니다. 관계의 맺고 끊음이 매우 분명해 보입니다.

③ 배우자나 동료와의 관계에 대해 끊임없이 고민하며 의혹을 갖기도 합니다. 그러나 언제나 다시 관계의 지속을 위해 노력해야 한다는 생각으로 돌아오곤 하지요.

④ 배우자나 동료와의 관계에 있어 상대의 소망을 자신의 것보다 우선시합니다. 때론 상대의 소망이 자신의 것과 다르며 규범에 어긋날지라도 상대의 소망 실현과 행복을 위해 어떤 일도 할 수 있다는 태도를 보이지요.

이러한 자기서사는 당신이 배우자 및 동료, 친구 등 지속적인 관계를 맺어나가는 데 있어 마음속에서 활발히 작용합니다. 일부러 의식하지 않더라도 당신의 기분이나 일시적인 선택을 좌우할 수 있다는 것이지요. 자기서사가 어떤 모습이냐 하는 것은 평가의 대상은 아닙니다. 어떤 서사나 장단점을 가지고 있기 마련입니다. 당신의 서사가 혹시나 초래할지도 모르는 위험을 미리 상상해 보는 것은 자기서사의 개선을 위해 도움이 됩니다.

• 당신의 자기서사가 부부서사 영역의 삶에서 운영될 때 초래할 수 있는 문제는 다음과 같습니다.

① 상대에 대한 집착이 상당하며 '나만 바라봐.'라는 생각으로 상대를 구속할

우려가 있습니다. 모든 것을 함께 해야 한다는 생각에서 부부애와 동료애를 수시로 강조하면서, 상대의 소소한 일상까지 통제하려는 성향을 보일 수도 있습니다.

② 상대의 소망을 들어주거나 관계 지속을 위해 자신을 바꾸려 하지 않습니다. 관계를 쉽게 청산하면서 미련을 갖지 않기에 오래 가는 관계가 많지 않을 수 있습니다.

③ 상대의 눈치를 보며 관계 지속을 위해 노력하느라 힘든 유형입니다. 내가 상대를 이해하고 받아 주어야 한다고 생각하면서 상대에 미련을 갖고 질질 끌려다닐 수 있다는 것이지요.

④ 상대의 단점이나 잘못도 감쌀 수 있는 아량이 있으나 그로 인해 상대가 성숙하고 발전할 수 있는 기회를 잃을 수도 있다는 것도 생각해 보시기 바랍니다.

(※ 특성이 없을 경우 문제점: 어떤 사람을 얼마나 신뢰해야 하는지 스스로 확신을 갖지 못합니다. 그래서 새로이 신뢰 관계를 맺거나 그 관계를 유지하는 데 마음속의 갈등이 많을 수 있습니다.)

• 부모서사 영역의 자기서사 •

이 문항은 부모의 입장에서 부모와 자식 간의 관계, 나아가 보살피고 책임져야 할 관계에서 자신의 원칙을 실현시키려는 태도와 관련된 자기서사를 진단하기 위해 마련했습니다. 이러한 자기서사는 내가 보호해야 하고, 보살펴야 하고, 길러내야 하는 대상에 대해 어떠한 태도를 취하느냐를 알려 주는 지표가 됩니다.

• 당신의 자기서사에서 **가장 특징적인 면모**는 다음과 같습니다.

① 확고한 법칙을 가지고 있어 일관성 있는 지도와 양육의 태도를 보입니다. 이를 따르는 보살핌의 대상은 당신을 신뢰하고 자신의 잠재력을 최대한 발휘하여 많은 성과를 올릴 수 있게 됩니다.

② 보살핌의 대상이 되는 사람들의 수준 및 장단점을 정확히 파악하고 있습니다. 이로 인해 보살핌의 대상은 객관적으로 자신을 볼 수 있게 됩니다.

③ 양육에 있어서 처음에는 불안감도 있으나 이를 극복하고 끝까지 보살핌의 대상을 책임지려 합니다. 이로 인해 보살핌의 대상은 당신을 신뢰할 수 있게 됩니다.

④ 보살핌의 대상이 스스로 성장할 수 있도록 지원해 주려는 교육자의 면모를 보입니다. 관용적이며 너그러운 지도자, 교육자가 될 수 있을 것 같습니다. 이로 인해 보살핌의 대상은 자신의 개성과 특성에 바탕을 둔 성장을 이룰 수 있게 됩니다.

> 내가 보살펴야 하는 상대방에 대해 취하는 태도에는 동전의 양면처럼 긍정적 측면과 더불어 부정적 측면도 있습니다. 부정적 측면이 당신의 자기서사에서의 부족한 점이라고 할 때 이 부분을 개선한다면 건강한 자기서사를 갖는 데 도움이 될 것입니다.

• **당신의 자기서사가 부모서사 영역의 삶에서 운영될 때 초래할 수 있는 문제는 다음과 같습니다.**

① 고집쟁이 폭군처럼 보일 수 있습니다. 내가 세운 법칙에 대한 의심이나 도전, 저항을 절대로 허용하지 않겠다는 완고한 태도가 보살핌의 대상을 주눅 들게 할 수 있다는 점도 염두에 두시기 바랍니다.

② 보살핌의 대상에 대해 무관심한 것처럼 보일 수 있으며 때론 무책임하게 여겨질 수도 있습니다. 대상을 정확하게 이해하고 있다는 사실에 안주하지 말고 어떻게 하면 그를 성장시킬 수 있을지 실천적인 양육의 방법을 모색할 필요가 있습니다.

③ 보살피고 가르치는 데 있어 의무감이 강해 진정한 기쁨을 느끼지 못합니다. 좋은 양육자가 되어야 한다는 강박적 의식을 갖고 있을 수 있는데, 이로 인해 보살핌을 받는 대상은 양육자가 자신에 대해 애정을 갖고 있음을

잘 알지 못하게 됩니다.

④ 원칙이 없이 우유부단하며 무책임한 방임형으로 보일 수 있습니다. 한편, 당신의 손길이 상대에게 도움이 되지 않는다고 판단될 때 심각한 무력감에 빠질 수 있다는 점도 있습니다.

(※ 특성이 없을 경우 문제점: 보살핌의 대상이 되는 상대에게 일관성 없는 태도를 보여 종잡을 수 없는 사람이라는 느낌을 주기도 할 것입니다.)

위에 인용된 내용이 진단 결과 보고서의 형태는 아니다. 보고서는 ①~④나 '특성이 없을 경우'에 해당하는 내용 중 하나가 제시된다. 그 구성을 간략히 설명하자면, 우선 네 기초서사 영역에 대한 자기서사의 특징과 초래할 수 있는 문제점을 설명하였다. 그리고 참여자가 이를 보고받기 전에 각 기초서사 영역의 진단 결과를 어떻게 해석해야 하며 어떤 태도로 받아들여야 할지 안내를 하였다. 네모 상자의 서술 내용이 그 역할을 담당한다.

진단 결과의 서술에 있어 가능한 평가적 시각을 적용하지 않으려 했다. 예를 들면, '부모가르기서사'가 '부모감싸기서사'보다 수준이 낮은 것이라 비추지 않도록 각각의 장점을 위주로 특성을 설명하였다. 문제점에 대해서는 비난처럼 여겨지지 않게 하기 위해, 특징적 자기서사가 초래할 수 있는 가능성 정도로만 언급하였다. 또 서술에 있어 일반적인 사항을 쉽게 전달하려 노력하였다.

이러한 자기서사 진단 결과를 참여자들이 직접 확인하는 것은 자기서사에 대한 성찰적 이해를 위해 대단히 소중한 경험이라 여겨진다. 또한 표준화된 상태에서 거의 실시간으로 확인되는 진단 결과를 바탕으로 문학치료사들이 문학치료 상담을 하는 데 도움을 받을 수 있다. 그러나 아직 실험적으로 실시되는 것이며 개선의 여지는 많이 남아 있다. 진단 결과 보고서와 관련된 연구, 즉 진단된 자기서사의 해석과 평가 문제에 대해서는 지속적인 연구가 행해질 계획이다.

3 작품서사를 통한 자기서사의 길찾기

정답을 찾기 위해 문학을 읽어 내는 것과 치유를 위해 문학을 감상하는 것은 다르다. 우리는 지금까지 정답을 찾기 위해 문학을 읽었다. 이런 방식의 문학 감상이 반드시 나쁜 것만은 아니다. 정답을 찾는 것은 비판적인 사고력을 높이는 합리적 이성의 분석적인 활동이자, 공통감에 기대어 나뿐만 아니라 다른 사람들도 느꼈음직한 감정을 공감적으로 헤아리는 활동이기도 하다. 이를 통해 우리는 보다 너른 보편적 인간으로서 자기를 정립하는 교양을 가질 수 있다.

그런데 종종 문제를 풀며 정답을 확인하더라도 도무지 동의하기 힘든 답이 나올 때가 있다. 내 안에 어떤 것이 강력히 작용하고 있는 순간이다. 작품 해설집이나 참고서를 보지 않고 문학작품을 해석하게 한다면 보편적인 해석과는 다른 견해들이 많이 나올 것이다. 물론 작품 안에서 근거를 찾고 의미 구조를 헤아린 뒤 자신의 견해가 틀렸음을 알게 될 수도 있다. 그러나 때로는 자기도 모르게 작품에 대한 새롭고 통찰력 있는 해석이 나오기도 한다.

또 영화나 드라마를 볼 때 우리는 자기 생각과는 다른 결말에 투덜거리며 불평하기도 하며, 상상과는 다른 반전에 놀라며 이야기를 엮어 내는 작가의 솜씨에 탄복하기도 한다. 이처럼 반응하며 평가할 수 있다는 것은, 잘 의식하지는 않지만 우리가 이야기를 수용하는 동시에 마음속에서 이야기를 쓰고 있음을 말해 준다. 이렇게 수용자로서 우리는 작품의 의미를 새롭게 할 수 있는 해석 주체이자 작품과 함께 나의 이야기를 구성하는 창작 주체이기도 하다.

문학치료학은 이러한 수용자의 창조적 능력을 적극적으로 인정하며 이를 발휘하게끔 하는 다양한 방법을 모색해 왔다. 창조적 능력이 발현되었을 때 내담자의 마음속에 어떤 서사가 존재하고 있는지 알 수 있으며, 또, 기존의 자기서사를 보완하거나 새로운 자기서사를 생성하는 과정도 창조적 활동으로부터 도움을 받을 수 있기 때문이다. 무엇보다 문학치료학에서 중시하는 창조성은 자기 자신이나 새로운 자기 삶과 관련된다. 즉, 새로운 자기, 변화된 삶의 방식을 창조하는 행위가 강조되는 것이다.

'나'를 대상으로 창조성을 발휘한다는 것은 자기서사의 변화를 말한다. 자기서사가 변화함으로써 그것을 품고 있는 나의 정체성이 변화되며, 관계를 맺고 인간사의 문제를 바라보고 해결하는 방식이 변화된다. 곧 나와 나의 삶이 변화되는 것이다. 한편, 문학치료학은 이런 자기서사를 변화시키는 데 문학작품이 작용한다고 본다. 문학작품의 작품서사에 반응하는 과정에서 평소에는 스스로 명확히 인지하지 못했던 자기서사에 대한 자각이 가능하며, 작품서사를 내면화하는 과정에서 내가 이해하거나 살아갈 수 있는 삶의 폭이 넓어질 수 있다. 이렇게 문학작품은 자기서사를 스스로 깨닫고 변화시키는 원천 자료가 된다.

그런데 아무리 마음의 문을 열고 문학작품을 내 안으로 받아들이려 해도 종종 우리는 문학작품이 창출하는 고유의 세계에서 벌어지는 일들을 다 이해하지 못하기도 한다. 어떤 인물에 대해서 이해는 하지만 절대 공감을 하지 못하는 경우도 있다. 이런 이해불가, 공감불가의 사건이나 장면, 인물은 작품 자체의 문제점에서 기인하기도 하지만 우리 내면의 서사가 포괄하지 못하거나 외부의 서사와 내면의 서사가 충돌할 때 생기기도 한다.

이렇게 작품세계의 서사를 따라가지 못하거나 강한 거부감이 드는 순간 내면의 서사가 작동하고 있음을 깨달을 수 있다. 그렇지만 내가 이해하고 공감하지 못한다고 해서 그 작품이 반드시 나쁘거나 잘못된 것은 아니다. 문학치료학에서는 이런 태도를 오히려 경계한다. 그 작품에 대한 평가는 작품이 하는 얘기를 충분히 경청하고 고민한 다음에 이루어져야 한다. 그럴 때만이 작품으로부터 배우며 나를 변화시킬 기회를 가질 수 있기 때문이다.

한국의 구비설화에는 우리가 쉽게 이해하지 못하는 사건이나 인물이 많다. 〈해와 달이 된 오누이〉를 떠올려 보자. '떡 하나 주면 안 잡아먹지~'라고 속임수와 계략에 능하던 호랑이가 목소리를 변하게 한 뒤, "엄마 왔다."고 하면서 문을 열어 달라고 한다고 아이들이 열어 줄까? 너무 힘들게 일을 해서 목소리가 쉬었다고 한들, 밀가루를 쳐 발라 엄마의 손이라고 한들 호랑이를 진짜 엄마라 믿을 수 있을까? 이런 의문이 들 때 오히려 설화의 진실에 접근할 수 있다.

'실은 호랑이가 오누이의 엄마가 아닐까, 설화적 상상력은 호랑이처럼 무섭고 해를 끼치는 엄마를 호랑이로 표현한 것이 아닐까? 맞아, 아무리 부모라 하더라도 자녀들에게 늘 자애로울 수는 없지. 때론 자녀들의 성장을 가로막고 독립할 기회를 주지 않기도 하며, 자기감정에 휘둘려 자녀들에게 폭력적일 수 있어. 아무리 자녀로서 부모에 순종해야 한다지만, 호랑이로 변해 버린 부모로부터는 도망치는 것이 현명하고, 해와 달이 된 오누이처럼 자신이 원하는 존재가 되기 위해서는 제 살길을 찾아야 해.'

이처럼 의문을 가져야 스스로 답을 찾을 수 있게 되고 그런 과정을 거쳐 서사 능력이 증진할 수 있게 된다. 이런 서사 능력이란 단지 작품을 잘 이해하고 따라갈 수 있는 것만을 말하는 것이 아니라 각자의 삶을 서사적으로 살아갈 수 있게 하는 삶의 운영 능력을 포괄한다. 즉, 삶의 이야기가 구성될 수 있는 다양한 경로와 가능성을 아는 것, 그 이야기를 의미 있고 풍요롭게 해 줄 다양한 변인들을 지혜롭게 활용하는 것이 바로 문학치료학에서 말하는 서사 능력의 주요한 부분이다.

작품의 감상이 자기 재생산으로 귀착되지 않게 하기 위해서는 작품의 이야기를 듣고 자기가 미처 생각하지 못한 새로운 이야기를 자신의 가능성으로 받아들이는 경청의 태도가 필요하다. 이를 적용하여 문학치료학이 제시하는 열여섯 가지 설화를 감상해 보자. 이 설화들은 앞서 자기서사의 진단에서 활용된 것으로서 내가 선택하지 않았던 서사의 길을 보여주며 인간과 세상사를 이해하는 안목을 넓혀 준다. 비록 내가 좋아하지 않았던 이야기의 전개이나 이를 깊이 이해하고 그 의미를 깨달으면 내 자기서사를 형성하는 자원이 되기도 한다.

특히 자기서사의 진단에 소용된 설화들은 대부분 행복한 결말을 갖는다. 이것이 의미하는 바는 가르기, 밀치기, 되찾기, 감싸기 모두 행복을 위한 자기서사 구성의 전략이 될 수 있다는 것이다. 특정한 서사주체가 처한 인간관계의 견지에서 작품을 분석하여 그 의미를 깊이 되새긴다면, 무의식적으로 굳어져 있는 자기서사만이 옳고 타당한 것이 아니라 다양한 서사의 길이 있음을 알고, 이를 참조하여 새로운 자기서사를 만들어

낼 수 있는 능력을 갖출 수 있게 될 것이다.

여기의 서술은 먼저 전체 줄거리를 요약하고 나서, 줄거리를 구성하는 세부 사건을 단락별로 정리해 제시하도록 하겠다. 특히 사건이나 장면에 대해서 번호가 매겨져 있는데 인상 깊은 번호를 표시해 두고, 나중에 표시한 것만 모아서 보면 자신의 반응 방식을 성찰하는 데 도움이 된다. 문학치료사들의 경우에도 내담자가 표시한 서사 단락을 중심으로 왜 그것이 강렬한 인상을 남기게 되었는지 추론하거나 이에 대한 대화를 나누면서 자기서사의 특성에 대한 심도 있는 이해 내용을 마련할 수 있을 것이다.

부모가르기서사: 〈간 뺏길 뻔한 전처 아들〉[6]

〈간 뺏길 뻔한 전처 아들〉은 『한국구비문학대계』에 9편 가량 있는데, 그 줄거리는 다음과 같다.

> 어느 남자가 아이들을 키우며 살다가 후처를 얻었다. 후처는 전처 아들을 죽이기 위해 병이 들었다고 거짓말을 한 뒤 전처 아들의 간을 먹어야 산다고 하였다. 남편은 백정에게 아들을 죽이라고 하였다. 백정은 불쌍한 생각이 들어 전처 아들의 간 대신 개의 간을 갖다 주고 전처 아들을 몰래 키웠다. 전처 아들은 과거에 급제한 후 자기 아버지가 궁금해 집으로 가보았으나 집에는 아무도 살고 있지 않았다. 아들은 돌아가 잘 살았다.

다음은 각편 중 대표적인 작품을 사건 중심으로 요약한 것이다.[7]

(1) 어느 남자가 부인을 잃고 외아들 하나를 키우며 살았는데, 나중에 후처를 얻게 되었다.
(2) 후처가 어떻게든 전처의 아들을 죽이려고 했는데, 하루는 배가 아프다고 고함을 지르면서 전처 아들의 간을 먹어야 자기가 산다고 했다.
(3) 남편이 어떻게든 후처를 살리려고 백정에게 아들의 간을 빼오라고 했는데, 백정은 아들 대신 개를 죽여 개의 간을 그 아들의 간이라고 하며 후처에게 주었다.
(4) 백정은 그 아들을 몰래 숨겨서 키웠고, 아들은 아주 총명하게 자라났다.
(5) 성인이 된 아들은 서울에 올라가 과거에 급제하고, 아버지와 계모가 어찌 사나 궁금하여 다시 집으로 내려가 보았다.
(6) 그런데 아버지와 계모는 이미 죽었고 집안도 쑥대밭이 되어 아무도 살고 있지 않았다.
(7) 아들이 다시 서울로 올라가 잘 살았다.

우리 모두는 누군가의 자녀로 태어나 부모와 첫 관계를 맺는다. 천둥벌거숭이로 태어난 인간은 다른 동물과 달리 오랜 기간의 부모의 양육을 필요로 한다. 양육자는 우리를 추위와 배고픔 등 생존을 위협하는 것으로부터 보호해 줌은 물론이거니와 언어를 가르쳐주고 세상에 존재하는 규범을 익혀 사회화시키는 역할을 한다. 이렇게 우리는 부모에게 깊은 영향을 받으면서 오랜 양육 기간을 거쳐 끈끈한 관계를 맺는다. 뿐만 아니라 부모와의 관계 맺기 형식은 인간관계의 원형이 되기에 다른 인간관계에까지 확장되고, 꽤나 지속적으로 작용한다.

자녀로 태어나 마땅히 할 일은 그 부모에게 순종하는 것이다. 여기서 순종은 꼭 말을 잘 듣는 순한 자식이 되어야 함을 의미하지 않는다.

오히려 부모로 상징되는 세상의 법칙을 잘 익혀서 따라야 함을 의미한다. 이런 순종의 결과로 우리는 비로소 사회화된 존재가 된다. 그러나 순종해야 할 법이 부당할 경우라면 어떻게 해야 할 것인가. 혹은 부모 품을 떠나 독립적인 삶을 영위해야 할 시점인데 계속 부모의 법칙을 고집하는 것을 어찌 봐야 할 것인가. 〈간 빼길 뻔한 전처 아들〉 설화는 부모와 자녀의 이런 잘못된 만남과 관계를 다루고 있다.

이 설화에서 전처 아들은 참으로 악독한 부모를 만났다. 계모는 자기가 살기 위해 전처 아들의 간이 필요한 것이 아니다. 계모는 단지 전처 아들을 죽이기 위해 허무맹랑한 거짓말을 한 것이다. 그런데 이 말에 어리석은 아버지는 속아 넘어가 자기 자식을 죽게 하는 계책을 세웠다. 백정을 시켜 자기 아들의 간을 꺼내 오는 것. 계모의 거짓말에 속아 자기 아들을 죽일 계획을 하는 아버지 역시 계모처럼 나쁜 부모에 해당한다. 나쁜 부모란 이렇게 자식에게 잘못된 법칙을 제시하며 따를 것을 강요하는 양육자를 말한다.

한편, 이 설화의 전처 자식은 자신의 생명이 위협당하는 상황에서도 살아남기 위한 적극적인 행동을 하지 않는다. 자식의 결단과 실천보다는 아버지에게 부탁을 받은 백정이 전처 자식을 살려 내는 데 결정적인 공을 세웠다. 백정은 전처 자식의 간 대신 개의 간을 가져다준 것이다. 백정은 인두겁을 쓰고 있는 사람으로서 차마 하지 못할 일이 있다고 믿으며, 부모에게 생명을 위협당하는 상황에 놓인 불쌍한 자식에 대한 연민으로 그 생명을 구하고 보살피기까지 한다. 이런 부모에게 양육되는 것은 자식의 행복이다.

이 설화는 이렇게 나쁜 부모와 좋은 부모의 상을 제시하고, 좋은 부모 밑에서 양육되는 것이 자식의 행복임을 강조한다. 나쁜 부모,

좋은 부모를 판단하고 가르는 것은 자녀가 가지고 있는 자기서사의 운영 방식에 해당한다. 이런 의미에서 이 설화는 부모가르기서사로 분류된다. 앞서 언급했으나 이 설화에서 전처 자식은 자기의 바람을 이루기 위해 어떤 행동을 하는 것은 아니었다. 그러나 전처 자식의 입장에서 가장 바람직한 방향으로 사건이 전개되며 이 설화 자체가 전처 자식의 소망을 투영하고 있기에 비록 자식이 서사주체로서 행동하지 않더라도 부모가르기서사로 볼 수 있는 것이다.

자식으로서 좋은 부모를 만나는 것은 행운이고 행복의 조건이 된다. 그러나 그것은 자식의 노력이나 바람만으로 이루어지지는 않는다. 자신의 행복을 위해서라면 스스로 부모와 가를 수 있어야 하는 것이 현명하고 독립적인 자식의 태도이다. 부모와 가르기 위해서 꼭 부모의 집을 나올 필요는 없다. 부모의 법칙과 소망에 대해 심리적 거리를 두고 자신의 독자적 영역을 점차 넓혀 나가려는 태도 역시 가르기 태도라고 할 수 있다. 또한, 부모의 보살핌이 더 이상 필요하지 않게 된 시기에 여전히 정신적 독립을 이루지 못하고 있는 미성숙한 이들 역시 자신의 성장과 발전을 위해 부모가르기라는 삶의 과업을 이루어야 한다. 이런 의미에서 부모가르기서사는 독립을 추구하는 혹은 독립을 해야만 하는 자녀들의 행복을 찾는 서사라 할 수 있다.

부모밀치기서사: 〈해와 달이 된 오누이〉[8]

〈해와 달이 된 오누이〉는 『한국구비문학대계』에 48편 가량 있는데, 그 줄거리는 다음과 같다.

> 한 어머니가 오누이를 집에 두고 일하러 갔다가 떡을 얻어 집으로 돌아오는 길에 호랑이와 마주치게 되었다. 호랑이는 처음에는 떡을 하나씩 달라고 하더니 떡을 다 먹어치우고는 어머니도 잡아먹었다. 호랑이는 어머니 옷을 입고 집으로 가서는 오누이에게 엄마 왔다며 문을 열어 달라고 하였다. 오누이는 호랑이가 어머니인 줄 알고 문을 열어 주었다가 젖먹이 동생을 잡아먹는 것을 보고는 밖으로 도망쳐 나무 위로 올라갔다. 호랑이가 나무 위까지 따라서 오는 것을 보고 하늘에 기도하니 동아줄이 내려왔다. 오누이는 동아줄을 타고 하늘로 올라가 해와 달이 되었다.

다음은 각편 중 대표적인 작품을 사건 중심으로 요약한 것이다.[9]

(1) 한 어머니가 자식들을 먹여 살리기 위해 삼남매를 두고 무명을 매러 갔다.
(2) 사나흘을 무명을 매고 메밀묵을 얻어 함지에 담아 고개를 넘는데 갑자기 호랑이가 나타나더니 메밀묵을 달라고 위협을 하였다. 이에 메밀묵을 주니 호랑이는 함지까지 다 뺏고 어머니의 팔, 다리까지 잘라먹더니 결국 머리만 남아 데굴데굴 굴려 버렸다.
(3) 어머니의 옷을 뺏어 입은 호랑이가 밤에 집에 도착하여 문을 열라고 하니 방안에 있던 아이들이 엄마 목소리가 아니라며 문을 열어 주지 않았다.
(4) 호랑이는 사흘간 무명을 매느라 목소리가 변했다며 문을 열라고 하자 아이들은 문구멍으로 손을 넣어 보라고 하였다. 호랑이가 손을 집어넣으니

까만 털이 있는 것을 본 아이들은 엄마의 손이 아니라며 문을 열어 주지 않았고 호랑이는 손이 까만 건 무명을 매다 보니 풀 딱지가 앉아서 그런 것이라며 문을 열어 달라고 하였다. 의심은 됐지만 엄마가 맞다고 생각한 아이들은 결국 문을 열어 주었다.

(5) 방에 들어가니 갓난아이는 윗방에 있고 남매 둘은 안방에 있었는데 호랑이는 우선 갓난아이를 잡아먹으려고 윗방으로 가서 해코지를 하였다.

(6) 동생이 우는 소리가 들리자 남매는 동생이 왜 우느냐고 물으니 오랜만에 보니 귀여워 손가락을 깨물었더니 운다고 하였다.

(7) 아무래도 이상하다 싶은 남매는 도망칠 생각으로 똥이 마려워 밖에 나간다고 하자 호랑이는 도망칠까봐 그냥 윗목에다 누라고 하였다. 이에 남매가 윗목에 누면 아버지한테 혼난다고 하여 할 수 없이 호랑이가 문을 열어 주었다.

(8) 밖으로 나간 남매는 우물 근처에 있는 큰 고목나무에 올라가 숨었는데, 잠시 후 어머니로 변장했던 호랑이가 갓난아이를 잡아먹고 남매를 잡아먹으려고 밖으로 나와 찾는 것이었다.

(9) 고목나무 위에 올라간 남매의 모습이 우물에 비친 것을 본 호랑이는 남매에게 나무 위로 어떻게 올라갔느냐고 물어보니 오빠는 아랫집에 가서 기름을 얻어다가 몸에 바르고 올라왔다고 하였다.

(10) 호랑이가 오빠의 말대로 기름을 바르니 계속 미끄러졌고 그 모습을 본 여동생이 나무를 찍고 올라온 사실을 말해 버렸다. 이에 호랑이가 남매를 잡아먹으려고 나무 위로 성큼성큼 올라오자 남매는 하나님께 빌면서 "저희들을 살리시려면 새 동아줄을 내려 주시고, 죽이시려면 헌 동아줄을 내려 주세요."라고 하였다.

(11) 하나님은 불쌍한 남매를 살려 주려고 새 동아줄을 내려줘서 남매는 무사히 살았는데, 호랑이는 헌 동아줄 반 동강과 새 동아줄 반 동강을 내려 줘서 반쯤 줄을 타고 올라가다 갑자기 뚝 끊어지는 바람에 수수밭에 똥구멍을 찔려서 죽었다.

(12) 여동생은 달이 되고 오빠는 해가 되었는데 여동생은 밤에 다니기가 무섭다며 오빠에게 바꿔 달라고 하여 여동생이 해가 되고 오빠가 달이 되었다.

(13) 지금 우리가 해를 똑바로 쳐다보지 못하는 것은 해가 된 여동생이 사람들이 자신을 쳐다보는 것이 부끄러워 바늘로 사람 눈을 콕콕 찔러서 그렇다.

부모밀치기서사를 대표하는 이 설화는 지금까지 믿고 따르던 부모가 사실은 부모가 아닐 수도 있다는 의구심이 주조를 이룬다. 부모는 무조건적으로 자식을 위하고 자식이 성공하기를 바라는 존재인 듯하지만, 때론 자식의 독립을 방해하고 걸림돌이 되는 존재가 될 수도 있음을 보여주는 서사이다.

삼남매를 먹여 살리기 위해 고개를 넘고 넘어 멀리까지 품팔이를 나가는 희생적인 어머니가 집으로 돌아오는 길에 호랑이와 마주치게 된다. 호랑이는 아이들을 위해 챙겨운 음식을 빼앗아 먹고, 어머니의 옷가지를 빼앗고, 급기야 팔, 다리까지 먹어치운 뒤 어머니의 옷을 차려입고 삼남매가 살고 있는 오두막을 찾아간다. 아이들은 어머니 옷을 빼앗아 입었지만 굵직한 호랑이의 목소리를 듣고는 진짜 엄마가 맞는가에 대해 의구심을 갖는다. 그러나 엄마를 빨리 보고픈 마음이 너무 컸던 탓일까, 까만 털까지 나있는 거친 손을 만져 보고 의심을 하면서도 오누이는 문을 열어 주고 만다.

집안으로 들어온 호랑이는 갓난아이에게 젖을 준다며 부엌으로 데리고 갔고, 아이들은 호랑이가 젖먹이 동생의 손가락을 '오도독'하고 깨물어 먹는 소리를 듣고는 자신들이 믿고 따르던 어머니가 호랑이로 변할 수 있다는 의혹이 진실임을 확신하게 된다. 부모와의 관계를 원만하게 유지하기 위해서는 세상의 법칙에 순응을 하는 것이 필요하지만, 나를 해칠 수 있는 존재라는 의혹이 든다면 일단은 벗어나 그 자리를 피하는 것이 상책이다. 젖먹이 동생처럼 잡아먹히지 않으려면 말이다.

부모와 자식의 관계는 하늘도 떼어낼 수 없는 천륜이라 하지만, 성장한 후에는 부모로부터 독립하는 것이 건강한 삶의 이치라는 점을 생각해 보면 부모라는 존재에 대해 의혹을 갖고 벗어나고자 하는 마음을 갖는 것이 반드시 부정적인 것만은 아니다. 더군다나 부모가 불완전하고 미성숙하여 자식의 성장을 저해하고 있다면 더욱 그러하다. 호랑이가 자애로운 엄마가 아닌 위험한 존재임을 확인한 오누이는 '똥이 마렵다'는 핑계를 대며 집 밖으로 나가 엄마로부터 벗어나려 한다.

이 이야기의 중요성은 아이들이 부모로부터 독립하는 과정을 담고 있다는 데에 있다. 어머니가 자신들을 잡아먹는 호랑이로 바뀔 수 있다는 의구심을 품었다가 방심과 실수로 갓난아기가 잡아먹히는 것을 보고는 필사적으로 그녀의 손아귀에서 벗어나 해와 달이 된다. 해가 되고 달이 되어 낮과 밤을 밝히는 존재가 되었다는 결말은 이 서사가 부모의 말을 무조건적으로 따르기보다는 자신들만의 판단으로 확인하여 점검하고, 결국 부모로부터 독립하기까지의 과정을 담고 있음을 보여주는 것이라 할 수 있다.

이러한 오누이의 주요 관심은 모진 '세상'과 엄숙한 '법칙'이고, 부모라 할 수 있는 호랑이에 대한 시선은 '의혹'으로 가득 차 있다. 그래서 오누이는 곧바로 문을 열어 주지 않고 이런 저런 시험을 한 것이다. 그리고 의혹이 진실로 밝혀지자, 독립적인 주체로서 해와 달이 되는 영광을 얻을 수 있었다. 이 설화는 아무리 친부모라도 그에 대한 의심과 의혹이 진실임이 밝혀졌을 때, 단호히 부모로부터 떠나가는 자식만이 성공하는 것을 보여주는 이야기라 할 수 있다. 그러나 새로운 '아버지'라 할 수 있는 하나님의 도움으로 동아줄을 타고 올라가 해와 달이 된다는 점을 볼 때 오누이는 여전히 기존 가치를 '추구'하는 태도가 역력하다.

부모되찾기서사: 〈내 복에 산다〉[10]

〈내 복에 산다〉는 『한국구비문학대계』에 33편 가량 있는데, 그 줄거리는 다음과 같다.

> 어느 부잣집에 딸 셋이 있었다. 하루는 아버지가 세 딸에게 누구 덕으로 잘 먹고사느냐고 물었다. 첫째 딸과 둘째 딸은 부모님 덕에 먹고산다고 대답했다. 그러나 셋째 딸은 내 복에 먹고산다고 대답했다. 그러자 아버지는 화를 내며 셋째 딸을 내쫓았다. 셋째 딸은 집에서 나가 숯장수를 만나 함께 살다가 숯가마에서 생금덩이를 발견하여 큰 부자가 되었다. 시간이 흘러 셋째 딸은 거지가 되었을 부모를 생각하다가, 하인을 시켜 대문을 여닫을 때마다 자신의 이름이 들리도록 만들어 달라고 했다. 그러던 어느 날 어떤 거지 내외가 문을 여닫는 소리를 들으며 울고 있었고, 그들이 부모임을 알아차린 셋째 딸이 달려가 맞이하였다. 그 후로 셋째 딸은 부모를 모시고 잘 살았다.

다음은 각편 중 대표적인 작품을 사건 중심으로 요약한 것이다.[11]

(1) 어떤 사람이 세 딸들을 불러 누구 덕에 이렇게 잘 사는지 물었다.
(2) 첫째 딸과 둘째 딸은 아버지 덕에 잘 산다고 하였다.
(3) 그런데 막내딸은 자기 덕에 먹고산다고 하였다.
(4) 그 말을 듣고 화가 난 아버지는 막내딸을 쫓아냈다.
(5) 막내딸은 산속을 헤매다가 숯 굽는 총각과 그의 어머니가 가난하게 사는 오두막에 머물렀는데, 그 뒤로 그 집에서 며느리 노릇을 하며 살았다.
(6) 하루는 막내딸이 남편이 일을 하는 곳에 구경을 갔다. 그런데 그곳에 있는 구들이 모두 금으로 되어 있는 것이었다.

(7) 그것을 알아본 막내딸은 남편에게 이제 숯 굽지 말고 구들을 뽑아서 팔아 오라고 했다. 남편은 처음에 그 말을 듣고 충격을 받았지만 부자가 될 것이라는 막내딸의 말에 구들을 들고 나갔다.

(8) 남편이 돌을 들고 시장에 앉아 있으니까 어떤 사람이 와서 그 돌을 시세에 맞춰서 몽땅 사갔다.

(9) 그래서 막내딸과 남편은 부자가 되어 기와집을 지었다. 그러던 어느 날 막내딸은 대문이 열리고 닫힐 때마다 "복남아" 하는 소리가 나도록 만들었다. 막내딸의 이름이 복남이었던 것이다.

(10) 한편, 막내딸의 부모는 딸을 쫓아낸 이후로 점점 가난해지더니 완전히 망해서 결국 거지가 되고 말았다.

(11) 막내딸의 부모는 이미 시집간 두 딸에게 기대지도 못하고 구걸을 하며 돌아다니다가 막내딸의 집에 들르게 되었다.

(12) 부모가 동냥을 얻으려고 대문을 밀었더니 "복남아" 하는 소리가 들리는 것이었다. 그러자 부모는 쫓아냈던 딸 생각에 그 문을 계속 여닫으면서 대성통곡을 하였다.

(13) 그 모습을 본 막내딸의 남편이 막내딸에게 말하자, 막내딸은 달려 나가서 부모를 부둥켜안고 함께 울었다.

(14) 그 후로 막내딸은 부모를 극진히 모시며 잘 살았다.

부모되찾기서사를 대표하는 이 설화는 부모가 아무리 자식을 서운하게 할지라도, 자식은 갚아야 할 은공이 있기에 원망과 의구심을 넘어서 관계를 회복해야 한다는 내용이 주를 이룬다. 사람이 나이가 들어 결혼을 하고 부모가 된다고 해도 그러한 세월의 흐름에 비례하여 저절로 성숙해지고 인품이 갖추어지는 것은 아니다. 만일 미성숙한 부모의 자식으로 태어났다면 어떻게 해야 할까. 이 작품은 미성숙한 아버지의 잘못된 판단으로 집에서 쫓겨난 딸이 남자를 만나 결혼을 하고 그 사이 거지가 되어 떠도는 부모를 되찾아 감싸 안기까지의 과정을 보여주는 서사이다.

이 이야기는 세 명의 딸을 기르고 있던 아버지가 다 큰 자식들을 불러 놓고 어리석은 문답놀이를 통해 자신의 허영심을 채우고자 하는 것으로 시작한다. 첫째 딸과 둘째 딸은 '누구 덕에 이렇게 잘 사니?'라는 아버지의 질문에 '아버지 덕에 잘 산다'고 대답하며 스스로 부모님의 부속품임을 자처한다. 그러나 같은 질문을 받은 셋째 딸이 '내 복에 잘 산다'고 대답하자 아버지는 배은망덕하다며 집에서 내쫓아 버린다.

자녀가 성장하고 나면 독립하는 것이 자연스러운 과정이건만, 자식을 소유물처럼 여기는 아버지의 입장에서는 내 복에 산다는 딸의 발언이 한없이 원망스럽게만 들렸을 것이다. 물론 부모의 입장에서 생각해 보면 애써 길러 놓은 자식이 자기 덕에 산다고 얘기하면 속상한 마음이 들 수도 있다. 그러나 이후 셋째 딸을 내쫓고 부모가 거지가 되었다는 점으로 미루어 짐작하건대 그녀는 단순히 독립된 인격체인 것만이 아니라 부모를 뛰어넘는 더 훌륭한 인물임을 알 수 있다. 부모가 부자로 살 수 있었던 것도 사실은 셋째 딸 덕분이었던 것이다.

셋째 딸은 애당초 부모의 도움을 받지 않고도 자신의 삶을 풍요롭게 가꾸어 낼 수 있었던 인물이었기에 가난한 숯구이 총각과 결혼을 하였지만 집안을 크게 일으키게 된다. 무심히 발을 디디던 구들이 금으로 되어 있음을 알아보는 안목이 있었기에 남편을 시켜 구들을 팔아 큰 부자가 된다. 언니들과는 달리 아버지 덕에 기대지 않는 바람에 아버지에게 쫓겨났으나, 숯장수와 살아가면서도 결국 자신의 복을 성취하였던 것이다.

부모와 자식의 관계는 세상 그 어떤 인간관계보다도 원초적이며, 부모의 몸에서 태어난 자식은 부모에게는 분신 이상의 의미를 갖는 존재이다. 이 때문일까. 자식을 보호하기 위함이라는 미명하에 자식을 제 품 안에 가두어 두려는 부모와 그러한 부모 곁을 떠나 자신의 길을 찾아가려는 자식의 갈등은 인류의 보편적인 드라마다.

셋째 딸이 부모에게 쫓겨나 고난을 겪는 것은 지혜를 시험하게 하고 성장하게 하는 통과제의적 의미를 지닌다. 또한 이야기에서 부모가 자식을 집에서 쫓아냈다는 것은, 분신을 버린 것이요, 자기 자신을 버린 것이요, 세상을 살아가는 희망을 버린 것과 다름이 아니다. 그러니 부모는 거지가 되어 방황할 수밖에 없었으리라.

그러나 이야기는 여기에서 끝나지 않는다. 설화에서 보여주고 있는 셋째 딸의 주요 관심은 물론 부조리하고 모순된 아버지로 표상되는 모진 '세상'과 엄숙한 '법칙'이다. 자식의 존엄성을 인정하지 못하는 어리석은 아버지를 대하는 막내딸의 시선에는 '의혹'이 가득하고 결국 등 떠밀려 집을 떠나게 되었다. 그러나 독립하여 성공한 셋째 딸은 열리고 닫힐 때마다 자신의 이름이 울리도록 대문을 만들었고, 어느 날 거지 부부가 그 문을 여닫으며 대성통곡하는 모습을 보게 된다. 쫓아냈던 딸아이의 이름을 듣기 위해 대문을 끊임없이 여닫으며 대성통곡하는 모습을 본 셋째 딸에게 아버지는 더 이상 원망의 대상이 아니었을 것이다. 여닫을 때마다 자신의 이름이 울리는 대문을 세웠을 때부터 이미 자신의 뿌리인 부모를 다시 되찾고자 하는 마음만이 가득했으리라. 통곡하는 부모를 부둥켜안고 함께 울던 셋째 딸은 그 후로 부모를 극진하게 잘 모시며 살아갔다고 전한다.

이처럼 부모되찾기서사인 〈내 복에 산다〉는 부모에 대한 원망과 의구심을 넘어서서 부모와 관계를 회복하기까지의 과정이 주를 이룬다. 셋째 딸은 자신의 덕에 잘 산다는 것을 인정하지 않는 부모와 함께 살지 못하고 떠나게 된다. 그러나 '내 덕에 산다'라는 확신이 있었다면, 내 덕이 없어졌을 때 부모가 망하게 된다는 것도 알고 있었을 것이다. 그럼에도 불구하고 나쁜 부모는 떠날 수 있다고 생각했기 때문에 가르기의 태도로 집을 나오게 된다. 그렇지만 집을 나와 세상을 떠돌아다니며 부모에 대한 그리움이 얼마나 컸을까. 나를 낳아 주고 길러 준 그분들께 서운한 소리를 내뱉고 나왔기에 내면은 더욱 삭막하지 않았을까.

특히 결혼을 하고 가정을 꾸리면서 셋째 딸은 세상의 법칙은 하나가 아님을 깨닫게 되었을 것이다. 부모와 자식이 일방적인 관계가 아니라, 어느 순간에는 '내 덕에 잘 산다'고 말하는 내가 양육자의 입장에서 부모를 도와주어야 할 입장이 되어야 한다는 새로운 법칙을 깨닫게 된 것이다. 내가 부모의 자리에 설 수 있다는 것은 내가 알고 있었던 이전의 법칙을 '초극'하지만, 이처럼 상위의 법칙에 도달하기 위해 셋째 딸은 부모와 단절하고, 부모가 망하는 것도 지켜보아야 했던 것이리라. 그리고 자식이 부모의 양육자가 될 수도 있다는 새로운 법칙을 세상에 구현하기 위해서 일부러 소리나는 문을 만들어 놓고, 부모가 자신을 찾아오게 만들어 그들을 다시 감싸 안을 수 있게 되었으므로 되찾기서사라 할 수 있다.

부모감싸기서사:
〈효불효 다리〉[12]

〈효불효 다리〉는 『한국구비문학대계』에 29편 가량 있는데, 그 줄거리는 다음과 같다.

칠형제를 데리고 사는 홀어머니가 있었다. 홀어머니는 너무 외로워 칠형제가 잠이 들면 살그머니 나가서 강 건너 이웃 영감을 만난 뒤 새벽이 되어서야 돌아왔다. 칠형제는 어느 날 우연히 그 사실을 알게 되었다. 아들들이 이 사실을 알고 어머니가 물 건너시는 데 편하시도록 몰래 강물 속에 엎드려 징검다리를 만들었다. 칠형제 덕분에 어머니는 강을 편하게 건너다니며 영감을 계속 만날 수 있었다. 나중에 칠형제는 북두칠성이 되었다.

다음은 각편 중 대표적인 작품을 사건 중심으로 요약한 것이다.[13]

(1) 어떤 홀어머니가 칠 형제를 데리고 살고 있었다.
(2) 어머니가 너무 외로워서 밤마다 물 건너 사는 영감을 몰래 만나러 다녔다.
(3) 아들들이 그것을 알고, 어머니가 물을 건너실 때 편하게 건너시라고 물속에 엎드려 자신들 등으로 징검다리를 만들었다.
(4) 하루는 넷째 아들이, "아, 이 어머니가 좋은 출입도 아닌데 뭐이 추운데 우리가 이렇게 얼음에 엎드려서 다리를 놓느냐 그만 두자."고 하였다.
(5) 형님이, "그러는 게 아니다. 효자는 어머니가 아버지나 괴로움 없이 좋아하시는 일은 그저 하시도록 앞으로 인도해 드려야지, 그게 효자지. 어머니 그런 걸음 하신다구 니가 그러면 넌 불효다. 그러니까 그러지 말라."고 하였다.
(6) 나중에 칠 형제가 별이 되었는데, 넷째 아들은 그 때 그런 소리를 한 벌을 받아 다른 별보다 크기가 작았다.

부모감싸기서사를 대표하는 이 설화는 부모도 인간이기에 약점이 있을 수 있으며, 그러한 약점을 감싸고 덮어 주어야 진정한 효도에 이를 수 있다는 내용이 주조를 이룬다. 세상 대부분의 부모는 자식들에게 존경과 사랑을 받을 수 있는 모범적인 삶을 살아가고 싶은 소망을 갖고 있을 것이다. 그러나 만일 나의 부모가 욕망과 규범이 충돌하는 상황에서 유혹을 떨치지 못하고 욕망을 제어하지 못하여 규범을 어긴다면, 자녀의 입장에서 이러한 부모를 어떠한 방식으로 대해야 할까? 〈효불효 다리〉에서는 이러한 상황에 놓인 자녀가 부모의 허물을 감싸고 진정한 효도에 이르는 모습을 보여준다.

이 이야기는 공통적으로 일곱 명의 아들이 모시고 사는 홀어머니가 외로움을 달래기 위해 밤마다 물 건너에 사는 영감을 만나러 간다는 것으로 시작된다. 이 중 절반 이상의 각편에서는 형제들이 이 사실을 눈치채고 어머니가 편안하게 영감을 만날 수 있도록 배려하기 위해 다리를 놓아 드리고 홀아비와 혼인시켰다는 것, 그리고 이러한 아들의 효를 기리기 위해 사람들이 비석이나 다리를 세워 주었다는 이야기로 되어 있다.

그런데 과거의 시대적 배경을 생각해 본다면 자식의 입장에서 홀어머니가 다른 남자를 만나는 것은 사실 매우 심각한 문제 상황이다. 조선시대에는 재혼한 여성의 자식들은 과거에 응시하는 것을 제한 당하기도 했고, 과부의 재혼이 아예 금지된 시대도 있었다. 그러니까 재혼을 한 과부의 자식들은 따가운 시선을 피하기 힘들었고 치명적인 불이익을 당할 수도 있는 입장이었다. 그 때문에 각편에 따라서는 자식들이 다리를 놓은 것을 알게 된 어머니가 다시는 홀아비 집에 가지 않았다거나 목숨을 끊었다는 내용으로 흘러가는 경우도 있다. 자식들이 어머니를 위하여 다리를 놓았다는 사실을 알고 홀아비 집에 다시는 가지 않았다는 것은 어머니가 스스로 자신의 행동을 부끄럽게 여기는 마음 때문이었을 것이다. 자살한 것으로 끝나는 이야기 역시 자식들이 의도한 것은 아니었지만 결과적으로는 어머니를 벌하는 방향으로 흘러갔다는 점에서, 어머니의 행동은 응징 받아 마땅하다는 생각이 내재되어 있다고 볼 수 있을 것이다.

위에 제시한 이야기에서도 어머니를 위해 다리를 놓자는 제안에 대해 넷째 아들은 이의를 제기한다. '어머니가 좋은 출입을 하는 것도 아닌데 뭐가 좋다고 엎드려 다리를 놓느냐'는 것이다. 어머니가 이성을 만나러 가는 것에 대한 노골적인 거부감을 드러내는 것이다. 그러나 이 서사에서 주목할 만한 부분은 이렇게 이의를 제기한 아들은 벌을 받아 나중에 별이 되어서도 다른 별들보다 작은 별 혹은 흐린 별이 되었다고 하여 그 행동이 옳지 않음을 분명하게 명시하였다는 것이다.

부모와 자식 관계를 원만히 유지하기 위해서는 부모로 표상되는 세상의 법칙에 잘 순응하는 것이 필요하다. 어린 시절에는 많은 이들이 어머니와 아버지의 사랑을 이상화하며 성장한다. '어머니'는 한없이 따뜻한 사랑으로 나를 감싸 주는 존재이고, '아버지'는 언제나 든든함으로 나를 지켜 주는 존재이다. 그러나 머리가 조금 굵어지고 나면 부모가 완벽하지 않다는 것을 알게 되는 순간이 온다. 나아가 내가 그토록 사랑하는 부모 역시 불완전한 존재라는 불편한 진실을 알게 될 수도 있다.

그러나 부모감싸기서사는 부모 역시 다른 사람들과 마찬가지로 약점이 있을 수 있으며, 그러한 결점마저 감싸고 덮어 줄 때 진정한 효도, 진정한 순응에 이를 수 있다고 본다. 『맹자』에 다음과 같은 일화가 나온다. 어느 날 제자 도응이 "순임금의 아버지인 고수가 사람을 죽였다면, 순임금은 어떻게 했을까요?"라고 묻자, 맹자는 "순임금은 천하를 버리는 것을 떨어진 짚신 버리는 것같이 보셔서, 몰래 아버지를 등에 업고 도망하여 바닷가에 살면서 죽을 때까지 흔쾌히 즐거워하면서 천하를 잊으셨을 것이다."고 대답한 내용이 있다. 이 역시 전형적인 부모감싸기서사라 볼 수 있을 것이다.

〈효불효 다리〉는 자식들이 기존 가치를 '초극'하여 어머니와의 관계 속에서 허물을 온전히 감싸는 태도를 보인다는 점에서 감싸기서사라 할 수 있다. 자식으로서 부모의 못난 모습까지 부모의 일부로 인정하고, 피양육자인 자식의 입장이 아니라 양육자인 부모의 입장에서 부모의 소망을 들어주고 부모를 보살펴 주려 한다는 점에서 성숙한 자식의 모습이 아닐까 한다.

이성가르기서사:
〈역적 누명과 회초리〉[14]

〈역적 누명과 회초리〉는 『한국구비문학대계』에 3편 가량 있는데, 그 줄거리는 다음과 같다.

> 한 선비가 종일 글을 읽었는데 앞집 처녀가 선비의 글 읽는 소리에 반해서 남몰래 찾아왔다. 선비는 처녀에게 회초리를 가져오라고 하여 처녀의 종아리를 때렸다. 처녀는 종아리를 맞고 그냥 돌아갔다. 그 뒤 처녀는 다른 남자에게 시집을 가서 아들 삼형제를 낳았는데 모두 큰 벼슬을 하였다. 선비가 벼슬을 하다가 역적으로 몰려 죽게 되었다. 그 소식을 들은 삼형제의 어머니가 처녀 때 종아리 맞았던 이야기를 하며 그 선비는 절대 그럴 사람이 아니라고 하였다. 삼형제의 적극적인 변호로 선비는 무사할 수 있었다.

다음은 각편 중 대표적인 작품을 사건 중심으로 요약한 것이다.[15]

(1) 모재 선생 김안국이 태어난 곳은 서울 안국동이었다.
(2) 김안국이 스물한 살 때 별당에서 공부를 했는데, 그때 옆집에는 이대감의 딸인 이봉녀라는 처녀가 살고 있었다.
(3) 열아홉 살이 된 이봉녀는 김안국의 글 읽는 소리를 듣고 반하게 되었다.
(4) 하루는 이봉녀가 김안국의 얼굴을 보기 위해 감나무에 올라갔다가 그만 김안국네 뒤뜰로 떨어지고 말았다. 이봉녀는 차마 방 안으로는 들어갈 수가 없어 밖에 서서 김안국의 글 읽는 모습을 보고 있었다.
(5) 김안국이 소변을 보려고 뒤뜰로 나왔다가 이봉녀를 보게 되었다. 김안국은 이봉녀에게 돌아가라고 했지만 말을 듣지 않자 회초리 세 개를 만들어 오라고 하여 방으로 데리고 들어갔다. 그리고는 종아리를 걷으라고 하여 피가 나도록 종아리를 때렸다. 김안국이 이봉녀에게 사심을 못 버리겠느냐고 하니 이봉녀는 계속 못 버리겠다고 하였다. 회초리가 세 개째 부러지고 나니 이봉녀가 그제야 사심을 버리겠다고 했다.
(6) 김안국은 담을 넘어가는 이봉녀를 도와주며 더 좋은 사람을 만나라고 했다. 김안국은 이미 결혼을 하여 대감의 딸인 이봉녀가 자신에게 시집을 와도 부실밖에 못 되기 때문에 그런 것이었다.
(7) 이봉녀는 다른 곳으로 시집을 가서 아들 둘을 낳았고, 두 아들은 벼슬에 올라 사간부와 사간헌에서 일하였다.
(8) 세월이 흐른 어느 날, 이봉녀는 두 아들이 역모에 말려들게 된 김안국에 대해서 이야기하는 것을 듣게 되었다.
(9) 이봉녀는 김안국은 훌륭한 사람이니 역모를 꾀할 리 없다고 했다. 아들들이 어떻게 그렇게 잘 아느냐고 물었다. 이봉녀는 처녀 때 김안국에게 반하여 그 집의 담을 넘어간 적이 있었다고 말했다. 만약 그때 김안국의 첩이 되었다면 너희 같은 아들들을 둘 수 없었을 것이라고 했다.
(10) 이봉녀의 두 아들은 나라님에게 김안국이 어떤 사람인지에 대해 말씀을 올렸다. 그리하여 김안국은 광주로 귀양만 갔다가 다시 풀려나 영의정까지 오르게 되었다.
(11) 지금의 안국동이라는 이름은 모재 김안국 선생의 이름에서 비롯된 것이다.

이 설화는 과거 김안국과 이봉녀의 만남부터 시작해, 두 아들을 둔 어머니가 된 이봉녀의 이야기로 이어진다. 처녀 시절, 이봉녀는 김안국의 글 읽는 소리에 반해 김안국네 뒤뜰에까지 들어가게 되었다. 그런데 설레는 맘으로 서 있던 이봉녀와 달리 김안국은 매우 냉정했다. 어찌 보면 잘 달래거나 한번은 서로에 대해서 알아볼 법도 한데, 김안국은 너무 단호하게 상대를 꾸짖고 있다. 심지어 사사로운 마음을 없애겠다며, 자신을 보러 온 여인의 종아리를 치기까지 했다. 물론 김안국이 여인을 돌려보낸 이유는 이미 혼인한 몸이기 때문이며, 또한 여인이 제대로 된 집안의 정실부인이 되어야 한다는 생각에서였다. 이때 이봉녀의 마음은 어땠을까. 그것이 분함에 의한 것인지 깨달음에 의한 것이었는지는 알 수 없으나, 그 뒤로 이봉녀는 김안국을 잊고서 새 출발을 하게 되었다.

여기서 과연 김안국은 그 뒤에도 이와 같은 완고한 태도를 유지했을까. 따로 나오지는 않지만, 짐작컨대 이후에 또 다른 여인이 사모하는 마음으로 찾아온들 달라지지는 않았을 것이다. 이는 김안국이 이성을 대함에 있어, 지켜야 하는 법칙에 대해 강한 '확신'을 가지고 대하고 있기 때문이다.

그런데 그 확신이 본인에게만 나타나는 것은 아닌 모양이다. 세월이 어느 정도 지나, 이봉녀는 아들 두 명을 훌륭히 성장시킨 어머니가 되었다. 그런데 어느 날, 그녀는 자신이 한때 사모했던 김안국이 역모에 휘말려 곤란한 상황임을 듣게 되었다. 그러자 이봉녀는 선뜻 김안국은 역모를 일으킬 사람이 아님을 변호하고 나섰다. 놀라는 두 아들에게 자신의 과거를 밝히는 일은 아무것도 아니라는 듯, 이봉녀는 김안국과의 인연을 털어놓았다.

사실 여기서 그녀는 짧게라도 고민을 했는지도 모른다. 어머니인 이봉녀가 자식들에게 한 남자를 연모한 여인네의 모습을 내보이는 것은 그리 간단하지 않을 수 있기 때문이다. 아버지 이외의 다른 남자를 언급하고, 심지어 연애도 한번 못해 보고 퇴짜를 맞은 이야기를 꺼낸다는 것을 자식들이 어떻게 받아들일지는 알 수 없는 노릇이다.

그런데 두 아들 역시 어머니의 인품을 닮아서인지, 김안국의 됨됨이에 감탄을 하고, 그를 위해 임금에게 적극적으로 간청하는 모습을 보인다. 아버지 아닌 남자, 그리고 어머니에게 수치심을 안겨 줄 수도 있는 사람인데 이를 복수나 분노의 시선이 아닌 고마움의 시선으로 바라보고 있는 것이다.

만약 김안국이 그때 이봉녀의 마음을 받아들였다면 어땠을까? 김안국 혹은 이봉녀는 행복할 수 있었을까? 적어도 김안국이 역적으로 몰렸을 때, 구해 줄 수 있는 사람은 없었을 것이다.

우리는 단호한 태도, 혹은 상대에 대함에 있어 자신만의 가치를 추구하는 것에 대해 간혹 인색하다거나 고지식하다는 평을 내리기도 한다. 하지만 이 설화를 보면 그렇지 않음을 깨닫게 해 준다. 지금 당장은 상대에게 상처나 수치심을 주는 것 같지만, 먼 미래를 본다면 서로에게 더 좋은 결과로 나타날 수 있기 때문이다. 상대의 유혹을 끊어 낸 김안국도 대단하지만, 이를 앙갚음이 아닌 보은으로 응대한 이봉녀의 태도 또한 배울 점이 많다. 이런 의미에서 이 설화는 때론 이성에 대한 나의 단호한 태도와 기존 가치를 고수해 나가는 이성가르기의 태도가 어떻게 관계를 긍정적으로 이끌어 가는지 보여주는 이야기라 할 수 있다.

이성밀치기서사: 〈여우구슬〉[16]

〈여우구슬〉은 『한국구비문학대계』에 20편 가량 있는데, 그 줄거리는 다음과 같다.

> 한 아이가 서당에 가려고 고개를 넘을 적마다 어떤 처녀가 나타나 입을 맞추면서 구슬을 처녀의 입에서 아이의 입으로 넣었다 뺐다 하다가 도로 제 입에 넣고 사라지곤 했다. 그 뒤로 아이는 몸이 마르고 핏기가 없어졌다. 서당 선생은 처녀가 또 그렇게 하거든 구슬을 삼킨 뒤 먼저 하늘을 보고 다음에 땅을 내려다보면 천문과 지리에 두루 통할 수 있게 될 것이라고 하였다. 아이는 선생 말대로 처녀의 구슬을 빼앗아 삼켰으나, 엎어져 땅을 쳐다보아 지리박사가 되었다. 구슬을 빼앗긴 처녀는 여우로 변해 산으로 들어가 버렸다.

다음은 각편 중 대표적인 작품을 사건 중심으로 요약한 것이다.[17]

(1) 박상의가 어렸을 때 재를 넘어 서당에 다녔다.
(2) 하루는 박상의가 재를 넘는데 느닷없이 아주 예쁜 여자가 나오더니 박상의에게 서당에 가느냐고 물었다. 박상의가 그렇다고 대답하니 여자가 갑자기 달려들어 박상의의 두 귀를 잡고 입을 맞췄다.
(3) 박상의가 서당에 도착했는데, 서당 선생이 박상의의 얼굴을 보니 핏기가 하나도 없는 것이었다. 서당 선생이 무슨 일이 있었냐고 물어보았지만 박상의는 아무 일도 없었다고 했다.
(4) 며칠 동안 박상의가 매일 재를 넘으면서 여자를 만나 입을 맞췄다. 그런데 박상의가 점점 더 핏기가 없어지더니 많이 아프게 되었다.
(5) 서당 선생이 너무 걱정이 돼서 자꾸 무슨 일이냐고 물어보자 박상의가

그제야 사실대로 다 이야기를 했다.

(6) 서당 선생이 박상의에게 내일 여자와 입을 맞출 때 여자가 입에 뭔가를 넣어 주면 그것을 꽉 물고 자신에게 가져오라고 했다.

(7) 그런데 서당 선생이 그 말을 하고 난 다음부터는 여자가 더 이상 박상의에게 나타나지 않았다. 서너 달 동안 여자가 계속 나타나지 않자 박상의와 선생님은 점점 여자에 대해 잊어버렸다.

(8) 박상의가 여자에 대해서 다 잊어버렸는데 느닷없이 여자가 다시 나타나 또 입을 맞추고는 박상의의 입안으로 구슬을 넣었다 뺐다 하였다.

(9) 박상의가 선생님 말이 생각나서 구슬이 자기 입안에 들어왔을 때 꽉 물고 있었다.

(10) 그러자 여자가 "요기다 숨겨가지고 있다."며 박상의의 뺨을 때렸다.

(11) 박상의가 바닥에 팍 엎어지면서 구슬을 삼켜버렸는데, 사실 그것은 백년 묵은 여우의 구슬이었다. 그 구슬을 삼키고 하늘을 먼저 보면 천리를 알 수 있었지만 박상의가 엎어지느라고 땅을 보아서 지리를 알게 되었다.

(12) 서당 선생은 그 구슬을 알고 탐냈던 것이었으나, 박상의가 구슬을 삼켜버리는 바람에 얻지 못했다.

이 설화는 박상의가 여자를 만나는 장면에서부터 시작한다. 다짜고짜 나타난 여자는 박상의에게 입을 맞춘다. 각편에 따라서는 고개 너머 정갈하게 놓여진 여자네 집에 놀러가기도 하고, 풀밭에서 만나 놀다간다고 나온다. 말하자면 박상의는 연애를 하는 셈이다. 그런데 그 과정을 살펴보면 조금은 의아한 느낌이 들게 된다. 분명 둘이 만나는 것은 맞지만, 박상의보다는 여자가 더 적극적으로 박상의를 만나러 오기 때문이다. 물론 여자에게 정신이 팔려 서당에도 가지 않고 밤낮으로 여자를 만나러 간다는 각편도 있지만, 대부분은 수동적으로 관계에 이끌려간다. 그리고 이는 이성과의 접촉에 대한 막연한 두려움 때문이라 할 수도 있겠다.

이 둘의 관계는 서당선생의 등장으로 전환점을 맞는다. 박상의는 어느 날부터 얼굴에 핏기가 사라지고 기력이 떨어지는 듯한 모습을 보이기 시작한다. 이를 알아챈 것은 서당선생이나 가족들, 곧 친밀한 관계를 맺고 있는 주변인물에 의해서이다. 하지만 처음에 박상의는 여자와의 관계에 대해 숨기고 말하지 않았다. 그러다가 지속적으로 몸이 약해지는 바람에, 서당선생의 계속되는 물음에 사실대로 여자와의 관계를 말하게 된다.

그런데 박상의는 왜 그토록 몸상태가 나빠지게 된 것일까. 말하자면 서당에서의 학업과 같은 본인의 과업에 집중하지 못한 것이다. 물론 누군가에게 애정을 쏟는 일, 그 관계를 유지해가는 일은 꽤나 큰 에너지 소모를 요하는 일이기는 하다. 박상의는 그러한 애정의 속성을 제대로 인지하지 못했는지도 모른다. 여자를 만날 때의 설렘에 신났다기보다는 오히려 낯설고 두려웠을 수도 있다. 여자와의 관계에 대한 확신보다는 의혹의 시선이 여자의 존재와 그 만남의 지속성에 의문을 제기하게 만든 것이다.

그래서일까. 서당선생은 여자와의 관계를 끊으라고 권한다. 그래야 박상의가 살 수 있다는 것이다. 여자와의 관계에 막연한 두려움을 가졌던 박상의에게 서당선생의 지지는 매우 큰 힘이 되었다. 결국 박상의는 선생의 말대로 하였고, 그 결과는 가히 놀라웠다. 그동안 입을 맞추던 여자는 여우로 모습을 바꾸더니 그 자리에서 도망가 버렸기 때문이다. 이성에 대한 두려움이 두려움에서 끝난 것이 아니라, 그 실체를 드러내는 데까지 이른 것이다. 이는 애초에 박상의와 서당선생이 가졌던 의문을 해소시켜 주는 지점이다.

놀라운 것은 이것만이 아니다. 여자가 입으로 건네준 구슬을 삼키고 난 뒤, 박상의에게는 능력이 하나 생기게 된다. 구슬을 삼킨 다음에 하는 행동이 무엇이냐에 따라 그 능력치는 달라진다. 하늘을 먼저 보면 천문을 알고, 땅을 먼저 보면 지리에 능통한 사람이 될 수 있던 것이다. 때론 정신력이 좋아져 훌륭한 문장가가 되는가 하면, 여우에게 뺨을 맞아 감탄사를 내뱉는 바람에 소리가 트여 명창이 되었다는 경우도 있다.

그렇다면 구슬에는 어떻게 그러한 대단한 힘이 내포되어 있던 것일까. 아마도 구슬은 여우에게는 아주 중요한 그 무엇을 의미하는 것이었을 것이다. 그리고 그건 여우와 박상의의 관계, 둘 사이의 곡진함을 상징할지도 모른다. 스스럼없이 박상의와 구슬을 넘나들던 여우는 박상의보다도 더 성숙한 단계에 있었을 것이다. 그에 비해 박상의는 상대에 대해 의구심을 갖고 대했다. 그래서 박상의의 입장에서 구슬을 삼켰다는 것은 여우와의 관계에서 생기는 두려움의 실체를 확인한 것이며, 그 순간 둘의 관계는 끝날 수밖에 없었다.

그런데 여기서 한 가지 드는 의문이 있다. 왜 박상의는 하늘을 보지 못해 천문박사가 못 된 것일까. 다른 각편에서도 남자가 구슬을 삼키긴 했어도 애초에 원했던 능력치를 전부 얻지는 못한다. 이는 여자와의 미성숙한 관계를 드러내 주는 것은 아닐까. 사랑의 속성에 대해, 성적인 두려움과 공포가 있는 상태에서, 박상의는 여자와의 인연을 끊는 것이 옳은 선택이었을 것이다. 하지만 매일 구슬을 갖고 놀며 친밀한 관계를 쌓아가려 했던 여자의 입장에서 박상의의 행동은 꽤나 상처로 다가왔을 것이다. 그야말로 배신이기 때문이다. 그로 인해 여우는 사람이 될 수 있던 기회를 박탈당한 것일 수도 있다. 그래서 박상의가 하늘을 못 보고 땅을 보게 된 것은 당연한 응징의 대가일는지도 모른다.

하지만 만약 박상의가 여우와의 만남을 지속했다면 어떻게 되었을까. 마음속에 이미 들어찬 의혹을 떨쳐 내지 않은 채로는 제대로 된 만남을 해 나가기는 어려운 법이다. 언제고 그 의혹은 밖으로 터져 나와 관계를 망가뜨리게 된다. 의혹이 있다면 그에 대한 결단을 내려야만 한다. 여기서 박상의가 내린 결단은 몸이 말라갈 정도로 고민에 들어찬 자신의 마음을 그대로 밀고나간 데 있다. 물론 그 과정에는 스승의 지지가 한몫 더해졌고 말이다.

이 설화는 상대에 대한 의혹이 들어차는 과정에서 어떻게 이를 끊을 수 있는지를 잘 보여준다. 비록 서당선생이라는 조력자가 주변에 있기는 하지만, 이는 그 의혹을 확신으로 바꾸어 주는 보조 인물로 봐도 될 것이다. 결국 관계에서의 선택은 서사의 주체인 박상의 자신의 몫이기 때문이다. 이런 점에서 이 작품은 이성밀치기서사의 성공적인 모습을 잘 보여주는 것이라 하겠다.

이성되찾기서사: 〈여색 멀리하는 신하 깨우친 임금〉[18]

〈여색 멀리하는 신하 깨우친 임금〉은 『한국구비문학대계』에 5편 가량 있는데, 그 줄거리는 다음과 같다.

임금이 밤에 산책을 하다가 한 학사의 방을 들여다보았는데, 한 궁녀가 칼을 앞에 놓고 앉아 자신을 한번 안아 주지 않으면 죽어 버리겠다고 했다. 아무리 달래도 듣지 않자 그 학사는 할 수 없이 궁녀와 밤을 보냈다. 한 젊은 관원이 이 광경을 우연히 보고는 다음날 아침에 임금에게 이르며 엄벌로 다스려야 한다고 하였다. 임금은 젊은 관원을 평안도 어사로 파견하면서, 평안감사에게 편지를 보내 이번 어사에게 여인을 보내 유혹하도록 하였다. 어사가 된 젊은 관원이 평안도에 도착한 날 밤 한 여자가 소복을 입은 채 나타나 지금 당장 모시지 못하면 이대로 죽어 버리겠다고 하였다. 젊은 관원은 할 수 없이 여인과 함께 잠을 잤다. 젊은 관원이 임금에게 여인의 목숨을 살리기 위해서는 어쩔 수 없었다고 하자, 임금은 학사도 똑같은 사정이었다고 하면서 인연을 맺었던 두 여인을 불러 두 사람에게 각각 보내 주었다.

다음은 각편 중 대표적인 작품을 사건 중심으로 요약한 것이다.[19]

(1) 성종이 가을 날 달은 밝고 심심해서 태학관으로 글 구경을 갔다. 그런데 다른 방에는 불이 꺼져 있는데 조위는 방에 불을 밝히고 글을 읽고 있었다.

(2) 조금 지나 한 사람이 조위의 방으로 들어가는데 궁녀였다. 조위는 사람이 들어온 줄도 모르고 글을 읽었다.

(3) 그런데 궁녀가 조위에게 서방님이 그리웠다고 했다. 조위가 나가라며 소리를 쳤지만 궁녀는 칼을 빼들고 자기를 반대하면 자결하겠다고 했다. 그래서 조위가 궁녀를 받아들였다.

(4) 성종은 그 모습을 보고, 사람이 들어와도 모른 것은 공부에 정신이 없었던 것이고, 꽃 같은 각시를 혼낸 것은 정당한 대장부요, 죽일 놈을 살린 재주를 가졌다고 생각하였다.

(5) 다음날 신종학이란 이가 상소를 올려서는 서당에서 글 읽는 놈이 궁녀를 넘보았으니 목을 베라고 했다.

(6) 성종이 못 들은 척하려 했지만 자꾸 떠들면 조위를 죽여야 할 것 같아.

신종학을 평양 수어사로 내려보냈다.

(7) 성종은 신종학을 불러서 평양은 색 고을이니 색을 조심해서 다녀오라고 했다. 한편 성종은 평양감사에게 친히 편지를 보내 신종학이 수어사로 갔으니 수청을 들게 하라고 했다.

(8) 평양 감사는 관장 회의를 해서 고을 마다 수청을 들게 했지만 신종학은 어명을 받들어야 했기에 전혀 관심을 보이지 않았다.

(9) 관장들이 모두 걱정에 빠졌는데 한 기생이 자신이 신 어사의 수청을 들어 보겠다고 나섰다.

(10) 기생은 동원 옆에 집을 사서 단청을 해 두고는 신 어사가 묵자 한정 없이 울기 시작했다.

(11) 신 어사가 이것이 무슨 곡성이냐고 하자 비장은 우리 고을에는 저렇게 우는 것이 재변이라며 어사께서 말리시면 몰라도 우리는 말릴 재주가 없다고 했다.

(12) 신 어사가 기생의 집으로 찾아와 이유를 묻자 기생은 서방님을 잃고 서방님이 그리워서 운다고 했다. 어사가 재가를 하라고 하자 여자는 재가할 뜻은 있으나 서방님 같은 남자가 없어 못 간다고 했다.

(13) 어사가 나 같은 서방이면 어떠냐고 하자, 여자는 몇 번이라도 가겠다고 말하며 눈물을 그쳤다.

(14) 어사는 자신의 임무를 말하고 고을 몇 군데를 더 돌아보고 데리고 갈 것이라고 하자, 기생은 지금 당장 데려가지 않으면 목을 찔러 죽어 버리겠다고 했다.

(15) 어사는 기생을 죽지 않게 하려고 그 날 저녁에 함께 묵었다. 그러자 비장들은 신 어사의 모든 행동거지를 기록해서 임금에게 보고를 했다.

(16) 임금은 기생을 서울로 불러 들였고, 신종학은 일을 마치고 기생을 찾아갔지만 간 곳을 알 수 없자 혼자 서울로 돌아왔다.

(17) 신종학은 성종에게 나아가자, 성종이 호령을 했는데 신종학은 모르는 척했다.

(18) 성종이 그 기생을 내놓으며 이 자는 어떤 사람이냐고 물었다. 신종학은

자초지종을 말하며 목숨을 살리려고 그랬다고 했다.

(19) 성종은 조위도 신종학과 같은 이유였다며 조위와 신종학을 모두를 살려 주었다.

이 설화에는 왕인 성종, 조위와 신종학이라는 두 명의 신하가 등장한다. 어느 가을 밤 태학관에 가게 된 성종은 늦게까지 불을 켠 채 공부 중인 조위를 보게 된다. 그리고 한 명의 궁녀가 조위의 방에 들어가는 것 또한 목격한다. 처음엔 인기척을 느끼지 못했던 조위가 이내 궁녀를 발견하고 나무랐지만, 결국 자신을 받아들이지 않으면 죽겠다고 말하는 궁녀의 모습에 그녀를 받아들였다.

그런데 다음날 신종학이라는 신하가 이를 문제 삼고 나섰다. 학업과 궁 안의 일에 집중해야 할 선비가 색色에 빠졌다고 본 것이다. 다른 각편에서도 신종학은 어찌 신하가 여색에 빠지느냐며 정색을 하는 등 여자를 가까이 하는 것은 곧 마음을 미혹시키는 일이라 단정 짓고 있다. 때문에 동료가 간밤에 숙소에 여자를 들이고, 게다가 왕의 여자인 궁녀를 취했다는 것은 있어서는 안 될 일인 것이다.

엄숙한 규율을 따르는 궁궐이기에 신종학의 입장 또한 지지할 만하다. 하지만 성종은 이 사태에 대해 달리 이해했으며, 신종학과는 다른 판단을 내렸다. 간밤에 성종은 조위에게 세 가지의 모습을 발견했기 때문이다. 인기척이 있어도 모를 정도로 학문에 정진하는 모습 하나, 밤늦게 찾아온 여인에게 호령을 하며 내치려 하는 모습 하나, 죽으려 하는 여인을 살리기 위해 기존의 관습 내지 윤리를 벗어던지는 모습 하나. 그래서 성종은 조위의 됨됨이를 높이 평가하고 있던 것이다.

성종은 문제를 해결하기 위해, 신종학을 조위와 유사한 상황에 놓이게 만들 결심을 하였다. 멀리 어사로 파견하면서 그 지역의 문제를 해결하라 한 것이다. 특히 색色고을이니 여색을 조심하는 당부와 함께. 그리고 미리 그 지역 수령들과 말을 맞춰 신종학을 곤란한 상황에 맞닥뜨릴 수 있게 지시한다. 맨 처음 고을에서 행한 행동은 기생들을 들여 수청을 들게 한 것이었다. 하지만 예상대로 신종학은 모든 유혹을 냉정하게 뿌리치며 수청을 들지 못하게 한다.

이때 한 기생이 묘안을 생각해 낸다. 신종학의 숙소 근처에 자리를 잡은 여인이 하염없이 곡을 하며 울기 시작한 것이다. 깜짝 놀란 신종학이 여인을 찾아가 연유를 물으니, 여인은 남편을 잃은 과부라 남편이 그리워 운다고 했다. 이어 재가할 만한 재가를 못한다고 덧붙였다. 이 지점에서 신종학은 흔들렸을 것이다. 목놓아 남편을 그리워하며 우는 여인의 모습은 지조가 높은 정숙한 여인으로 비춰질 수 있기 때문이다.

신종학이 그냥 가려고 하자 여인은 자신을 데려가지 않으면 죽겠다고 말한다. 여기서 신종학의 두 번째 흔들림이 있었다. 원래대로 자신의 원리원칙을 따르자면 공무 집행 중에는 여인과 관계를 하면 안되는 것이나, 그렇게 할 경우 이 여인은 곧바로 목숨을 끊었을 것이다. 결국 여인이 짐작한 것처럼 신종학은 여인에게 마음을 열었고, 여인은 하룻밤을 함께 보내는 것으로 신종학의 마음을 확인한다.

고을의 업무를 다 마친 신종학이 다시 여인을 찾아왔을 때, 이미 여인은 한양으로 성종을 만나러 가 있었다. 그리고 성종 앞에서 여인과 다시 마주한 신종학은 여인을 살리기 위한 자신의 판단이었음을 털어놓는다. 하지만 성종은 처음부터 신종학을 꾸짖으려 한 것이 아니었다. 신종학의 그 상황이 조위가 궁녀와 잠자리를 한 상황과 별반 다르지 않음을 알려 주기 위함이었다. 마침내 성종은 조위와 신종학 모두에게 죄를 묻지 않았다. 그리고 각각 그들과 인연을 맺었던 궁녀, 기생과 함께하도록 했다.

이렇게 보면 대단한 인물은 이 모든 것을 계획한 성종이 아닌가 하는 되물음을 할 수도 있다. 물론 성종이 없었다면 신종학이 조위를 이해하게 되는 경험은 하지 못했을 것이다. 하지만 결국 인간관계에서 그것을 어떻게 이끌어 가는지는 신종학의 판단에 의한 것이기에, 상황이 주어진다고 해서 모두 동일한 끝맺음을 가져오는 것은 아니다.

신종학이 과부로 위장한 기생을 받아들이게 된 그 지점은 두 가지의 가치관이 부딪치는 과정에서 일어난 것이다. 궁 안의 질서를 지키지 못한 조위를 보면서 강하게 비난하던 자신의 모습과 여성은 정신을 미혹하게 만드는 존재라는 데에 대한 생각에 '의혹'이 일어나게 된 것이다. 결국 그러한 의혹은 그동안 스스로를 강하게 붙들던 가치관을 넘어서, 사람을 살리기 위해서는 기존 법칙이 무너질 수 있다는 태도로 움직이게 한다. 그리고 다행스럽게도 결과는 신종학도, 조위도, 기생도, 궁녀도 어느 하나 잘못되지 않고 잘되는 방향으로 이끌게 된 것이다. 이런 점에서 이 설화는 이성되찾기서사의 성공적인 모습을 잘 보여주는 것이라 할 수 있다.

이성감싸기서사:
〈여인과 목욕하고 금부처 된 두 남자〉

〈여인과 목욕하고 금부처가 된 남자〉는 『한국구비문학대계』에 2편 가량 있는데, 그 줄거리는 다음과 같다.

두 친구가 수행하여 부처가 되겠다며 산속에서 따로 움막을 짓고 살았다. 어느 날 밤 젊은 여자가 한 친구 움막에 찾아와 하룻밤 자고 가도 되겠느냐고 하였다. 그 남자는 도를 닦는 중이라며 여자를 내보냈다. 여자가 다른 움막에 가서 부탁하자 이 친구는 여자를 들어오게 하였다. 그런데 밤에 갑자기 여자가 배가 아프다고 하더니 아이를 낳았다. 남자가 탯줄을 잘라주고 여자의 몸을 깨끗하게 씻겨 주었더니, 여자는 자기가 목욕한 물에 남자도 목욕을 하라고 하였다. 남자가 목욕을 하고 났더니 여자와 아이는 간 곳이 없고 자신은 금부처가 되어 있었다.

다음은 각편 중 대표적인 작품을 사건 중심으로 요약한 것이다.[20]

(1) 두 남자가 부처가 되겠다며 산중으로 공부를 하러 들어갔다.
(2) 한 남자는 동굴 밑에 들어가고, 다른 남자는 초가집에 들어가 십 년 동안 공부를 했다.
(3) 비가 오는 어느 날, 어떤 여자가 초가집에 있는 남자를 찾아와 하룻밤 자고 가도 되냐고 하자, 남자는 "십년공부 나미아미타불이 된다."면서 거절했다.
(4) 여자가 근처에 인가가 있냐고 묻자, 남자는 친구가 사는 동굴을 일러 주며 그곳에서 쉬라고 했다.
(5) 여자가 동굴에 가자, 동굴에 있는 남자는 여자에게 저녁상도 차려 주고 아랫목에서 따뜻하게 잘 수 있게 해 주었다.
(6) 한밤중, 여자가 배가 아프다고 해서 보니 아이를 낳는 중이었다. 여자가 태를 갈라 달라고 하자, 남자는 태를 갈라 주었다.
(7) 여자가 남자에게 물을 데워 와서 자기를 씻겨 달라고 했다. 남자는 여자의 몸을 깨끗하게 씻기고 나서 옷을 입혀 주었다.
(8) 여자가 자신이 목욕한 물에 남자도 목욕을 하라고 권하자, 남자는 그 나무함지에 들어가서 몸을 씻었다.

(9) 남자가 목욕을 다 하고 나와 보니, 여자와 아이는 간곳없이 사라져 버렸다. 남자가 자기 몸을 들여다보자 그 길로 노란 금부처가 되었다.

(10) 다음날 초가집에 있는 남자가 친구를 보러 갔더니, 금부처가 되어 있었다. 그제야 남자는 '내가 그 여자를 괄시해서 이 사람은 도통하고 나는 도통을 못했구나!' 하고 깨닫게 되었다.

(11) 남자는 도통한 남자의 자손을 불러 댁으로 모셔가게 했다.

이 설화는 앞서 살펴본 〈여색 멀리하는 신하 깨우친 임금〉에서와 같이 두 사람을 대비하여 보여준다. 다른 점이 있다면 성종과 같이 둘 사이를 중재해 줄 권위자가 없다는 것이며, 동일한 여성과 동일한 상황에서 관계를 맺게 된다는 것이다.

보통 이 설화에서 등장하는 두 남자는 친구로 설정된다. 그리고 이들의 목표는 깨달음을 얻어 부처가 되는 데 있다. 이들은 각자 한 명은 초가집, 다른 한 명은 동굴로 처소를 달리하여 들어간다.

비가 내리는 어느 늦은 밤, 한 여인이 초가집에 있는 남자를 찾아왔다. 하룻밤 묵을 수 있는지를 물었는데, 남자는 여인을 단칼에 거절한다. 우선은 낯선 여인이 찾아온 것 자체가 자신의 욕망을 시험에 들기 위한 것이라 본 것이며, 여인을 집에 들이는 순간 그동안의 공부가 무산될 것을 두려워한 것이다. 대신 남자는 자신의 친구가 머무르는 동굴을 알려 준다. 이때 마음 한구석에서는 친구의 경우 여인을 받아들이고 계율을 어겨서 득도를 못할 것이라는 생각이 들어찬 것이리라.

여인은 아무 말 없이 그 자리를 떠난다. 그리고 동굴에 있는 남자를 찾아가서는 똑같이 하룻밤 묵을 수 있는지를 묻는다. 먼젓번의 남자와 달리 동굴에 있는 남자는 여인을 들어오게 한다. 오히려 따스한 잠자리를 제공하여 쉴 수 있게 해 준다. 남자가 여인을 내치지 않고 받아들인 것은 어떤 마음에서였을까. 친구의 염려 내지 소망대로 여인에 대한 욕망이 생겨났기 때문일까. 혹시나 이 과정에서 여인을 들임으로써 계율을 어길 수 있다는 두려움은 들지 않았을까. 다른 각편을 보면 남자는 한밤중에 갈 곳 없는 여인의 사정이 딱하기 때문에 들여보낸다.

그런데 동굴에 들어온 여인은 점차 접촉이 필요한 요구를 건네기 시작한다. 배가 아프다던 여인은 아이를 낳고 있었고, 남자에게 탯줄을 잘라줄 것을 요청한다. 남자가 이를 따르자, 여인은 이제 목욕물을 달라 하여 자신을 씻겨 달라 했다. 이미 남자는 여인의 탯줄을 자르는 과정에서 가장 원초적이며 은밀한 여인의 나체를 보게 되었다. 그런데 이제는 목욕을 시켜 달라고까지 하니, 실로 난감하지 않을 수 없을 것이다. 하지만 남자는 여인을 정성스레 씻겨 주었다.

헌데 여인은 자신이 씻은 목욕물에 남자도 들어와 목욕을 할 것을 권한다. 그야말로 득도를 하겠다는 본인의 상황에는 아랑곳없이 여인의 요구는 계속된 것이다. 남자는 여기에도 따른다. 이미 자신은 부처가 되기는 글렀다고 생각했을 수 있다. 아니 어쩌면, 이러한 두려움이나 아쉬움보다는 여인의 사정이 안쓰럽고 그녀의 요구가 절박하기에 따랐는지도 모르겠다. 그러니까 남자의 마음속에는 상대에 대한 의혹보다는 상대를 살리기 위해서는 기존 관습을 던져야만 가능할 것이라는 강한 확신이 들어선 것이다.

결국 남자가 자신을 둘러싼 여러 규율들을 모두 벗어던지고 여인과 자신의 관계에만 집중하자, 여인과 아이는 사라지고 만다. 그리고 자신은 그토록 원했던 부처의 모습으로 바뀌고 있었다. 다음날 초가집에 살던 남자는 보기 좋게 망가져 있을 친구의 모습을 기대하고 동굴에 찾아온다. 하지만 이게 웬일인가. 자신의 예상은 빗나가고 친구는 자신이 넘볼 수 없는 인물이 되어 있던 것이다. 조금은 허무맹랑한 이야기처럼 보일 수도 있지만, 결국 이 모든 것은 두 명의 남자를 시험하기 위한 하나의 극적인 사건이라 할 수 있다. 한 명은 시험에 통과하지 못한 것이고, 다른 한 명은 순탄하게 통과했다.

이 설화는 『삼국유사』의 〈남백월이성南白月二聖, 노힐부득 달달박박〉에 실려 있는 이야기와 동일한 것이라 할 수 있다. 여기에서 노힐부득은 동굴에 있는 남자로, 달달박박은 초가집에 있는 남자로 비견될 수 있다. 여기에서도 여자를 내치고 다음날 노힐부득을 찾아간 달달박박은 노힐부득이 성불한 모습을 보고 자신의 태도를 탓하게 된다. 그리고 그 깨달음으로 노힐부득의 남은 목욕물에 몸을 씻는다. 그 순간 달달박박 또한 부처로 모습을 바꾸게 된다. 노힐부득과 여자의 사정을, 그 관계를 재인식한 것이며, 이 또한 달달박박에게 깨달음을 주는 메시지로 다가온 것이다. 달달박박은 친구의 위대함과 자신의 무지함을 인정한 것이다. 그러한 인정이 달달박박을 부처로 이끌게 해 준 것이리라.

이처럼 이성감싸기서사는 욕망을 넘어서는 문제를 핵심적으로 다룬다. 생사를 가르고 일분일초를 달리하는 중대한 문제를 지금 맞닥뜨렸을 때, 그때에는 나의 욕망이나 규율을 내세울 수는 없는 것이다. 우선은 상대의 문제를 해결하는 데 애쓰다 보면, 나의 소망이나 기존의 가치를 훌쩍 뛰어넘을 수도 있다. 어쩌면 상대와의 관계를 잘 맺는 것에 집중하는 그 과정이 궁극적으로 자신이 도달하고자 하는 그 길로 가는 지름길일지도 모를 일이다.

배우자가르기서사:
〈옛 지아비가 황천에서 운다〉[21]

〈옛 지아비가 황천에서 운다〉는 『한국구비문학대계』에 32편 가량 전하는데, 그 줄거리는 다음과 같다.

> 한 선비가 과거를 보러 서울로 올라가다가 아름다운 여인이 혼자 살고 있는 집에서 묵게 되었다. 선비는 밤이 깊어지자 여인에게 동침하자고 했다. 여인은 자신이 시 한 구절을 지을 테니 그 뒤에 맞는 구절을 지어 보라고 하면서 "이 밤에 새로운 인연을 맺게 되면"이라고 했다. 선비가 날이 새도 시구를 짓지 못하자 여인에게 맞는 시구를 가르쳐달라고 했다. 여인은 "예전 남편이 저승에서 운다."라고 했다. 그러고 난 뒤 여인과 집은 홀연히 사라졌다. 선비는 과거 길에 어느 정승집 며느리에게 유혹을 당했는데 같은 글귀를 알려 주어 위기를 모면하고 과거에 급제했다.

다음은 각편 중 대표적인 작품을 사건 중심으로 요약한 것이다.[22]

(1) 예전에 한 선비가 서울로 과거를 보러 가는 길에 큰 재를 넘다가 날이 저물었다. 선비는 불빛을 따라 한 집에 들어가게 되었다.
(2) 선비는 그 집으로 들어가 하룻밤 묵어가길 청했다. 집에는 아름다운 여자가 살고 있었는데, 처음에는 단칸방에서 선비와 함께 잘 수 없으니 재워 줄 수 없다고 하다가 선비가 간청하자 방으로 들어오라고 했다.
(3) 잠만 자고 가겠다던 선비는 밤중이 되자 여자에게 동침을 하자고 했다.
(4) 여자는 자기가 짓는 글에 대를 채울 수 있으면 허락하겠다며 "신연결어차야 新緣結於此夜, 이 밤에 새로운 인연을 맺게 되면"라고 했다. 선비는 날이 새도록 생각해도 대를 알 수가 없었다. 선비는 포기하고 여자에게 대가

무엇인지 물었다.

(5) 여자는 "고부곡어황천故夫哭於黃泉, 옛 남편이 황천에서 운다."라고 대를 맞추었다. 선비는 그 말을 듣고 무릎을 치면서 좋은 대구라고 했는데, 날이 새자 여자와 집이 홀연히 사라져 버렸다. 산신이 남자를 시험한 것이었다.

(6) 서울로 올라간 선비는 거처를 정하고 서울 장안 구경을 다니다가 어떤 여자가 글 읽는 소리를 듣게 되었다. 선비는 그 소리를 따라가다가 담을 넘어 어느 기와집으로 들어갔다. 선비는 글 읽는 소리가 나는 방 앞에서 글 읽는 소리를 들으며 가만히 서 있었다. 글을 읽던 여자는 대신가의 과부였는데, 문밖에서 인기척이 나자 문을 열어 보았다.

(7) 여자는 선비가 서 있는 것을 보고 마음이 생겨 선비를 방으로 데리고 들어가 회포를 풀자고 했다. 선비는 과거를 보러 오던 길에 만났던 여자가 떠올라 자기가 지은 글에 대를 맞추면 동침을 하겠다고 했다.

(8) 선비는 "신연결어차야新緣結於此夜, 이 밤에 새로운 인연을 맺게 되면"라고 했는데, 여자는 날이 샐 때까지 대를 채우지 못했다. 여자가 대가 무엇이냐고 물으니, 선비는 "고부곡어황천故夫哭於黃泉, 옛 남편이 황천에서 운다."이라고 대를 채웠다. 선비의 대를 들은 여자는 통곡을 했다.

(9) 사실 과부의 시아버지는 며느리가 혼자되어 있으니 혹시 무슨 일이 생길까 싶어 밤마다 순찰을 돌고 있었다. 시아버지는 선비가 하는 말을 엿듣고 있다가 문을 벌컥 열고 들어갔다. 시아버지는 선비의 글을 다 들었지만 그래도 왜 남의 며느리 방에 왔느냐고 나무랐다. 선비는 장안 구경을 하다가 글 읽는 소리를 듣고 따라온 것이라며 잘못했다고 했다.

(10) 시아버지는 선비를 용서하고 과부 며느리의 마음을 돌려 주어 고맙다고 했다. 시아버지는 과거 시험에 선비가 말한 글을 글제로 내주었고, 선비는 장원급제하여 벼슬을 얻게 되었다.

이 설화는 배우자를 잃은 사람의 마음을, 그리고 그러한 이를 대할 때의 태도를 잘 보여주는 작품이다. 여기에서는 한 명의 선비가 과부가 된 두 명의 여인을 만나는 과정을 그려 내고 있다. 처음 만난 여인을 통해 선비가 호되게 혼쭐이 났다면, 두 번째 만난 여인과의 관계에서는 선비가 되레 그 여인을 혼내고 있다. 선비의 입장이나 위치가 전과 달라진 것이다. 한번 이들의 여정을 짚어 보고자 한다.

선비는 과거를 보러 가는 사람이었다. 가다가 우연히 들른 집에는 어여쁜 여인이 한 명 살고 있었다. 선비에게 아내가 있는지 자식이 있는지는 나오지 않지만, 선비는 여인을 보자 마음이 움직여 하룻밤 인연을 맺고자 했다. 그런데 여인은 선비에게 '신연결어차야新緣結於此夜(이 밤에 새로운 인연을 맺게 되면)'라는 글귀를 내주고는 이에 걸맞은 대구를 찾으면 허락한다는 조건을 걸었다.

차라리 마음에 들지 않으면 화를 내거나 내쫓을 수도 있는데, 허락한다는 것을 보면 싫지만은 않은 모양인 것 같으니 선비로서도 답답했을 것이다. 조건도 조건이지만, 선비는 지금 과거를 보러가는 길이니 그깟 대구를 맞추는 일은 식은 죽 먹기였을 것이다. 아니, 그렇게 생각하고 쉽게 끝나리라 여겼을 것이다.

하지만 밤이 새도록 선비는 그 짝을 맞출 수 없었다. 이제는 여인과 인연을 맺을 마음도 기력도 떨어진 상태에서 선비는 실제의 대구를 듣고는 감탄하게 된다. '고부곡어황천故夫哭於黃泉(옛 남편이 황천에서 운다.)'이라는 글귀. 선비는 현재 자신과 여인의 관계만을 생각하고 있었지, 죽은 옛 남편을 관계 안에 넣지도 않았다. 상대에게 배우자가 있었으며, 그를 잃은 슬픔이 있다는 사실은 까맣게 잊어버린 것이다.

그리고 선비가 이에 탄복하며 깨달음을 얻고 나니, 여인과 하룻밤 묵었던 집조차 사라지고 만다. 선비의 감흥이 아직 사라지지 않은 시점에, 선비는 또 다른 여인을 만나게 된다. 선비가 글 읽는 목소리를 듣고 여인의 집 앞에 갔다가 마주친 경우도 있고, 우연히 상시관上試官

집에 묵은 선비의 글 읽는 소리에 그 집 과부 며느리가 찾아오는 경우도 있다. 어떻든 마음이 먼저 동하는 것은 선비보다는 여인에서였다. 그리고 여인은 선비에게 하룻밤 인연을 맺을 것을 권한다.

선비는 여인과 동침하고 싶은 마음이 들었을 것이다. 만약 선비가 앞서 한 여인을 만나지 않았다면 말이다. 오히려 선비는 여인에게 '신연결어차야新緣結於此夜(이 밤에 새로운 인연을 맺게 되면)'라는 글귀를 내주고는 짝을 지으라 한다. 먼저 만난 여인이 자신에게 했던 것처럼 그런 다음에 허락하겠다고. 결국 지난날의 선비처럼 여인도 대구를 맞추지 못하고, 그에 대한 짝을 선비가 채워 주었다. 이를 들은 여인은 통곡을 한다. 자신의 전남편에 대해 생각지도 못했기 때문이다. 각편에 따라서는 수치스러움에 목을 매 자살하는 경우도 있고, 선비가 직접 회초리를 때리며 반성시키는 경우도 있다.

여기서 이 상황을 지켜보는 제삼의 인물이 꼭 등장한다. 대체로 여인의 시아버지가 홀로 된 며느리가 잘 지내고 있는지를 살피러 오던 중에 엿보게 되는 것이다. 낯선 남자를 죽이기 위해 칼을 빼들려 했다가 감탄하거나, 며느리의 마음을 돌려준 남자에게 고마워하는 등 처음에는 둘의 사이를 의심했다가 오해를 거두곤 한다. 그리고 우연인지 산신의 가르침에 따른 것인지 그 대구는 다음날 과거시험의 글제로 제시되었다. 이미 두 번의 가르침을 몸소 실현한 선비야말로 그 곡절을 알고 나머지 대구를 채울 수 있음은 당연한 일이었다.

그런데 '신연결여차야新緣結於此夜, 고부곡어황천故夫哭於黃泉'이 정말 '기막힌 대구'이며, 장원급제감이라 할 수 있을까. 두 구절을 하나씩 대비해서 살펴보면, 그야말로 곡진한 삶의 내용이 스며들어 있다. 우선 '신연新緣'과 '고부故夫', 여기에는 옛것과 새것이 교차된다. 우리는 새롭게 시작하는 인연이나, 나의 남편은 이미 오래된 옛사람, 옛 인연이 되었다. '결結'과 '곡哭', 한쪽에는 매듭을 묶어 나갈 때 다른 쪽에서는 울음소리가 터져 나온다. 그리고 '차야此夜'와 '황천黃泉', 지금 이 순간, 이 밤에 일어지는 일이 저 멀리 저승에서는 아득하고 아득하다. 눈앞에 있는 인연의 다급한 만큼 닿을 수 없이 멀리 떠나가 버린 인연 또한 소중함을 알지 못한다면, 이 관계는 진해지기가 어려울 것이리라. 그야말로 숨이 턱턱 막히는, 명확한 대구라 할 수 있다.

배우자는 기본적으로 함께 하는 삶을 다짐했던 상대이다. 비록 그 상대가 지금 이 자리에 없다 해도, 그것이 사별이든, 이혼이든 간에 우선은 과거를 함께 한 사람이라는 사실에는 변함이 없다. 이 설화는 기본적으로 부부 사이, 나의 배우자, 혹은 상대의 배우자와의 관계에서 최소한 지켜야 할 가치를 다시 한 번 깨우쳐 준다. 때론 호되게 이를 추구해 나가는 것은 죽을 위기에서 스스로를 구해 낼 수도 있고, 보다 좋은 관계를 형성하는 데 밑거름이 될 수도 있는 법이다.

배우자밀치기서사: 〈호랑이 눈썹〉[23]

〈호랑이 눈썹〉은 『한국구비문학대계』에 9편 가량 있는데, 그 줄거리는 다음과 같다.

한 선비가 과거를 보러 서울로 올라가다가 아름다운 여인이 혼자 살고 있는 집에서 묵게 되었다. 선비는 밤이 깊어지자 여인에게 동침하자고 했다. 여인은 자신이 시 한 구절을 지을 테니 그 뒤에 맞는 구절을 지어 보라고 하면서 "이 밤에 새로운 인연을 맺게 되면"이라고 했다. 선비가 날이 새도 시구를 짓지 못하자 여인에게 맞는 시구를 가르쳐달라고 했다. 여인은 "예전 남편이 저승에서 운다."라고 했다. 그러고 난 뒤 여인과 집은 홀연히 사라졌다. 선비는 과거 길에 어느 정승집 며느리에게 유혹을 당했는데 같은 글귀를 알려 주어 위기를 모면하고 과거에 급제했다.

다음은 각편 중 대표적인 작품을 사건 중심으로 요약한 것이다.[24]

(1) 어떤 가난한 부부가 아무리 열심히 살아도 가난을 면할 수가 없었다. 게다다 아이가 다섯 정도 되고 나니 더 죽을 지경이 되었다. 남자가 매일 같이 나무를 해서 장에 내다 팔고, 여자도 디딜방아 품을 팔았지만 늘 겨우 시래기죽으로 연명하고 살았다.

(2) 가난한 남자는 아무리 열심히 살아도 살림에 희망이 보이지 않자 이렇게 빈곤하게 사느니 차라리 죽는 것이 낫겠다는 생각이 들었다.

(3) 그런데 항간의 소문에 백인재라는 고개가 있는데, 그 고개를 넘으면서 호랑이에게 잡아먹지 않으면 팔자를 고친다는 말이 도는 것이었다. 가난한 남자는 그 소문을 듣고 아내에게 밖에 나가 일을 해 볼 테니 옷이나 한 벌 싸 달라고 하여 백인재로 갔다.

(4) 가난한 남자가 백인재를 찾아갔더니, 사람들이 모여 앉아 백 명이 되어야 재를 넘을 수 있다고 말하는 것이었다. 가난한 남자는 죽기로 마음먹은지라 혼자서 재를 올라갔다. 그런데 재에 올라가니 호랑이가 나타나 사람을 잡아먹어야 하는데 아무것도 없는 것이었다.

(5) 이 남자가 더 올라가다가 보니 어떤 바위 위에 신선 같은 노인이 있었다. 남자는 그 노인이 산신령으로 변한 호랑이여서 자기를 잡아먹을 것이라고

생각하고 바위 위로 올라갔다.

(6) 가난한 남자가 노인의 곁으로 올라갔더니, 노인은 웬 사람이 가던 길이나 가지 올라오느냐고 말했다. 가난한 남자는 이곳에서는 사람이 혼자 올라오면 잡아먹힌다는데, 왜 나를 잡아먹지 않느냐고 되물었다.

(7) 그러자 노인이 자기는 사람은 잡아먹지 못한다고 했다. 남자가 자신이 사람인 줄 어떻게 아느냐고 묻자, 노인은 자기의 눈썹을 하나 뽑아 주면서 그것으로 올라오는 사람들을 보라고 했다. 가난한 남자가 그 눈썹을 가지고 사람들을 보았더니, 모두 짐승이었다.

(8) 그 사람들이 고개를 다 넘어가자 노인은 남자에게 자기 눈썹을 돌려 달라고 했다. 그러나 남자는 못 주겠다고 고함을 꽥 질렀고, 노인은 겁을 내면서 그럼 그냥 가져가라고 했다.

(9) 가난한 남자는 눈썹을 가지고 고개를 내려와 집으로 향했다. 남자는 집으로 돌아오는 길에 등짐장수 부부가 등짐에다 사기를 한 짐 지고 오는 것을 보았다. 남자는 저 집 형편도 우리 집 형편 못지않게 어려운 것 같은데 저 집도 사람끼리 만나지 못해 그런가 싶어, 가지고 온 눈썹으로 내외를 보았다.

(10) 그랬더니 남자는 수탉이고, 여자는 사람이었다. 남자는 두 사람이 서로 배필이 아니라 힘들게 고생하는 것이라는 생각이 들었다. 남자는 부부에게 자기 집에서 자고 가라고 했고, 부부도 고맙다며 남자를 따라왔다.

(11) 남자가 집에 돌아왔더니 남자의 아내는 퉁명스럽게 왜 벌써 돌아오느냐고 했다. 남자의 아내는 손님까지 데리고 온 남자가 마음에 들지 않았지만 어쩔 수 없이 집 안으로 들였다.

(12) 남자는 저녁 준비를 하러 부엌에 들어간 아내를 범눈썹으로 몰래 살폈다. 그런데 아내가 암탉이었다. 남자는 자기 아내도 제대로 된 배필을 만나지 못해서 힘들게 사는 것이라는 생각이 들었다.

(13) 하지만 이미 정해진 배필을 바꿀 도리가 없었다. 그래서 남자는 궁리를 하여 한 방에서 잘 때에 자기 아내와 등짐장수 아내의 자리를 바꾸기로 했다.

(14) 남자는 모두 잠든 틈을 타 자기 아내와 등짐장수 아내의 자리를 바꾸고 등짐장수를 깨웠다. 남자는 등짐장수에게 남의 아내를 탐내느냐며 따귀를 때렸다. 남자는 그렇게 자기 아내가 탐이 나면 데리고 가라면서 빨리 가지 않으면 때려죽이겠다고 하여 등짐장수와 자기 아내를 내쫓았다.

(15) 등짐장수와 남자의 아내는 어이가 없었지만, 남자가 하도 난리를 치니까 도리가 없다며 짐을 쌌다. 등짐장수와 남자의 아내는 강원도로 들어가 농사나 짓고 살아야겠다는 생각에 길을 떠났다.

(16) 남자는 남겨진 등짐장수의 아내에게 지금 남편은 수탉이고 당신은 사람이라서 그 사람과 살면 평생 고생을 면치 못할 것이라고 했다. 그러면서 자신도 사람이니 사람끼리 짝을 지어야 살자고 했다.

(17) 가난한 사람과 등짐장수의 아내는 장에 나가 등짐장수 아내가 이고 온 사기그릇을 팔았다. 그런데 예전에는 하루에 하나도 팔지 못했던 것을 자꾸 손님이 몰려드는 바람에 순식간에 다 팔아 버렸다. 그렇게 장사가 잘되어 사오 년이 지난 후에는 살림이 완전히 나아져 새 집을 짓고 잘 살게 되었다.

(18) 그렇게 살던 어느 날 비가 내리자 부부가 된 등짐장수 아내와 남자는 예전의 남편과 아내가 어떻게 되었는지 궁금해졌다. 남자는 같이 살고 있는 아내에게 맨 손으로 내쫓았던 두 사람이 만약 죽었다면 치산이라도 잘 해 주어야지 않겠느냐고 했다. 아내는 얼른 찾아보라며 노자를 많이 준비하여 주었다.

(19) 남자는 아무것도 없는 두 사람이 도시로 가지는 않았을 것 같아 산중으로 두 사람을 찾아다녔다.

(20) 산골로 간 등짐장수와 여자는 농사를 지으려고 땅을 파다가 황금을 발견하여 산골에서 부자로 살고 있었다. 등짐장수와 아내를 찾아 나선 남자는 어느 산골에 들어갔다가 그곳에서 아주 큰 기와집을 보게 되었다.

(21) 남자는 동네 사람에게 그 부자가 원래 이 골짜기에 살았느냐고 물었다. 동네 사람은 몇 년 전에 어디에서 농사를 지으며 살다가 금을 발견해서 부자가 된 사람이라고 대답했다. 남자가 생각하니 꼭 등짐장수와 전 아내의

이야기인 것 같아 그 집으로 찾아갔다.

(22) 등짐장수도 예전에 자기에게 억울하게 혐의를 두었던 사람이 지금은 어떻게 사는지 궁금해하면서 혹시 제대로 못살면 이곳에 데리고 와서 살아야겠다는 생각을 하고 있었다.

(23) 남자가 그 집으로 들어가 저녁을 얻어먹고 있는데, 전 마누라가 저녁을 들고 오다가 남자의 얼굴을 보고 상을 놓고 나와 눈물을 흘렸다.

(24) 등짐장수는 남자를 방에 들어오게 하여 서로 살아온 이야기를 하였다. 네 사람은 한 마음이 되어 살림을 전부 합치고 행복하게 잘 살았다.

이 설화는 배우자밀치기의 대표적인 서사를 갖고 있다. 이 설화에서 가난한 남자는 부부로 가정을 이끌며 살아가기가 너무 힘들어 아예 호랑이한테 잡아먹히기를 바랄 정도였다. 그의 고단한 삶은 경제적 궁핍함에서 비롯된 것이기도 하지만 원만히 화합을 이루어 내지 못하는 부부 관계에 그 근본적인 원인이 있다고 할 것이다. 그러나 가난한 남자는 자기 불행의 원인을 제대로 파악하지 못한 채 아무리 열심히 살아도 희망이 없는 삶에 지쳐 죽을 결심을 하였다.

그렇게 백 사람이 모여 넘는다는 백인재를 홀로 올랐던 남자는 오히려 호랑이로부터 자신이 인간임을 알게 되고 많은 사람들의 본질이 동물임을 깨닫게 되었다. 바로 호랑이가 빌려준 눈썹 덕분이다. 그런데 남자는 빌린 눈썹을 되돌려주지 않으려 한다. 왜 그랬을까? 그 눈썹으로 확인해 보고 싶은 어떤 것이 그 남자의 마음속에 있었기 때문이다.

이후, 남자는 호랑이 눈썹을 눈에 대고서, 등짐을 지고 힘들게 언덕을 오르던 가난한 등짐장수 부부를 보았다. 그러자 사람이었던 부부가 수탉과 사람으로 보이는 것이었다. 남자는 이때 어렴풋이 짐작했을 것이다. 부부가 서로 짝이 맞지 않으면 힘들게 살 수밖에 없으며, 자신의 불행도 그로부터 연유하는 것인지 모른다고.

처음에 남자는 자신이 지지리도 가난하게 사는 이유를 잘 모르는 채 자포자기하는 심정으로 호식을 자처했었다. 그러나 '죽기밖에 더하겠어.'라는 마음으로 극도의 절망 끝에 서자 남자는 자신의 참모습을 알게 되었다. 나는 인간이라는 것. 그러자 삶의 문제를 풀어 나아가려는 의지가 생기고 자기 삶의 중심이 되는 핵심 관계라 할 수 있는 부부간에 문제가 있는 것은 아닐까 하는 생각이 들었다. 이런 생각은 '배우자에 대한 의혹'이라고 할 수 있다.

신뢰 관계가 가장 두터워야 하는 인생의 동반자에 대해 흔들리는 마음, 즉 의혹이 반드시 나쁜 것만은 아니다. 현실적인 문제의 원인이 관계에 있다고 했을 때, 당사자가 자신에게서 문제를 찾고 개선해 보려 했으나 이 모든 시도들이 실패하고 상대방에게 의혹을 품어 보는 것은 자연스러운 인지상정이다. 남자가 집으로 돌아와 자기 아내를 호랑이 눈썹으로 보고 아내가 암탉임을 알게 되는 장면은 의혹의 확인이자, 그 의혹의 내용이 진실이었음을 밝혀지는 순간이다.

이런 깨달음으로 인해 남자는 이후 자신의 아내와 등짐장수가 짝을 이루도록 결정을 하고 이를 실행할 수 있었다. 물론 자기 아내를 위해서라기보다는 자기가 등짐장수의 '인간' 아내와 짝을 이루어 살기 위함이란 목적이 더 커 보이지만 말이다. 그런데 닭과 인간이 만나 힘들게 사는 것이 닭의 잘못인가, 인간의 잘못인가? 여기서 닭은 꿩이어도 되고, 인간은 돼지여도 된다. 하여튼 부부가 서로에 대한 선의와 애정을 가져도 안 맞는 것은 다른 종의 잘못된 만남처럼 어쩔 수 없는 일이며 누구의 탓도 아니라는 것이다.

이 이야기의 매력은 바로 이러한 점에 있다. 자책하거나 상대를 탓하는 대신 안 맞음을 인정하는 것. 모든 관계의 문제가 노력으로 해결될 수는 없다. 심대한 문제가 있다면 의혹을 품어야 하고 그 의혹은 어떤 식으로든 풀려야 한다. 그런데 의혹을 푼다는 것이 반드시 미심쩍은 부분을 없애 상대를 확실히 믿을 수 있게 됨을 의미하지는 않는다. 의혹이 진실임이 밝혀졌을 때 그 진실을 받아들여 자신과 상대를 위한 행동을 해야 할 필요도 있다. 이런 의미에서 이 설화는 그렇게 의혹을 품었다가 결국 그 의혹의 진실을 알게 되자 배우자를 밀쳐 내면서 각자의 행복을 찾아가는 서사라 할 수 있다.

배우자되찾기서사:
〈지네각시〉[25]

〈지네각시〉는 『한국구비문학대계』에 64편 가량 있는데, 그 줄거리는 다음과 같다.

> 어떤 남자가 가난을 비관하여 산에 올라가 목매달아 죽으려 하였다. 그때 웬 어여쁜 여인이 나타나 남자를 구해 주더니 자신과 함께 살자고 하였다. 얼마 후 남자가 아버지 제삿날이라 집에 다녀오겠다고 하자, 여인이 남자를 보내 주면서, 잠을 자지는 말고 얼른 돌아오라고 하였다. 남자가 자기 식구들이 잘 살고 있는 것을 보고 여인의 집으로 돌아오는 길에, 돌아가신 아버지가 나타나 그 여인은 사람이 아니고 지네이니 네가 살려면 담배를 피우다가 입안에 고인 침을 그 여인 얼굴에 뱉으라고 하였다. 남자가 여인의 방 안을 몰래 들여다보

니 과연 벌건 지네가 누워 있었다. 남자는 담배를 피우다가 그래도 저 여자 덕분에 호강하며 살았다고 생각하고, 침을 마당에 뱉어 버렸다. 그러자 여인은 남자가 오는 길에 만난 아버지는 자기를 훼방하려던 구렁이라며 남자 덕분에 승천할 수 있게 되었다고 하였다. 여인이 승천한 뒤 남자는 집으로 돌아가 행복하게 잘 살았다.

다음은 각편 중 대표적인 작품을 사건 중심으로 요약한 것이다.[26]

(1) 어떤 남자가 너무 가난해 자식들을 잘 먹이고 잘 입히지도 못하였다. 그러다 남자는 이렇게 살면 무엇 하나 하는 생각에 이르렀다. 결국 남자는 섣달그믐에 산으로 올라가서 목을 매달고 죽어야겠다는 결심을 했다.

(2) 남자가 산중턱쯤 올라갔는데 불 하나가 올라오는 것이 보여 작은 언덕 밑으로 숨어서 지켜보았다. 그 불은 어떤 어여쁜 여인이 들고 올라오던 등불이었다. 여인은 남자에게 다가와서 남자를 구해 주겠다고 하였다. 남자는 낼 아침이 초하룻날인데 자식들에게 밥을 해 줄 수가 없는데 자식들은 밥 달라고 야단이라며 그 소리 듣고 어떻게 살겠느냐며 그럴 바엔 차라리 죽어서 보지 않겠다며 자신을 구할 거 없다고 거절했다.

(3) 여인이 계속 자신이 구원해 줄 테니 가자고 하자, 남자는 그러겠다고 했다. 남자가 여자를 따라가다 보니 강이 나오고 그 근처에 커다란 기와집이 나왔다. 여자는 그 집이 자신의 집이라면서 거기서 쉬자고 하였다. 잠시 후 여인이 저녁상을 차려 와서 남자에게 말하기를 자기하고 같이 살되 일 년에 두 번, 그러니까 섣달 그믐날하고 팔월 열 나흗날만 집에 다녀오라고 했다.

(4) 남자가 두고 온 가족은 어떻게 하냐고 하였더니, 여인이 식구는 자신이 살려 줄 테니 집 걱정은 하지 말라고 하였다. 그렇게 둘은 같이 살다가 시간이 흘러 팔월 열나흘 날이 되었다. 남자가 집에 다녀오겠다고 하자, 여인이 집에 가서 자지 말고 인사만 하고 오라고 했다.

(5) 남자가 집에 갔더니 예전보다 더 잘살게 된 가족을 보고 여인이 돈을 보내서 이렇게 되었구나 하고 짐작하고는 다시 여인이 있는 집으로 돌아왔다.

(6) 남자는 집 걱정을 떨치고 여인과 아들 하나 딸 하나를 낳고 살았다. 그러던 어느 날 섣달그믐이 되어 남자가 집에 다녀오겠다고 했는데 여인이 오늘 가면 못 돌아올 것이니 가지 말라고 하였다. 그래도 남자가 집에 다녀오겠다고 하자 여인은 결국 허락했다.

(7) 남편은 집에 가서 부인과 자식들에게 이제 자신은 못 오니까 잘 지내라고 하였다. 그리고선 남자가 돌아오는데 길에 냇가에 있는 징검다리를 건너려는 순간 돌아가신 아버지가 부르면서 쫓아오는 것이었다. 아버지는 그 여자에게로 다시 가면 죽는다며 가지 말라고 하였다.

(8) 남자가 생각하기에 아버지는 그 여자에게 가면 죽는다고 하고 여자는 본처에게 가면 죽는다고 하니 기가 막혔다. 생각 끝에 남자는 아버지 말씀을 듣지 않는다면 비록 불효가 되겠지만 저 여자가 오늘날까지 자신을 이렇게 살려놨는데, 저 여자가 자신을 죽인다고 해서 거기를 가지 않는다는 것은 도리에 어긋난다고 생각이 들었다. 그래서 남자는 아버지에게 자기가 죽더라도 그 여자에게 가겠다고 하였다.

(9) 그러자 아버지는 그 여자가 사람이 아닌 지네라며 네가 살려면 담배를 물고 침을 모아 두었다가 그 여자가 덤비면 그때 침을 여자한테 뱉으라고 알려 주었다.

(10) 남자는 아버지의 말을 듣고서 의심이 들어 집에 도착하였는데도 바로 들어가지 않고 뒤로 돌아가서 문구멍을 뚫어 방 안을 들여다보았다. 그런데 아버지의 말처럼 여인과 아들, 딸이 벌건 지네가 되어 가지고 누워 있는 것이었다.

(11) 남자는 가만히 바깥으로 나와서 자신은 어차피 저 여자 손에 죽어도 원통하지 않으니 저 여자를 죽일 수 없다고 생각했다. 그리고는 다시 방으로 들어갔더니 지네가 다시 여인으로 변하여 맞이하였다.

(12) 남자는 아랫목에 앉아서 담배만 피우고 있다 보니 입에 침이 모이게 되었다. 여인은 방구석에 앉아서 초조하게 남자의 얼굴을 바라보고 있었는데 남자

가 갑자기 침을 바깥에다 탁 뱉었다.

(13) 이에 여인은 놀라면서 아버지를 오다가 만나지 않았느냐며 당신이 만난 아버지는 실은 나와 함께 살았던 구렁이인데, 내가 당신을 얻어서 잘 살고 있으니까 나한테 당신을 빼앗겼다고 생각해서 그런 것이라고 말했다. 그리고 여자는 당신이 침을 바깥으로 뱉는 바람에 자신이 이제 천당으로 올라갈 수 있게 되었다며 여기서 백년행복하며 잘 살라고 말했다. 그런 다음 여인은 두 아이를 품에 안고 공중으로 올라갔다.

(14) 남자가 깨어나 보니 집은 없고, 주변에 바위들만 있는 것이었다. 남자는 그 후로 본집으로 돌아가서 내외가 백년해로하면서 잘 살았다.

이 설화의 처음은 가난한 남자가 자살을 결심하고 행하려는 장면에서부터 시작된다. 집안을 책임지는 가장으로서 본인의 할 도리를 제대로 못하고 있다는 생각에 남자는 자신의 목숨을 끊는 것으로 대신하고자 한 것이다. 하지만 구원의 손길이었는지 한 여인과 마주치고, 그녀는 남자를 구해 주겠다고 말한다. 남자가 이미 가정이 있으며, 내세울 것이 아무것도 없는데도 말이다. 남자는 우선 의혹 반, 기대 반으로 여자의 제안에 목숨을 내던지지 않기로 한다. 그리고 도착한 여인의 집. 그곳은 으리으리했으며, 가난했던 남자에게는 새로운 세상이었다. 자신의 식구들을 걱정하는 남자에게 여인은 본인이 도움을 줄 것이니 걱정 말라고 한다. 그리고 얼마 뒤 찾아가 본 집은 걱정 없이 잘 살고 있었기에 남자는 안도를 하고 다시 여인에게 돌아온다.

여인과 한가로이 행복한 나날을 보내던 어느 날, 남자는 다시 한 번 집에 다녀올 결심을 말한다. 그런데 이번에는 여인이 남자에게 가지 말라고 간청을 하며 붙잡았다. 가면 영영 못 돌아올 것이라고. 남자는 여인을 안심시키고 집으로 향했다. 그리고 여전히 잘 지내고 있는 가족들을 보며, 자신과 자신의 식구들을 잘 보살펴 준 여인에 대한 고마움을 느끼며 집을 나섰다.

여인의 집에 가까워지려는 순간, 돌아가신 남자의 아버지가 홀연히 나타나더니 지금 여인에게 가면 죽는다며 남자를 붙잡았다. 그리고 지금 그 여인의 정체는 지네이며 잡아먹힐 것이니, 살기 위해서는 담배를 피워 고인 침을 모았다가 여인에게 뱉으라 했다. 담뱃진이 지네를 죽일 수 있기 때문이다. 아버지의 모습과 말에 남자는 흔들렸지만, 다시 여인에게 돌아왔다. 하지만 돌아가신 아버지의 말 때문이었을까. 여인에 대한 의혹이 생긴 남자는 문틈으로 방 안을 몰래 살펴보았다. 그리고 그 안에서 여인 대신에 들어앉아 있는 커다란 지네를 발견하게 되었다.

남자는 순간 고민에 휩싸였다. 지네가 맞다면 죽여야 할 것인가, 아니면 그동안의 은혜 입은 것을 생각해서 내가 죽어 버릴 것인가. 남자의 선택은 지네를 살리고 스스로가 죽는 것이었다. 그리하여 다시 여인으로 변한 지네와 마주했을 때, 남자는 입에 고인 침을 바깥으로 뱉어 버리고 만다. 그런데 지네에게 잡아먹힐 것이라는 결말과 달리, 여인은 여인의 모습 그대로 남자를 바라보고 있었다. 그리고 남자가 자신을 믿어 준 덕에, 침을 자신에게 뱉지 않은 덕에, 자신은 천상으로 다시 올라갈 수 있게 되었다고 고백한다. 남자의 아버지의 모습으로 나타난 이는 과거에 지네와 같이 살던 구렁이라는 사실과 함께 말이다. 지네각시의 승천을 막고자 하는 구렁이는 남자가 갖고 있던 의혹을 부추겼으나, 남자는 그 의혹을 떨쳐 내고 상대와의 인연을 더욱 소중히 여긴 것이다. 그래서인지 각편에 따라서는 남자가 뱉은 침이 마루 밑에서 숨어 있던 구렁이에게 맞아 죽어 버린다.

그런데 여기서 여인, 곧 지네각시가 하늘로 올라가 버린 것은 어떤 의미인가. 어찌 보면 부부의 연緣을 맺었던 두 사람의 관계는 표면적으로 끝난 것처럼 보인다. 하지만 이를 인연의 끝남보다는 남자가 가졌던 의혹이 풀린 것으로 보아야 할 것이다. 함께 살아온 자신의 각시가 나를 잡아먹는 지네일지도 모른다는 두려움을 넘어선 남자에게, 지네각시는 더 이상 지네가 아니다. 오히려 자신을 살리고, 자신의 식구들도 살린 선녀각시로 거듭난 것이리라.

이런 점에서 이 설화는 배우자에 대한 의혹이 생겼지만, 그동안의 관계에 대한 신의를 바탕으로 그 의혹을 떨쳐 버렸을 때, 두 사람 모두 행복으로 나아가는 길이 열릴 수 있음을 잘 보여주는 배우자되찾기서사라 할 수 있다.

배우자감싸기서사:
〈도량 넓은 남편〉[27]

〈도량 넓은 남편〉은 『한국구비문학대계』에 9편 가량 있는데, 그 줄거리는 다음과 같다.

> 한 여자가 동네에서 마음에 두던 남자를 두고 부모가 정해 준 다른 사람에게 시집을 갔다. 옛 남자는 시집간 여자를 잊지 못해 여장을 하고 장사치로 변장해 여자를 찾아갔다. 날이 저물자 시댁 식구들은 여자 장사치로 변장한 남자를 남편이 공부하러 가 혼자 방을 쓰고 있던 새 며느리와 함께 방을 쓰라고 했다.

그런데 남편의 형이 집에 왔다가 장사치가 남자인 것을 알고 동생에게 알렸다. 절에서 공부하던 남편은 집에 돌아와 방에 있는 아내와 함께 있는 장사치가 남자인 것을 확인했지만 밖으로 나가 식구들에게 장사치는 여자라며 화를 냈다. 그리고 남편은 다시 공부를 하러 절에 돌아갔고 장사치도 뉘우쳐 공부에 집중했다. 두 사람은 나중에 나랏일을 하다 만나서 서로를 챙겨 주며 잘 지냈다.

다음은 각편 중 대표적인 작품을 사건 중심으로 요약한 것이다.[28]

(1) 예전에 어떤 동리에 윗마을에는 김 판서가 살고 아랫마을에는 이 판서가 살았다.

(2) 그런데 판서와 판서끼리다 보니 조정에서도 만나고 동리에서도 서로 자주 만나게 되어 의좋게 지내게 되었다.

(3) 김 판서의 아들이 이 판서가 사는 동네에 있는 글방에 다녔는데, 이 판서의 딸이 초당에 있다가 김 판서 아들이 공부하러 가는 모습을 보고 반해 버렸다.

(4) 김 판서 아들 역시 이 판서의 딸을 보고는 저런 색시한테 장가들면 얼마나 좋을까라는 생각을 하게 되었다.

(5) 일 년 동안 두 사람이 고백을 하지 못하고 늘 서로 바라보기만 했는데, 그러다가 이 판서 딸이 다른 곳으로 시집을 가게 되었다.

(6) 김 판서 아들이 상사병이 걸려 집에 드러눕자 부모가 걱정을 하였다. 그래서 의사를 불러 치료를 하려고 했으나 어떤 약도 소용이 없었다.

(7) 결국 김 판서는 아들에게 돈을 많이 주면서 마음대로 놀다가 실컷 유람을 하고 오라고 했다.

(8) 아들이 집을 나와 이 판서의 딸이 시집 간 곳을 찾아갔는데, 그 집 앞에서 팥죽 파는 할머니를 만나 자신의 수양어머니로 삼았다. 그리고는 수양어머니에게 시집 간 이 판서의 딸을 만나게 해 달라고 했다.

(9) 수양어머니가 아들을 여장시켜서 방물장수처럼 꾸미고 그 집으로 들어가라고 했다.

(10) 방물장수로 변장한 아들이 그 집에 들어갔는데, 집안의 여자들이 모여서 모두 가져온 물건을 구경하느라 정신이 없었다.

(11) 그러다가 날이 저물자 안주인 마님이 방물장수에게 젊은 애들은 늙은이하고 자길 싫어하니 혼자 글방에 가서 자는 셋째 며느리와 함께 자라고 했다.

(12) 여장한 아들과 이 판서의 딸이 같은 방에서 둘 다 윗도리를 벗어 놓고 눕게 되었다.

(13) 그러자 아들이 이 판서 딸을 어루만지면서 귀에다 대고 자신이 김 판서의 아들이라고 했다. 서로 그리워하던 두 사람이 만나서 하루 저녁을 유쾌하게 자고, 다시는 오지 않기로 약조를 했다.

(14) 닷새가 지나자 김 판서 아들이 이 판서 딸이 보고 싶어 죽을 지경이었다. 그래서 또 찾아갔는데, 이 판서의 딸 역시 반갑게 맞아 주었다. 그 뒤로 두 사람이 계속 같이 잠을 자게 되었다.

(15) 그런데 그 집 첫째 아들, 그러니까 이 판서 딸의 큰아주버니가 보아하니 방물장수가 분명 남자 같았다. 그리고 방물장수가 자기 막내 제수와 주고받는 눈짓을 보니 분명 좋아하는 사이임에 틀림없었다.

(16) 큰형이 이 판서 딸의 남편인 자기 동생을 불러서, "얘! 너 제수씨 방에 늘 와서 자는 여자가 남자다. 어떡하니."라고 말해 주었다.

(17) 그러자 이 판서 딸의 남편이, "형님 걱정할 것 없어요. 뭐 깊은 규중 속에 있는 놈을 그래 까짓거 죽여서 갖다 어느 토굴에 묻어 버리면 누가 알아요?"라고 했다.

(18) 형과 아우가 방물장수로 분한 김 판서의 아들을 죽이기로 했는데, 아우가 자신이 먼저 방에 들어가 확인해 보겠다며, 형은 칼을 들고 방문 밖에서 지키고 서 있으라고 했다.

(19) 그날 밤, 형과 아우가 칼을 준비하여 이 판서 딸과 김 판서 아들이 자고 있는 방으로 갔다. 형은 약속대로 방문 밖에서 기다리고 이 판서 딸의 남편이 먼저 방에 들어갔다.

(20) 남편이 들어가니 방 안에서 잠을 자던 두 사람이 깜짝 놀랐는데, 남편이 밖에 서 있는 형이 들을 수 있도록 큰 소리로 물었다. "옷 좀 벗으시오."

그리고는 더욱 큰 소리로, "아휴, 실례했습니다. 잘못했습니다. 나는 꼭 남잔 줄 알았더니 여자가 분명하니 잘못 봤시우."라고 하는 것이었다.

(21) 아우가 밖으로 나와 형에게, "형님! 생사람 여럿 죽이겠우. 그 뭐하는 기여?"라고 했다. 그리고는 "여자들끼리 자니 나는 글방으로 간다." 말하고 가 버렸다.

(22) 여자는 자기 남편의 아량으로 목숨을 건지자 큰 후회를 하면서 남편에게 더욱 잘하고 고마운 마음을 품게 되었다.

(23) 김 판서의 아들도 모든 것을 후회하고는 그길로 나와 공부에 전심전력을 다하였다.

(24) 그 뒤에 김 판서 아들이 과거를 보러 갔다가 이 판서 딸의 남편을 만나게 되었다.

(25) 둘 다 모두 과거에 급제를 하여 조정에 들어가게 되었는데, 서로 말은 안 하지만 늘 도와주고 챙겨 주었다.

(26) 두 사람이 각각 영의정과 우의정이 되어 서로 집안끼리 흥왕하며 아주 잘 살았다.

이 이야기는 배우자감싸기서사를 잘 보여준다. 배우자는 나와 가장 가까운 신뢰 관계를 갖는 존재이다. 그러나 아무리 금슬 좋은 부부 관계라도 이런 점만은 고쳤으면 하는 바람을 가지기 마련이다. 때로는 지속적으로 신뢰로운 부부 관계를 유지하려면 배우자의 문제나 허물을 그의 일부로 받아들여야 할 때도 있다. 이렇게 배우자를 포용하기 위해서는 때론 자기가 믿고 있는 세상의 규범이나 법칙을 초월하는 것이 필요한데 〈도량 넓은 남편〉의 주인공은 세상의 법이나 도덕규범을 넘어 배우자의 소망을 인정하고 받아들이는 너른 도량을 보여주고 있어 주목된다.

이 이야기는 모두 부인과 옛 정인의 인연이 첫머리에 길게 서술되어 있는데 그 까닭은 둘의 인연, 또 그로부터 생겨난 아내의 연정과 소망이 의미 있게 다루어져야 하기 때문이다. 배우자라고 해서 나와 똑같은 마음과 소망을 가지고 있는 것은 아니다. 오히려 부부 관계의 지속에 결정적인 장애가 될 수 있는 소망을 품을 수 있다. 한 잠자리에서 잔다고 해서 둘이 같은 꿈을 꾸지 않는 것은 당연하다. 동상이몽同床異夢이야말로 이런 부부 관계를 표현하는 가장 적절한 말이 아닐까 싶다.

부부 관계를 원만히 유지하는 데에는 상대의 소망을 얼마나 잘 수용하느냐가 관건이 된다. 아무리 사랑한다고 해도 어떤 한 사람의 생각에 맞춰 살아갈 수는 없다. 처음에는 그렇게 하는 것이 애정의 표현이요, 새로운 자기 발견이 될 수도 있겠지만 상대의 소망과 요구에만 맞춰 사는 것은 결코 행복할 수 없다. 자기 내면의 소망이 충족되지 못하는 삶은, 마치 들판에서 자유롭게 피어 있던 야생화가 누군가만의 완상을 위해 꽃병에 꽂힌 채 시들어 가는 것과 매한가지이다. 나 혹은 상대의 진정한 아름다움은 그 개성과 고유한 소망에서 비롯되는 것이다. 그리고 부부 관계 안에서 자신의 소망을 실현할 수 있다는 믿음을 가지고 상대가 자신의 잘못도 받아 줄 관용성이 있다고 느낄 때 그 관계는 나와 상대를 자유롭게 할 수 있다.

남편은 아내와 다른 남자가 자는 장면을 목격했다. 아내가 부부간의 신뢰로운 관계를 해치는 잘못을 저지른 것이다. 신혼의 아내를 사랑하는 젊은 남편의 혈기로 아내와 아내의 정부를 응징할 수도 있었다. 조선시대에는 남편이 아내의 불륜 현장을 목격했을 때 남녀를 죽여도 그 죄를 묻지 않았다. 유부녀의 간통은 목숨으로 그 죄를 갈음할 만큼 중차대한 잘못으로 여겨졌다. 그러나 남편은 아내의 잘못을 덮어 둔 채 다시 절간으로 공부하러 떠났다.

그런데 아내와 정부가 자는 방에 들어간 남편이 칼을 들고 옷을 벗어 보라고 했을 때 정부는 바로 그 말에 따랐을까? 아마도 정부는 서슬 퍼런 목소리에 놀라 주춤거렸을 것이다. 이 각편에는 남편이 정부의 맨몸을 보았는지 여부가 나타나 있지 않다. 정부가 어쩔 줄 몰라 하는 사이, "실례했습니다."라고 말했을지 모른다. 그러나 다른 각편에서는 우물쭈물하는 정부의 옷을 칼로 그어 벗겼으며, 이후 드러나는 것은 "큰 성기"라고 적나라하게 표현한 경우도 적지 않다. 이에 대해, 아내의 부정을 알게 된 남편이 얼마나 분노했을지 상상하게 하기 위해, 또, 남편의 도량을 극적으로 강조하기 위해 마련한 장면이라 이해할 수도 있다.

그렇지만 아내의 정부의 알몸을 보았을 때 치미는 분노, 그리고 그 강렬한 감정에 휩싸여 깊이 각인되는 이미지를 갖게 된다면 아내와의 관계가 예전처럼 회복될 수 있을까? 아무리 지우려 해도 더 생생히 떠오르며, 아내를 안을 때마다 꼬리를 물며 연상되는 생생한 장면들로 인해 남편은 얼마나 괴로워해야 할까. 이로 미루어 남편이 아예 의혹을 확인하지 않고서 덮어 두었던 까닭은 아내와 앞으로도 원만한 부부 관계를 지속하기 위한 지혜라고도 이해할 수 있다.

이처럼 남편은 부부 관계를 유지하기 위해 강렬한 의혹을 확인하고 싶은 마음을 누르고 아내에 대한 믿음을 보여주었다. 그런데 놀라운 것은 이렇게 남편이 믿어 주자 실제로 그 아내가 변했다는 사실이다. 이처럼 믿어 주는 만큼 상대 역시 믿을 만한 사람이 된다는 것이 배우자감 싸기서사가 제시하는 지혜이다. 남편이 얼마나 마음을 단단히 먹고 타인의 시선이나 통념, 도덕규범을 초극하여 아내를 감싸 줄 결단을 했던가는 후일담으로도 확인된다. 남편은 벼슬길에서 아내의 정부를 다시 만났다. 정부는 마음에 찔리는 게 있었던지 자기가 바로 그 방물장수라고 밝혔다. 남편은 그렇게 말을 한 정부를 두고, "자네, 정승까지 할 수 있을 줄 알았는데 입이 가벼워 판서밖엔 못하겠군."이라고 타박했다. 이렇게 허물을 덮어 주려면 끝까지, 확실히 해야 한다.

자녀가르기서사:
〈지붕에 소 올리라는 아버지〉[29]

〈지붕에 소 올리라는 아버지〉는 『한국구비문학대계』에 20편 가량 있는데, 그 줄거리는 다음과 같다.

> 가난한 남자가 부자 친구를 찾아가 부자가 되는 방법을 알려 달라고 했다. 부자는 가난한 남자에게 자신이 자식들과 일하는 것을 지켜보라고 한 뒤 자식들을 불러내어 소를 지붕에 올리라고 했다. 그러자 부자 친구의 아들들은 모두 달려 나와 아버지의 말대로 하려고 애를 썼다. 부자가 가난한 친구에게 집에 가서 자신과 똑같이 해 보라고 했는데, 가난한 사람의 자식들은 지붕에 소를 올리라는 아버지의 말에 늙은이가 노망이 났다며 핀잔했다. 부자가 이 모습을 보더니 잘살려면 먼저 자식이 부모 말을 잘 듣고 가족이 화합해야 하는데 자네는 틀렸다고 했다.

다음은 각편 중 대표적인 작품을 사건 중심으로 요약한 것이다.[30]

(1) 두 친구가 살았는데 한 친구는 부자로 살았고, 한 친구는 아무리 노력을

해도 살기가 어려웠다. 어려운 친구가 잘 사는 친구에게 어떻게 하면 그렇게 부자로 살 수 있느냐고 물으니 부자 친구는 오늘 저녁에 자신의 집에 와서 같이 자면서 얘기를 하자고 했다.

(2) 부자인 친구의 집으로 와서 이런 얘기 저런 얘기를 하다가 잤는데 아침이 되자 부자 친구가 자신이 오늘 일하는 것을 잘 보라고 했다. 그리고는 부자 친구는 큰아들을 불러 모를 심어야 하니 소를 가져다 시험해 보자며 쟁기와 소를 끌어오라고 했다.

(3) 아들은 일꾼을 불러 사다리를 놓고는 지붕에 올라가 쇠고삐를 쥐고 끌어 올리려고 했다. 아버지가 소를 때리고, 아들이 잡아 당겨도 안 올라가자 부자 아버지는 그만두라고 했다.

(4) 부자 친구는 가난한 친구에게 자네 집에 가서 하루 잘 테니 자신이 한 일을 자네 아들에게도 한번 시켜 보라고 했다.

(5) 가난한 친구는 하룻저녁을 자고 아침 일찍 일어나 아들을 불러 모를 심어야 하니 소와 쟁기를 가져와 시운전을 해 보자고 하였다.

(6) 가난한 친구의 아들은 저 노인네가 하룻저녁 나가 자더니 미쳐도 한없이 미쳤지. 요새 모가 무슨 모며, 동지섣달에 꽝꽝 얼었는데 소와 쟁기를 갖다 뭐하냐고 했다.

(7) 이것을 본 부자 친구는 자손이 부모 말을 따라야 잘되는 것인데 자네, 잘살기는 틀렸네 하였다.

이 이야기는 자녀가르기서사를 잘 보여준다. 아버지의 명령에 잘 따르는 좋은 자녀, 아버지의 명령에 따르지 않는 나쁜 자녀가 대비되어 잘 나타나며 좋고 나쁨을 판별하는 명확한 기준이 분명히 제시되어 있기 때문이다. 아무리 도둑질하는 부모라도 자식에게 도둑질하지 말라고 가르치듯이 대부분의 부모는 잘났든 못났든 자식이 자기 말을 잘 따르기를 바랄 것이다. 특히 품 안의 자식에 대해서 대부분의 부모는 부모 뜻대로 살아 주었으면 하는 바람을 갖는다.

자녀가르기서사를 대표하는 이 설화는 여러 편이 있는데 많은 설화에서 원래 두 친구가 한날한시에 태어났다는 설정이 존재한다. 한날한시에 태어났다면 팔자가 같을 텐데 왜 어떤 사람은 잘살고 어떤 사람은 못사는지로 시작되는 것이다. 이러한 도입은 이 이야기가 잘살기 위한 조건은 무엇인지 탐색하는 데 주요 관심이 있음을 드러낸다.

이 설화는 잘사는 친구의 입장에서 생성된 것이며 그의 가치관과 인간관계에 대한 인식이 이야기의 구성과 주제에 반영되었다. 잘사는 친구는 엄동설한에 아들을 불러, 모를 심겠다고 하고는, 모를 심기 위해 소가 쟁기를 잘 끄는지 시험해 봐야 한다는 둥 허무맹랑한 명령을 내린다. 아들은 아버지의 부당하고 무리한 명령을 그대로 따른다. 아들이 천치인 것일까, 그 아버지가 망령이 든 것일까 하는 생각까지 하게 된다.

그러나 이 이야기에서 다 말해 주지 않은 것이 있다. 이 전에 이 둘의 관계는 어떠했을까? 아마도 잘 사는 친구인 아버지가 그 아들에게 무한한 믿음을 주었을 것이다. 아들은 예전에도 아버지가 자신이 납득할 수 없는 요구를 했을 때 처음에는 이해할 수 없었지만 나중에는 그것이 결국 자신을 위한 길을 제시한 것이며 아버지의 명에 따르는 것이 더 큰 성취를 가져왔음을 경험했을 터이다. 그래서 아들은 삶의 경험이 풍부하고 그로부터 얻은 지혜를 전수하고자 하는 아버지를 믿고 따랐던 것이 아닐까.

이렇게 지붕에 소를 올리라는 아버지의 명을 순순히 따르는 것은 그 이전에 축적된 아버지에 대한 신뢰 때문이라 이해할 수 있다. 아들을 포함한 가족들은 아버지가 황당하고 부당한 명령을 하는 허튼 사람이 아님을 확신했기 때문에 아버지가 그렇게 말한 데에는 어떤 의도나 맥락이 따로 있을 것임을 짐작하고 시키는 일을 곧이곧대로 이행하였던 것이다. 이처럼 잘 사는 친구는 부모로서 자식을 올바르게 이끌어 왔기에 자식이 순종적인 태도를 갖게 만들었다. 그러니 지붕 위에 소를 올리라는 명령을 했다고 해서 무조건 자기 말에 따라야 한다고 강요하는 독선적 부모라고 단정해서는 안 된다.

부모는 자식보다 더 많은 경험을 했으며 수많은 시행착오, 실패와 성공의 경험을 통해 지혜를 터득해 온 이들이다. 자신이 겪은 시행착오를 되풀이하지 않도록, 자신의 뼈저린 후회를 자식이 또 경험하지 않도록 하기 위해, 혹은 자신이 힘들게 찾아낸 성공의 길을 자식에게 알려주고자 하는 것은 모든 부모의 마음일 것이다.

이 설화의 잘사는 친구도 그런 마음으로 자식에게 자신이 옳다고 믿는 법칙을 제시하고, 그 법칙을 따르기를 요구하였다. 아들 역시 아버지의 명령에 대해 군소리 없이 따른다. 아버지의 부당한 명령을 무조건 따르는 것은 자의식 없는 아들이기 때문은 아니다. 자신의 경험과 세상사에 대한 이해 수준을 뛰어넘는 사태도 있음을 아는 겸손이자 아버지에 대한 신뢰의 표현이다.

자신이 가진 올바른 법칙을 자식에게 가르치는 좋은 아버지 밑에서 그 법칙을 순순히 따르거나, 일부 각편에서처럼 먼저 아버지를 따르고 나중에 자신의 의견을 내는 아들이 있는 집안이라면 그 성원 개개인의 일을 비롯하여 집안 전체와 관련된 일이 잘되는 것은 충분히 예상할 수 있다. 그래서 가화만사성家和萬事成이란 말도 있지 않은가.

잘사는 친구는 이를 못사는 친구네 집에서 확인하고 싶었다. 친구의 아들은 아버지의 명령을 망령으로 받아들였다. 잘사는 친구는 이런 아들도 문제려니와 이렇게 아들을 키워 낸 친구도 문제라고 여겼을 것이다. 자신의 확고한 법칙에 따라 자식의 됨됨이를 정확하게 판단하는 것은 양육자가 가져야 하는 미덕 중 하나이다. 단, 그렇게 하기 전에 자신이 자식과 어떤 관계를 맺어 왔는지를 돌아보고, 너무 빨리 자식의 가능성을 단정하지는 말아야 할 것이지만 말이다.

자녀밀치기서사:
〈칠십에 얻은 아들에게 물려준 유산〉[31]

〈칠십에 얻은 아들에게 물려준 유산〉은 『한국구비문학대계』에 8편 가량 있는데, 그 줄거리는 다음과 같다.

일흔 살 된 노인이 늦게 아들을 얻자 걱정이 되어 사위에게 재산을 맡기면서 서약서를 써 주었다. 그러고는 자기가 죽고 나면 아들에게 공부나 잘 시켜 주라고 당부했다. 노인이 죽은 뒤 아들이 나이가 들자 매형에게 아버지의 재산을 돌려 달라고 하였다. 노인은 생전에 사위가 재산을 가로챌 것 같아 서약서를 남긴 것이었다. 과연 사위는 서약서의 문구를 자신에게 유리하도록 해석하며 아들에게 재산을 돌려주지 않으려 했다. 그러나 글공부를 열심히 한 아들은 서약서를 제대로 해석하여 아버지가 물려주신 재산을 찾을 수 있었다.

다음은 각편 중 대표적인 작품을 사건 중심으로 요약한 것이다.[32]

(1) 딸만 낳아 키웠던 칠십 노인이 작은댁을 맞아 뒤늦게 아들을 낳았다.
(2) 노인은 너무 늦게 본 자식이라 사위에게 훗날을 부탁하기로 했다.

(3) 노인이 사위를 불러 재산을 맡기고 칠십에 낳은 아들이 자기 아들인지 미심쩍지만 죽지 않고 자라거든 십 오세 어름에는 공부나 시키라고 당부했다. 사위가 승낙 하자, 노인은 서약서를 써 주었다.

(4) 노인이 죽은 뒤에 노인의 아들은 매형 집에서 자라며 공부를 하는데 친구들이 아들의 매형이 친매형이 아니라고 비웃었다. 아들은 아버지 재산을 매형이 맡았기 때문에 그런 소문이 났으니 재산을 자기에게 돌려 달라고 했다.

(5) 사위는 아들에게 공부를 잘하면 장가도 들여 주고 살림도 내주겠지만 지금은 재물을 줄 수 없다고 했다.

(6) 아들은 관가에 송사를 하겠다고 했지만, 사위는 서약서가 있었기 때문에 눈 하나 깜짝하지 않았다.

(7) 노인의 아들은 관가에 송사를 하여 자기 재산을 찾아 달라고 했다. 그리하여 노인의 서약서가 원님에게 전해졌다.

(8) 원님이 "칠십에 아들을 낳았으니 내 자식이 아니라, 집안의 재물을 사위에게 주노니, 바깥 사람은 논하지 말라(七十에 生男하니 非吾子라, 家藏之物을 付之婿君하노니, 外人은 勿論하라)."라고 했으니 어쩔 수 없다고 했다.

(9) 이에 노인의 아들이 서약서를 고쳐 읽기를 "칠십에 아들을 낳았으나 내 자식이 아니리오, 집안의 재물을 주노니, 사위는 외간 사람이라 논하지 말라(七十에 生男하나 非吾子리오, 家藏之物을 付之하노니 婿君은 外人이라. 勿論하라)."는 뜻이라고 하였다. 원님이 탄복하면서 노인의 아들에게 재산을 찾아 주었다.

자녀밀치기서사는 부모와 자녀의 관계에서, 부모가 자신의 법칙을 적용하는 데 있어 법칙이나 법칙이 적용되는 대상에 대한 의구심이 주조를 이룬다. 선악善惡, 시비是非, 호오好惡에 대한 기준이 분명해서, 착해야 하고[善], 옳아야 하고[是], 좋아야 하는[好] 기준에 맞을 것을 추구하고 그렇지 않은 경우 밀치는 태도를 보인다. 〈칠십에 얻은 아들에게 물려준 유산〉은 장인과 칠십에 얻은 아들과 사위의 관계를 통해 이와 같은 구조를 확인할 수 있다.

딸만 낳아 기르던 칠십 노인이 첩을 들여 뒤늦게 아들을 보게 된다. 어렵게 얻은 귀한 아들인지라 노인은 자신이 세상을 떠난 뒤의 상황이 걱정되어, 사위에게 아들 공부를 잘 시켜 달라고 당부하며 재산을 맡기고 서약서를 써 주었다. 노인이 세상을 떠난 뒤 노인의 아들은 매형의 집에서 지내며 공부를 하였는데, 친구들이 자꾸만 친 매형이 아니라며 비웃는 상황이 발생한다. 첩이 외간 남자와 바람을 피워 생긴 아들인지 친아들인지 확인할 방법이 없는 시대였고, 나이 칠십에 얻은 아들이니 주변 사람들이 충분히 의심할 만한 상황이기는 하다.

노인 역시 첩이 낳은 아들이 친자인가에 대한 의구심을 갖고 있었다. 사위에게 재산을 맡기기 위해 불렀을 때에도, 칠십에 얻은 자식이 친자식인지 미심쩍다고 하였다. 그러나 노인은 아들이 죽지 않고 자라거든 글공부를 시켜 달라고 사위에게 부탁한다. 아들이라는 존재는 어차피 내 핏줄이 아닐지라도 나의 성을 사용하면서 가문을 지키기 위해 살아갈 수도 있기 때문일 것이다. 그러나 만일 글도 읽을 줄 모르고 어리석어서 자기 몫을 지켜 낼 줄 모르는 인물이라면 가문을 물려줄 가치는 없을 것이다. 사위 역시 자식이기는 하지만 음흉한 구석이 있어 믿음이 가는 인물은 아니었다.

결국 노인의 입장에서는 자식이 어리석어 재산을 지켜나가지 못할까 봐 염려스러운 한편, 탐욕스러운 사위가 아들의 재산을 가로채는 상황이 발생할까봐 걱정스러웠을 것이다. 두 사람 중 보다 영특하여 자신의 재산을 지켜 나갈 수 있는 이에게 물려주고 싶었던 것일까. 모호한 내용의 서약서와 함께 아들에게 공부를 시켜 달라는 유언을 남기고 노인은 세상을 떠난다.

그러던 어느 날 아들은 수군거리는 마을 사람들의 이야기를 듣고 매형에게 재산을 돌려 달라고 얘기한다. 그러나 매형은 처남이 공부를 잘 하면 장가도 가게 해 주고 살림도 내주겠다며 이리저리 둘러댈 뿐 그의 청을 들어주지 않았다. 노인이 우려하던 상황이 발생한 것이다. 급기야 아들은 매형을 상대로 관가에 송사를 하겠다고 통고하게 되는데, 매형은 오히려 서약서를 원님께 제시하며 장인어른이 자신에게 재산을 남겼다고 주장한다.

매형은 장인어른이 서약서에서 "칠십에 아들을 낳았으니 내 자식이 아니라, 집안의 재물을 사위에게 주노니, 바깥 사람은 논하지 말라(七十에 生男하니 非吾子라, 家藏之物을 付之婿君하노니, 外人은 勿論하라)."고 적어 두었으므로 재산은 자신의 것이라 주장한다. 칠십에 얻은 아들이 친자식일 리는 없으므로 사위인 자신에게 재산을 남겼다는 것이다. 그러나 글공부를 열심히 한 노인의 아들은 서약서를 고쳐 읽어, "칠십에 아들을 낳았으나 내 자식이 아니리오, 집안의 재물을 주노니, 사위는 외간 사람이라 논하지 말라.(七十에 生男하나 非吾子리오, 家藏之物을 付之하노니 婿君은 外人이라. 勿論하라.)"는 뜻이라 밝힌다. 사위는 바깥 사람이니 재산에 대해 논할 자격이 없다고 맞받아친 것이다. 아들의 말을 들은 원님은 탄복하면서 노인의 아들에게 재산을 찾아 주었다.

이 이야기에서 칠십 노인이 인간관계의 대상으로 주목한 인물은 그의 아들과 사위이다. 노인은 두 사람에 대해 칠십에 얻은 어린 자식이 친자식이 맞는지, 어리석어서 자신의 몫을 지켜 내지 못하는 것은 아닐지, 자기의 재산을 사위가 전부 가로채지는 않을지에 대한 '의혹'으로 가득했다. 사위에게 어린 아들을 돌보아 달라고 부탁을 하면서도 아들의 양육자로서 사위를 바라보는 노인의 시선은 의심으로 가득 찼고 서약서까지 적어 두게 된다.

자녀밀치기서사를 대표하는 이 작품에서 부모는 시간이 흘러 현명하게 문제를 해결할 수 있는 사람을 자신의 후계자로 삼고 재산을 맡기겠다는 법칙이 있었고, 법칙이 적용되는 대상에 대해 '의혹'을 품고 있었다. 결국 자식도 자식이고 사위도 자식이라는 관점에서 기존 가치를 '추구'하되, 중의적 해석이 가능한 서약문을 남겨 두고, 똑똑하게 이 문제를 해결할 수 있는 자식이라면 재산을 물려받아 대를 잇고, 그렇지 못한 경우에는 재산을 지킬 수 있는 다른 사람에게 넘어가게 계획하였던 것이다. 그리하여 결과적으로 문장 해독 능력을 발휘한 아들에게는 재산을 물려주고, 자기 욕심만 채우려던 사위는 밀치는 내용을 담고 있다.

자녀되찾기서사: 〈복 빌린 나무꾼〉[33]

〈복 빌린 나무꾼〉은 『한국구비문학대계』에 15편 가량 있는데, 그 줄거리는 다음과 같다.

> 한 나무꾼이 가난을 비관하여 옥황상제를 찾아갔다. 그러자 옥황상제는 삼 년 뒤에 태어날 아이의 복을 빌려줄 테니, 그 아이가 태어나면 복을 다시 아이에게 돌려주라고 했다. 그 뒤 나무꾼은 부자가 되었다. 그런데 나무꾼이 복을 빌렸던 아이가 태어났고, 나무꾼은 아이를 위해 모아둔 것이라며 재산을 모두 물려주었다. 그러자 아이는 나무꾼을 평생 모시며 호강시켰다.

다음은 각편 중 대표적인 작품을 사건 중심으로 요약한 것이다.[34]

(1) 땔나무를 해서 사는 가난해서 사람이 있었다. 이 사람은 부지런해서 남들은 하루에 두 짐을 하면 석 짐, 넉 짐을 하여 뒤에 쌓아 두었다.

(2) 그런데 쌓아둔 나무가 자고 나면 두 짐만 남고 나머지는 사라져서, 누가 훔쳐 가는지 알아내려고 저녁에 나무다발 속에 들어가 숨어 있었다.

(3) 밤중이 되자 회오리바람이 일면서 나무다발이 둥둥 떠올랐고, 다발 속에 있던 사람도 덩달아 천상으로 올라갔다.

(4) 그런데 한 사람이 오더니 옥황상제를 뵈어야 한다며 안내를 했다. 이 사람이 상제전에서 무릎을 꿇고 앉아 있는데 하루에 나무 두 짐의 복만 타고난 놈이 석 짐, 넉 짐을 해서 내가 가지고 왔다는 소리가 들렸다.

(5) 남자가 놀라서 손이 발이 되도록 빌자 옥황상제는 남자에게 박복하지만 그래도 부지런히 노력하는 것이 고맙다며, 이제부터는 나무 백 짐을 하여도 둘 테니 나중에 정수레라는 사람이 생겨나거든 그리로 복을 인계해 주라고 하였다.

(6) 가난한 사람은 땅으로 내려와서는 부지런히 나무를 하여 벼 천석거리를 장만하고 연신 재산을 늘려 갔다.

(7) 남자가 하루는 볼일이 있어 가다가 주막을 지나게 되었는데 그 옆의 수레 속에서 신음소리가 났다. 가만히 들어 보니 걸인이 추운 날씨에 해산을 해서 몸을 풀고 있었다.

(8) 남자는 주막에 돈을 맡기고 산모와 어린아이를 부탁했다. 그리고 산모에게 아이 성을 묻자 정가이며 수레에서 낳아서 이름이 수레, 정수레라고 했다.

(9) 남자가 옥황상제의 말씀이 맞았다고 생각하며 자기 집으로 여자와 어린 아이를 데리고 가서 살게 해 주었다.

(10) 남자는 아이가 자라 칠팔 세가 되자 선생을 초빙해서 글을 가르치고, 열일곱 살이 되자 장가를 보내 분가시켰다. 그리고는 아이에게 이것은 내 재산이 아니라 수레의 재산을 내가 잠깐 지킨 것뿐이라며 나는 떠날 것이니 다 가져가라고 했다.

(11) 수례와 그의 어머니가 평생 은혜를 잊을 수가 없는데 무슨 말이냐며 한 집에서 평생 함께 지내자고 했다.

(12) 남자가 비록 나무 두 짐 복밖에 못 타고 났어도 마음씨가 옳아 이후 한평생을 좋게 지냈다.

자녀되찾기서사도 다른 부모서사와 마찬가지로 부모와 자녀의 관계, 혹은 이 관계를 원형으로 삼는 양육자와 양육 대상의 관계에서 작동하는 서사에 속한다. 그런데 여기서 '되찾기'라는 관계 맺기의 방식이 나타난 서사는 양육자가 자신의 법칙을 적용하는 데 있어 법칙이나 대상에 대해 의혹을 가졌다가 법칙을 재확립하여 대상에 대한 태도를 바꾸는 내용 구조를 갖는다. 〈복 빌린 나무꾼〉은 부모와 자식의 관계에 초점을 맞춘 이야기는 아니지만 이와 같은 구조를 품고 있다.

아무리 열심히 일해도 배고프고 가난한 신세를 면치 못하는 한 나무꾼은 석 짐, 넉 짐의 여유로운 나뭇단으로 다음날 끼니 걱정 없이 살고 싶어했다. 나아가 나무꾼은 '열심히 일하면 부자가 될 수 있다'는 자기 신념을 가지고 있었을 것이다. 그렇지만 나무꾼이 두 짐 이상 해 온 나뭇짐들은 회오리바람으로, 혹은 하늘에서 내려온 갈퀴로 어디론가 사라진다. 도대체 왜 그럴까, 왜 나는 열심히 일해도 이 모양 이 꼴로 살아야 하나. 답답해진 나무꾼은 그 이유를 절박하게 알고 싶어했다.

나무꾼은 자신의 현실에 개입하는 운명적 힘을 알아내고자 하는 의지로 회오리바람을 타고 혹은 나무둥치에 묶여 하늘로 올라가 인간의 수명과 복을 주재한다는 옥황상제와 대면하기까지 한다. 옥황상제도 하늘까지 올라온 나무꾼의 정성과 열의를 가상히 여겨 아직 태어나지 않은 차복이의 복이라도 빌려줄 정도이니 진심과 의지는 결국 하늘을 감동시키고 운명마저 변화시킨다고 할 것이다.

이후 하늘에 올라 옥황상제를 만나고 온 나무꾼은 이제 자신이 명심해야 할 하늘의 법칙을 명확히 알게 되었다. 그리고 그다음 날부터 나뭇짐이 사라지지 않아 나무꾼은 점차 재산을 불려 나갈 수 있었다. 이렇게 법칙이 실제로 존재함을 확인한 이후, 나무꾼은 이를 내면화하여 자기의 법칙으로 삼아 자기의 삶 및 다른 사람과의 관계에 이를 적용시키게 되었다. 그러나 오래 빌려 쓰면 자기 것으로 착각하는 마음이 생기기 마련이다. 이것이 내 복이었으면 하는 마음에 이제 내 복이 된 것은 아닐까 하는 마음이 들기도 하는 것이다.

이렇게 복을 오래 빌려 쓰게 될 즈음, 집 앞에 나타난 걸인 부부에게 자식이 태어난다. 그 이름인즉슨 차복이. 마차 밑에서 태어났다고 해서 '차車'복인지, 복을 빌려주었다고 해서 '차복借福'인지 몰라도 그 이름은 옥황상제가 알려 준 것과 같았다. 나무꾼이 그 이름을 들었을 때 어떤 심정이었을까. 빌린 복[借福]을 이제 내놓으라는 옥황상제의 준엄한 명령이 떨어진 것 같은 기분이었을 것이다. '어쩔 수 없이 올 것이 왔구나.'라는 맘으로 하늘의 법칙에 따른다.

그런데 그 법칙은 하늘의 법칙이지 현실의 법칙은 아니다. 현실 세계의 법칙은 처음에 나무꾼이 먹었던 마음, 즉, '내가 열심히 일하면 부자가 될 수 있다'는 것에 가깝다. 이 법칙은 '그러니 근면, 성실해야 한다'는 도덕규범을 이루는 근거가 되기도 한다. 그러나 하늘의 법칙에서 보면, 부자가 가진 복은 하늘이 잠시 인간에게 맡겨 준 것이거나 다른 사람이 가진 복의 일부를 빌려준 것이다. 이런 법칙이 마음속에 자리 잡으면, '내가 번 돈이니 내 맘대로 쓰겠다', 혹은 '나의 재산이니 나와 내 가족들만을 위해 써야 한다'는 관념이 들어올 여지는 없어진다.

나무꾼은 현실의 법칙을 초월하여 하늘의 법칙을 따랐기에 차복이에게 자신의 재산을 넘겨줄 수 있었다. 그리고 세상에 존재하는 통념과 규범을 넘어 하늘의 법칙을 따른 나무꾼은 하늘의 법칙대로 팔자에 맞게 다시 가난뱅이가 되지는 않았다. 하늘의 법칙은 하나가 아니기 때문이다. 그래서 하늘은 겸허히 이기심을 버리고 순리를 따르는 나무꾼에게 또 다른 복을 마련하였다. 이 복은 단지 옥황상제가 자기 말을 잘 따른 나무꾼에게 주는 상 같은 것이 아니다. 그보다는 천둥벌거숭이로 태어난 걸인 부부의 자식을 거두어 보살피는 자비의 결실일 수 있다.

예전에 자신의 박복함만 탓하던 나무꾼이었다면 자기 먹고사는 데에만 바빠 집 앞에 걸인 부부가 수레에서 아이를 낳든 말든, 그 아이가 얼어 죽든 말든 자기와는 상관없다고 여겼을 것이다. 그러나 나무꾼이 부자가 된 이후로는 자신의 부를 세상에서 빌렸다고 여기면서 언젠가는 이를 돌려주어야 한다고 믿었다. 이런 신념을 가지고 있는 나무꾼에게 걸인 부부와 그 아이는 당연히 자신이 돌보고 보살펴야 할 대상이 된다. 이렇게 이 이야기는 이전의 믿음 대신 새로운 신념을 갖게 된 양육자가 자신이 돌봐야 할 대상을 보살피는 내용을 담고 있다.

자녀감싸기서사: 〈거짓 장례로 개가시킨 딸〉[35]

〈거짓 장례로 개가시킨 딸〉은 『한국구비문학대계』에 7편 가량 있는데, 그 줄거리는 다음과 같다.

한 대감의 딸이 시집간 지 일 년도 안 되어 과부가 되어 친정으로 돌아오게 되었다. 그러던 어느 날 대감이 밤에 산책을 하다가 딸의 방에서 남녀가 대화하는 소리를 들었다. 대감이 방 안을 몰래 들여다보았더니, 딸이 베개에 남자 옷을 입혀 놓고 술을 따라주는 등 이상한 행동을 하고 있는 것이었다. 아버지에게 자신의 모습을 들킨 딸은 대성통곡을 하며 결혼생활이 어떠한 것인지 너무나 궁금하여 몇 년 동안 홀로 온갖 행동들을 해 왔다고 실토했다. 대감은 딸이 죽었다고 소문내며 거짓 장례까지 치른 후, 몰래 좋은 짝을 찾아 딸을 개가시켰다.

다음은 각편 중 대표적인 작품을 사건 중심으로 요약한 것이다.[36]

(1) 옛날 어느 노재상老宰相이 무남독녀로 외딸을 하나 두었는데, 불행하게도 딸이 신혼 첫날밤 신랑이 죽어 과부가 되었다.

(2) 아버지가 과부가 된 딸을 불쌍하게 생각하고, 집 뒤 연당에 거처하게 하여 저녁마다 딸과 바둑을 두며 위로했다.

(3) 몇 해가 지나고 하루는 아버지가 일이 많아 밤늦게 딸의 거처로 갔는데, 딸의 방에 도포입고 관을 쓴 남자와 딸이 이야기하는 모습이 비쳤다.

(4) 아버지가 모른 척하려다가 큰 기침을 하고 방으로 들어갔는데, 방금 있던 남자가 없어졌다. 아버지가 평소와 다름없이 딸과 바둑을 두다가, 다락 쪽을 보니 다락문 틈으로 도포자락이 나와 있었다.

(5) 아버지가 묵묵히 앉아 있다가 손가락을 다락으로 향해 보이니, 딸이 그것을 보고 다락문을 열어 남자를 내놓는데 남자 옷을 입혀 솜으로 만든 인형이었다. 딸이 "청상과부가 되어 부부의 실거지락室居之樂이 무엇인지 몰라, 인형을 만들어 껴안고 이야기도 하고 몇 해 동안 별의별 짓을 다 했습니다."라며 대성통곡을 했다.

(6) 아버지가 깊이 깨닫고는 말없이 딸의 방을 나와 부인을 불렀다. "부인, 내가 죽기 전에 처갓집을 다녀와야겠는데 갑자기 가면 당황할 테니 당신이 먼저 가서 준비를 시켜 주시오." 이튿날 부인은 시골 처갓집으로 떠났다.

(7) 그날 밤, 아버지는 집에서 일하는 날렵하고 눈치 빠른 청지기를 불러, 청상과부가 된 딸을 데리고 멀리 떠나 버리라고 명령을 내렸다. 청지기는 그날 밤으로 딸을 천리마에 태워 금은보화를 싸 들고 집을 떠났다.

(8) 그런 후 노재상은 대성통곡을 해서 집안 식구들이 모두 달려오게 했다. 사람들 앞에서 노재상은 "내 딸이 청상과부로 오년을 살다가 자살을 했으니, 이게 늙은 애비로 겪을 일이냐?"며 "불쌍하게 죽은 내 딸은 내 손으로 직접 염을 해야지 남의 손을 빌리고 싶지 않다. 그리고 나도 죽어야겠다."고 했다.

(9) 노재상은 아무도 못 들어오게 하고 딸이 가지고 놀던 허수아비를 관에 넣어 장사를 지냈다.

(10) 부인은 뒤늦게 집으로 돌아와 관을 부여잡고 통곡을 했다.

(11) 부인이 딸이 죽었다면 안 들어올 수가 없어서 미리 친정으로 보내는 연극을 꾸몄던 것이다.

자녀감싸기서사를 대표하는 이 설화는 부모가 세상의 규범이나 체면을 지키는 것보다는 자녀가 현재 당면한 상황에서 행복하게 살 수 있도록 도와주어야 한다는 내용이 주를 이룬다. 부모라면 누구나 자식이 행복하게 살아갈 수 있도록 세상의 모든 위험으로부터 아이를 지키고자 할 것이다. 그러나 만일 자식이 부모의 충고를 거스르고 사회적으로 지탄을 받을 만한 행위를 저질렀을 때에도 온전히 자식의 편에 서서 감싸 안아주는 것은 그리 쉬운 일이 아닐 것이다.

이 이야기는 재상의 무남독녀 외딸이 불행하게도 신혼 첫날밤에 신랑이 세상을 떠나 과부가 되는 것으로 시작된다. 아버지는 과부가 된 딸을 집으로 데려와 저녁마다 바둑을 두며 하루하루 위로하며 지냈다. 그러나 이미 몸이 성숙한 딸아이는 부모의 관심보다는 남자의 손길을 그리워하게 되고 급기야 솜으로 만든 인형에 남자 옷을 입혀 놓고 남편인 것처럼 대하기에 이른다. 부모의 품을 떠나 자신만의 길을 걸어가야 하는 시점에 그것이 좌절된 탓이었을까.

이러한 행위를 몇 년간 지속하던 어느 날 결국 아버지께 이 모습을 들키고 만다. 딸이 도포를 입고 관을 쓴 남자와 이야기하는 모습을 본 아버지가 딸의 방에 들어갔다가 다락문 뒤에 숨겨 둔 남자 인형을 보게 되었고, 딸은 대성통곡을 하며 청상과부로 살아오면서 부부 관계의 즐거움을 알고 싶어 인형을 상대로 온갖 행위를 했노라 자백한다. 세상 그 무엇을 주어도 아깝지 않을 만큼 고이고이 귀하게 기른 외동딸이 이토록 충격적인 행위를 하는 상황을 목도하고 부모의 가슴은 얼마나 미어졌을까. 또한 얼마나 절망스러웠을까.

대부분의 부모들은 나의 자식이 부모 말을 귀담아듣고 부모보다 훌륭하고 성공적인 삶을 살기를 기대하지만, 많은 경우 자식들은 결코 부모가 바라는 대로 성장하지 않는다. 특히나 자기 주관이 뚜렷해질수록 부모의 관심과 염려보다는 자신의 소망을 충족하는 데에 지대한 관심을 쏟으면서 많은 갈등이 생기게 된다. 물론 자식 스스로 자신의 인생을 선택할 권리가 있음을 인정하고, 부모가 바라는 자식이 자신만의 길을 걸어갈 수 있도록 도와주는 것이 가장 바람직하다. 그런데 이 이야기 속 문제의 심각성은 자식의 행위가 도저히 사회적으로 용납하기 어려운 지경에 이르렀다는 데에 있다.

높은 벼슬을 지내며 사회적으로 존경을 받고 살아온 아버지의 입장에서는 너무 일찍 과부가 된 딸이 이상 행동을 한다는 사실을 다른 사람이 알게 되는 것이 걱정되었을 것이고, 과부가 된 딸의 신세에 가슴이 찢어지게 아팠을 것이다. 만일 아버지가 사회적 체면을 지키는 것이 가장 중요하다고 여겼다면 가문의 명예를 훼손하는 재가는 있을 수 없는 일이기에 딸아이를 크게 꾸짖어 다시는 그러한 행위를 하지 말라고 크게 야단을 쳤을 것이다.

그러나 이 아버지는 진심으로 자녀를 위하고 사랑하는 길은 자식이 현재 상황에서 행복하고 인간답게 살아가는 길을 열어 주는 데에 있다고 생각했기에, 집안일을 하는 일꾼을 불러 금은보화와 좋은 말을 내주며 멀리 떠나라고 명령을 내린다. 그리고는 불쌍한 딸이 청상과부로 살면서 자살을 했으니 직접 염을 해야겠다며, 아무도 모르게 딸이 갖고 놀던 허수아비 인형을 관에 넣어 뒤탈이 없도록 장사를 지냈다.

이처럼 자녀감싸기서사는 자녀 양육의 목표가 사회적 통념에 비추어 성공하는 자녀로 길러내는 데에 있다기보다는 자녀가 현재 당면한 상황에서 행복하고 가장 인간답게 살아갈 수 있는 길을 열어 주는 데에 있다고 여긴다. 이 이야기에서는 아버지가 신혼 첫날밤 과부가 된 딸을 바라보는 시선은 어떠한 허물도 감쌀 만큼 '확신'에 차 있으며, 특단의 조치로 팔자를 고치게 하여 자식이 원하는 삶을 살게 할 만큼 기존 가치를 '초극'하는 태도를 통해 자식과의 관계를 성공적으로 이끌었다.

더 읽을 거리

정운채, 『문학치료학의 실천』, 문학과 치료, 2015.

정운채, 『문학치료학의 작품론』, 문학과 치료, 2015.

황혜진, 「자기서사 진단도구의 개발 현황과 개선 방안」, 『문학치료연구』 38, 한국문학치료학회, 2016.

(　　　　　　　)님의 자기서사 진단 결과

자녀서사
(1~4문항)

위 문항은 자녀의 입장에서 부모와 자식 간의 관계, 나아가 세상의 규칙에 대한 수용 태도와 관련된 자기서사를 진단하기 위해 마련했습니다. 이러한 자기서사는 세상의 규칙, 윤리, 전통, 도덕, 규범 등과 같이 이미 세워져 있는 체계를 어떤 태도로 받아들이냐를 알려주는 지표가 됩니다.

당신의 자기서사에서 가장 특징적인 면모는 다음과 같습니다.

어떤 인간관계나 상황 속에서 자신이 의식하거나 의식하지 못했던 자기서사를 알게 되는 것도 중요하지만, 이야기에도 다양한 선택지가 있는 것처럼 내 삶의 이야기도 기존의 습관과는 다른 방식으로 구성될 수 있음을 깨닫는 것이 더 중요합니다. 그러려면 우선 당신이 가진 자기서사의 문제점, 부족한 점을 인식해야 할 것입니다.

당신의 자기서사가 초래할 수 있는 문제점은 다음과 같습니다.

남녀서사
(5~8문항)

위 문항은 애인과의 관계, 나아가 자신의 소망을 충족시키려는 태도와 관련된 자기서사를 진단하기 위해 마련했습니다. 이러한 자기서사는 대상을 선택할 때(관계나 사물 등) 내가 원하는 것, 나의 소망에 얼마나 비중을 두고 있느냐를 알려주는 지표가 됩니다.

당신의 자기서사에서 가장 특징적인 면모는 다음과 같습니다.

이러한 자기서사는 당신이 삶을 운영하는 데 있어 중요한 역할을 하지만 어떤 상황이나 관계에서는 부정적인 작용을 하기도 합니다. 이러한 점이 당신이 가진 자기서사의 문제점이라고 할 때 이 부분에 대한 인식을 통해 개선 방향을 모색해 볼 수 있습니다.

당신의 자기서사가 초래할 수 있는 문제점은 다음과 같습니다.

부부서사
(9~12문항)

위 문항은 부부 관계를 비롯하여 동료, 친구 등 지속적으로 교류하는 관계에서 상대의 소망에 대한 태도와 관련된 자기서사를 진단하기 위해 마련했습니다. 이러한 자기서사는 관계를 지속시켜나가야 하는 경우에 어떠한 태도를 취하느냐를 알려주는 지표가 됩니다.

당신의 자기서사에서 가장 특징적인 면모는 다음과 같습니다.

이러한 자기서사는 당신이 배우자 및 동료, 친구 등 지속적인 관계를 맺어나가는 데 있어 마음속에서 활발히 작용합니다. 일부러 의식하지 않더라도 당신의 기분이나 일시적인 선택을 좌우할 수 있다는 것이지요. 자기서사가 어떤 모습이냐 하는 것은 평가의 대상은 아닙니다. 어떤 서사나 장단점을 가지고 있기 마련입니다. 당신의 서사가 혹시나 초래할지도 모르는 위험을 미리 상상해 보는 것은 자기서사의 개선을 위해 도움이 됩니다.

당신의 자기서사가 초래할 수 있는 문제점은 다음과 같습니다.

부모서사
(13~16문항)

위 문항은 부모의 입장에서 부모와 자식 간의 관계, 나아가 보살피고 책임져야 할 관계에서 자신의 원칙을 실현시키려는 태도와 관련된 자기서사를 진단하기 위해 마련했습니다. 이러한 자기서사는 내가 보호해야 하고, 보살펴야 하고, 길러내야 하는 대상에 대해 어떠한 태도를 취하느냐를 알려주는 지표가 됩니다.

당신의 자기서사에서 가장 특징적인 면모는 다음과 같습니다.

내가 보살펴야 하는 상대방에 대해 취하는 태도에는 동전의 양면처럼 긍정적 측면과 더불어 부정적 측면도 있습니다. 부정적 측면이 당신의 자기서사에서의 부족한 점이라고 할 때 이 부분을 개선한다면 건강한 자기서사를 갖는 데 도움이 될 것입니다.

당신의 자기서사가 초래할 수 있는 문제점은 다음과 같습니다.

PART 05

창작을 통한 자기서사의 길내기

1 자기서사 변화를 위한 창작 원리

서사의 주체

우리는 글을 아직 깨우치지 못한 어린 시절부터 이야기를 듣고 보며 자라난다. 그리고 학창시절에는 주로 교과서에 실린 여러 장르의 작품을 접하면서 작품을 분석하는 법이나 작품의 의미를 배운다. 또한, 성인이 되어서도 우리는 작품과 동떨어지지 않고 여러 매체를 통해 작품을 접하면서 살아간다. 이처럼 우리는 일생을 작품과 함께 살아간다고 해도 과언이 아니다.

그런데 우리는 시험을 치르기 위한 학창시절 이외에는 작품을 보는 것에 대해 제약을 받지 않는다. 즉 작품 속 인물 간의 관계나 줄거리 정도만 제대로 파악했는지를 확인한다면, 어떤 작품을 어떻게 이해하고, 어떤 인물을 어떻게 바라보는지에 대해서는 자유롭게 이해할 일인 것이다. 하지만 때로는 작품에 심취하다가 작품 속 인물과 자신을 과도하게 동일시하거나 작품 속 행위를 현실화하면서 제대로 된 작품에 대한 이해를 놓치기도 한다.

그렇다면 독자가 작품을 어떻게 이해하는지에 대해 관심을 기울이지 않을 수 없는 것이다. 작품을 대할 때, 제대로 이해하지 않는 습관을 갖는다면 아무리 많은 작품을 접한다고 해도 풍부하고 다채로운 서사를 통해 내면의 성장을 기대하기 어려울 것이기 때문이다.

이에 문학치료학에서는 '서사의 주체'라는 개념을 통해 더욱 효과적인 작품 감상법을 제시하고자 한다. 이는 우리의 자기서사가 건강하게 변화하는 데 이로움을 줄 수 있는 것이다.

그러면 서사의 주체라는 개념에 대해 자세히 살펴보도록 하겠다. 먼저 하나의 작품에서 서사의 주체는 최소한 등장인물의 수만큼 많이 생기게 되는 것이다. 예를 들어, 고전소설 〈흥부전〉에서 서사의 주체는 흥부, 흥부 부인, 흥부 자식들, 놀부, 놀부 부인, 마당쇠 등이다.

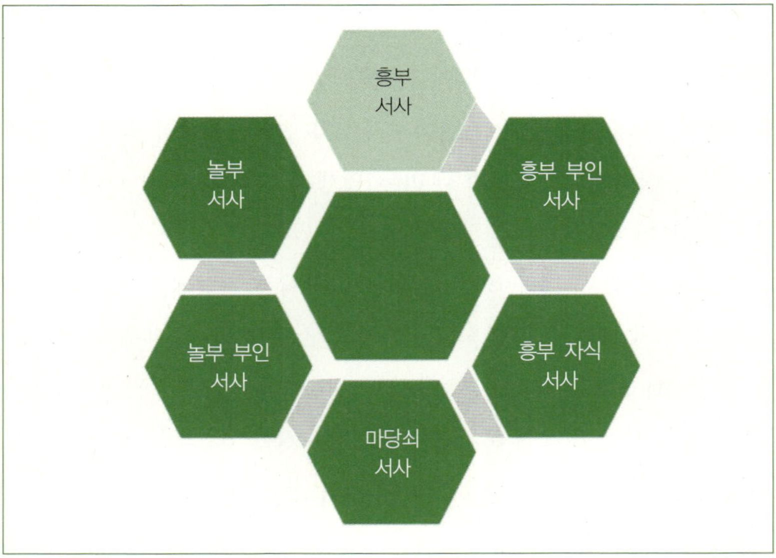

(※ 또 다른 등장인물들도 서사의 주체로 한다면 ⬢는 추가 구성된다.)

[그림 10] 〈흥부전〉의 서사의 주체

우리는 보통 주인공의 인생살이를 통해 작품을 이해하고 기억하고 있다. 이 때문에 보조 인물들의 인생살이는 대략 성글게 기억할 뿐이다. 하지만 작품은 각각의 등장인물들의 인생살이로 구성되어 있다. 서사의 주체라는 개념은 잘 드러나지 않던 보조 인물들의 인생살이를 윤곽 있게 드러내어 작품을 보다 입체적으로 볼 수 있게 하는 것이다. 즉 우리가 대하는 작품에 각양각색의 서사가 존재한다는 것을 드러내 주는 것이다.

다음으로 서사의 주체라는 개념은 우리들이 대하고 있는 작품이 매우 다양한 서사가 중첩되어 있다는 것이다. 그런데 그 중첩된 서사는 항상 통일성을 유지하고 있는 것만은 아니다. 때로는 서로 경쟁하거나 충돌하기도 한다. 그러면서 서사적인 긴장을 일으키고, 그 긴장을 통하여 우리들은 새로운 차원으로 진입할 수 있기도 하는 것이다. 예를 들어, 고전소설 〈흥부전〉에서 흥부의 서사, 흥부 부인의 서사, 놀부의 서사, 놀부 부인의 서사, 마당쇠의 서사가 서로 중첩되어 통일성을 이루다가도 경쟁하거나 충돌한다.

그러면 흥부의 서사와 흥부 부인의 서사가 통일성을 이루다가도 경쟁하거나 충돌하는 모습을 구체적으로 살펴보겠다.

흥부를 서사의 주체로 삼고 서사를 구성하면 다음과 같다.

① 부모님이 돌아가시자 놀부 가족과 함께 살다가, 놀부에게 쫓겨나서 움막을 짓고 살았다.
② 먹을 것이 없자 부인이 놀부 집에 가서 쌀이라도 얻어 오라고 하여 놀부 집에 갔다가 놀부에게 거절당할 뿐만 아니라 놀부 부인에게 밥주걱으로 뺨을 얻어맞고 왔다.

③ 부인에게는 놀부에게서 먹을 것을 많이 얻어 가지고 오다가 도적을 만나 다 빼앗겼다고 거짓말하였다.
④ 매품이라도 팔려고 했으나 매품도 못 팔고 집으로 돌아가야만 했는데, 부인이 반겨 주었다.
⑤ 제비가 물어다 준 박씨를 심어 박이 열리자 요기라도 할 요량으로 부인과 함께 박을 탔다.
⑥ 박 속에서 금은보화와 함께 여자들이 나와서 매우 기뻤다.
⑦ 놀부가 박을 타다가 재산을 다 빼앗기고 찾아오자 형님이 오셨다며 반겼다.

흥부 부인을 서사의 주체로 삼고 서사를 구성하면 다음과 같다.

① 흥부에게 시집을 와서 놀부 가족과 함께 살다가, 놀부에게 쫓겨나서 움막을 짓고 살았다.
② 먹을 것이 없자 남편 흥부에게 형님 놀부네 집에 가서 쌀 얻어 오라고 하였다.
③ 흥부가 먹을 것을 많이 얻어 가지고 오다가 도적을 만나 다 빼앗겼다며 거짓말을 하니까 이래도 알고 저래도 안다며 한탄을 하였다.
④ 흥부가 매품이라도 팔려고 하자 매품 못 팔게 해 달라고 기도하고, 흥부가 매품 파는 일을 실패하고 돌아오자 깜짝 반가워하였다.
⑤ 제비가 물어다 준 박씨를 심어 박이 열리자 요기라도 할 요량으로 남편과 함께 박을 탔다.
⑥ 박 속에서 금은보화와 함께 여자들이 나오자 질투하였다.
⑦ 놀부가 와서 술 따르라고 하자 화를 내었다.

여기서 흥부의 서사와 흥부 부인의 서사는 ①, ②, ⑤에서 통일성을 이루고 있다. 또한, ③, ④에서 경쟁하고, ⑥, ⑦에서 충돌하고 있다. 이를 자세히 살펴보면, ①, ②에서 흥부와 흥부 부인은 놀부와 함께 살다가 쫓겨나서 움막을 짓고 살았는데, 식구들이 굶게 되자 쌀을 얻고자 하였다. ⑤에서 흥부와 흥부 부인은 제비가 물어다 준 박씨를 심어 박이 열리자 요기라도 할 요량으로 함께 박을 탔다. 여기서 보면 흥부와 흥부 부인은 부부 일심동체가 되어 서로 한마음이라는 것을 알 수 있다. 그리고 ③에서 흥부는 놀부를 욕되게 하거나 부인이 굶는 것도 서러운데 더욱 비관되게 할 것 같아서 놀부에게 많이 얻어 가지고 오다가 도적 만나 다 빼앗겼다고 하였다. 하지만 흥부 부인은 흥부의 거짓말에 속거나 속아 주지 않고 이래도 알고 저래도 안다며 한탄을 하였다. ④에서 흥부가 매품이라도 팔려고 하자 흥부 부인은 매품 못 팔게 해 달라고 기도하였다. 그래도 흥부가 매품 파는 일을 나갔다가 실패하고 돌아오자 흥부 부인은 깜짝 반가워하였다. 여기서 보면 흥부와 흥부 부인은 가난한 처지에서도 서로 더 아끼고 배려해 주려고 했다는 것을 알 수 있다. 또한, ⑥에서 박 속에서 금은보화와 함께 여자들이 나오자, 흥부는 기뻐하였지만 흥부 부인은 질투를 하였다. ⑦에서 놀부가 박을 타다가 재산을 다 빼앗기고 찾아오자, 흥부는 형님이 오셨다며 반겼지만, 흥부 부인은 불쾌해하였다. 여기서 보면 흥부와 흥부 부인은 여자와 놀부 앞에서 상반된 감정을 갖게 되었다는 것을 알 수 있다. 다시 말해 중첩된 서사들은 서사적 긴장을 체험하게 하면서 새로운 차원으로 이동할 수 있는 힘을 얻게 하는 것이다.

그다음으로 서사의 주체라는 개념은 각 인물의 서사 전개에 기준점이 되어서 서사를 재구성할 수 있게 하는 것이다. 하지만 작품을 재구성한다고 해도 작품의 본질적인 의미가 훼손되는 것은 아니다. 예를 들어, 고전소설 〈흥부전〉에서 놀부(흥부 부인, 놀부 부인, 흥부 자식 등)를 서사의 주체로 하여 〈흥부전〉의 서사를 재구성할 수 있는 것이다.

이처럼 서사의 주체라는 개념을 사용하여 서사를 재구성하면 이로운 점이 있다. 그것은 종래의 서사이론에서 이데올로기나 세계관의 충돌을 문제 삼고자 할 때 서술자에 초점을 맞추면서 서술시각이나 서술태도를 분석하곤 하였는데, 이러한 문제들을 한꺼번에 다룰 수 있는 것이다.

예를 들어 〈흥부전〉의 경우 놀부를 찬양하는 연구가 유행하던 때가 있었다. 오늘날 산업사회에서 우리에게는 흥부형 인물보다는 놀부형 인물이 더 적합하다는 것이었다. 이때 놀부를 서사의 주체로 하여 〈흥부전〉의 서사를 재구성하면 놀부도 놀부 나름대로 자기 입장이 있고 자기 논리가 있었다는 것을 알 수 있다. 하지만 놀부가 어디까지만 주장할 수 있고 어디서부터는 그 주장이 먹혀들지 않는지 드러나게 된다.

놀부를 서사의 주체로 하여 〈흥부전〉의 서사를 재구성하면 다음과 같다.

놀부의 아버지가 놀부에게는 일하라고 했고 흥부에게는 공부하라고 했다. 그래서 내심 불만이 쌓이게 되었다. 만일 놀부가 동생 흥부 공부시킨 것을 매우 자랑스럽게 여기고, 또 흥부가 공부를 잘해서 과거 시험에 장원으로 합격을 하고 그래서 높은 벼슬을 하고 그랬으면 그게 별 문제가 없었을지도 모른다. 그런데 동생 흥부는 벼슬도 못하지, 결혼하고 나서도 여전히 형에게 얹혀살지, 그러니 분통이 터질 수밖에 없는 것이다.

하지만 놀부는 자식도 없고, 박을 타면 탈수록 곤경이 깊어지고 재산이 몰수되는 상황으로 전락할 뿐이다.

산업사회에서 놀부라는 인물을 추켜세운 것은 놀부가 남의 일에 참견하느라 공부도 못하고 가난에 허덕이는 흥부와 달리 자신의 일에 무섭도록 집중해서 사업도 성공하고 결혼도 성공하고 자식들도 훌륭하게 키우고 그럴 것이라고 상상했던 것이다. 하지만 〈흥부전〉에서 놀부 이야기는 그렇게 전개되지 않는다. 여기서 주의해야 할 점은 우리가 놀부 이야기를 하는 것과 놀부가 되는 것은 다르다는 것이다. 때때로 놀부가 되는 체험도 필요하지만 놀부 이야기를 하고 있다는 것을 자각해야 하는 것이다. 이 자각 지점에서 우리는 인생에 대해 조망을 할 수 있게 되는 것이다. 즉 서사의 주체는 우리가 동일시할 인물들을 가리키는 말이 아닌 것이다.

다시 말해서 문학치료학의 새로운 서사이론에서 '서사의 주체'는 작품을 다각도에서 총체적으로 분석하고 이해하는 데 핵심적인 역할을 하는 용어이다. 하나의 작품에서 서사의 주체는 적어도 등장인물의 수만큼 많이 생기게 되며, 따라서 등장인물의 수만큼 많은 서사가 구성될 수 있는 것이다. 그러나 서사의 주체가 동일시의 대상을 가리키는 것은 아니며 다만 서사 전개의 기준점이 될 뿐이라는 것을 주의해야 할 것이다. 우리는 최종적으로 서사의 주체와 일정한 거리를 유지해야 그 서사에 대한 자각이 온전히 이루어질 수 있는 것이다.[1]

즉 서사의 주체는 작품에 투영한 자신의 내면을 각성시키고 객관적 시각을 키워 건강한 자기서사로의 변화를 일으키게 하는 것이다. 그리고 서사의 주체는 미약하게 그려진 서사를 선명히 드러내 옳고 그름의 구별에만 그치지 않고 저마다의 이해를 통해 자기서사의 변화를 추동하게 하는 것이다.

또한, 작품에서 서사의 주체를 바꿈으로써 새로운 의미를 생성하는 것은 글쓰기 주체가 작품에 대해 공감하고 그것을 통해 공명을 일으켜 기존의 작품보다 한 단계 더 나아가게 하는 것이다. 즉 작품서사를 온전히 이해할 때, 창조적 글쓰기가 가능하다는 것이다.[2]

서사의 다기성

미로찾기 놀이

한 작품은 서사의 분기점에 설 때마다 선택한 갈림길들의 집합체이다. 따라서 서사의 분기점마다 선택된 갈림길들은 앞으로 가야 할 미래까지 포함한 인생살이의 전모를 담고 있는 것이다. 이를 구체적으로 실행하기 위해 '서사지도敍事地圖'를 살펴보아야 할 것이다.

미로찾기 놀이를 한 번쯤 해 본 경험이 있을 것이다. 이때 시작점에서 도착점을 향해 떠나지만 어디로 어떻게 가야 할지를 몰라 헤매다가 중도에 포기하거나 겨우겨우 다다른 경험을 갖고 있을 것이다. 하지만 그렇다고 해서 미로찾기 놀이를 할 때마다 무조건 헤매기만 하는 것은 아닐 것이다. 자꾸 하다 보면 방향감각이 생겨서 처음과는 다르게 순조롭게 도착점에 다다를 것이다.

이처럼 우리의 인생도 미로 속에서 헤매는 것처럼 지금 어디쯤 와 있으며 어디로 가야 할지 방향을 잘 알지 못할 때가 있다. 그래도 미로 같은 인생살이를 헤쳐 나가기 위해 각고의 노력을 한다면 어느 정도 인생의 방향감각을 얻을 것이다. 하지만 이렇게 되기까지 우리는 많은 시간을 쏟고 시행착오를 겪을 수밖에 없다. 그렇기 때문에 자신이 도달해야 할 인생의 지점이 있다면 이미 다른 사람들의 인생 경험에서 터득된 인생의 경로를 참작해서 그 길로 가는 것이 더 효율적일 것이다.

그렇다면 우리의 자기서사도 현재 어느 위치에 있으며 어디로 어떻게 가야 하는지 그 방향을 정확히 안다면 자기서사의 변화 지점까지 더 쉽게 도달할 수 있다.

이를 위해 전철노선도처럼 서사지도가 정밀히 마련된다면 현재의 위치를 파악해서 헤매거나 시간 지체를 하지 않고 최단시간에 도착지점까지 정확히 도달할 수 있다.

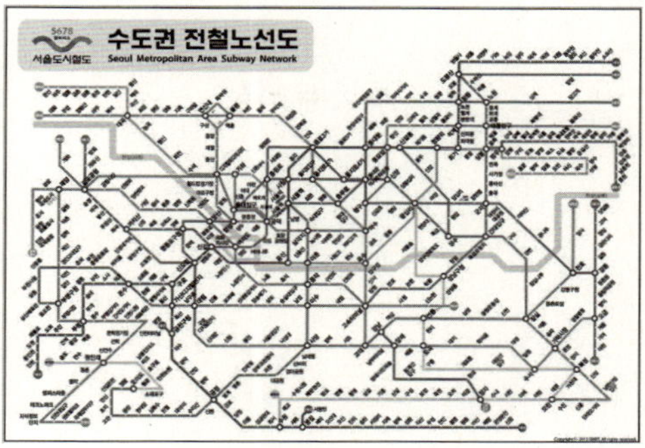

수도권 전철노선도

서사지도란 서사와 서사 사이의 상호 관련이 마치 지역과 지역 사이의 상호 관련처럼 배치된 것을 가리킨다. 정밀한 서사지도가 마련되어 있을 경우 진단서사로부터 떨어진 거리와 방향이 정확히 측정되기만 하면 대상자의 자기서사는 매우 명시적으로 드러날 수 있다.[3] 이러한 서사지도가 마련되면 문학치료 대상자의 자기서사가 어떤 위치에 있는지, 어떤 경로를 통하여 어떤 서사로 진행될 수 있을지를 가늠할 수 있게 된다.[4]

또한, 서사지도가 마련되면 문학치료 대상자의 자기서사가 어떠한 위치에 있는 서사인지 정확하게 포착함으로써 진단과 치료를 정밀하게 할 수 있다. 즉 자기서사의 변화가 구체적이고 효율적인 방식을 통해 막연하지 않고 빠르고 쉽게 이뤄질 수 있다는 것이다.

더 나아가 문학작품들에 대한 전면적인 체계화를 꾀할 수 있을 뿐만 아니라 이를 통하여 문학적 발달단계가 드러나면 문학교육과정도 합리적으로 수립할 수 있고 또한 창작의 원천 및 창작방법론으로도 활용할 수 있을 것이다.

2 서사의 주체를 활용한 자기서사의 길내기

한 작품에는 여러 개의 서사 주체가 존재할 수 있다. 그러나 한 작품 안에 모든 서사의 주체를 온전하게 드러내는 일은 쉽지 않으며, 일반적으로는 특정한 서사 주체에만 초점을 두고 나머지 서사 주체는 축소되거나 잠복되어 있는 경우가 대부분이다. 특정한 서사 주체에 집중한다는 것은 이야기의 논리를 명쾌하게 드러내는 데 도움이 되지만, 반대로 잠복되거나 축소된 서사의 주체와 관련된 이야기를 제대로 드러냄으로써 미처 발견하지 못한 이야기의 진실을 발견해 낼 수 있다. 바로 이 지점에서 서사의 주체 개념은 창작의 길을 마련할 수 있게 되며, 나아가 창작을 통한 자기서사 변화의 길도 제시할 수 있게 된다. 그러니까 하나의 작품이 있을 때 그 기반이 되는 작품서사는 동일하다고 하더라도, 서사의 주체를 누구로 삼느냐에 따라 여러 개의 다양한 텍스트가 생산될 수 있는 것이다. 그리고 다양한 텍스트 중 어떤 텍스트로 구현하느냐에 따라 자기서사 변화의 여부를 결정지을 수 있을 것이다.

서사의 주체 개념을 이용한 창작은 다음 단계의 과정을 거칠 때 용이해진다. 첫째, 인간관계 구도에 초점을 맞춰서 작품서사를 구성하고 있는 서사의 주체를 추출한다. 둘째, 서사의 주체에 따라 구성될 수 있는 다양한 텍스트의 모양을 파악한다. 이러한 과정은 이미 창작된 텍스트를 통해 기존의 문제의식을 심화시킴으로써 재창작의 길을 제시해 주며, 아직 창작되지 않은 텍스트에 대해서는 새로운 문제의식이 발현된 작품 창작의 새로운 길을 마련해 줄 것이다. 여기서는 이미 창작된 텍스트의 문제의식을 찾아내고 이를 통해 재창작의 길이 제시되는 예를 〈신립 장군과 원귀〉를 활용하여 설명하기로 한다.

이미 창작된 텍스트의 문제의식 발견

〈신립 장군과 원귀〉의 기본 줄거리를 정리해 보자면, 무술이 뛰어난 신립이라는 인물이 우연히 혼자 사는 처녀의 집에 유숙하게 되는 과정이 있고, 처녀의 생명을 위협하는 귀신이나 종을 신립이 퇴치해 주는 내용이 이어진다. 그리고 하룻밤 유숙한 뒤 떠나려는 신립에게 처녀가 자신도 함께 데려가 주기를 청하지만 신립이 이를 거절하고 홀로 남겨진 처녀는 자결하게 된다. 마지막으로 훗날 임진왜란이 일어나 왜적을 방비하기 위해 진을 치고 있던 신립에게 처녀 귀신이 나타나 신립을 방해하게 되고, 결국 신립은 패전 뒤 죽게 된다는 내용으로 귀결된다. 즉 '(1) 신립이 처녀의 집에 유숙하고자 함, (2) 신립이 위기에 처한 처녀 구함, (3) 신립의 거절과 처녀의 죽음, (4) 처녀의 복수로 인한 신립의 패전과 죽음'이라는 기본적인 뼈대를 지니고 있을 때 〈신립 장군과 원귀〉 설화로 간주한다. 이러한 흐름을 보이는 〈신립 장군과 원귀〉의 각편 하나를 소개하면 다음과 같다.

〈신립 장군과 원귀〉 ①: 신립 중심의 이야기

(1) 영동永同에 장 병사가 사냥을 좋아해서 산을 넘어 다니다가 길을 잃었다. 장 병사는 산속을 헤매다가 불빛을 발견하고 불빛을 쫓아가서 어느 집에 들어가게 되었다. (2) 문을 세 개나 열고 들어가자 하늘에서 내려온 선녀 같은 여자가 나와서 밥을 해 주고는 귀신이 나타나서 집 식구들을 잡아가고 자기 혼자 남았다는 이야기를 했다. (3) 장 병사는 밥값을 갚겠다면서 여자를 벽장에 숨기고 귀신이 나타나기를 기다렸다. 밤중이 되니 밖에서 "철쇠야, 문 열어라."는 소리가 들렸다. 그러자 마루 밑에서 팔대장신 같은 놈이 나타나 문을 열어 주는 것이었다. (4) 장 병사가 갑자기 호통을 치면서 "귀신이냐? 짐승이냐? 사람을 왜 잡아가는지 이유를 대라."고 했다. 대장놈이 장 병사를 보고 "장군님이 어떻게 여기에 왕림하셨습니까?"라면서 절을 하고 자기들은 광에 들어 있던 은금보화가 바깥 공기를 안 쐐서 사귀邪鬼가 되었다고 했다. 장 병사가 원하는 게 무엇인지 물으니 귀신 대장이 광을 열어 공기를 쐬게 해 주면서 좋은 데로 가라고 말해 달라는 것이다. (5) 장 병사는 귀신들의 원을 달래주고 벽장에서 기절한 여자에게 백비탕白沸湯을 먹여 살렸다. (6) 장 병사가 집을 나서려고 하자 여자가 자기와 결혼하기를 청했다. 장 병사가 거절하자 여자는 높은 곳에 올라가서 떨어져 죽었다. (7) 그 후로 여자의 원혼怨魂이 사귀가 되어 장 병사가 진을 치고 싸우면 자꾸 실패를 했다.[5]

위의 이야기에서 처녀는 자기의 결혼 요청을 신립이 거절했다는 이유만으로 자결을 하고 신립에게 복수하는 데 전력을 다한다. 어찌 보면 처녀는 자신이 거절당했다는 사실에 너무 몰입한 나머지 신립의 은혜는 전혀 생각하지 못한 매우 이기적인 인물로 간주될 수 있다. 그러기에 신립이 처녀를 도와주었음에도 불구하고 단지 처녀의 간청을 거절했다는 이유만으로 처녀에게 복수를 당하는 것이 온당한 것인가 하는 의문을 갖게 하며, 이러한 의문점은 신립의 죽음이 억울한 것으로 간주될 수도 있겠다는 생각이 들게 한다.

실제로 〈신립 장군과 원귀〉의 이야기를 접한 학생들 중 대부분은 아내에 대한 절개를 지킨 신립이 죽음에까지 이르게 되는 것은 논리상 적절하지 못하다는 의견을 제시하는 경우가 많다. 그래서 〈신립 장군과 원귀〉에 대한 저항감이 크고 그에 따라 서사의 접속 역시 기대하기가 어렵다.

그런데 어떤 각편에는 신립이 죽는 것은 당연한 귀결일 수밖에 없음을 보여주어 〈신립 장군과 원귀〉에 대한 저항감을 어느 정도 해소해 주기도 한다. 이와 관련한 각편을 소개하면 다음과 같다.

〈신립 장군과 원귀〉 ②: 신립과 오성이 대비되는 이야기

(1) 권 판서는 딸이 둘인데, 맏사위로 오성을, 둘째 사위로 신립을 얻었다. (2) 권 판서는 몇 해 동안 두 사위에게 글을 가르친 후 열흘씩 놀다 오라고 했다. <u>(3) 맏사위 오성이 나귀를 타고 가다가 비를 만나 주막집에 들어가 저녁을 먹는데 어떤 미친년이 춤을 추면서 방으로 들어와 오성을 덮쳤다. 몇 해 글을 읽느라 단방斷房을 했던 오성은 미친년과 관계를 했다. 그러자 미친년이 죽어도 원이 없다며 춤을 추며 나가더니 마당에서 죽어 버렸다. (4) 오성이 걱정을 하자 아랫방에 있던 사람이 오더니 여자의 송장은 동네에서 알아서 치울 테니 아무 걱정 말고 가라고 했다.</u> (5) 한편 둘째 사위 신립은 총을 둘러메고 강원도로 사냥을 갔다가 날이 저물어 어느 집을 방문했다. 그 집 처녀는 "오늘 저녁에 내가 마지막 죽을 참이니 여기 있으면 죽을 테니 가라."고 했다. 신립은 "죽기는 무슨 일로 죽겠느냐?"며 대수롭지 않게 저녁을 먹고 있는데 갑자기 장사가 '와르륵' 하면서 마루로 올라와서 "어느 놈이 여길 들어와 있느냐?"고 했다. 순간 신립은 재빠르게 몸을

피해 장사를 밀어 죽여 버렸다. (6) 신립이 처녀에게 사연을 묻자 처녀는 서울에서 피난하러 왔는데 부리는 이 중 하나가 처녀를 아내로 맞으려 했는데 어머니와 오라비가 반대를 하자 모두 죽이고 오늘 저녁에는 자기마저 죽을 참이었다고 했다. (7) 처녀는 신립에게 데려다 몸종 부엌데기, 소실로 삼아도 좋으니 함께 살자고 했지만 신립이 그렇게 할 수 없다며 다른 데로 가라고 했다. 그렇게 박절을 하고 나왔는데 처녀가 집 주위에 기름을 두르고 "나 좀 보라!"며 지붕에서 타 죽었다. (8) 처갓집에 두 사위가 들어오는데 권 판서가 보고 맏사위에게는 무슨 일을 해서 좋은 기운이 도냐고 했다. 오성이 자초지종을 말하자 "참 남에게 잘 했다."며 칭찬을 했다. (9) 또 둘째 사위에게는 네가 큰 사람이 될 줄 알고 사위로 삼았는데 얼굴에 수심이 도니 무슨 일을 하고 얼굴이 흉하게 되었냐고 했다. (10) 신립이 자초지종을 말하자 권 판서는 "예이, 못 생긴 놈이다." 하고 유리병을 주며 일평생 이것을 몸에 지니고 다니라고 하였다. 그리고 병의 마개가 빠지면 일이 끝난 것으로 알라고 했다. 나중에 신립이 대장이 되어 탄금대에 진을 치려고 하는데 공중에서 여자가 "이곳에 진을 치면 안 된다 여기다 쳐라."고 했다. (11) 그래서 여자가 말한 곳에 진을 치니 꼭 막혀 있던 병마개가 빠졌다. 결국 신립은 여자 때문에 탄금대 전나무에 올라가다 떨어져 죽었다.[6]

위의 이야기에서 특이한 점은 신립 이야기에 또 다른 인물의 이야기가 추가되어 있다는 것이다. 이는 권 판서의 첫째 사위인 오성에 관한 이야기인데 공교롭게도 신립의 이야기와 대비를 이루고 있다. 오성은 자신이 자는 방에 들어온 어느 미친 여자를 내쫓지 않고 동침을 하였는데, 이후 여자는 죽어도 원이 없다면서 춤을 추고는 죽었다. 이후 장인인 권 판서가 오성에게 자초지종을 듣고는 "참 남에게 잘했다."는 칭찬의 말을 아끼지 않는다. 결국 아내와의 의리보다는 처녀의 원을 풀어 주는 것이 치자治者에게 요구되는 덕목일 수 있다는 것이 이 이야기의 핵심이

자 지향점이라는 것을 신립과의 대비를 통해 보여주고 있다.

첫 번째 각편에서는 납득되지 않던 신립을 향한 원귀의 복수가 오성의 이야기를 통해 납득할 수 있게 되는 것이다. 이는 잠복되어 있던 서사의 주체 오성을 텍스트에 새롭게 결합시켰기에 가능한 일이라고 할 수 있다. 오성의 이야기를 신립 이야기와 결합시킴으로써 오성이 잘한 점과 신립이 못한 점이 대비될 수 있게 하며 이를 통해 처녀가 왜 원귀가 될 수밖에 없었는지에 수긍할 수 있게 되는 것이다.

새로운 창작을 통한 문제의식의 심화

〈신립 장군과 원귀〉는 오성의 이야기가 결합된 각편을 염두에 둘 때 분명 신립의 잘못으로 처녀에게 원한을 사게 되었고 그 결과 죽음을 면할 수 없었다는 논리를 지향하고 있다고 할 수 있다. 그래서 신립이 한 여자의 목숨도 살리지 못하면서 치자로서 큰일을 도모하려는 것은 그릇된 것이라는 서사 논리가 〈신립 장군과 원귀〉의 핵심일 수 있다는 결론을 내릴 수 있었다.

그러나 아무리 오성의 이야기를 결합시켜 신립의 실책을 분명히 드러내더라도 여전히 해명되지 않는 것이 있는데, 바로 처녀의 원한에 관한 문제이다. 처녀가 한을 품을 수밖에 없었던 자초지종은 분명히 드러나지 않는 것이다. 바로 이점을 포착하면 〈신립 장군과 원귀〉를 활용한 새로운 창작이 가능해질 수 있다. 즉 〈신립 장군과 원귀〉의 서사를 바탕으로 새로운 텍스트를 구성해 내는 것이다.

〈신립 장군과 원귀〉에서 서사의 주체는 주어진 텍스트만 봐서는 신립, 처녀가 그 중심에 있다고 할 수 있다. 그리고 각편에 따라 권판서와 오성, 그리고 미친 여자 등이 있을 수 있다. 또 텍스트에는 드러나지 않지만 나름의 비중을 가지고 있다고 판단되는 서사의 주체로는 신립의 아내도 한몫을 한다. 다만 텍스트 밖으로 밀쳐지고 잠복되어 신립의 아내에 대한 이해는 미뤄 둔 셈이 된다. 그러나 무엇보다도 신립의 죽음이 마땅한 것이었다는 논리를 지지하기 위해서는 처녀에 대한 충분한 이해가 수반되어야 한다. 그러려면 서사의 주체를 신립에 맞추기보다는 처녀에게 맞출 때 처녀에 대한 이해가 좀 더 온전해질 것이다. 물론 서사의 주체를 처녀에 중심으로 둔다고 해서 서사의 지향점이 바뀌는 것은 아니다. 만약 서사가 바뀐다면 그것은 처녀를 온전히 이해하지 못했거나 아니면 〈신립 장군과 원귀〉가 담지하고 있는 서사에 대한 거부감에서 비롯된 것일 공산이 크다.

앞에서 언급된 바와 같이 처녀를 도와준 신립이 단지 처녀를 거절했다는 이유만으로 복수를 당하고 죽음에 이르게 되는 내용은 구연자뿐 아니라 독자들까지도 거부감을 불러일으킬 만했다. 이는 곧 〈신립 장군과 원귀〉의 텍스트만으로는 처녀가 무슨 이유로 원귀가 되어서까지 신립에게 복수하려고 했는지에 대한 내용이 충분히 드러나지 않기 때문이다. 다시 말해 신립의 이야기는 소상하게 드러났어도 처녀의 이야기는 상대적으로 소략하다는 것이다. 즉 신립의 입장에서 이야기를 이해할 때는 뒤로 밀쳐지거나 잠복되어 있어 분명하지 않던 이야기가 처녀의 입장으로 방향을 선회하면서 온전하게 복원될 수 있고, 그 결과 새로운 텍스트를 생산해 낼 수 있음을 보여주는 것이다.

이에 본고에서는 그에 대한 한 예를 제시해 보기로 한다.

〈신립 장군과 원귀〉 ③ : 처녀 중심의 이야기

(1-1) 옛날 어느 양반가에 한 처녀가 있었다. 처녀는 부모님, 오빠와 함께 행복하게 잘 살고 있었다. 그런데 어느 날 전쟁이 일어나 처녀가 사는 마을에 왜군이 쳐들어왔다. 처녀의 친척들은 모두 전쟁으로 인해 죽거나 흩어지고 말았다. 이에 처녀의 가족 역시 도성에 더 이상 머물 수가 없어 산속으로 피난을 가게 되었다. 처녀는 비록 일가친척들이 모두 죽고 떠나버렸고, 형편이 점점 더 어려워지긴 했지만 자신의 부모와 오빠가 곁에 있어 안심이라고 생각했다. 하루는 처녀의 오빠가 먹을거리를 구하기 위해 사냥을 나갔다. 그런데 한참 후 처녀의 오빠는 싸늘한 시체로 돌아오고 말았다. 처녀는 오빠의 죽음에 억장이 무너질 듯 가슴이 아팠다. 오빠를 잃고 부모님과 쓸쓸한 나날을 보내는데, 어느 날 처녀의 가족을 모시던 종이 처녀가 보는 앞에서 처녀의 부모를 죽이고 말았다. 그러고는 종이 처녀에게 자신의 아내가 되어 주면 목숨만은 살려 주겠다고 협박을 하고는 내일 다시 오겠다며 나가 버렸다. 홀로 남겨진 처녀는 자신의 오빠 역시 종에게 죽임을 당한 것임을 깨달았다. 처녀는 두려움이 엄습하기도 전에 슬픔에 먼저 마음이 흔들렸고, 자신의 슬픈 운명을 탓했다. 처녀는 자신의 부모를 죽인 종과 함께 사는 것이 끔찍하게 싫을 뿐 아니라, 종에게 저항할 수 없는 나약한 자신을 생각하니 더욱 괴로웠다. 그리고 더 이상 살고 싶은 생각도 들지 않았다. 그래서 처녀는 종이 오기 전에 목숨을 끊어야겠다고 마음먹었다. (1-2) 그런데 목을 매고 죽으려 하는데 밖에서 낯선 남자의 소리가 들렸다. 산속에서 길을 잃어 하룻밤만 유숙하기를 청하는 것이다. 처녀는 세상을 하직하려 했던 것은 차치하고서라도 남자가 종에게 죽을지도 모른다는 생각이 드니 남자를 집 안에 들이면 안 되겠다는 생각을 했다. 그래서 처녀는 남자에게 집에 변고가 있어 들일 수 없다고 말했다. 그런데 남자는 계속 하룻밤 청하기를 물으며 무슨 변고가 있는지 자꾸 물었다. 처녀는 할 수 없이 그동안 집안에 있었던 일을 말해 주었다. 그랬더

니 남자는 자기가 그 종을 물리쳐 주겠다고 호언장담을 했다. 처녀는 더 이상 남자를 말릴 힘도 없어 남자를 집안에 들여 유숙하게 했다. (2) 그리고 한참 후 종이 다시 처녀의 집으로 돌아왔다. 마구간에 숨어 있던 남자는 종을 향해 화살을 쏘았는데, 종은 어찌나 민첩하던지 화살을 피하는 것이었다. 그리고는 화살이 날아온 방향으로 다가가 남자를 붙잡으려 했다. 그래서 남자는 꾀를 내어 화살촉을 빼고 화살을 쏘았다. 종은 다시 그 화살을 손으로 막아내었다. 남자는 종이 손으로 막아내는 찰나에 빼놓았던 화살촉을 종의 이마에 찍어 죽였다. 이렇게 해서 남자는 처녀의 원수를 갚아준 셈이 되었다. 종을 처치한 남자는 처녀를 위로해 주고 보듬어 주었다. (3) 그동안 처녀는 이제 살고 싶어도 더 이상 살 수 없을 거라고 생각했는데, 남자를 통해 다시 살 수 있으리라는 실낱 같은 희망을 갖게 되었다. 이 사람만 따라간다면 죽으려 했던 마음을 다시 돌이켜 살아볼 수도 있겠다는 생각을 했다. 그런데 날이 밝자 남자는 어젯밤과 달리 서둘러 집을 나서려 하였다. 남자가 떠나고 홀로 이 집에서 살게 된다면 이는 살아도 사는 것이 아니기에, 처녀는 남자를 따라가기로 결심하고 용기 내어 말했다. 어차피 죽을 목숨이었기에 그 정도의 용기는 아무것도 아니었다. 그런데 남자는 아내가 있는 몸이므로 처녀를 데려갈 수 없다고 말했다. 그래서 처녀는 자신을 종으로 부려도 좋으니 자기를 데려가 달라고 애걸했다. 그러나 남자는 요지부동이었다. 어제의 그 따뜻한 남자가 아니었다. 처녀는 그동안 남자가 보여준 호의가 계산된 동정이었을 뿐임을 깨달았다. 남자는 처녀를 진심으로 살리고자 한 것이 아니었으며 사람을 살린다는 것이 진짜 무엇인지 몰랐던 것이다. 그래서 처녀는 뒤이어 밀려오는 좌절감과 슬픔을 억제할 수 없었다. 차라리 어젯밤에 죽었더라면 이런 큰 고통은 느끼지 않고 편히 갔을지도 모른다는 생각을 하니 남자가 더욱 원망스러워졌다. 그래서 처녀는 떠나는 남자에게 산을 내려가다가 집을 한번 뒤돌아보고 가라고 하고는 남자를 보내 주었다. 그리고 홀로 남은 처녀는 집에 불을 지르고 목을 매어 자살을 했다. 한참 후 남자가 뒤돌아보았을 때 집은 이미 불이 번질 대로 번졌고 처녀가 목을 매어 죽은 모습이 보였다.

남자가 집으로 돌아와 장인에게 이 사실을 고했더니 장인이 남자를 질책했다. 아내 역시 이 얘기를 듣고는 남편을 나무랐다. 당신이 여자를 데려온다면 그럴 만한 사정이 있을 거라고 믿었을 터인데 왜 버려두고 와서 이 지경까지 이르게 되었느냐고 나무랐다. 아내의 질책을 듣고 보니 자신이 크게 잘못한 것임을 깨닫고 뒤늦게 후회했다. (4) 그리고 얼마 후 전쟁 상황이 날로 심각해져갔다. 남자는 통제사로 임명을 받아 충주로 내려갔고, 군사 팔천 명을 데리고 조령에 올라가 싸우고자 계획하고 있었다. 그런데 여귀女鬼가 등 뒤에서 나타나 마병을 가지고 산골에서 무슨 싸움을 하느냐고 질책을 했다. 그 소리를 들은 남자는 평지로 가야겠다는 생각에 탄금대에 배수진을 쳤다. 그랬더니 왜군들이 조령을 무사히 넘어와 총으로 쏘아대어 마병 팔천 명이 다 죽어 버렸다. 결국 남자는 자신의 판단 착오로 많은 군사를 잃었다는 생각에 자책하며 자살을 하고 말았다.

위와 같이 새롭게 창작된 결과물에서 유의한 점은 처녀를 중심으로 새로운 텍스트를 구성하되, 구성된 텍스트가 신립의 입장에서 읽더라도 그 줄기가 크게 달라지지 않게 하는 데 있었다. 요컨대 달라진 것이라면, 처녀 이야기의 자초지종이 좀 더 구체적으로 드러나도록 하는 데 주의를 기울였을 뿐이라는 것이다. 그러기에 앞서 제시한 〈신립 장군과 원귀〉의 기본 뼈대인, (1) 신립이 처녀의 집에 유숙하고자 함, (2) 신립이 위기에 처한 처녀를 구함, (3) 신립의 거절과 처녀의 죽음, (4) 처녀의 복수로 인한 신립의 패전과 죽음이라는 네 개의 뼈대를 갖춘 것이다.

그런데 이 네 개의 줄거리 앞에 필자는 새로운 단락을 하나 더 추가하여 이야기를 구성하였다. 그래서 편의상 추가된 단락을 (1)의 연장으로 보고 (1-1)단락으로 상정하여 내용을 구성해 보았다. 필자가 (1-1)을 추가하게 된 이유는, 처녀가 왜 죽을 수밖에 없었을까 하는 의문과 신립의 어떤 점이 원한을 품게 했을까 하는 의문을 해소하기 위함이고,

궁극적으로는 처녀를 이해하기 위함인 것이다. 그래서 처녀에게 가족은 자신의 삶을 지탱케 하는 매우 소중한 존재였다는 점, 그런 가족이 하루아침에 몰살당하게 되었다는 점, 그리고 가족을 죽인 종이 처녀를 아내로 삼으려고 한다는 점, 종의 아내가 되지 않으려면 종에게 죽을 수밖에 없다는 점 등을 부각하여 처녀의 절박한 상황을 설득력 있게 그려 내고자 하였다.

뿐만 아니라 단락(1–2)에서 단락(4)까지의 내용도 처녀의 입장을 구체화하고 이해 가능한 방향으로 지어진 것이다. 그렇게 해서 신립을 중심으로 구현된 텍스트에서는 분명하게 드러나지 않던 뜻이 위의 이야기로 재구성되었을 때 드러나는 점이 있는데, 그것은 이미 죽은 거나 다름이 없는 처녀를 다시 살리고자 했다면 정말 처녀를 살렸어야 한다는 점, 그럴 만한 각오가 되어 있지 않은 채 섣부르게 처녀를 살리려 했다면 그것은 처녀를 또 한 번 죽이는 것이 된다는 점이 부각되면서, 신립이 왜 처녀에게 원한을 사고 훗날 죽음에까지 이르게 된 것인지 분명해진다. 바로 이 점이 서사의 주체를 바꿈으로써 드러나는 새로운 의미이며, 이 의미가 드러나도록 기술하는 것이 곧 창조적 글쓰기일 수 있다고 하겠다.

무엇보다 이러한 창조적 글쓰기 과정은 이전에는 저항감을 일으켰던 〈신립 장군과 원귀〉라는 서사에 접속을 가능하게 하며, 이러한 가능성은 곧 인간에 대한 이해를 넓힘으로써 자기서사 변화의 길을 제시하는 데 기여할 수 있게 된다.

3 서사지도를 활용한 자기서사의 길내기[7]

문학치료는 우리들 안에 가능한 많은 서사들이 연결되어 있도록 하려는 것이다. '서사의 분기점'을 통해 다양한 서사들이 서로 촘촘히 연결되어 있으면 있을수록, 우리가 보다 질 높은 인생살이를 살아갈 수 있다고 보는 것이다. 이때 다양한 서사들이 서로 연결되어 있는 것을 '서사지도'라고 부른다. 다양한 종류의 서사지도를 구축하는 것은 성공적인 문학치료를 위해 대단히 중요한 일이다. 내담자의 특성에 따라 사용하게 되는 서사지도가 달라질 수 있기에 가능한 다양한 종류의 서사지도를 구축해 놓아야 한다. 그리고 기본적인 형태의 서사지도가 구축된다면, 그것을 보완하고 발전시켜 나가는 일이 필요하다. 서사지도가 보다 넓고 촘촘하게 구성될수록, 문학치료의 효과 또한 높아질 수 있기 때문이다.

이제 서사지도 구축을 통한 자기서사의 확장 과정을 구체적으로 살펴보겠다. 이를 위해 K대 교양수업에서 학생 A의 자기서사가 확장되었던 사례를 소개해 보고자 한다. A는 특히 이성 관계 문제로 많이 힘들어 했는데, 가장 큰 문제는 '남자친구가 다른 이성과의 관계를 맺는 것을 알면서도 헤어지지 못하는 것'이었다. A는 남자친구가 자신과 연애를 하면서도 옛 여자 친구와의 관계를 정리하지 못했다는 것을 알게 되었다. 남자친구가 다른 이성과의 관계를 정리하겠다면서 A에게 매달리자 A는 어떻게든 남자친구를 이해하고 용서해 주기로 하였다. A는 이러한 상태에서 〈도량 넓은 남편〉의 '남편'이 자신과 가장 닮아 있는 인물이라고 스스로 진단하였다.

A는 상대의 잘못을 알면서도 상대를 감싸 주고 이해하려는 강력한 지향을 갖고 있었다. 그래서 〈도량 넓은 남편〉의 남편이 아내의 불륜을 목격하고도 아내를 감싸 준 모습이 자신과 닮아 있다고 여긴 것이다. 그런데 여기서 중요한 것은 A가 〈도량 넓은 남편〉에 가장 공감하고 있다 하더라도, A의 자기서사가 곧 〈도량 넓은 남편〉의 서사는 아니라는 것이다. 〈도량 넓은 남편〉의 서사는 수준 높은 관계의 지속을 보여주는 서사이다. 〈도량 넓은 남편〉의 남편은 자신의 아내와 아내의 옛 남자가 다시 만나서 정을 나눌 수밖에 없었던 것을 이해한 인물이다. 아내의 소망과 남자의 소망을 모두 이해하였고, 그래서 두 사람을 살려 줄 수 있었다. 그런데 이러한 남편의 행위는, 오히려 남편과 아내의 관계를 안정적으로 만들 수 있었다. 이전까지 아내는 언제 흔들리지 모르는 불안정한 상태였지만, 남편에 대해 진심으로 존경하는 마음을 갖게 되면서 이후로는 안정적인 부부 관계를 유지할 수 있게 되었다. 아내의 옛 남자 역시 그런 남편을 인정하지 않을 수 없었다. 그래서 아내의 옛 남자는 그 어떤 미련이나 후회, 앙금을 남기지 않은 채 새로운 삶을 시작할 수 있게 된 것이다.[8]

만약 A가 〈도량 넓은 남편〉의 서사를 진정으로 이해하고 내면에 가지고 있었다면, 남자친구와 남자친구의 옛 여자친구가 왜 아직까지 서로에 대한 마음을 정리하지 못한 채 만날 수밖에 없는지를 이해할 가능성이 높다고 할 수 있다. 〈도량 넓은 남편〉의 서사는 상대방의 소망이 무엇인지, 상대방이 왜 그러한 행동을 하는 것인지를 진정으로 이해하는 지점에서 관계의 지속이 가능하다는 것을 보여주기 때문이다. 하지만 A는 〈도량 넓은 남편〉의 서사를 내면화한 상태가 아니었다. 실제 인생살이에서 A는 끊임없이 남자친구 문제로 갈등하고 괴로워했으며 결국에는 더 이상 남자친구와 관계를 지속하기 어려운 지경에 이르렀다.

이 시점에서 A는 수업시간에 〈역적 누명과 회초리〉, 〈조월천과 상사뱀〉, 〈상사병 걸린 총각 침 먹여 깨우친 처녀〉의 연관성을 탐색하면서, 작품과 자신의 삶과의 관련성을 찾아보는 과제를 하게 되었다. 이러한 과제를 학생들에게 하도록 하였을 때에는 〈역적 누명과 회초리〉의 서사

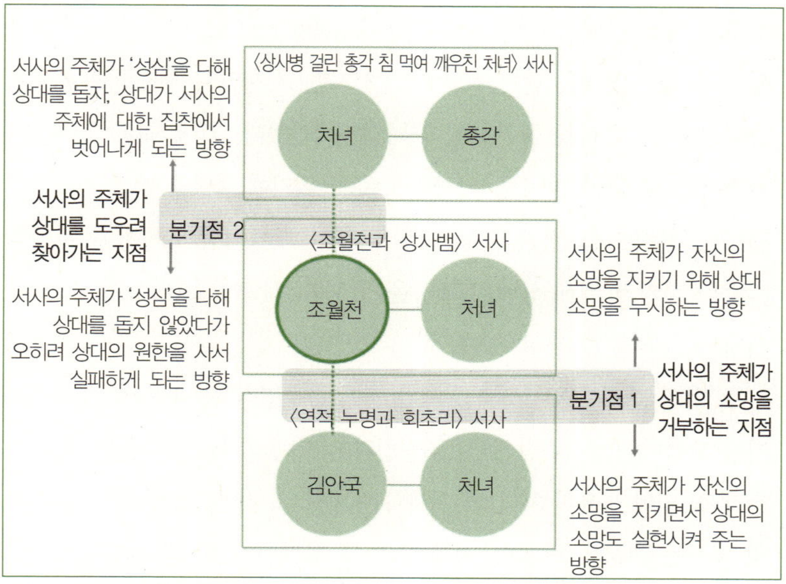

[그림 11] 남녀서사 영역에서의 서사지도 형태 예시

–〈조월천과 상사뱀〉의 서사–〈상사병 걸린 총각 침 먹여 깨우친 처녀〉의 서사가 연결되어 하나의 서사지도를 구성할 수 있다는 것이 전제되어 있었다. 여기서 실제 문학치료 임상 현장에서도 문학치료사가 본격적인 치료에 앞서 서사지도를 미리 구축해 놓아야 한다는 점을 알 수 있다. 문학치료사는 문학치료 현장에서 사용되는 각 작품서사의 '서사적 논리'를 파악하고 있어야 하는 것이다.

〈조월천과 상사뱀〉의 서사를 중심으로 서사의 분기점은 크게 두 가지로 나타난다. 첫 번째 분기점은 서사의 주체가 상대의 소망을 거부하는 지점이다. 이 지점에서 〈조월천과 상사뱀〉의 서사는 〈역적 누명과 회초리〉의 서사와 연결될 수 있다. 〈역적 누명과 회초리〉의 서사는 자신의 소망에 따라 단호하게 상대방의 소망을 거절하는 것이 상대방과 자신에게 모두 긍정적인 결과를 가져올 수 있다는 것을 보여준다. 〈역적 누명과 회초리〉 속 처녀는 한순간의 욕망과 집착으로 인해 어쩌면 평생 씻을 수 없는 상처를 받게 될 수도 있었지만, 서사의 주체에 의해 정신을 차리고 자신의 삶을 행복하게 꾸려갈 수 있었다. 그에 대한 고마움을 간직하고 있었기에 나중에 서사의 주체가 위기에 몰렸을 때 도와주었던 것이다. 반면, 〈조월천과 상사뱀〉의 서사에는 서사의 주체가 자신의 소망을 지키기 위해 상대의 소망을 무시하는 것이 실패로 이어진다는 서사적 논리를 가지고 있다.

두 번째 분기점은 서사의 주체가 자신에게 집착하는 상대를 도와주러 가는 지점이다. 이 지점에서 〈조월천과 상사뱀〉의 서사는 〈상사병 걸린 총각 침 먹여 깨우친 처녀〉의 서사와 연결될 수 있다. 〈조월천과 상사뱀〉의 서사는 서사의 주체가 '성심'을 다해 상대를 돕지 않았다가 오히려 상대의 원한을 사서 실패하게 되는 방향으로 전개되며, 〈상사병 걸린 총각 침 먹여 깨우친 처녀〉의 서사는 서사의 주체가 '성심'을 다해 상대를 도와 상대가 서사의 주체에 대한 집착에서 벗어나게 되는 방향으로 전개된다. 상대가 집착에서 벗어나자 서사의 주체와 상대 모두 각자의 삶을 성공적으로 살 수 있게 된다.

A는 과제와 강의를 통해 〈역적 누명과 회초리〉의 서사-〈조월천과 상사뱀〉의 서사-〈상사병 걸린 총각 침 먹여 깨우친 처녀〉의 서사가 연결되어 있는 서사지도를 구성하게 되었으며, 자신이 〈조월천과 상사뱀〉의 서사의 '조월천'처럼 행동하였다는 것을 스스로 발견하게 되었다. A는 스스로는 자신이 〈상사병 걸린 총각 침 먹여 깨우친 처녀〉의 '처녀'처럼 행동하는 줄 알았지만, 알고 보니 자신은 〈조월천과 상사뱀〉의 '조월천'처럼 행동하였던 것은 아닌가라는 깨달음을 얻게 되었다. 자신이 가지고 있던 '상대를 이해하고 도와주려고 하는 경향'이 알고 보니 〈조월천과 상사뱀〉의 서사 맥락 속에 놓여 있던 것임을 알게 된 것이다.

A는 자신이 가지고 있는 서사가 〈조월천과 상사뱀〉의 맥락 속에 놓여 있다는 것을 알게 되자, 다른 서사로 중심을 옮기고자 하는 의지를 갖게 되었다. A는 〈역적 누명과 회초리〉에 '감동'을 받았는데, 〈역적 누명과 회초리〉의 서사에서 서사의 주체가 확고한 기준을 가지고 이성을 밀쳐낸 것이 모두의 성공을 불러왔기 때문이다. A는 지금 자신에게 가장 필요한 서사가 〈역적 누명과 회초리〉의 서사라는 것을 스스로 깨닫게 되었다. 그동안 억지로 상대와의 관계를 유지하려고 했던 것이 오히려 상대와 자신 모두에게 더 큰 상처였다는 것을 알게 되었으며, 지금 자신에게는 단호하게 이성을 거부하고 물리칠 수 있는 서사가 필요하다는 것을 느끼게 된 것이다. 이렇게 서사지도를 구성하는 과정에서 A는 서사의 분기점에서 다양한 서사들과 연결되면서 확장된 자기서

사를 갖게 되었다. 인생살이의 '지침'이 될 만한 자기서사를 갖게 된 A는 실제 삶에서 중요한 태도의 변화를 보여주었다.

만약 이후에도 A를 대상으로 한 문학치료가 진행된다면, 서사지도를 보다 확장시켜 나가는 것이 목표가 될 것이다. 작품서사를 통해 A의 서사지도가 어떠한 방향으로 확장될 수 있는지를 미리 탐색해 볼 수 있다. A가 처음에 〈도량 넓은 남편〉의 서사에 주목했다는 점을 떠올리면, 〈조월천과 상사뱀〉의 서사에서부터 〈도량 넓은 남편〉의 서사까지 이어지는 서사지도를 구성해 볼 수 있을 것이다.

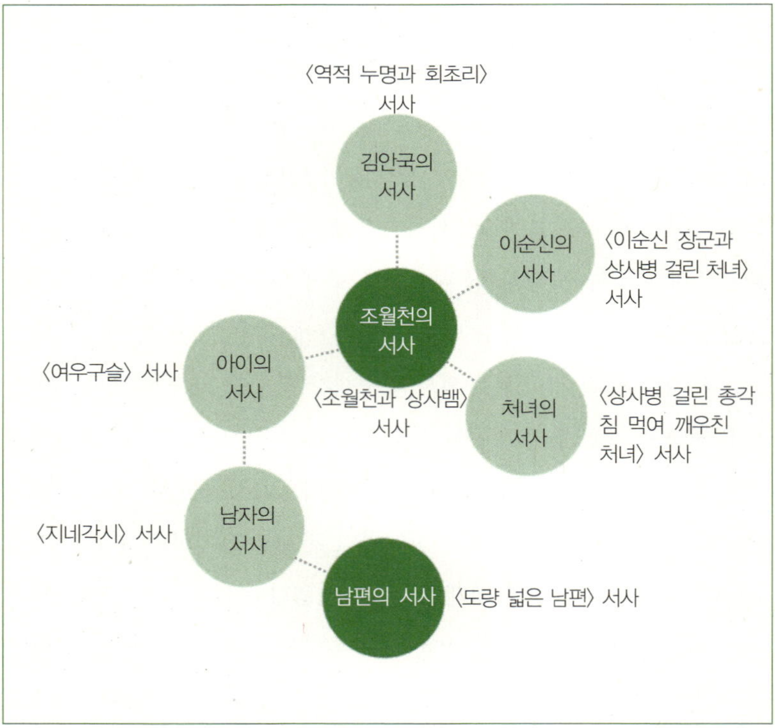

[그림 12] 새로운 서사의 논리 이해와 자기서사의 확장

처음 A는 자신이 〈도량 넓은 남편〉 속 남편과 닮아 있다고 여겼는데, 서사지도를 구성하면 자신의 서사가 〈도량 넓은 남편〉의 서사와 얼마나 먼 거리에 놓여 있는지 확인할 수 있게 된다. 〈도량 넓은 남편〉의 서사를 가지고 있다는 것은 〈도량 넓은 남편〉에서 남편과 아내, 아내의 옛 남자가 모두 성공하게 된 서사의 논리를 이해한다는 것이다. 이러한 〈도량 넓은 남편〉의 서사를 이해하기 위해서는 〈역적 누명과 회초리〉의 서사, 〈이순신 장군과 상사병 걸린 처녀〉의 서사, 〈상사병 걸린 총각 침 먹여 깨우친 처녀〉의 서사, 〈여우구슬〉의 서사, 〈지네각시〉의 서사까지도 모두 이해할 수 있어야 한다.

문학치료의 목표는 자기서사 안에 될 수 있는 한 많은 서사가 포섭, 포용될 수 있도록 해 주는 것이다. 〈조월천과 상사뱀〉의 서사에서부터 〈도량 넓은 남편〉의 서사에 이르기까지 여러 서사들이 자기서사 안에 포섭되어 있으면, 당장은 아니더라도 언젠가는 A 안에서 〈도량 넓은 남편〉의 서사가 활성화될 가능성이 생긴다. 아직까지 〈도량 넓은 남편〉의 서사는 활성화되지 못한, 잠재되어 있는 서사이지만 〈도량 넓은 남편〉의 서사에 이르는 길을 '기억'하고 있다면, 언젠가는 자기서사의 중심이 〈도량 넓은 남편〉의 서사로 옮겨갈 수 있는 것이다.

자기서사 안에 수많은 서사들이 포섭되어 있다는 것은, 경우에 따라서 우리가 이 서사에서 저 서사로 중점을 옮기는 것이 가능해진다는 뜻이다. 우리는 한 가지 서사만을 의지하며 살 수 없다. 한 가지의 서사만을 가지고 있다면 그 사람은 편협한 사람이 되기가 쉽다. 오직 한 가지 방향만을 고수하며 다른 가능성은 염두에 두지 않기 때문이다. 우리 안에 촘촘하게 연결되어 있는 서사지도가 입력되어 있다면, 가능한 많은 서사들을 기억하고 있다면, 우리는 보다 문제 해결 능력이 뛰어난 인생살이를 살 수 있게 될 것이다.

더 읽을 거리

김정애, 「〈신립장군과 원귀〉의 서사적 이해를 통한 창조적 글쓰기 방법의 제안」, 『이화어문논집』 30, 이화어문학회, 2012.

나지영, 「인지역동 스키마 이론과의 연계를 통한 문학치료학 서사이론 발전 방향 연구」, 건국대학교 박사학위논문, 2016.

정운채, 『문학치료학의 서사이론』, 문학과 치료, 2015.

정운채, 「문학치료학의 서사이론에 입각한 창작이론」, 『문학치료연구』 26, 한국문학치료학회, 2013.

정운채, 「질투에 대한 영화창작치료의 실제」, 『고전문학과 교육』 13, 한국고전문학교육학회, 2009.

PART 06

문학치료 프로그램의 실천적 지평

1 아동 대상 문학치료 프로그램

프로그램 개요

현재까지 아동을 대상으로 한 문학치료 프로그램은 문해력이 부진한 아동을 대상으로 서사 능력을 증진시키는 프로그램, 특정 작품에 대한 아동의 반응을 바탕으로 심리적이고 환경적인 요인을 분석하는 프로그램, 교육적 배려대상 아동을 대상으로 글쓰기 능력을 향상시키는 프로그램 등이 있으며, 다양한 교육적 활용을 목표로 활발하게 진행되고 있다. 여기서 소개하려는 문학치료 프로그램은 소아기 우울증을 보이는 아동을 대상으로 문학치료 프로그램을 설계하고 실행한 것이다. 본격적인 프로그램 소개에 앞서 소아기 우울증에 대한 일반적 견해를 기술하면 다음과 같다.

소아기 우울증은 1970년대 후반에 가서야 진단적 타당성을 인정받았으며, DSM-Ⅲ(1980)부터 공식 진단 분류에 포함되게 되었다. 소아-청소년기 우울증은 일반적으로 성인기 우울증과 연속성을 갖는 질환으로 생각한다. 이러한 발달학적인 연속성의 근거로는 첫째, 소아, 청소년, 성인의 우울증 양상이 임상적으로 유사하다는 점, 둘째, 성인기 주요 우울증이 청소년기에 발생하는 것이 흔하다는 점, 셋째, 소아기에 시작된 우울증의 장기 추적 연구에서 성인기에서의 재발률이 매우 높은 것으로 나온 점, 넷째, 가족연구 등 유전학적인 연구에서 우울증을 가진 소아-청소년의 친척에서 보다 높은 성인기 우울증 발병률을 보인다는 보고 등을 들 수 있다. 그러나 이러한 연속성을 부정하고 소아-청소년기 우울증을 성인기 우울증과는 다른 독특한 질환으로 이해하는 연구자들도 있다. 소아-청소년기 우울증은 그 원인론에 있어서 다양한 요인들이 거론되고 있는데, 유전적 요인, 신경내분비적 요인, 신경화학적 요인 등 생물학적 요인들 외에 조기 부모 상실, 만성적 가족 내 갈등 등 정신사회적 요인들도 중요한 원인적 요소로 생각되고 있다. 이러한 원인론적인 다양성 때문에 소아기 우울증의 치료적 전략을 수립할 때에도 생물학적 기질, 유전적 취약성, 인지-정서 발달의 수준, 환경적 문제 등 다양한 요인을 고려한 다모델multi-model 접근 방식이 필요할 것이라고 생각된다.[1]

여기서 사용된 문학치료 프로그램은 소아기 우울증 아동에 대한 치료적 전략을 수립할 때, 해당 아동의 우울서사를 재구성하여 근본적인 원인을 분석하고, 적절한 치료서사를 제공하여 증상을 완화시키는 방법으로 진행하였다. 따라서 소아기 우울증의 다양한 요인을 고려한 다모델 접근 방식으로 적절한 치료 프로그램이라고 할 수 있다.[2]

전체 프로그램 소개

본 문학치료 프로그램은 우울증을 보이는 아동을 대상으로 2차(총24회기)에 걸쳐 진행한 프로그램이다.

1차 문학치료 프로그램은 작품서사를 통해 치료 대상 아동들의 자기서사를 진단하기 위한 프로그램이다. 1차 문학치료 프로그램에 해당하는 단계별 목표와 구체적인 문학치료 프로그램 활동 내용에 대해 살펴보면 다음과 같다.

[표 1] 1차 문학치료 프로그램 단계별 목표와 문학치료 프로그램 활동 내용

단계별 목표	회기	1차 문학치료 프로그램 활동 내용
자기서사 탐색하기 (Ⅰ)	1 (3.5.)	1. 프로그램의 목표와 내용 소개하기 2. 서로 소개하기
	2 (3.12.)	1. 소아기 우울증 검사(CDI) 실시 2. 집단 규칙 정하기
	3 (3.19.)	1. 사람, 나무, 집(HTP) 그리기 2. 그림을 보고 그린 사람의 기분 적어 주기 3. 자신의 그림을 돌아가며 발표하기
작품서사 감상하기	4 (3.26.)	1. 〈새끼 서발〉을 읽기 2. 〈새끼 서발〉을 통해 느낀 점 발표하기
	5 (4.2.)	1. 〈하룻밤에 자란 오이〉를 읽기 2. 〈하룻밤에 자란 오이〉를 통해 느낀 점 발표하기
	6 (4.9.)	1. 〈아이의 지혜〉를 읽기 2. 〈아이의 지혜〉를 통해 느낀 점 발표하기
	7 (4.16.)	1. 〈반쪽이〉를 읽기 2. 〈반쪽이〉를 통해 느낀 점 발표하기
	8 (4.23.)	1. 〈고려장이 없어진 이유〉를 읽기 2. 〈고려장이 없어진 이유〉를 통해 느낀 점 발표하기

작품서사 선정하기	9 (4.30.)	1. 감상한 작품 가운데 마음에 드는 작품 선택하기 2. 선택한 작품에서 공감되는 부분을 말해 보기
	10 (5.7.)	1. 자신이 원하는 설화 속 주인공 선택하기 2. 선택한 설화 속 주인공에 대해 말해 보기
	11 (5.14.)	1. 공감되는 상황과 공감되는 등장인물을 선택한 이유를 말해 보기 2. 자신의 이야기를 많이 담고 있는 서사를 선택하기
	12 (5.21.)	1. 각자 선택한 설화를 토대로 자기서사와 연결 시켜 보기 2. 각자 선택한 설화를 친구들과 돌아가며 말해 보기

첫째, 자기서사 탐색하기(Ⅰ)는 치료 대상 아동들이 지니고 있는 기본적인 심리적 특성이 무엇인지를 살펴보기 위한 가장 기초적인 단계의 정보 얻기 과정이다. 1회기에서는 문학치료 프로그램의 진행 방식과 프로그램에 대한 대략적인 내용을 소개하였으며, 문학치료를 통해 어떠한 것들을 얻을 수 있는지에 대해 제시해 주었다. 2회기에서는 치료 대상 아동들의 우울척도를 파악하기 위해 소아기 우울증 검사(CDI)를 실행하였다. 3회기에서는 그림을 통해 치료 대상 아동들의 심리적 특성을 파악하기 위해 그림 검사(HTP)를 실시하였다. 그림을 통한 접근은 치료 대상 아동들이 일반 아동들에 비해 학습 능력이 현저하게 부족하고, 발표력이 낮은 점을 감안하여 선택한 방법이다.

둘째, 작품서사 감상하기는 연구자가 자기서사 탐색하기(Ⅰ)를 통해 얻은 기본적인 정보를 토대로 치료 대상 아동들과 어느 정도 연관성을 지닐 수 있겠다고 생각하는 작품들을 선정하여 실제 작품서사를 감상하는 과정이다. 작품서사 감상하기는 단순히 작품을 감상하는 데 그치는 것이 아니라 치료 대상 아동들이 특히 어떤 작품의 어느 부분에 민감하게 반응하는지에 대한 정보를 얻는 과정으로, 치료 대상 아동들이 반응하는 작품서사를 통해 치료 대상 아동들의 자기서사를 대략적으로 진단할 수 있다.

셋째, 작품서사 선정하기는 작품서사 감상하기를 통해 경험한 작품서사를 가지고 치료 대상 아동들이 자신과 비슷한 서사를 선택하도록 하는 과정이다. 이때 치료 대상 아동들이 자신의 문제가 드러난 작품서사를 올바르게 선정할 수 있도록 연구자의 적절한 개입 및 도움이 필요하다. 작품서사 선정하기를 통해 연구자는 치료 대상 아동들이 지닌 심리적 · 정신적 문제를 좀 더 구체적으로 접근하여 자기서사의 문제점을 정확히 진단할 수 있다.

2차 문학치료 프로그램은 작품서사를 통해 치료 대상 아동들의 자기서사를 변화시키기 위한 프로그램이다. 2차 문학치료 프로그램에 해당하는 단계별 목표와 구체적인 문학치료 프로그램 활동 내용에 대해 살펴보면 다음과 같다.

[표 2] 2차 문학치료 프로그램 단계별 목표와 문학치료 프로그램 활동 내용

단계별 목표	회기	2차 문학치료 프로그램 활동 내용
자기서사 탐색하기 (II)	1 (7.2.)	1. 프로그램의 목표와 내용 소개하기 2. 특수인성검사A 실시
	2 (7.9.)	1. 꿈에 관하여 자유롭게 표현하기 2. 환상에 관하여 자유롭게 표현하기
	3 (7.16.)	1. 스트레스의 원인이 된 일을 자유롭게 표현하기 2. 가장 힘들고 어려웠던 점에 대해 표현하기
자기서사 보충하기	4 (7.23.)	1. 〈반쪽이〉 1-1부분 읽기 2. 해당 부분에서 느껴지는 느낌 표현하기
	5 (7.30.)	1. 〈반쪽이〉 1-1부분에서 발견된 자기서사 문제점 표현하기 2. 자기서사에서 부족한 부분이 발생하게 된 원인 파악하기

	6 (8.6.)	1. 〈반쪽이〉 1-2, 1-3부분 읽기 2. 해당 부분에서 느껴지는 느낌 표현하기
	7 (8.13.)	1. 〈반쪽이〉 1-2, 1-3부분에서 발견된 자기서사 문제점 표현하기 2. 자기서사에서 부족한 부분이 발생하게 된 원인 파악하기
	8 (8.20.)	1. 〈반쪽이〉 1-4 부분 읽기 2. 해당 부분에서 느껴지는 느낌 표현하기
자기서사 강화하기	9 (8.27.)	1. 집에서 나의 역할은 무엇인지 자유롭게 표현하기 2. 부모님 없이도 내가 할 수 있는 것 찾기
	10 (9.5.)	1. 학교에서 나의 역할은 무엇인지 자유롭게 표현하기 2. 학교생활을 즐겁게 하기 위해 내가 할 수 있는 것 찾기
	11 (9.12.)	1. 외모에 대한 나의 생각을 표현하기 2. 외모에 대한 자신감을 갖기 위해 내가 할 수 있는 것 찾기
	12 (9.19.)	1. 소아기 우울증 검사(CDI) 실시 2. 작품서사를 통해 변화된 자기서사 비교하기

첫째, 자기서사 탐색하기(Ⅱ)는 1차 문학치료 프로그램에서 최종적으로 선정한 〈반쪽이〉를 토대로 해당 작품이 지니고 있는 서사적 특성을 분석하고 그와 연관성이 있는 치료 대상자를 선정하기 위한 과정이다. 1회기에서는 치료 대상자의 심리적 특성에 대한 좀 더 객관적인 정보를 얻기 위해 특수인성검사 A를 실시하였다. 2회기에서는 꿈과 환상에 대한 이야기를 자유롭게 함으로써 치료 대상자의 숨겨진 내면 심리를 파악하려는 시도를 하였다. 이때 연구자는 작품서사 감상을 통해 드러난 서사적 문제들을 꿈이나 환상을 통해 다시 한 번 자신만의 언어로 표현할 수 있도록 지도하였으며, 현재 자신이 느끼고 있는 스트레스를 발표해 보도록 하였다. 과거 회상을 통한 반복된 질문법은 치료 대상자의 문제를 정확하게 진단하고 치료하기 위하여 반드시 거쳐야 할 과정이다.

둘째, 자기서사 보충하기는 치료 대상자의 부족한 자기서사를 작품서사를 통해 보충하는 과정이다. 이때 치료 도구로 사용될 작품서사는

1차 문학치료 프로그램을 통해 최종적으로 선정한 〈반쪽이〉를 바탕으로 하였다. 〈반쪽이〉는 부모에 대한 자녀의 주체적 순응이 이루어진 작품서사로 치료 대상자가 부모-자녀 사이의 관계에서 주체적 순응이 어느 정도 형성되어 있는지를 살펴볼 수 있다. 더불어 치료 대상자가 우울증에 걸리게 된 원인과 〈반쪽이〉의 서사적 특성과의 긴밀한 관련성을 고려해 볼 때 본 연구의 치료 도구로서 〈반쪽이〉의 가치는 충분하다고 볼 수 있다. 이 과정을 통해 〈반쪽이〉의 서사적 특성에 따른 치료 대상자의 반응 양상을 살펴보고, 그에 따른 적절한 서사적 방향을 제시할 수 있다.

셋째, 자기서사 강화하기는 자기서사 보충하기에서 한 걸음 더 나아간 단계이다. 즉 치료 대상자의 부족한 자기서사를 보충하고 난 후 향후 동일한 문제로 인해 심리적 · 정신적 문제가 발생하는 것을 차단하기 위하여 치료 대상자의 자기서사를 강화하는 과정이다. 연구자는 치료 대상자가 지니고 있는 장점을 작품서사를 통해 끌어내어 치료 대상자 스스로 작품 속 주인공이 되어 보도록 하고, 자기 자신에 대한 서사적 문제를 긍정적으로 해결하고 부모-자녀 사이의 건강한 관계 맺기를 통해 자아정체감 획득은 물론 가정과 학교에서 건강한 생활을 할 수 있도록 도움을 줄 수 있다.

자료 선정

〈반쪽이〉 설화는 부모-자녀 사이의 건강하지 못한 관계 맺음으로 인해 우울증에 걸린 아동을 대상으로 문학치료를 시행하는 데 적절한 자료이다. 〈반쪽이〉의 자료 양상[3]을 토대로 공통적인 서사 단락을 살펴보면 다음과 같다.

1 아동 대상 문학치료 프로그램

옛날에 부부가 살고 있었는데 자식이 없었다. 부인은 아이를 얻기 위해 늘 부처님한테 정성을 드렸다. 어느 날 중이 고기 세 마리를 주면서 반드시 혼자 다 먹으라고 했다. 부인이 고기를 먹고 있는데 남편이 고기가 탐이 나서 나눠 먹자고 했다. 부인은 중이 말한 금기사항을 잊고 마지막 한 마리를 남편과 나누어 먹었다. 그 후 부인이 임신을 하여 아들 삼형제를 낳았는데 첫째와 둘째 아들은 온전했지만 셋째가 반쪽으로 태어났다. 삼형제는 자라서 서당에 다니며 공부를 했다. 첫째와 둘째가 과거 시험을 보러 가자 반쪽이도 형들을 따라 나섰다. 부모님과 형들은 반쪽이가 과거 시험을 보러 가는 것을 싫어했다. 그럼에도 불구하고 반쪽이는 형들을 따라 갔다. 형들은 반쪽이를 떼어 놓으려고 바위에 묶어 버렸다. 반쪽이는 바위를 등에 지고 집에 갖다놓고 다시 형들을 쫓아갔다. 형들은 반쪽이를 떼어 놓으려고 나무에 묶어 버렸다. 반쪽이는 나무를 등에 지고 집 뜰에 내려놓고 다시 형들을 쫓아갔다. 형들은 반쪽이를 떼어 놓으려고 칡으로 묶어서 범 앞에 던졌다. 반쪽이는 몸에 감긴 칡을 끊고 범을 잡아 가죽을 벗겨 등에 지고 갔다. 날이 저물어서 어떤 집에 들어가 하룻밤 묵게 되었다. 주인은 반쪽이가 가진 범 가죽을 보고 욕심이 생겼다. 주인은 반쪽이에게 내기를 제안하며, 자신이 지면 딸을 줄 테니 이기면 범 가죽을 달라고 했다. 반쪽이는 주인의 내기를 받아들였다. 반쪽이가 내기에서 이기자 주인은 어쩔 수 없이 아무 날 딸을 데려가라고 했다. 주인은 딸을 주기 싫어서 집안 곳곳에 사람을 두어 지키게 했다. 반쪽이는 주인의 계략을 알고, 정해진 날에 주인 집에 가지 않았다. 사흘이 지나 반쪽이는 노끈, 북, 벼룩, 빈대를 가지고 주인 집에 갔다. 집을 지키던 사람들은 사흘 동안 한잠도 자지 못해서 졸고 있었다. 반쪽이는 노끈으로 지붕과 방앗간에 있는 사의 상투를 서로 매놓았다. 집안에 있는 사람에게는 북을 매놓았다. 딸의 방에는 벼룩과 빈대를 뿌려놨다. 딸이 벼룩과 빈대가 문다며 소리를 치고 밖으로 나오자 반쪽이는 딸을 들쳐 업고 딸을 데려 간다고 소리치며 달아났다. 지붕과 방앗간에서 졸고 있던 사람은 서로 상투가 묶여 있어서 꼼짝을 못했고, 집안에 있던 사람은 북 소리에 놀라 벌렁 자빠졌다. 반쪽이는 사람들을 따돌리고 범 가죽과 주인의 딸을 데리고 집으로 갔다. 반쪽이는 주인의 딸을 부인으로 삼고 부모와 함께 행복하게 살았다.

설화 〈반쪽이〉의 공통적인 서사 단락을 통해 알 수 있듯이 주인공 반쪽이는 신체적 · 정신적으로 소외되고, 사회와 권력자로부터 미혹을 당하는 등 여러 가지 불행하고 고통스러운 삶의 정점에 놓여 있는 인물이다. 그러나 반쪽이는 자신이 처한 어려운 시련들을 잘 견디어 냄으로써 긍정적인 자기 확신을 통해 자아정체감을 형성시켜 나아가는 모습을 지닌 인물로 볼 수 있다. 고난과 불행을 긍정의 힘으로 잘 감당해 나가는 반쪽이의 행동 양상은 부모-자녀 사이의 관계로부터 비롯되는 우울증 요소를 견딜 수 있는 건강한 자기서사를 지니고 있었기 때문에 가능한 일이다. 즉 반쪽이는 부모-자녀 사이에서 발생할 수 있는 관계의 문제를 자아정체감을 형성하면서 건강하고 성숙한 관계로 자연스럽게 변화시킬 수 있었다. 그러나 이와 반대로 우울증을 지닌 아동의 경우 자신을 불행하게 만든 부모에 대한 원망과 불신이 팽배해지면 부모에 대한 분노를 과잉 표출하기도 하며, 부모에 대해 맹목적인 집착을 보이기도 한다. 또한 자신의 삶의 모습에 대해 지나치게 부정적인 평가를 하게 되고, 결과적으로 사회적으로 위축되어 고립되는 경우를 보이게 된다. 따라서 부모-자녀 사이의 건강한 관계 형성은 우울증을 예방할 수 있는 중요한 요소라고 볼 수 있다.

일반적으로 문학치료에서 자녀서사 영역에 해당하는 작품서사는 순응척도를 바탕으로 부모-자녀 사이의 관계를 단계별로 진단하게 되는데, 부모에 대한 자녀의 순응관계가 맹목적이거나 종속적인 관계가 아닌 자율적이고 주체적인 관계일 때 건강하고 안정적인 관계를 형성했다고 본다. 〈반쪽이〉의 주인공 반쪽이는 부모-자녀 사이의 관계에서 맹목적이고 종속적인 관계가 아닌 부모로부터 벗어나 사회에 적응하고 세상과 맞서 싸워 자신의 정체성을 찾아가는 모습을 보여준다. 즉 〈반쪽이〉는 주인공 반쪽이를 통해 부모-자녀 사이의 주체적이고 자율적인 순응관계를 적극적으로 보여주고 있는 작품서사라고 볼 수 있다. 따라서 자녀서사의 순응척도에 의해 주인공 반쪽이의 자녀서사를 가지고 있다고 진단되면 상당히 건강한 자녀서사를 지니고 있다고 할 수 있다.

〈반쪽이〉는 주인공 반쪽이의 긍정적인 자기서사를 바탕으로 모든 시련과 고통을 이겨 내며 최종적으로 자신의 정체성을 찾아가는 과정을 그린 작품이면서 동시에 부모-자녀 사이의 관계 문제로 인해 우울증을 겪고 있는 아동을 치료하는 도구로 적합하다고 볼 수 있다. 더불어 외부로부터의 지나치게 억압된 관계로 인해 발생되는 여러 가지 심리적 문제들을 안고 있는 대상자들을 위해서도 유용한 작품서사라고 할 수 있다. 이상에서 살펴본 〈반쪽이〉의 기본적인 서사의 내용을 바탕으로 본 연구의 치료 대상 아동의 심리적 문제를 진단하고 치료하는 데 사용될 작품의 자녀서사 특성을 정리해 보면 '부모로부터 주체적으로 분리한 주인공 반쪽이가 사회로부터 온갖 시련과 고난에 능동적으로 대처하고, 세상으로부터 자신의 정체성을 찾아가는' 서사로 이루어져 있다고 할 수 있다.

활동 과정

우울증 아동의 문학치료 프로그램의 활동 과정은 다음과 같이 진행되었다. 우선 전체적으로 돌아가면서 설화 〈반쪽이〉를 읽었다. 읽고 난 느낌에 대해 구두로 물어보지 않았고, 대신 활동지에 기록한 내용을 토대로 질문을 하는 방식으로 진행하였다.

첫 번째, 〈반쪽이〉를 읽고 가장 마음에 와 닿은 부분을 적어 보라고 했다. 참여자인 상수(가명)는 반쪽이가 하늘로 올라간 부분이 마음에 들었다고 했다. 상수는 자신이 선택한 서사 단락에 대해 적극적으로 발표했으며, 목소리나 표정이 밝아 보였다. 활동지에서 상수가 선택한 서사 단락은 반쪽이가 주변 사람들에게 인정을 받자 마음 편히 하늘로 올라갔다는 부분이었다. 상수가 선택한 서사 단락은 바로 상수의 자기서사와 충돌되는 지점이다. 상수는 작품서사에 등장하는 주인공이 주변 사람들로부터 인정을 받는 부분에 대해 자기 긍정성을 회복한 반응 양상을 보였다.

두 번째, 반쪽이가 가장 원했던 것은 무엇이었냐고 했다. 상수는 형들을 보는 것이라고 했다. 상수의 대답은 외형적인 결함으로 인해 형들로부터 따돌림을 받는 반쪽이에 대한 남다른 애착을 엿보게 한다. 반쪽이가 형들과의 관계를 회복하는 것이 가장 바라는 것이라고 한 것처럼, 자신도 친구들이나 선생님과의 관계를 회복하는 것이 가장 바라는 것이라는 자신의 생각이 반영된 부분이라고 볼 수 있다.

세 번째, 반쪽이처럼 자신에게 부족한 부분은 어느 것이냐고 했다. 이번에도 상수는 문제를 정확히 인지하지 못하여 반쪽이는 모두 반쪽인 게 부족한 것 같다고 했다. 이는 상수가 활동지에 제시한 문제를 자신에 대한 물음으로 받아들이지 못하고 작품서사에 등장한 인물에 대한 물음으로 오해하여 비롯된 결과라고 보여지며 다른 요소는 발견하기 어려운 것 같다.

네 번째, 〈반쪽이〉를 읽고 마음에 들지 않는 부분은 적어 보라고 했다. 상수는 이 문항에 대해서는 답변을 하지 않았다. 이 문항을 할 때 상수는 반복적인 질문에 지루해하는 듯한 모습을 보였다. 이러한 반응 양상은 우울증 아동들 대부분이 학습에 대한 열의가 부족하여 쉽게 포기하는 경향을 보이는 특징과 관련되며 상수 역시 다른 의도가 아니라 단순히 하기 귀찮아서 문항에 대한 답변을 성실하게 하지 않은 것으로 평가된다.

다섯 번째, '내가 만약 반쪽이라면'이란 제목으로 새롭게 글을 써 보라고 했다. 다음은 상수가 창작한 내용이다.

> 내가 만약 반쪽이라면 그냥 자기의 얼굴을 병원에서 치료하고 부모님과 형제들과 행복하게 살 것이다. 그리고 가끔 다른 곳에도 가고 싶다.

상수가 창작한 반쪽이의 내용을 보면 다시 한 번 상수가 외형적인 모습에 지나치게 집착하고 있다는 사실을 확인시켜 준다. 상수는 〈반쪽이〉의 작품서사를 감상하는 동안 반쪽이의 외형에 대한 걱정을 보였으며, 반쪽이가 부모와 형제들로부터 따돌림을 당한 이유는 바로 외모가 정상적이지 않았기 때문이라고 생각했다. 따라서 반쪽이가 적극적으로 자신의 삶을 개척하며 정체성을 찾은 모습은 보지 못하고 반쪽이의 외형적인 결함에 함몰되어 자신의 모습과 비교하고 있음을 볼 수 있다. 이로 인해 상수는 자신이 반쪽이가 된다면 제일 먼저 병원에 가서 얼굴을 치료하겠다는 생각을 하게 된 것이다. 이는 상수의 자기서사에는 아직도 외형적인 모습이 뛰어나야지만 주변 사람들로부터 인정을 받을 수 있다는 왜곡된 생각이 투영되어 있다고 볼 수 있다. 이상에서 〈반쪽이〉의 작품서사를 통해 살펴본 내용을 토대로 하여 상수의 우울증 서사를 구성해 보면 다음과 같다.

① 나에게 있어 외모는 상당히 중요하다.
② 외모가 멋있지 않으면 아무리 노력해도 성공하지 못한다.
③ 내가 지금 성공하지 못하는 것도 전부 외모가 부족해서이다.
④ 외모를 바꾸면 부모님, 선생님, 친구들에게 인정을 받을 수 있을 것 같다.

구체적 사례

참여자 기본 정보 및 의뢰 사유

본 문학치료 프로그램 참여자인 최상수는 서울 C초등학교 6학년(13세) 남학생이다. 상수는 부모님과 함께 사는 일반가정 아동이며, 중학생 누나 한 명과 초등학생 남동생 한 명이 있다. 상수는 다른 치료 대상 아동들과 달리 부모님과 함께 살고 있지만 가정형편이 어려워서 학교 수업이 끝난 후 A복지관에서 무상교육을 받고 있으며, 대부분의 시간을 복지관 아이들과 지낸다. 최상수는 해당 복지관의 사회복지사의 권유로 본 문학치료 프로그램에 참여하게 되었다.

상수는 지나치게 주의가 산만하고 주변 학생들을 끊임없이 괴롭히고 장난을 치는 아동이었다. 또한 어떠한 질문에 정확한 답변을 하지 않고 엉뚱한 대답을 하여 다른 친구들이 발표하는 것을 끊임없이 방해했으며, 조금이라도 자신에 대한 관심이 없다고 느끼면 괴성을 지르는 경우가 많았다. 이러한 상수의 행동은 기본적으로 불행한 가정환경과 낯선 사람에 대한 심리적 부담감에서 오는 경직된 행동일 가능성이 있기 때문에 좀 더 예의주시하며 객관적인 평가도구를 통해 살펴보기로 했다.

첫 번째로 자기소개서를 작성하고 발표하였다. 자기소개서를 작성하고 발표하는 작업은 기본적으로 치료 대상 아동의 현재 글쓰기 능력을 포함하여 학업 수행 능력을 대략적으로 평가하는 것이며, 타인에게 자신을 어느 정도 표현할 수 있는지 진단하기 위해 선택한 방법이었다. 상수가 작성한 자기소개서를 살펴보면 다음과 같다.

> 난는 키가 크다 그리고 운동을 잘 한다 그리고 그 중에서 달리기를 잘한다 하지만 공부가싫다 그리고난 6년3반 최상수이다 C초딩이다 그리고 축구를 너무 너무 너무 너무 넌무 너무 너무 너무 너무 너무 너무 너무 너무 너무 너무 너무 너무 너무 너무 너무 너무 너무 너무 너무축구 를 잘 한 다[4]

상수가 작성한 자기소개서를 보면 대부분 자신의 장점을 기록하였다. 그러나 공부에는 관심이 없으며, 운동 특히 달리기와 축구에만 관심이 있음을 보여준다. 상수는 또래 아동에 비해 문장호응이나 맞춤법도 심각한 수준이며, 특히 '너무'라는 한 단어를 지나치게 많이 표현한 점은 주의 깊게 살펴볼 요소이다. 상수의 학습 발달은 일반적인 초등학교 6학년 아동의 수준에서 상당히 뒤떨어져 있음을 볼 수 있다.[5]

또한 상수는 자기소개서를 작성하는 내내 괴성을 질러 댔다. 상수의 돌발행동은 자신의 문제로 그치는 것이 아니라 주변 아동들에게도 영향을 주어 전체적인 분위기를 망쳐놓고 프로그램을 진행할 수 없게 만들었다. 연구자가 상수의 행동에 주의를 주자 상수는 더욱 심각한 돌출행동을 하였다.[6] 이에 연구자는 그동안 여러 아이들을 가르쳐 본 경험에 반추하여 직관적인 판단으로 상수에게 다가가 끊임없이 격려를 하고 마음을 읽어 주려는 호의를 보였다. 그러자 상수는 이내 흥분을 가라앉히고 자리에 앉아 자기소개서를 완성하여 제출하였다. 그러나 자기소개서 발표는 거부하였다. 이러한 상수의 태도는 짜증스런 기분을 표출하거나 과다행동을 하거나 비행 등 공격적인 성격을 보이는 우울증 아동의 전형적인 모습이다. 공격성을 띠는 우울증 아동은 누군가 시킨 일에 대해 너무 어렵다고 느끼며 주어진 일을 하지 않고 계속 불평만 늘어놓는다. 또한 굉장히 신경질적이며, 지나친 과잉 행동을 나타낸다. 이러한 점은 소아기 우울증이 가면우울이라는 독특한 특성이 있음을 시사하는 중요한 대목이다.

소아기 우울증은 성인 우울증과는 다르게 증상에 반응하는 환자의 모습이 다변적이며 성인 우울증에서 보이는 행동들과 반대되는 모습들을 보인다. 따라서 대부분 소아기 우울증을 간과하기가 쉽기 때문에 아동의 행동변화를 주의 깊게 관찰할 필요가 있다. 상수의 경우 자기소개서에 지나치게 한 단어에 집착하고 자기소개서를 작성하는 내내 과잉행동을 보인 것 등은 지나치게 자아존중감이 낮아서 누군가로부터 관심을 집중시키기 위한 행동일 수 있다는 점을 짐작해 볼 수 있다. 이는 연구자가 상수의 행동에 대해 주의를 줄 때와 호의를 줄 때 상수의 상반된 태도 변화를 통해서도 가늠해 볼 수 있는 사항이다. 따라서 상수의 경우 우울증으로 인한 과잉행동장애인지 아니면 낯선 타인으로부터 비롯된 지나친 경계심인지에 대해 세심히 살펴볼 필요가 있겠다.

첫 번째 평가도구인 자기소개서를 통해 상수는 어떤 과제에 있어서 해낼 수 없다는 무력감이 과장되어 돌출행동을 보이고, 주변 사람들에게 관심을 받고 싶어하는 특성을 지니고 있다는 가설을 세울 수 있다.

두 번째로 소아기 우울증 검사(CDI)를 실시하였다. 소아기 우울증

검사 결과 상수의 우울증 척도는 총 25점으로 나타났다. 소아기 우울증 검사를 통해 첫 번째로 사용한 평가도구에서 상수의 자기소개서 내용과 행동양식은 상수의 우울증으로부터 비롯되었음이 증명되었다고 할 수 있다. 상수가 선택한 문항 가운데 특히 "나는 내 자신을 미워한다."라는 문항과 "나는 못생긴 구석이 약간 있다."라는 문항은 상수의 우울증이 자아존중감이 낮아 자기 비하에서 비롯되었음을 살펴볼 수 있다.[7] 두 번째 평가도구를 통해 상수는 자신의 외모에 대한 불만을 가지고 있으며, 스스로에 대한 애정이 부족하여 자신을 미워하는 특성을 지니고 있다는 가설을 세울 수 있다.

세 번째로 특수인성검사 A를 실시하였다. 특수인성검사 A는 일반성격특성과 특수적응척도를 함께 볼 수 있는 장점이 있다. 상수의 일반성격특성 결과 전반적으로 평균 점수를 유지하는 정도였다. 다만 다른 아동들과 달리 검사수행 신뢰도에 있어서 상당히 낮은 수치인 27점이 나왔다. 이는 관심이나 동기의 부족으로 인해 자신의 내용과 일치되는 반응을 하지 않았다고 생각되어 검사 전체의 해석상에 문제가 있을 수 있다. 혹은 자신의 문제를 과장하거나 도움을 요청하고자 하는 경우도 해당된다고 할 수 있다.

다음으로 상수의 특수적응척도의 T점수는 학교생활적응도 43, 학교공부만족도 57, 가정생활만족도 35, 스트레스정도 40, 일탈행동통제력 42로 나타났다. 상수의 특수적응척도 결과 전반적으로 평균 점수를 유지하는 정도였다. 그러나 좀 더 구체적인 특수적응척도의 하위 요인 결과 스트레스 지표(스트레스 사건), 가족 불만족, 자기개념 부족, 독립심 부족 등이 보통 이하수준(D등급)으로 평가되었다. 세 번째 평가도구를 통해 상수는 가족관계에서 갈등이 있으며, 스트레스가 상당히 심각한 수준이며, 독립심과 자기개념 등이 부족함을 나타내는 특성을 지니고 있다는 가설을 세울 수 있다. 이상의 세 가지 평가도구를 활용한 상수의 기본적인 특성에 대한 가설을 정리해 보면 다음과 같다.

첫째, 어떤 과제에 있어서 해낼 수 없다는 무력감이 과장되어 돌출행동을 보이고, 주변 사람들에게 관심을 받고 싶어하는 특성을 지니고 있다.

둘째, 자신의 외모에 대한 불만을 가지고 있으며, 스스로에 대한 애정이 부족하여 자신을 미워하는 특성을 지니고 있다.

셋째, 자기 자신에 대한 불안정감과 자신 없음, 자기대상에 대한 위축감을 나타내는 특성을 지니고 있다.

넷째, 가족관계에서 갈등이 있으며, 스트레스가 상당히 심각한 수준이며, 독립심과 자기개념 등이 부족함을 나타내는 특성을 지니고 있다.

다음으로 위의 네 가지 가설을 토대로 〈반쪽이〉 설화를 바탕으로 상수의 우울증 서사를 진단해 보고자 한다.

사례 분석

상수의 우울증 서사를 치료하기 위해 〈반쪽이〉 설화를 서사의미 단락별로 세분화시켜 프로그램을 정밀화시켰다. 또한 〈반쪽이〉 설화의 다양한 각편들을 모두 제시하여 각편들의 특징과 양상을 고루 살펴볼 수 있게 하였다. 이는 상수가 보다 다양한 각도에서 작품을 이해하고, 자신의 문제에 적용하여 진단과 치료가 보다 적극적으로 이루어질 수 있도록 한 것이다.

첫 번째로 〈반쪽이〉의 1-1 부분을 읽고 자신의 느낌을 발표하는 시간을 가졌다. 이날 상수는 복지관에 비치된 소화기를 가지고 장난치다가 복지관 선생님들에게 호되게 야단을 맞고, 수업 시간 내내 작품에 대해 별다른 반응을 보이지 않았다. 다만 작품 속 반쪽이처럼 식구들에게 사랑 받지 못하는 느낌이나 속상한 점이 있으면 말해 보라는 부분에 어떻게든 자신의 억울하고 속상한 심정을 말하고 싶었는지 이야기를 꺼냈다. 다음은 상수가 대답한 내용이다.

> 상　수: "선생님 저 근데 있잖아요. 어떤 종이를 줬는데요. 거기에다 지장 찍으래요. 근데요. 거기에 지장 찍고 다음부터 나오지 말래요."
> 연구자: "지장을 찍었어? 거봐 선생님이 생각해도 아까 일은 정말 심했다."
> 상　수: (얼굴에 근심이 가득한 표정으로) "……"

〈반쪽이〉 1-1 부분을 읽을 동안 상수는 수업 전에 소화기 사건으로 인해 복지관 선생님들에게 혼난 것과 앞으로 복지관을 나오지 말라는 엄포에 두려움에 가득 찬 얼굴을 하고 있었다. 그러다가 반쪽이의 행동과 관련된 문제를 두고 친구들이 이야기를 꺼내자 자신의 고민을 털어놓은 것 같다. 상수는 유일하게 자신이 자유롭게 이야기하고 놀 수 있는 공간인 복지관을 앞으로 못 나올 수도 있다는 두려움에 수업 시간 내내 침울한 표정으로 앉아 있었던 것 같다. 자아존중감이 낮은 상수는 평소에도 지나치게 공격적이고 과장된 행동을 보여 문제아동으로 찍혀 있었다. 따라서 학교나 복지관에서 모든 선생님들이 늘 예의주시하는 아동이었다. 그러나 상수의 공격성은 낮은 자아존중감에서 비롯된 것으로 주변으로부터 조금만 인정을 받거나 칭찬을 받게 되면 금방 태도의 변화를 보이기도 한다.

두 번째로 만약 반쪽이의 부모의 입장이라면 어떻게 할 것인지와 반쪽이의 입장이라면 어떻게 할 것인지에 대해 각각 알아보았다. 먼저 반쪽이 부모의 입장이라면 어떻게 하겠느냐는 질문에 상수는 반쪽이는 키우겠다고 했다. 그리고 반쪽이 부모에 대해 답답해하며 물고기 두 마리만 먹지 괜히 마지막 한 마리를 반쪽만 먹어서 반쪽이가 태어났다고 투덜거렸다. 이는 상수가 반쪽이의 외모가 부모의 잘못으로 인해 정상적이지 못하게 태어난 것에 서사적으로 충돌을 일으켰다고 생각된다. 상수는 현재 외모에 대해 지나치게 집착하는 경향이 있기 때문에 반쪽이의 불행한 상황보다는 반쪽이의 정상적이지 못한 외모에 집중하여 작품서사를 감상했다고 평가된다. 반대로 반쪽이의 입장이라면 어떻게 하겠느냐는 질문에 부모에게 버림받지 않기 위해 노력하겠다고 했다. 상수 역시 부모님에게 버림받는 것에 대한 불안을 지니고 있으며, 부모에게 인정받고자 하는 욕심을 지니고 있는 아동으로 평가된다.

세 번째로 〈반쪽이〉 1-2, 1-3 부분을 읽고 자신의 느낌을 발표하는 시간을 가졌다. 연구자는 작품서사에 대한 상수의 적극적인 반응을 유도해 보기 위해 작품을 읽고 난 느낌을 감정카드를 가지고 설명해 보라고 했다. 상수는 '자랑스러운'을 선택했다. 상수는 〈반쪽이〉의 모든 것이 다 자랑스럽다고 표현했다. 그러나 상수의 이러한 생각은 진지하게 검토해 볼 필요가 있다. 다음은 연구자의 질문에 상수가 대답한 내용이다.

> 연구자: "반쪽이는 생각보다 굉장히 자랑스러운 것 같은데, 상수가 생각하기에 반쪽이는 어떤 것 같니?"
> 상　수: "네 아주 자랑스러워요. 고기를 남편에게 준 것도 자랑스럽고, 어머니도 자랑스럽고, 모든 게 다 자랑스러워요."
> 연구자: "상수가 자랑스럽다는 것에 대해 구체적으로 말해 줄 수 있니?"

상 수: "그건 뭔지는 몰라요. 없어요."

연구자: "그럼 상수는 어떤 점이 자랑스러운 것 같니?"

상 수: "저요? 음… 없어요."

(중 략)

연구자: "반쪽이를 보니 참 많은 시련들을 겪은 것 같다. 그치? 상수를 가장 힘들게 하는 건 뭐니?"

상 수: "잠잘 때랑 엄마한테 매 맞을 때?"

연구자: "왜 그때가 힘들어?"

상 수: "음… 잠잘 때는 자다가 재미있는 순간에 일어나야 하니까. 계속 자고 싶은데 일어나야 하니까 힘들고요, 엄마한테 매 맞을 때는 그냥 짜증스러워요.

연구자: "엄마한테 매 맞을 때 어땠니?"

상 수: "매 맞을 때 수치스러워요. 매 많이 맞아서 멍들었어요."

연구자: "상수는 부모님에게 자주 혼나니?"

상 수: (웃음을 지으며) "네, 그래도 이번에는 아버지가 술을 안 드셔서 몸에서 피는 안 나왔어요. 아버지가 수업 끝나고 다른 곳으로 가면 죽여 버린대요."

상수가 감정카드로 표현한 자랑스럽다는 것은 연구자가 반쪽이의 자랑스러운 부분을 말해 보라는 점을 그대로 표방한 것으로 별다른 의미가 있다고 보이지는 않는다. 특히 반쪽이의 부모가 물고기를 반쪽만 먹어 반쪽이가 태어났다며 답답해하던 모습과 비교해 볼 때 부모님 그리고 어머니 모두 자랑스럽다는 상수의 대답은 신뢰성이 떨어진다. 다만 상수가 주변 사람들로부터 끊임없이 인정받고 싶어하는 자기서사와 반쪽이가 자신의 문제를 적극적으로 이겨 내어 주변사람들에게 인정받는 작품서사가 충돌하여 상수가 반쪽이의 모습에 대해 자랑스럽다고 생각했을 가능성도 있다고 생각된다. 이날 상수는 온몸에 멍이 잔뜩

들어서 복지관에 왔다. 아마 상수는 전날 집에서 부모님에게 굉장히 야단을 맞고 와서 문학치료 프로그램을 진행하는 내내 매 맞는 부분에 있어서 계속적으로 이야기를 꺼냈다고 생각된다. 그런데 상수는 온몸에 멍이 시퍼렇게 들었음에도 불구하고 전혀 아프단 소리를 하거나 부모에 대한 분노를 표현하지 않았다. 평소 상수가 공격적인 행동을 자주 하는 점에 비춰 봤을 때 벌써 여러 번 돌발적인 행동을 보였을 법도 한데 상수는 오히려 다른 날보다 상당히 침착했다. 이런 상수의 행동은 주변으로부터 인정받는 것에 대한 갈망에서 비롯된 것으로, 지나치게 낮은 자아존중감으로 인해 외부로부터 자신의 존재를 인정받지 못하면 오히려 더욱 위축되는 경향을 보인다고 할 수 있다.

〈반쪽이〉 1-2, 1-3을 정리하며 앞으로 반쪽이가 어떻게 될 것 같은지 예측해 보라고 했다. 다음은 연구자의 질문에 상수가 대답한 내용이다.

연구자: "얘들아, 온갖 시련과 고난을 겪은 반쪽이는 앞으로 어떻게 될 것 같니?"

상 수: "글쎄요… 아 참 선생님 그런데요. 제가 하고 싶은 말이 있어요."

연구자: "응, 뭔데? 한번 이야기해 보렴."

상 수: "선생님 근데요. 어떤 골목이 두 개 있는데요. 한쪽은 갈 수 있는 길이고, 다른 한쪽은 갈 수 없는 길인데요. 점심에요. 어떤 애랑 가고 있었는데요. 한 명은 4학년이고, 한 명은 6학년인데요. 4학년이 6학년한테 이쪽은 깡패가 많다고 가면 안 된다고 했는데요. 그런데요. 6학년이 그게 믿기지가 않아서 그냥 가봤는데요. 거기에 초등학교 1학년이랑 고등학교 1학년이랑 많이 몰려다녔는데요. 1학년이랑 6학년이랑 맞짱 깠는데요. 1학년이 이겼어요.

연구자: "어, 정말? 그래서 그다음엔 어떻게 됐어?"

상 수: (자신의 이야기에 모든 사람들이 집중한다는 것에 신나하면서)

"그리고 그 뒤에 자기 엄마랑 다시 그곳에 갔는데요. 뭐지 걔는 불량서클을 알아서 숨어 있었는데 그 사이 깡패들이 그 엄마를 죽였데요. 그래서요 걔 엄마는 지금 새엄마래요.

연구자: "어머나, 그랬구나… 또 그다음 이야기는 없어?"

상 수: "선생님 근데요. 저는요. 점심에 골목길에 가고 있는데요. 사람도 없었는데 어떤 중학교 형들이 저를 때리려고 하는 거예요. 그 형들이 저를 위쪽에서 때리려고 하는데 잘 못 때리는 거예요. 그래서 제가 발로 뻥 차서 도망쳤어요."

연구자: "우와, 상수 대단한데…"

상 수: "공원에서요 중학교 형들이 담배 피고 있었는데요. 지나가던 아저씨가 학생들이 담배 피니까 가서 야단을 쳤대요. 그랬더니 형들이 왜 간섭하냐며 그 아저씨를 칼로 찔러 죽였대요."

연구자: "어머, 정말? 어떻게… 정말 위험하다. 조심해야겠다. 상수도 앞으로 조심해."

상 수: "네. 근데요… 저를 때리려고 건드리는 형들 많아요."

위의 내용을 보면 상수가 〈반쪽이〉 1-2, 1-3 부분을 통해 주변으로부터 받는 심리적 압박감을 현재 자신의 문제와 결부시켜 이야기를 진행했음을 볼 수 있다. 상수는 작품서사에 대한 구체적인 언급은 없었지만 아동기에서 사춘기로 넘어가는 시점에서 발생할 수 있는 여러 가지 두려움과 불안함을 드러냈으며, 자신의 이야기를 귀 기울여 주는 것에 대해 상당히 자신감을 회복한 듯 보였다. 상수는 남학생들에게 자주 발생하는 폭력적인 상황에 대해 조목조목 설명하며 어리지만 힘이 센 아이의 이야기를 먼저 꺼냈다. 상수가 이러한 이야기를 꺼내게 된 이유는 아마도 〈반쪽이〉 1-2, 1-3 부분에서 나이가 가장 어린 반쪽이가 형들은 물론이거니와 어른들의 계략에 전혀 굴복하지 않고 꿋꿋이 이겨

낸 점에 서사적 충돌을 일으켰다고 보여진다. 상수는 기본적으로 힘이 센 사람, 능력이 있는 사람에 대한 경외심이 있으며 그런 사람으로부터 자신의 존재를 인정받을 때 상당한 쾌감을 느끼고 기뻐함을 볼 수 있다. 상수는 연구자는 물론 함께 수업을 듣는 친구들이 모두 자신의 이야기에 귀를 기울이자 격앙된 목소리로 자신의 이야기를 이어갔다. 앞에서도 살펴봤듯이 상수는 주변으로부터 인정을 받으면 상당히 만족해하며 적극적으로 수업에 임하는 모습을 볼 수 있었다. 이번에도 상수는 자신의 존재에 대한 확신이 생겨 적극적으로 수업에 임하며 이야기를 진행했다. 특히 중간에 힘이 센 깡패 형들로부터 공격을 받았지만 운 좋게 자신이 한 방 때려 줬다는 부분을 언급하며 더 이상 외모 때문에 외부 세력에 대해 위축되거나 주눅 들지 않을 수 있다는 확신을 보여줬다. 상수는 자신이 혼을 내 준 형들이 지나가는 아저씨를 칼로 찔러 죽인 경험이 있는 무서운 형들이었다는 것을 다시 한 번 언급하였다. 그만큼 자신이 굉장히 못된 사람들을 물리쳤다는 승리감과 자신감에 충만해 있음을 볼 수 있었다. 그전까지 상수는 지나치게 외모에만 집착하여 자신이 가정이나 학교에서 인정받지 못하는 것을 전부 외모가 못났기 때문이라는 낮은 자아존중감을 보였는데 〈반쪽이〉 1-2, 1-3 부분을 통해 반쪽이가 비록 외모가 부족하지만 힘센 외부 세력으로부터 전혀 굴복당하지 않고 끊임없이 지혜를 발휘해서 물리쳤다는 점에 서사적 충돌을 일으켰다고 보여진다. 더불어 지나치게 공격적이거나 과장된 행동 역시 열심히 발표를 하면 주변으로부터 인정을 받는다는 것을 깨닫고 적극적으로 수업에 임하여 상당히 차분해졌음을 볼 수 있었다.

네 번째로 〈반쪽이〉 1-4 부분을 읽고 자신의 느낌을 발표하는 시간을 가졌다. 〈반쪽이〉 1-4 부분은 전체적인 내용을 최종적으로 점검하며 작품서사를 통해 상수의 우울증 서사가 어느 정도 변화되었는지를 살펴볼 수 있었다. 그러나 안타깝게도 이날 상수는 학교 현장학습 때문에 수업에 참석하지 못했다. 이상의 내용을 통해 상수의 우울증 서사가 변화된 모습을 정리해서 살펴보면 다음과 같다.

① 나는 잘 생긴 사람이 좋다. 왜냐하면 잘 생긴 사람은 주변 사람들에게 인정을 받기 때문이다.
② 나는 잘못을 하면 언제든지 집에서 쫓겨날 수도 있고 학교에서 문제아 취급을 받을 수도 있다.
③ 그러나 외모 때문에 집에서 쫓겨나거나 문제아 취급을 당하는 것은 아닌 것 같다.
④ 이제는 친구들에게 인정받기 위해 심한 장난을 치거나 선생님에게 인정받기 위해 수업시간에 장난을 치지 않을 것이다.
⑤ 차라리 수업시간에 열심히 발표를 하면 선생님은 물론 친구들도 나를 인정해 준다.
⑥ 나는 외모는 살아가는 데 중요한 요소라고 생각한다.
⑦ 그러나 외모가 인생의 전부는 아닌 것 같다.
⑧ 외모가 부족해도 얼마든지 힘세고 나쁜 사람들을 물리칠 수 있고, 그러면 사람들로부터 인정을 받을 수 있기 때문이다.

위에 제시한 상수의 우울증 서사를 살펴보면, 서사 단락 (3)~(8)에서 서사적 변화가 일어났음을 볼 수 있다. 이전까지 상수는 외모에 대한 지나친 집착으로 인해 낮은 자존감을 보이는 우울증 서사를 지니고 있었으며, 그로 인해 평소에 스스로 인정받기 위해 지나치게 공격적이고 과장된 행동을 보여 자신의 문제를 객관적으로 볼 수 있는 능력이 부족하였다. 상수는 여전히 외모에 대한 중요함을 호소하며 외모로 인해 어느 정도 피해를 받고 있다고 생각하지만, 〈반쪽이〉의 서사적 특성을 통해 우울증을 유발하게 된 근본적인 원인이었던 외모에 집착하여 정체성을 상실한 모습에 있어서는 어느 정도 벗어났음을 볼 수 있다.

상수는 〈반쪽이〉의 작품서사를 통해 내면에 억눌려 있던 자신의 문제에 대해 여러 번 생각해 보는 기회를 가지게 되면서 끊임없이 작품서사와의 서사적 충돌을 일으키며 자연스럽게 우울증 서사에서 벗어나고 있음을 볼 수 있다. 이는 이전에 상수가 외모로 인해 가정이나 학교생활에서 지나치게 피해의식에 사로 잡혀 있어서 모든 관계에 있어서 지나치게 공격적이고, 자신의 감정을 지나치게 표출하는 모습과 대비되어 현재는 친구들과의 관계 맺기에 대해 나름대로의 규칙을 터득하여 자신의 행동에 있어서 문제점을 파악하고 외모에 대한 잘못된 시각을 바꾸려는 노력을 통해서 확인할 수 있다. 상수는 반쪽이를 통해 외모가 못생겼더라도 스스로를 과장되게 부풀려 관계로부터 인정을 받고자 하는 것은 자신의 삶의 이유를 찾게 하는 데에 걸림돌이 될 뿐이라는 것을 이해하게 된 것 같다. 그로 인해 자신과 관계된 삶의 영역 안에서 외모에 대한 콤플렉스에서 벗어나 지나치게 연극적인 태도를 버리고 자신의 문제의 핵심에서 적극적으로 인간관계를 회복하려는 자존감을 형성하게 됐다고 생각된다. 아직까지 상수는 외모에 대한 피해의식에서 완전히 벗어나진 못했지만 외모가 못생겼더라도 언제든지 좋은 일을 할 수 있다고 생각하게 되었다. 주변으로부터 충분히 인정을 받을 수 있다고 생각한 상수의 서사는 반쪽이가 부모와 형제들 그리고 사회에서 만난 힘센 어른들로부터 끊임없이 공격받고 소외받았지만 외모에 상관없이 자신의 능력을 발휘하여 적극적으로 해결해 나간 것과 유의미한 관련성을 보인다. 즉 상수는 〈반쪽이〉의 작품서사를 통해 세계로부터 정체성을 확립하는 것에 대한 진정한 이유를 찾았으며, 우울증 서사에서 건강한 서사로 변화되었다고 평가된다.

2 청소년 대상 문학치료 프로그램

프로그램 개요

그동안 청소년을 대상으로 하는 문학치료 프로그램은 영화창작치료 프로그램, 인터넷 중독 예방 및 치료를 위한 시치료 프로그램, 자살 위험 청소년을 대상으로 한 시치료 프로그램, 통일 교육을 위한 문학치료 프로그램 등이 진행되었다. 그 중 이 프로그램은 설화 〈내 복에 산다〉를 통하여 자신의 독립성과 관계의 회복을 목적으로 진행하였다.

청소년기의 중요한 과제 중 하나는 '자아정체감 형성'이다. 자아정체감은 '성장'과 밀접한 관련이 있는데, 에릭슨은 성장 과정에서 의미 있는 대상과의 지속적 상호작용과 내사, 투사, 동일시 등의 심리작용을 통해 자아에 대한 인식, 곧 자아정체성이 형성된다고 이야기한다. 이러한 형성을 통하여 청소년은 독립적인 한 개인으로 성장하게 되고, '성인'의 단계에 들어설 수 있게 된다.

그렇기 때문에 자아정체성 형성을 통한 독립심의 향상은 청소년기의 중요한 발달 과업이다. 또한 독립심의 향상은 주변인들과의 관계에도 영향을 미쳐 대인 관계의 긍정적인 변화를 추구할 수 있게 된다. 여기에서는 설화 〈내 복에 산다〉를 통한 활동이 청소년의 자아정체성 회복 및 독립심 형성에 중요한 역할을 할 것이라고 보고, 〈내 복에 산다〉를 활용한 동화창작치료 프로그램을 소개하고자 한다.

전체 프로그램 소개

자료 선정

설화 〈내 복에 산다〉는 아버지가 누구 덕에 사느냐는 말에 "내 복에 산다."고 대답한 막내딸이 집에서 쫓겨나는 것으로 시작한다. 이후 설화는 대부분의 각편에서 셋째 딸이 숯구이 총각과 결혼을 하여 함께 살다가 금덩이를 찾은 후, 거지가 된 부모를 찾는 구조로 나타난다. 이러한 내용을 담고 있는 설화 〈내 복에 산다〉는 『한국구비문학대계』에 약 33편 정도 발견된다.[8] 설화 〈내 복에 산다〉를 요약하여 제시하면 다음과 같다.

① 옛날에 어느 부잣집에 딸 셋이 있었다. 하루는 아버지가 큰딸을 불러 누구 덕에 먹고사느냐고 물었다. 큰딸은 부모님 덕이라고 말했다. 아버지가 둘째 딸을 불러 놓고 똑같이 물었는데 그 대답도 큰딸과 같았다. 그런데 아버지가 셋째 딸을 불러서 묻자, 셋째 딸은 내 덕에 먹고산다고 말했다. 화가 난 아버지는 지나가는 숯장수에게 딸을 데려가라고 했다. 셋째 딸은 자기 복은 자신이 가지고 간다면서 곳간에서 쌀 서 되 서 홉을 퍼서 숯장수를 따라

나섰다.

② 셋째 딸은 숯장수를 따라 산골로 들어가서 살림을 차렸다. 딸은 가지고 온 쌀로 밥을 지어 시어머니에게 밥을 차려 드린 다음 밥을 이고서 숯 굽는 곳으로 갔다. 그런데 숯을 굽는 곳에 금덩이가 있는 것이었다. 셋째 딸은 숯장수에게 내일부터는 숯을 굽지 말고 거기에 있는 돌을 팔아 오라고 했다. 그리고 아무리 사람들이 놀려도 꾹 참고 어떤 노인이 사러 오면 제값을 받고 팔라고 당부했다. 다음날 숯장수는 셋째 딸이 팔아 오라는 돌을 지고 장에 갔다. 사람들은 돌을 발로 툭툭 차며 지나갔지만 숯장수는 셋째 딸이 당부한 대로 꾹 참았다. 잠시 후에 저녁이 되자 노인이 나타나더니 숯장수의 돌을 다 사갔다. 그리하여 숯장수 집은 큰 부자가 되어 잘 살았다.

③ 그러던 어느 날 셋째 딸은 거지가 된 부모 생각에 그만 병이 들고 말았다. 숯장수가 어떡하면 되느냐고 물었더니, 셋째 딸은 거지 잔치를 열흘만 하자고 했다. 그리고 셋째 딸은 하인에게 돈을 주며 대문을 열었다 닫았다 할 때마다 "옥점아!" 하는 소리가 나도록 만들어 달라고 했다. 거지 잔치를 한 지 열흘째가 되자 전국 각지의 거지들이 다 모여들었는데, 한쪽 구석에 거지 내외가 문을 여닫는 소리를 들으면서 울고 있는 것이었다. 하인이 그것을 셋째 딸에게 고하자, 셋째 딸은 부모가 왔다는 것을 알고 달려 나가 맞이하였다. 마침내 부모를 찾은 셋째 딸은 부모님을 모시고 잘 살았다.[9]

설화 〈내 복에 산다〉를 총 세 단락으로 나누어 보면 ① 셋째 딸이 아버지와 갈등을 보이는 부분, ② 셋째 딸이 숯장수와 결혼을 한 후 부자가 되는 부분, ③ 셋째 딸이 거지가 된 부모를 다시 감싸는 부분으로 나누어 볼 수 있다.

첫 번째 단락은 '셋째 딸이 아버지와 갈등'을 보이는 부분이다. 아버지와 딸의 갈등은 아버지의 물음에 딸이 "내 복에 산다."고 대답하여 불거진다. 이때 설화에서 아버지의 모습은 매우 권위적으로 나타난다.[10] 이때 아버지가 딸에게 누구 덕에 사느냐고 물어보는 것은 딸에 대한 아버지의 영향력을 보여주고자 함이다. 아버지의 물음은 딸들에게 자녀들은 자신에게 소속된 존재이며, 자신이 원하는 대로 행동해야 한다고 언급하는 것과 같다.

그런데 아버지의 물음에 셋째 딸은 아버지에게 "내 복에 산다."고 대답한다. 아버지에게 속한 존재가 아니라는 것을 확실하게 이야기하는 것이다. 셋째 딸의 대답은 '자녀는 부모에게서 독립된 존재'라는 점을 강력히 보여주는 것이다. 부모의 테두리 안에 가두려는 아버지와 이에 대응하는 딸의 모습이 단적으로 드러나는 부분이라고 할 수 있다.

결국 "내 복으로 산다."는 대답으로 인하여 셋째 딸은 집에서 쫓겨나게 된다. 그러나 이는 비단 쫓아내서 나가는 것만은 아닐 것이다. 셋째 딸은 스스로 집을 나가는 것이라고 할 수 있는 것이다. 단지 이야기상에서 쫓겨나는 것으로 표현될 뿐이다.[11] 이에 더하여 설화의 내용 중 부모에게 쫓겨나는 것이 '심리적 독립'을 표현하는 것이라는 관점도 제시된다.[12] 다시 말해 심리적인 독립이 이루어지는 것은 이야기상에서 자녀들이 쫓겨나는 것으로 나타나게 된다.[13] '집'은 부모가 지어 놓은 부모의 세계이다.[14] 그렇기 때문에 설화 안에서 아버지의 집을 나가는 것은 '부모의 세계로부터의 탈출'이라고 할 수 있다.

이러한 셋째 딸의 모습은 청소년기에 나타나는 부모와의 분리-개별화에 대한 욕구와[15] 연관하여 설명할 수 있다. 청소년기는 새로운 역할에 대해 기대를 받으며 자아정체성을 찾게 되는 시기이다.[16] '내가 누구인지, 무엇을 해야 하는지'에 대하여 생각하는 과정에서 부모와 자신은 다른 존재라는 것을 인식하게 되는 것이다.

정리하면 첫 번째 단락인 '셋째 딸이 아버지와 갈등'을 보이는 부분은 '심리적인 분리에 성공한 단계'라고 할 수 있다. 즉 자녀가 부모와의 분리-개별화의 욕구를 드러내고, 부모와 자신의 삶을 분리시키는 부분이라고 할 수 있다. 자녀가 부모에게 소속된 존재가 아니라는 것을 보여주어 자아 정체성을 찾고자 하는 움직임이 나타나게 되는 것이다.

두 번째 단락은 '셋째 딸이 숯장수와 결혼을 한 후 부자'가 되는 부분이다. 이 부분에서 셋째 딸은 아버지에게 쫓겨나 숯구이 장수와 살게 된다. 처음으로 아버지의 집에서 벗어나 자신이 만들어 나갈 수 있는 공간으로 가는 것이다. 이때 셋째 딸은 진짜 자신의 복으로 잘 산다는 것을 보여주고자 하는데, 이는 '금덩이'를 통하여 형상화된다.

금덩이를 찾는 것은 이제 더 이상 부모에게 의지하지 않아도 되는 상태를 말하는 것이다. 즉 자신이 잘 살 수 있는 실질적인 방법을 마련한 것이라고 할 수 있다. 아버지의 집을 나온 것이 부모에게 심리적으로 의지하지 않는 것을 의미한다면, 금덩이를 찾아 부자가 되는 것은 실질적으로도 의지하지 않는다는 것을 보여준다.

처음 셋째 딸이 집을 나갔을 때, 바로 좋은 집과 좋은 음식을 먹고 산 것이 아니다. 이는 심리적인 독립을 한다고 해서 바로 실질적인 독립에 들어가지는 못한다는 것을 의미한다. 주위를 둘러보며 천천히 내가 어떻게 '나'의 복으로 살 수 있을지 궁리해야 하는 것이다. 그러다가 숯구이 총각은 몰랐지만 '나'는 알아볼 수 있었던 금덩이를 찾게 된 것이다.

이는 청소년기의 심리적 독립을 통하여 실질적 독립을 이루어 자아정체성을 확립하는 것으로 볼 수 있다. 자녀가 부모와 함께 살고 있을 때, 부모가 보기에 자녀는 '슬하'에 있어야 하는 존재이다. 이때 슬하의 자녀들은 자신의 정체성을 확인하기 어렵다. 부모가 결정하는 것을 따르게 되는 경우가 많기 때문이다. 그러나 이렇게 분리-독립이 완전히 진행되면 자신의 정체성을 확립시킬 수 있게 된다.

정리하면 두 번째 단락인 '셋째 딸이 숯장수와 결혼을 한 후 부자'가 되는 부분은 '실질적 독립'이 이루어지는 단계이다. 실질적으로 분리와 독립이 이루어져 자아정체성을 확립하는 단계라고 할 수 있다.

셋째 딸처럼 자신의 정체성이 확립되면 부모가 어떠한 모습을 하고 있더라고 이에 휘둘리지 않고 부모와 대면할 수 있게 된다. 그렇기 때문에 설화에서 셋째 딸이 부모를 찾을 수 있는 마지막 단계로 나아가게 되는 것이다.

셋째 딸을 쫓아낸 후 아버지와 가족들은 '거지'가 되었다. 이러한 아버지의 모습에 대하여 '아버지의 완벽한 패배'[17]라고 이야기하기도 하고, '아집에 갇힌 삶의 귀결이 나타난 모습'[18]이라고 이야기하기도 한다. 어찌 되었든지 간에 자신의 마음에 들지 않는다는 이유로 딸을 쫓아낸 아버지가 잘 살 수 없다는 것을 공통적으로 드러내는 부분이라고 할 수 있다.

자신의 마음에 들지 않는 관계를 단절하고자 하는 사람은 비단 자녀에게만 그렇게 대하지는 않을 것이다. 다른 관계에서도 '단절'된 모습을 보여줄 것으로 예상할 수 있다. 자신이 원하는 대로 되지 않으면 상대방과의 관계를 단절시켜 버리는 것이다. 이렇게 단절된 삶을 산 아버지는 자연스레 망할 수밖에 없다.

셋째 딸 또한 아버지가 '거지'가 될 것을 미리 알고 있었다. 그렇기 때문에 미리 준비를 해 놓고 기다리고 있었던 것이다. 앞서 언급했듯, 아버지의 단절된 인간관계의 모습은 아버지가 '거지'가 되었을 것으로 예상하기에 충분하다.

이렇게 거지가 된 아버지에게 자녀들은 복수를 하고 싶을 수도 있고,

더 이상 만나고 싶어하지 않을 수도 있다. 그러나 셋째 딸은 그렇게 하지 않는다. 여러 각편을 살펴보면 셋째 딸이 아버지를 곁에 모시고 잘 산다고도 하고, 아버지의 병을 낫게 하였다고도 한다. 이는 아버지가 어떤 상태이든지 간에 셋째 딸이 아버지를 책임질 수 있는 상황이 되었다는 것을 의미한다. 그렇기 때문에 세 번째 단락은 셋째 딸이 단순히 아버지에게 반항을 하기 위해 내 복에 산다고 대답한 것이 아니라는 것을 증명하는 부분이다. 스스로 독립적인 한 개체인 것을 보여준 후 부모에게 다시 다가가는 것이다.

이에 부모 또한 자녀는 자신이 소유한 존재인 줄 알고 있었다가 자신과는 또 다른 하나의 독립적인 인간이라는 것을 알게 된다. 이에 '자기 덕에 자기가 먹고산다'고 했던 셋째 딸의 말을 이해하고, 그것을 받아들여 주는 것이다.

이러한 상황이 되면 부모는 자신이 자녀를 책임져야만 하는 것이 아니라 자녀도 부모를 책임질 수 있는 사람이라는 것을 깨닫게 된다.[19] 이로 인하여 자녀와 부모는 '함께' 할 수 있는 삶을 살 수 있게 되는 것이다.

그런데 마지막 단계는 단순한 의미에서 관계회복이라고 말하기 어렵다. 이는 텍스트 상에 '거지'라고 나타난 것처럼 이미 망해 버린 부모의 삶을 감당해야 하는 단계이다. 이 수준은 청소년기에 감당하기에는 벅차다. 부모가 '내가 낳아 주었으니 당연히 힘든 나를 감당해야 한다'고 하는 식의 압박으로 다가온다.

그렇기 때문에 세 번째 단락에 해당하는 것에서 놓치지 말아야 할 지점은 '성공 후 포용이 가능'하다는 것이다. 이 단락은 거지가 된 부모를 거두면서 자녀가 본인의 정당성을 입증하는 승리에 이르면서도, 나와 부모가 모두 안전한 관계를 지향하게 되는 것을 보여준다. 결국 부모와 자식 간의 상생을 의미한다.

정리하면 마지막 단락인 '셋째 딸이 거지가 된 부모를 다시 감싸는' 부분은 '힘을 잃은 부모의 삶도 같이 존중해 주며 자신의 역량으로 부모를 감싸 안는 단계'라고 할 수 있다. 자녀가 심리적 독립을 통해 완전한 정체성을 찾게 되면 자연스럽게 부모와의 관계를 회복할 수 있게 된다는 것을 보여준다고도 할 수 있다.

설화 〈내 복에 산다〉에서 보여주는 위와 같은 일련의 과정은 청소년기의 건강한 분리 독립을 보여주는 이야기로 볼 수 있다. 즉 성인이 되기 전의 청소년들이 겪어야 하는 단계를 미리 보여주는 것이다. 청소년이 이러한 과정을 잘 겪어야 자신의 삶의 금덩이를 찾을 수 있고 부모와의 관계도 잘 이룰 수 있다.

이는 현대 사회에서 부모에게 계속적으로 의존하며, 부모의 그늘 밑에서 벗어나려 하지 않는 청소년에게 도움을 줄 수 있는 생생한 서사가 될 수 있다. 또한 청소년이 부모와 갈등을 빚고 있더라도 그것이 한층 성장할 수 있는 계기가 될 수 있다는 것을 알려 주는 서사가 될 수 있다. 이러한 성장이 제대로 이루어지게 되면 부모로부터의 심리적·실질적 독립이 가능하여 '자아정체성'이 확립될 수 있는 것이다.

활동 과정

먼저 1단계인 '좋은 작품을 만나는 단계'는 청소년들에게 필요한 작품을 미리 분석하여 제공해 주는 것이 중요하다. 본 프로그램에서는 1단계에 앞서 언급한 설화 〈내 복에 산다〉를 청소년들에게 제공하였다.

청소년들이 이야기를 접한 다음, 〈내 복에 산다〉가 지향하는 것이 무엇인지 서로 의견을 말해 보게 한다. 이때 설화의 어떤 부분이 싫은지, 어떤 부분이 좋은지 이야기를 하게 된다. 이때 이야기 반응에 대한 자기 자신의 특징을 살펴볼 수 있게 되고, 다른 사람들의 다양한 의견을 들을 수 있게 되기도 한다. 같은 학교에 다니는 같은 학년의 학생들이지만 서로 다른 부분에 집중하는 것을 알게 된다. 이렇게 다양한 반응을 서로 확인해 보는 것은 새로운 시각에서 작품을 바라볼 수 있게 한다.

2단계인 '좋은 이야기 쓰기 단계'에서는 '작품 변용'과 '작품 창작'이 함께 진행된다. 먼저 설화를 자신이 원하는 대로 고쳐보는 것이다. 인물을 바꿀 수도 있고, 결말을 바꿀 수도 있다. 자신이 좋아하는 부분은 그대로 두고 싫은 부분만 수정하여 보는 것이다.

이러한 과정이 진행된 후 새로운 동화를 창작하게 된다. 꼭 옛날이야기 형식으로만 하는 것이 아니라 현대를 배경으로 해도 되고, 구도를 바꾸어도 된다. 이때 많은 부분을 바꿔도 되지만, 이야기를 처음부터 끝까지 써야 한다. 단순히 싫은 부분만 작성해 보는 것이 아니라 이야기를 자신이 끝까지 이끌어 가보는 것이 중요하다. 왜냐하면 창작자의 자기서사를 파악하기 위해서는 '인간관계의 형성과 위기와 회복'이 나타난 '서사'로 제공되어야 하는 것이 중요하기 때문이다. 이에 이 단계는 창작의 시작과 끝을 처음으로 경험해 보게 하는 단계라고 하겠다.

이를 통하여 3번째 단계인 작품을 수정하는 단계에 이르게 된다. 이때 수정 및 보완의 기준은 합리적인 '개연성'이다. 내용의 개연성이 확보되어야 완결성 있는 이야기를 창작해 낼 수 있기 때문이다. 이러한 과정을 통하여 '나만의 동화'가 완성되는 것이다.

그런데 앞선 3단계의 과정들을 진행한 후 중요한 것은 마지막 단계인

'출판 기념회'를 진행하는 것이다. '출판 기념회'는 자신의 작품을 공유하는 자리로, 청소년이 작품을 통하여 자신을 드러내고 세상과 소통을 가능하게 하는 장이기 때문에 중요하다.

이를 통해 전체 프로그램은 10회기로 구성되었다. 각 10회기는 단계별로 나누어 볼 수 있는데, 1단계 좋은 작품을 만나기, 2단계 좋은 이야기 쓰기, 3단계 발표 및 수정하기, 4단계 출판 기념회이다. 이를 표로 제시하면 다음과 같다.

[표 3] 청소년 대상 문학치료 프로그램 단계별 활동 내용

단계	회기	활동 내용	기타
단계 1. 좋은 작품 만나기	1회기	〈내 복에 산다〉 엿보기	
	2회기	〈내 복에 산다〉와 친해지기	
	3회기	〈내 복에 산다〉의 셋째 딸 되기	
단계 2. 좋은 이야기 쓰기	4회기	나의 동화 개요 및 글쓰기	
	5회기	그림 그리기 혹은 사진 찍기	
	6회기	그림 및 사진과 글 배치	
단계 3. 발표 및 수정	7회기	발표 및 소감. 수정사항 권고	
	8회기	개인별 수정	
	9회기	재발표	재발표 후 출판
단계 4. 출판 기념회	10회기	'나만의 동화' 함께 읽기	

프로그램 참여자 사례

참여자 기본 정보 및 의뢰 사유

참여자 A는 고등학교에 재학 중인 학생이다. 부모님과 함께 살고 있으며, 2녀 중 둘째이다. 학생 A는 입학 1달 후 진행된 정서행동특성검사에서 관심군으로 나왔다. 이때 자살에 대한 징후가 높게 나타났다. 중학교 때 자살 시도 경험이 있으므로 담임선생님 또한 특별 상담 요청을 해 온 상태이다.

참여자 A는 아버지가 무서워서 말을 잘 걸지 못하고 어머니는 병으로 입원 중에 있어 서로 말을 잘 못한다고 하였다. 그나마 언니가 자신의 마음을 털어 놓을 수 있는 유일한 가족이다. 교내에 친한 친구는 한 명인데, 그 친구를 독점하고자 하나 친구는 다른 교우관계로 인하여 참여자 A가 독점할 수 없는 상태이다.

이와 같은 다양한 이유로 참여자와 상담을 진행하게 되었으며, 그림을 잘 그리는 참여자의 특성을 알게 된 문학치료사는 참여자 A에게 동화창작치료 프로그램에 참여할 것을 권유하였다.

사례 분석

제시된 설화 〈내 복에 산다〉를 참여자 A에게 제공하였다. 작품을 접한 후, 5개의 단계로 그 감상평을 하게 해 보았다. 참여자 A는 "① 감동적이다, ② 흥미롭다, ③ 보통이다, ④ 지루하다, ⑤ 거부감이 든다." 중에서 '② 흥미롭다'를 선택하였다. 그 이유에 대하여 참여자

A는 "셋째만 자기 덕에 산다고 한 것이 지혜롭다고 생각했다. 그리고 자기는 부자가 된 후, 거지 잔치를 연 것이 흥미로웠다."고 이야기했다.

이후 함께 논의하는 과정을 거쳤다. 이때 문학치료사는 설화가 가지고 있는 의미를 설명하기보다 학생들의 다양한 의견을 수렴하고 정리하는 역할을 담당하였다. 설화에 대해 논의하는 것은 다양한 사람들의 생각을 들어 설화의 내용이 다양하게 읽힐 수 있다는 것을 깨닫게 되는 과정이다. 즉 혼자 생각한 것만이 옳은 것이 아니라 다양한 사람들의 다양한 생각을 들으며 상대방에 대해 이해하는 과정이라고 하겠다.

이러한 논의의 과정을 통한 후, 참여자 A는 작품 변용하기를 시작하였다. 참여자 A가 설화 〈내 복에 산다〉를 최초로 변용한 모습은 다음과 같다.

> ① 어느 부잣집에 세 딸이 있었다. 어느 날 부자는 자신의 세 딸을 불러 누구 덕에 사냐는 질문을 했다. 그러자 첫째 딸과 둘째 딸은 아버지 덕에 산다고 대답을 했다. 그러나 셋째 딸은 자기 덕에 산다고 말했다. 셋째의 대답에 화가 난 아버지는 키워 준 은혜도 모르고 감히 그런 말을 하느냐면서 너무 화가 난 나머지 셋째를 지나가는 숯장수에게 줘 버렸다.
>
> ② 딸은 나갈 때 자기 복은 자기가 가져간다면서 쌀을 조금 퍼와 숯장수와 산골로 들어가 살림을 차렸다. 셋째는 퍼온 쌀로 시어머니에게 드릴 밥을 이고서 숯 굽는 장소로 갔다. 그런데 숯 굽는 곳에 있는 돌덩이가 금덩이었다. 셋째는 숯장수에게 내일부터는 숯을 굽지 말고 이 돌을 가장 비싼 값에 사겠다는 사람에게 팔라고 했다. <u>그러자 숯장수는 여자 주제에 어디서 감히 남자에게 명령이냐며 화를 냈다. 셋째는 그래도 한 번만 팔아 오라고 사정을 했다. 숯장수가 장에 나가 계속 기다리자 어느 노인이 비싼 값에 돌을 전부 사가서 큰돈을 벌게 되었다.</u>
>
> <u>②-1 그 후 셋째는 숯장수와 잘 살게 되었다.</u>[20]

학생이 변용을 시킨 후 그것을 수정 · 보완하여 동화로 창작하게 되는데, 이때의 기준은 '개연성'의 확보이다. 그런데 인용문의 ②와 ②-1을 살펴보면 원래의 이야기에서 변형된 부분을 찾을 수 있다. 첫 번째로 인물의 성격 변화이다. 아버지에게는 당당하게 "내 복에 산다."고 대답한 딸이 부당하게 화를 내는 남편에게 아무 말도 못하는 모습으로 나타난다. 두 번째로 결말의 변화이다. 아버지를 찾으러 가는 모습을 없애버리고 억압적인 남편과 잘 산다는 내용으로 바꾸었다.

이때 문학치료사는 ②에서 셋째 딸의 성격변화가 개연성이 떨어진다고 언급해 주었다. 아버지의 울타리 안에서 살 때, 딸은 아버지에게 자신의 생각을 이야기했다가 집을 나가게 되었는데, 남편에게는 아무 말도 하지 않는 것이 너무 급작스럽다고 이야기해 주었다. 또한 ②-1에서 억압적인 남편과 아무런 일 없이 그냥 잘 살게 된다는 것도 셋째 딸 성격을 보았을 때는 일관성이 떨어진다고 하였다. 그러자 참여자 A는 약간 격앙되어 "제가 아는 남자들은 다 저렇게 이야기한단 말이에요."라고 대답하였다. 그러나 이내 참여자 A는 고심 끝에 뒷부분을 다시 바꾸었다. 내용이 변한 부분만 제시하면 다음과 같다.

> ② (전략)셋째는 숯장수에게 내일부터는 숯을 굽지 말고 이 돌을 가장 비싼 값에 사겠다는 사람에게 팔라고 했다. 그러자 숯장수는 여자 주제에 어디서 감히 남자에게 명령이냐며 화를 냈다. 셋째는 숯장수의 말에 화가 나 집을 뛰쳐나가 차라리 자기가 팔고 말지, 하면서 장에서 금덩이를 팔기 시작했다. 셋째가 계속 기다리자 어느 노인이 비싼 값에 돌을 전부 사가서 큰돈을 벌게 되었다.
>
> ②-1 그 후 셋째는 숯장수와 잘 살게 되었다.

인용문을 살펴보면, ②에서 숯장수의 말에 반박하는 셋째 딸의 모습이 드러난다. 아버지의 말에 집을 나선 것과 같이 남편과 살던 집도 스스로 나선다. 그 후, 노인에게 금덩이를 팔고 부자가 되어 잘 살게 된다. 셋째 딸의 급작스러운 성격변화가 내용에서 없어진 것이다.

그러나 참여자 A는 억압하는 남편과 잘 사는 내용은 바꾸지 않았다. 그래서 어떤 방법을 사용해야 억압적인 남편과 잘 살 수 있는지 생각해 보라고 하였다. 그러자 참여자 A는 다시 내용을 바꾸었고 이를 동화집에 출간하였다. 다음은 참여자 A가 설화 〈내 복에 산다〉를 재창작한 후 최종적으로 수정 · 보완하여 동화집에 〈아버지, 저는 제 복으로 살 겁니다〉라는 제목으로 낸 내용이다.

> ① 어느 부잣집에 세 딸이 있었다. 어느 날 부자는 자신의 세 딸을 불러 누구 덕에 사냐는 질문을 했다. 그러자 첫째 딸과 둘째 딸은 아버지 덕에 산다고 대답을 했다. 그러나 셋째 딸은 자기 덕에 산다고 말했다. 셋째의 대답에 화가 난 아버지는 키워 준 은혜도 모르고 감히 그런 말을 하느냐면서 너무 화가 난 나머지 셋째를 지나가는 숯장수에게 줘 버렸다.
>
> ② 딸은 나갈 때 자기 복은 자기가 가져간다면서 쌀을 조금 퍼와 숯장수와 산골로 들어가 살림을 차렸다. 셋째는 퍼온 쌀로 시어머니에게 드릴 밥을 이고서 숯 굽는 장소로 갔다. 그런데 숯 굽는 곳에 있는 돌덩이가 금덩이었다. 셋째는 숯장수에게 내일부터는 숯을 굽지 말고 이 돌을 가장 비싼 값에 사겠다는 사람에게 팔라고 했다. 그러자 숯장수는 여자 주제에 어디서 감히 남자에게 명령이냐며 화를 냈다. 셋째는 숯장수의 말에 화가 나 집을 뛰쳐나가 차라리 자기가 팔고 말지, 하면서 장에서 금덩이를 팔기 시작했다. 셋째가 계속 기다리자 어느 노인이 비싼 값에 돌을 전부 사가서 큰돈을 벌게 되었다.
>
> ②-1 셋째는 그 돈을 가지고 산신령이 살고 있다는 샘으로 갔다. 셋째는

산신령에게 돈을 약간 바치며 제발 자신의 남편을 혼내서라도 성격을 고쳐 달라고 사정했다. 셋째가 간절하게 부탁하자 산신령은 알았다며 숯장수에게 갔다. 산신령은 숯장수가 눈물이 쏙 빠지도록 혼을 내어 숯장수의 성격을 고쳐주었다. 그 후 셋째는 성격이 좋아진 숯장수와 부자가 되어 싸우는 일 없이 잘 살았다고 한다.

앞서 2장에서 설화 〈내 복에 산다〉를 세 단락으로 보았을 때, 참여자 A의 창작 동화 〈아버지, 저는 제 복에 살 겁니다〉는 앞의 두 단락만 나타나 있다. 창작된 〈아버지, 저는 제 복에 살 겁니다〉의 첫 번째 단락은 원작에서 변화된 부분이 없다. 세 번째 단락은 없고 두 번째 단락만 확장되어 나타나 있다. 이때 세 번째 단락과 관련된 내용은 참여자 A가 넣고 싶지 않다고 하여 원하는 대로 창작하게 그냥 두었다. 세 번째 단락이 없다고 하여도 논리성이 떨어지지 않기 때문이었다.

실제 구연된 〈내 복에 산다〉 각편 중에서는 두 번째 단계까지만 나타나고 있는 각편이 33편 중 9편이 있다. 참여자 A가 창작한 〈아버지, 저는 제 복에 살 겁니다〉와 가장 비슷한 각편을 요약하여 제시하면 다음과 같다.

① 옛날에 어떤 대감이 딸 셋을 두었다. 하루는 대감이 딸을 모아 놓고 누구 덕에 먹고사느냐고 물었다. 큰딸과 둘째 딸은 아버지 덕에 먹고산다고 대답 했다. 그러나 셋째 딸은 내 덕에 먹고산다고 대답하였다. 그리하여 대감은 첫째 딸과 둘째 딸은 좋은 집에 시집을 보냈고, 셋째 딸은 숯장수에게 시집을 보냈다.

② 하루는 셋째 딸이 밥을 주려고 신랑이 일하는데 가게 되었는데 이맛돌이 전부 금인 것이었다. 셋째 딸은 신랑에게 이제 숯장사를 하지 말고 돌을 이고 가자고 했다. 그러자 신랑은 그렇게 하면 굶어 죽는다고 했다.

셋째 딸은 신랑을 설득하여 이맛돌을 전부 나라에 팔아 오도록 했다. 숯장수는 마누라가 시키는 대로 돌을 나라에 팔았다.

②-1 둘은 부자가 되어 잘 살았다.[21]

인용문에 제시한 각편에서도 창작 동화 〈아버지, 저는 제 복에 살겁니다〉와 마찬가지로 두 번째 단락까지 나타나 있다. 두 번째 단락에 관련된 이야기의 주된 내용은 '집을 떠난 후 생성되는 남녀 관계 혹은 부부 관계'이다. 참여자 A는 창작한 동화에서 이 부분을 중요시 여기고 확장시킨 것이다. 즉 부모를 떠나 '나'의 삶의 모습을 더욱 크게 그려 낸 것이라고 볼 수 있다.

문학치료학에서는 작품을 감상하거나 창작할 때에 원래의 작품이 가지고 있는 이야기가 창작자에게 영향을 미치게 되고, 이로 인하여 창작자의 변화가 가능하다고 본다.[22] 이러한 측면에서 보자면 설화 〈내 복에 산다〉는 참여자 A에게 영향을 주어 작품을 창작하게 했을 뿐 아니라 관계를 재정립할 수 있게 영향을 주었다고 짐작해 볼 수 있다.

참여자 A는 활동이 모두 종료된 후, '남자'라는 존재에 대해 다시 생각해 볼 수 있어서 좋다고 하였다. 특히 원래의 남자는 화만 내는 존재라고 생각했던 것에 반해, 자신의 말에 긍정해 주고 함께할 수 있는 관계를 형성할 수 있는 존재라고 생각의 변화가 가능하게 되었다고 하였다.

담임선생님 또한 프로그램이 종료된 후, 〈아버지, 저는 제 복에 살겁니다〉를 통하여 참여자 A를 잘 파악할 수 있게 되었다고 하였다. 담임선생님은 평소 조용하고 자기 의견이 없었던 참여자 A가 창작한 인간관계의 양상을 통하여 참여자 A의 부모님과의 관계를 추측해 볼 수 있었다고 언급하였다.

이러한 맥락에서 보면 참여자 A는 설화 〈내 복에 산다〉의 첫 번째 단락과 두 번째 단락의 창작이 가능하게 되면서, 부모를 떠나 새로운 사람을 만나는 것에 대하여 자연스럽게 기술하고 있는 것이다. 이는 부모에 대한 심리적인 독립과 새로운 관계를 형성할 수 있는 가능성을 포착한 것이라고 하겠다.

물론 하나의 이야기 창작을 통하여 청소년기를 모두 지내야만 이룰 수 있는 독립이 한 번에 진행되었다고 보는 것은 아니다. 그러나 이러한 일련의 과정을 통해 부모에게서 독립한 후, 새로운 관계를 생성하는 이야기를 만들어 냄으로 관계에 대한 새로운 시각이 마련되었음을 알 수 있다.

3 대학생 대상 문학치료 프로그램

프로그램 개요

그동안 대학생을 대상으로 한 문학치료 프로그램은 살아온 이야기를 활용한 자기서사 진단을 위한 프로그램, 영화 창작치료 프로그램, 이야기 창작치료 프로그램, 설화를 활용한 어머니와의 관계 성찰 프로그램 등 다양하게 진행되어 왔다. 그 가운데 여기서 소개하고자 하는 것은 사랑과 연애에 대한 성찰을 위한 문학치료 프로그램이다. 이 프로그램은 〈여우구슬〉이라는 설화를 활용하여 대학생이 스스로 자신의 사랑과 연애에 대해 성찰하고 이와 관련된 자기서사의 특성을 이해함으로써 독립된 성인으로서의 발달을 촉진하는 것을 목적으로 한다.

청소년 후기 또는 청년 후기에 해당하는 대학생은 자아정체감 형성이 마무리되는 시기로 사랑과 성, 결혼 등이 중요한 발달 과업 가운데 하나로 제시되어 왔다. 김종서 등[23]은 청년 후기(19~24 · 5세) 발달 과업에 대해서 첫째, 자아정체감의 마무리, 둘째, 학문 · 직업 그리고 직업적 경륜, 셋째, 사랑 · 성 그리고 결혼 등으로 제시하였다. 남상인[24]도 대학생들의 발달 과업 중 하나로 자신의 배우자를 선택하기 위하여 특정한 이성친구와 친밀한 관계를 유지하는 것을 들고 있다. 또한 이들의 성인 애착은 부모에 대한 심리적 독립과 개별화의 정도와 관련이 높다고 보고되고 있다. 대학생들의 사랑과 연애에 대한 성찰은 이 시기의 사랑과 성, 결혼이라는 발달의 촉진을 위해서 뿐만 아니라 그와 관련되어 있는 심리적 독립이나 개별화의 정도, 관계적 특성과 욕구 등에 대한 깊이 있는 이해를 가능하게 한다는 점에서 더욱 중요하다.

더욱이 오늘날의 대학생들은 자녀수 감소로 인한 부모의 관심 집중과 과보호의 영향, 늘어난 학업기간 및 취업의 어려움으로 인해 부모로부터의 독립이 지연되는 경향이 있다. 부모로부터의 심리적 독립에 어려움을 겪는 이들은 부모와의 애착에 문제를 보이는 경우가 많았고 이것이 성인 애착으로 이어져 이성 관계와 기타 대인 관계에서의 어려움을 야기할 수 있다. 따라서 대학생 스스로 자신의 사랑과 연애에 대해 성찰하고 부모와의 관계나 욕구를 점검하여 자기서사의 특성을 확인하고 발달을 촉진할 수 있는 프로그램이 필요하다.

전체 프로그램 소개

자료 선정 및 특성

이 프로그램에서 설화를 활용한 까닭은 설화가 인간의 보편적인 문제를 다룬다는 점, 오랜 세월 동안 구비되어 오면서 인류의 지혜가 축적되어 있다는 점, 그리고 그러한 것을 함축적이고 상징적인 방식으로 보여줌으로써 상상력을 자극한다는 점 등이다. 그 중에서도 〈여우구슬〉은 이성에 대한 두려움, 성 불안[25] 등과 관련된 내용을 처녀와 아이, 그리고 선생님의 삼각관계 속에서 상징적으로 다루고 있다. 따라서 이 설화는 이제 막 청년 후기에 접어든 대학생들에게 사랑과 연애에 대한 자기성찰을 가능하게 할 것으로 기대한다. 뿐만 아니라 〈여우구슬〉은 이성에 대한 관심과 사랑의 시작이 부모로부터의 심리적 독립과 맞물려 일어나는 과정을 보여줌으로써 대학생 참여자의 부모와의 관계나 심리적 독립의 정도 등에 대한 성찰이 가능하다. 〈여우구슬〉을 통한 사랑과 연애에 대한 성찰은 현상적 차원을 넘어서 관계와 심리적 발달의 맥락 속에서 깊이 있게 이루어질 수 있다.

참여자에게 구연해 준 〈여우구슬〉의 내용은 다음과 같다.

> 옛날에 서당에 마을 아이들이 글을 배우러 다녔는데, 다른 아이들은 서당에 갔다 일찍 돌아오는데 한 아이만 늦게 집에 돌아왔다. 아이의 부모가 이상하게 여기고 왜 그렇게 늦느냐고 하니 아이가 통 이야기를 하지 않았다. 다음에는 부모가 숨어서 그 동태를 보니, 고개 너머 후미진 곳에 아이가 서 있는데 어떤 예쁜 처녀가 나와서 서로 입을 맞추고 놀다가 오는 것이었다. 아이가 날이 갈수록 얼굴색이 점점 초라해지자, 하루는 서당선생이 아이에게 무슨 일이 있는지 물어보았다. 아이가 선생님이 하도 다그치고 물으니 할 수 없이 사실 이야기를 하기를, 어떤 처녀가 나와서 같이 놀자고 하여 노는데 입을 맞출 적에 구슬이 처녀 입에서 자기 입으로 왔다 갔다 한다는 것이었다. 선생님이 가만히 생각해 보더니, 그 구슬이 실은 여의주라며 오늘 갈 적에 처녀가 입을 맞추거든 꿀꺽 삼키라고 하였다. 그리고 하늘 먼저 바라보면 천기박사가 되고 땅을 먼저 보면 땅속을 거울같이 보는 지리박사가 될 것이니, 하늘을 먼저 바라보라고 하였다. 아이가 선생님이 시킨 대로 처녀가 구슬을 자기 입에 넣자, 꿀꺽 삼켰는데 하늘을 본다는 것이 땅을 먼저 보게 되었다.[26]

이 이야기에서는 공통적으로 남자 주인공이 서당을 다니는 '아이'로 되어 있고 아이를 유혹해서 여우구슬을 주고받는 여자는 '처녀'로 되어 있다. 인물의 명칭에서부터 남자 주인공이 여자 주인공에 비해 미숙한 인물임을 암시하고 있다. 더욱이 아이는 서당을 오가는 길목에서 매일 영문도 모르는 채 처녀가 하자는 대로 입을 맞추고 구슬을 주고받으며 놀다가 간다. 그 과정에서 아이는 전혀 주체적이지 못하며 행위의 의미도 자각하지 못하는 것으로 보인다. 처녀와의 만남이 반복되면서 아이가 창백해지고 수척해지는 것은 아이의 이러한 한계 때문이라고 할 수 있다.[27]

아이와 처녀의 만남에서 이루어지는 행위가 '입을 맞추며 구슬을 주고받는 것'이라는 다소 애매한 표현을 쓴 것은 아이가 그 행위의 의미를 모호하게 받아들이고 있음을 보여주는 것이다. 입을 맞추며 구슬을 주고받는 행위는 에로틱한 성적 행위로 읽혀지기도 하고 아이를 압도하는 신이한 존재에 의해 행해지는 이상하고 기괴한 행위로 읽혀지기도 한다.[28] 아이는 자신에게 벌어지는 일들의 의미를 스스로 자각하지 못하고 선생님을 통해 처녀의 존재와 둘 사이에 일어난 행위의 의미를 알게 된다.

선생님이 아이에게 처녀와의 입맞춤에서 구슬을 삼키라고 말하는 것은 처녀와의 관계를 끝내는 것을 의미하는데 이것은 처녀와의 관계, 즉 스스로 자각하고 통제하지 못하는 성에 대한 경고라고 할 수 있다. 아이가 선생님의 말대로 구슬을 삼키는 것은 처음으로 처녀와의 관계에서 주체적으로 한 행위라는 점에서 성장을 의미한다고 할 수 있다.[29] 그러나 한편 아이의 이 행위는 처녀와의 관계를 중심으로 볼 때는 분명 관계를 저버린 것이라 볼 수 있다.

구슬을 삼킨 아이는 훌륭한 능력을 부여받게 되는데 그것은 대부분 지리박사, 풍수가 되는 것이다. 그가 이렇게 뛰어난 능력을 가지게 되는 것은 일차적으로는 선생님의 말을 따라서 자신의 성욕을 잘 조절할 수 있었기 때문이다. 그러나 또 한편 아이를 뛰어난 능력으로 이끈 것은 그가 삼킨 구슬 때문이기도 하다. 처녀와의 관계는 그것을 자각하지 못하는 아이에게 위험한 것일 수도 있지만 그를 성숙시키는 것이기도 하다.

그런데 아이는 선생님이 시킨 대로 구슬을 삼키긴 했지만 하늘을 보지는 못한다. 그래서 선생님은 아이가 지리박사밖에 되지 못함을 안타까워한다. 이것은 어떤 의미인가? 여전히 아이에게 한계가 존재함을 말하는 것이라고 생각되는데 그것은 세 가지 측면에서 생각해 볼 수 있다. 첫 번째 문면에서 가장 직접적으로 드러나고 있는 이유라면 구슬을 삼키고 땅을 보라는 선생님의 명령을 끝까지 따르지 않아서라고 할 수 있다. 두 번째는 아이가 저버린 관계 때문이다. 아이가 하늘을 보지 못하고 땅을 보게 되는 것은 여우로 변한 처녀에게서 피하기 위해서이다. 어떤 각편에서는 구슬을 빼앗으려고 달려드는 여우를 피하려고 땅에 엎드리는 것으로 되어 있다. 아이가 구슬을 삼킴과 동시에 처녀가 여우로 변하는 것은 처녀의 아이에 대한 배신감의 표현이라고 할 수 있다. 두 번째는 아이가 이 모든 과정을 선생님에게 의존하고 있다는 점 때문이다. 처녀와의 관계를 통해서 스스로 깨닫고 이루어지는 것이 아니라 스스로의 자각 없이 선생님에 의해서 이루어진다는 점 역시 아이가 하늘을 보지 못하는 한계를 가지게 된 까닭이라고 할 수 있다.

〈여우구슬〉은 아이가 선생님의 말씀을 듣고 처녀와의 관계가 가져다 줄 위험에서 벗어나 성공하는 방향으로 전개되고 있다. 그러나 아이의 성공이나 성공의 한계가 무엇 때문에 생기는 것인지를 놓고 볼 때 이야기는 아이와 선생님의 관계뿐만 아니라 처녀와의 관계에도 중요성을 부여하고 있다. 이것은 이 이야기를 듣고 읽는 사람이 아이와 선생님, 혹은 아이와 처녀 가운데 어떤 관계를 중심으로 이해하는가에 따라 다르게 읽힐 수 있음을 의미한다. 그리고 그렇게 다르게 읽도록 만드는 것은 다름 아닌 독자의 자기서사 때문이다.

아이와 처녀의 관계는 명칭에서도 드러나듯이 일방적이고 미숙한 사랑이라고 할 수 있으며 그 미숙한 사랑의 위험성을 알고 이를 저지하려는 선생님은 상징적인 부모라고 할 수 있다. 따라서 독자가 이 가운데 어떤 관계에 더 의미를 부여하고 인물의 행동을 어떻게 해석하는가는 이들의 부모로부터의 심리적 독립에서 사랑과 연애로 이어지는 지점에 대한 성찰을 가능하다. 즉 자녀서사에서 남녀서사로 나아가는 부분의 자기서사가 어떤 특성을 지니는지 살펴볼 수 있을 것으로 본다.

활동 과정

문학치료 프로그램에서 이루어지는 첫 번째 활동은 '이야기 구연'으로 진행자가 참여자들에게 설화 〈여우구슬〉의 이야기를 들려주는 것이다. 이때 진행자의 개인적 주관이 개입하지 않도록 주의하면서 최대한 원설화의 내용에 충실하게 구연한다. 구연 중의 사소한 실수, 특정 장면에 대한 설명이나 세부묘사가 길어지거나 덧붙여지고, 생략되거나 축약되는 등, 진행자가 설화를 대하는 태도나 해석을 짐작하게 하는 것은 학생들의 설화 해석에 영향을 미칠 수 있다. 진행자는 이러한 점에 유의하면서 설화 〈여우구슬〉에서 '아이가 유명한 풍수(지리박사)가 되었다'는 마지막 단락을 빼고 단락(8)까지만 구연해 준다.

활동의 두 번째는 '1차 이어쓰기'로 구연된 〈여우구슬〉 단락(8) 이후에 이어질 이야기를 각자 자신이 원하는 방향으로 전개하여 끝을 맺어 보도록 한다. 이때 강조해야 할 것은 구연해 준 이야기의 뒷부분을 만들어 넣되 이야기의 전개는 자신이 가장 마음에 드는 방향으로 하고 길이는 상관없지만 반드시 이야기의 끝까지 전개해야 한다는 점이다. 또한 진행자의 요구가 원설화의 마지막 단락 내용을 맞히라는 것, 즉 정답을 요구하는 것이 아니라는 점과 이어쓰기의 내용과 결말을 결정하는 기준은 오로지 참여자 자신이 가장 마음에 드는 것이라는 점을 강조한다.

이것은 이야기의 창작이지만 독자를 고려하는 보통의 창작과는 다르다. 조원이나 교수자가 예상독자로서 고려될 수 있는 가능성까지 완전히 차단될 수는 없지만 독자는 우선 고려 대상이 되지는 않는다. 설화의 내용이 어느 정도 반응의 범위를 한정해 주기는 하지만 이야기를 전개하는 힘과 방향성은 참여자 자신에게서 나온다고 할 수 있다. 참여자들에게는 20분 정도 이어쓰기를 할 시간을 주고 다른 참여자와 의논하지 않도록 한다.

이어쓰기가 끝난 다음 세 번째로 이어지는 활동은 '공유하기'로 각자 자신의 이어쓰기를 소개하고 다른 참여자들의 이어쓰기를 들으며 느낌과 생각을 나누는 시간을 가지도록 한다. '공유하기'에서 점검할 것은 이어쓰기가 얼마나 다양한지, 다른 참여자들의 이야기와 비교했을 때 내 이야기가 가지는 특성은 무엇인지 탐색하는 것이다. 진행자는 '공유하기' 시에 이야기의 특성을 파악하기 위해 던져야할 질문으로 '① 누구를 중심으로 이야기가 진행되는가? ② 이야기에서 누구와의 관계가 중요한가? ③ 이야기는 어떻게 끝이 나는가?'의 세 가지를 제시한다. 그리고 〈여우구슬〉 원설화의 서사적 특성과 의미에 대해 간략한 설명을 제공한다.

'공유하기'를 통해 자신이 설화에 이어서 쓴 글을 다른 참여자와 나누고 서로의 서사 전개를 비교해 보며 그렇게 전개한 이유에 대해서 함께 나누는 상호 피드백이 이루어진다. 이 과정을 통해서 참여자는 설화에 이어서 쓴 자신의 글이 가능한 여러 가지 반응 중 하나였음을 확인한다. 그리고 '나는 왜 이야기 속 인물이나 상황을 그렇게 해석했는가?', '나는 왜 이야기를 그와 같은 방향으로 전개했는가?'와 같이 참여자의 관심을 설화와 이어쓰기로부터 '나'로 옮겨 가도록 한다. 이것은 '나'와 나의 '자기서사'가 성찰의 대상으로 초점화되고 그 결과가 메타글쓰기에서 정리되는 것임을 감안할 때 매우 중요한 과정이다.

네 번째는 참여자들이 자신의 이어쓰기에서 드러난 서사적 특성을 다시 한 번 생각해 보고 그러한 특성이 자기 자신에게 의미하는 바가 무엇인지, 자기 삶과 경험 등과 관련지어 메타글쓰기로 작성하도록 한다. 이렇게 참여자들이 메타글쓰기로 작성된 내용을 서로 나누는 '공유하기 2'가 다섯 번째 활동이다. 각자의 이어쓰기가 가지는 특성을 보다 구체적으로 파악하며 자기가 맺고 있는 부모와의 관계나 이성과의 관계, 혹은 그 관계에서 자신을 지배하고 있는 생각 등을 깊이 있게 탐색할 수 있다.

마지막 활동은 '2차 이어쓰기'이다. 진행자는 참여자들에게 자기 성찰의 결과 자신이 어떻게 변화하고 싶은지, 좀 더 성숙해진다면 어떻게 변화해야 할지에 대해 생각해 보게 한다. 그리고 그것을 1차 이어쓰기에 반영하여 이야기를 다시 변형시키도록 한 것이 '2차 이어쓰기'이다. 이

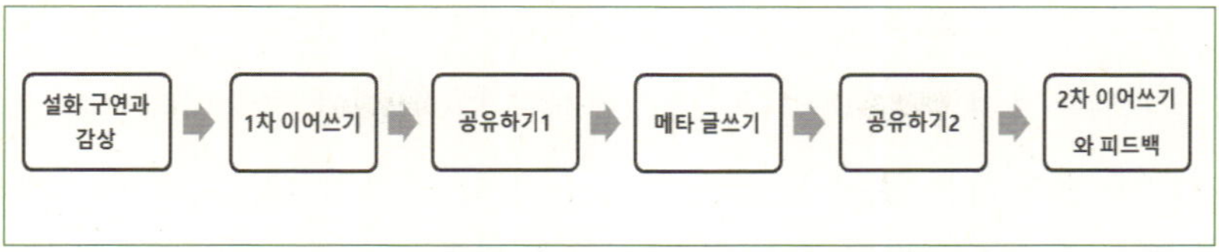

[그림 13] 대학생 대상 문학치료 프로그램의 활동 과정

결과물에 대해서는 진행자가 참여자들에게 개별적으로 피드백을 한다.

지금까지의 과정을 그림으로 나타내면 위의 [그림 13]과 같다.

프로그램 참여자 사례

참여자 기본 정보 및 의뢰 사유

김서영은 대학교 3학년 여학생이다. 고등학교 때 연애경험이 있으며 현재도 남자친구가 있다. 그는 고등학교 때의 연애에 대해서 자신이 남자친구에게 완전히 휘둘렸던 경험으로 기억한다. 모든 일에서 남자친구가 첫 번째 고려 대상이 되었고 남자친구를 만나기 위해서 보충수업도 빠지고 남자친구에게 줄 선물을 만드느라 밤을 꼬박 새고 주변 시선에도 아랑곳하지 않고 애정표현을 했었다고 말한다. 그에게 첫 번째 연애는 감정에 휘둘려서 학업도 챙기지 못하고 상처만 남은 경험이다. 그래서 그는 사랑에 빠지는 것, 감정적이 되는 것은 위험하다고 느끼고 현재의 남자친구와는 적절한 거리를 유지하며 매우 이성적이고 합리적인 관계를 유지하고 있다. 그는 부모님이 자신을 사랑에 빠지는 위험으로부터 보호해 주길 바라고 관심을 가져 주길 바란다. 그러면서도 다른 한편 부모님이 자신의 삶에 개입하는 것은 귀찮아한다. 이러한 양가적 태도는 부모님과 잦은 마찰을 일으키게 하고 있다.

사례 분석

김서영은 〈여우구슬〉에 대한 이어쓰기에서 '아빠용'이라는 위험한 인물을 등장시켜 처녀와 아이의 만남이 끝나게 되고 아이는 아빠용으로부터 도망치는 이야기를 만들고 있다. 그 내용은 다음과 같다.

> 아이가 구슬을 삼킨 것을 본 처녀는 자리에 주저앉아 엉엉 울었다. 사정을 들어 보니 처녀는 용龍의 나라 공주였고, 아버지 몰래 구슬을 가지고 나왔다. 그 구슬은 아버지용이 하늘과 땅을 다스릴 때 사용하는 구슬인데, 하도 신기하여 아버지를 따라하며 입에 물고 장난을 쳤다는 것이다. 아이는 그 처녀가 불쌍하여 다시 구슬을 뱉어 주려고 한 순간, 아이의 부모가 황급히 달려오더니, 요망한 귀신이 우리 아이를 홀린다며 데리고 멀리 도망갔다. 처녀의 아빠용은 처녀의 이야기를 듣고 매우 화가 나서 아이를 쫓기 시작했다. 하지만 여의주를 가지고 있는 아이는 아빠용을 피해서 잘 도망 다녔다. 도망 다니던 도중 길가에 울고 있는 아이, 배고픈 사람들에게 더 좋은 장소를 찾아 주면서 도망 다녔다. 결국 아이는 아무도 찾을 수 없지만 너무 비옥하고 아름다운 지역을 꿰뚫어 보고 힘든 사람들을 모두 데려온 뒤, 나라를 다스리는 왕이 되었다. 용은 어쩔 수 없이 아이에게 땅을 맡겨 두고, 후에 아이가 죽은 뒤에도 계속해서 땅을 다스리도록 왕의 자리를 물려주었다.
>
> (김서영a1)

아이는 선생님의 말을 듣고 처녀의 구슬을 삼켰고 처녀에게 다시 돌려주려 했지만 부모가 처녀를 쫓아 버린다. 구슬을 가져간 아이를 괘씸히 여기고 벌주고자 따라오는 인물이 바로 처녀의 아빠용이다. 아이와 처녀의 모든 행동은 선생님, 부모님, 아빠용 등 어른에 의해 주도되거나 저지된다. 아이는 구슬을 삼켰지만 '왕'이 되기 위해 '아빠용'을 따돌려야만 한다. 이 이야기에서 '용'이라는 설정에서도 엿볼 수 있듯이 아빠용으로 대변되는 어른이라는 존재는 매우 영향력이 크며 아이의 성공은 그로부터 벗어나는 것과 직결되어 있다. 이러한 서사적 특성에 대해 메타글쓰기에서 김서영은 다음과 같이 언급한다.

> 조원들과 비교하면서 느꼈던 가장 큰 특징은 서사에 처녀의 아버지인 아빠용이 등장한다는 것이었습니다. 이야기의 전반부에는 아이와 처녀 중심의 이야기가 펼쳐지지만 그 둘을 방해하는 것은 아이의 엄마, 그리고 아이에게 보복하기 위해 따라다니는 것은 처녀의 아빠입니다. 여기서 처녀의 아빠에 대해 조금 더 생각해 볼 필요가 있습니다. 저의 이야기에서 처녀가 엉엉 우는 등 처녀 역시 완전히 성숙하지 못한 모습을 보여주게 됩니다. 하지만 처녀의 아빠는 이미 정신적으로 성숙해서 왕까지 된 존재입니다. 즉 처녀의 아빠야 말로 정말로 '성인'인 성숙한 존재라고 볼 수 있습니다. 결국 아이는 처녀의 아빠에게 인정을 받으면서 이야기가 끝나므로 정신적으로 성숙했고, 아이에게는 행복한 결말이라고 할 수 있습니다.
>
> (김서영b1)

김서영은 조원들과의 비교를 통해 자신의 이어쓰기에서 '아빠용'의 등장이 특징임을 찾아내고 있다. 그리고 이야기에서 '아빠용'의 역할이 매우 크다는 것을 발견하고 아빠용의 존재에 대해서 생각해 볼 필요를 느낀다. 김서영은 아빠용이라는 존재가 정신적으로 성숙한 존재, 그래서 왕이 될 수 있었던 존재라고 보고 있다. 그에 비해 처녀나 아이는 미성숙한 존재이다. 처녀나 아이의 입장에서 '용'으로 표현될 만큼 거대한 존재일 수밖에 없다. 그러한 아빠용에게 인정받는 것이 아이가 행복해지는 길이라고 보고 있는 것이다.

그러나 아이가 왕이 된 것은 아빠용의 인정에 의해서가 아니라 아이가 아빠용이 찾을 수 없는 곳으로 사라졌기 때문이다. 아빠용이 없는 곳으로 가야만 왕으로 상징되는 '성숙', '성공'을 이룰 수 있다고 하는 것은 그만큼 아빠용의 영향력을 크게 느끼고 있음을 보여준다. 그러나 아이는 크고 위협적인 아빠용에 기대어 머무르는 것이 아니라 그로부터 벗어나려 시도하고 자신의 능력을 시험한다. 이 가운데 김서영의 해석은 아이가 인정과 용인을 구하는 존재라는 점에만 초점을 맞추고 있다. 아빠용을 대하는 상반된 모습이 아이에게 동시에 존재하며 아이가 아빠용으로부터 벗어나려 시도하는 부분에 대해서는 의미를 부여하지 않고 있다.

김서영은 성숙함으로 표현되는 아빠용이라는 존재의 위대함을 자신의 첫 번째 연애경험과 관련하여 다음과 같이 기술하고 있다.

> 저는 중학교 고등학교 꽤나 공부를 잘하던 아이였는데 이 오빠만 생각하면 설레서 공부도 안 되고, 주말마다 오빠 만나러 놀러나가고, 오빠 주려고 선물 만들고…. 지금 생각하면 제가 어떻게 그랬는지 이해할 수 없을 만큼 맹목적이고 충동적인 사랑이었습니다. 저는 모든 게 다 처음이어서 설레고 콩닥거리고 했지만, 그 오빠는 그게 아니었나 봅니다. 그렇게 1년 후 그 오빠와 저는 헤어졌고 그 뒤로 미련을 버리지 못한 채 3번이나 매달렸는데 뻥뻥 차여 가면서 밤마다 한 달 내내 펑펑 울었습니다. <u>아이가 처녀에게 휘둘린 것처럼 저도 그냥 막 휘둘림 당한 꼴이 되었던 거죠.</u> 이때 첫사랑

사건은 이후 저의 연애에 아주 큰 파장을 일으키게 됩니다. (중략) 첫사랑 때는 길거리에서 손잡는 등의 애정행각이 마냥 좋았습니다. 하지만 지금 현재 약 2년가량 사귀고 있는 남자친구와는 길거리에서 애정행각을 하는 것이 좋지 않습니다. 남이 쳐다보는 것을 의식하게 됐습니다. 남이 쳐다보지 않을 때도 남의 시선을 의식하는 것은 마찬가지이게 되었습니다. 남자친구는 이렇게 스킨십을 너무 싫어하는 저를 힘들어하고, 저도 남자친구가 힘들다는 것을 알지만 스킨십이 싫은 것은 사실이었습니다. 마치 아빠용에게 들킬까봐 이곳 저곳 도망다니는 아이처럼 말이죠.

(김서영b2)

김서영은 첫사랑에서 이어쓰기의 아이처럼 사랑하는 남자친구에게 휘둘림 당했었다고 쓰고 있다. 사랑에 빠지는 것, 감정적이 되는 것은 상대방에게 휘둘리는 것이고 그것은 자신을 상처받게 하는 것이다. 이어쓰기에서 아이의 부모가 처녀를 쫓아 주는 것은 아이를 휘둘리지 않게 하고 보호하는 의미가 있는 것이다. 그리고 김서영은 사랑에 빠져 받았던 과거의 상처와 현재 남자친구와의 스킨십을 싫어하는 것이 관련되어 있음을 안다. 그런데 보이지 않는 시선을 의식하며 스킨십을 피하는 자신의 모습에서 아빠용에게 들킬까봐 도망 다니는 아이의 모습을 발견하고 있다. 눈에 보이지는 않지만 김서영이 마음으로 계속 의식하며 사랑에 빠지는 것을 경계하게 하는 그 시선은 바로 아빠용이다.

메타글쓰기에서 김서영은 아이의 부모, 아빠용은 모두 성숙한 존재로서 아이를 사랑의 위험성으로부터 보호해 주는 존재임을 발견하고 자신의 연애사에서도 부모가 그러한 역할을 해 왔음과 관련짓는다. 내면화한 부모가 김서영의 현재 연애에 개입하여 사랑에 빠지지 않도록 지대한 영향력을 행사하는 의지할 대상으로서, 보호자로서 존재함을 찾아낸 것이다. 그러나 다른 한편 아빠용으로 대표되는 부모는 그 자신이 표현했듯이 아이를 '도망 다니게 하는' 존재이기도 하다. 김서영은 면담 과정에서 이러한 부모의 이중성이 자신의 부모에 대한 태도와 관련될 수 있음을 보게 된다.

참여자 1: 등장하는 부모의 역할이 이중적인 거 같은데. 아이의 부모는 아이를 저지하는데, 처녀의 부모는 처녀의 편인 거잖아요. (네. 그러네요.) 이게 왜 이렇게 이중적인지.[30]

진 행 자: 내가 이중적이어서 그렇지 않을까. 내가 부모에 대한 마음이 한 편 사랑 받고 싶은데, 인정받고 싶은데, 또 한편 독립하고 싶은….

김 서 영: 네. 진짜 맞는 거 같애요. 쪼금 비슷한 예로 제가 엄마 아빠가 늦게까지 집에 안 들어오는 거를 굉장히 싫어하세요. 지금 저흰 나가서 놀고 싶거든요. 그치만 내가 막상 안 들어온다구 엄마 아빠가 저한테 뭐라고 하진 않아요. 그치만 엄마가 막 늦게 들어오면 "왜 너 늦게 들어와!" 막 엄마 아빠가 날짜가 있어요, 어느 날에는 너 왜 늦게 들어와 이러면서 빨리 들어와라 막 이렇게 얘길 하고 막상 내가 늦게까지 논다 그러면 어쩔 때는 제가 새벽 2시에 들어가도 그냥 자고 있을 때가 있어요. (중략) 내가 새벽 2시에 들어갈게 그러면 화를 내면서 내가 막상 진짜 새벽 2시에 들어가면 자고 있냐. 그것두 좀 섭섭하거든요.(청중 웃음)

(김서영c5)

참여자 중 한 명이 김서영 이어쓰기에서 부모의 이중적인 면을 찾아내어 질문하였다. 아빠용에 대한 태도가 이중적이듯이 이어쓰기에 표현되어 있는 부모도 상반된 모습을 동시에 보여준다. 아이의 부모는 처녀로부터 아이를 보호하기 위해 데리고 도망치지만 또 다른 부모인 아빠용은 아이를 위협한다. 아빠용만 보더라도 철부지 딸의 잘못을 문제 삼기보다 딸을 대신해 뒤처리를 하는 등 딸에게는 따뜻하고 허용적인 부모이지만 아이에게는 화를 내며 잘못에 책임을 묻는 공격적이고 단호한 부모이다.

김서영이 이에 대한 답을 머뭇거리는 사이 진행자가 끼어들어 해석의 가능성을 제시해 보았다. 김서영이 스스로 찾아낼 수 있도록 아이 행동과 태도의 이중성을 탐색할 질문을 좀 더 던졌어야 했다는 생각이 녹취록을 정리하며 드는 대목이었다. 진행자에 의해 유도되기는 하였으나 김서영은 자신의 이어쓰기에 드러난 부모의 모습이 이중적인 것과 자신이 부모를 대하는 태도가 관련될 수 있음을 인정한다. 이어쓰기의 아이처럼 한 편으로는 부모에게 의지하고 인정받으려는 욕구를 가지면서도 또 한 편으로는 그로부터 벗어나고자 하는 독립의 욕구를 함께 느끼고 있음을 발견하고 있다.

김서영의 이러한 심리적 상태를 가장 잘 설명해 주는 것은 대상관계이론에서 말러Margaret Mahler가 '분리-개별화Separation-Individuation'의 세 번째 하위 단계를 설정하고 있는 '재접근 단계'의 특성이다. 말러는 유아의 분리-개별화 단계 가운데 재접근 단계를 설명하면서 의존과 독립의 욕구를 동시에 표현하는 시기라고 하였다. 이 시기의 유아는 의존하려 하면서도 까다롭게 구는데 어머니가 먼저 안아 주고 먹여 주고 도와주려고 하면 이를 받아들이기보다 어머니가 도움을 주도록 유도하고는 어머니의 자발적 노력을 거부한다. 새롭게 나타나는 자기주장적 힘과 의존의 이런 기묘한 조합은 자기됨selfhood의 계속적 성장과 공생적 융합이라는 더 없이 행복한 상태로 되돌아가려는 갈망 간의 갈등에 대한 서툰 해결책으로 볼 수 있다.[31] 블로스Blos[32]는 유아기에 일어나는 이러한 분리개별화가 청소년기에 또 한 번 일어나게 되는데 유아기의 것을 1차 분리개별화, 청소년기의 것을 2차 분리개별화라고 하였다. 1차 분리개별화가 자신과 타인을 구별하는 것을 배우는 단계로 실존감과 관련이 있다면 2차 분리개별화는 정체감 획득과 관련하여 성인기의 건강한 성격형성과 행동양식에 영향을 준다고 보고하고 있다.

김서영이 면담 후 메일로 보내 온 2차 이어쓰기 내용은 다음과 같다.

> 아이가 구슬을 삼킨 것을 본 처녀는 자리에 주저앉아 엉엉 울었다. 사정을 들어 보니 처녀는 용의 나라 공주였고, 아버지 몰래 구슬을 가지고 나왔다. 그 구슬은 아버지용이 어머니 용에게 선물한 구슬인데, 너무 예뻐 몰래 가지고 나온 것이라고 했다. 아이는 그 처녀가 불쌍하여 다시 구슬을 뱉어 주려고 한 순간, 아이의 부모가 황급히 달려오더니, 요망한 귀신이 우리 아이를 홀린다며 데리고 멀리 도망갔다. 아이는 부모님께 그간 있었던 자초지종을 설명했다. 그리고 자신의 능력으로 작물을 심으면 죽지 않고, 항상 물이 풍부하고 따뜻한 지역을 선물해 주었다. 부모님도 아이를 인정해 주고 그 능력을 응원해 주었다. 아이는 지리박사의 능력으로 자신을 애타게 찾고 있는 처녀를 단번에 찾아냈다. 아이는 처녀에게 사과한 뒤, 구슬을 돌려주려고 했으나, 처녀는 매우 기뻐하며 사실 구슬을 선물해서 아이와 결혼하고 싶었다고 말했다. 아이 역시 처녀가 좋았기 때문에 결혼하고, 비옥하고 여유로운 땅에서 행복하게 살았다.
>
> (김서영d1)

2차 이어쓰기의 내용에서 가장 눈에 띄는 변화는 '아빠용'이 사라졌다는 것이다. 아이가 성장하기 위해서 애써 도망쳐 나와야 하는 대상, 거대하고 위협적으로 나를 덮쳐 오는 대상으로서의 아빠용은 사라졌다. '용'이라는 표현에서 알 수 있듯이 거대하고 힘세며 위압적인 느낌의

'아빠용'을 피해 도망 다니는 아이는 분리-개별화의 재접근단계에서 느끼는 '함입불안'의 서사적 표현으로 생각된다. 함입불안engulf anxiety은 부모의 과도한 통제와 보호로 인해 자신의 독립성과 개별적인 정체성에 위협을 받는다는 생각으로 불안을 느끼는 것을 의미한다.[33]

아빠용이 사라짐으로써 아이가 부모를 떠나 성장하는 과정이 한결 순조로워졌다. 2차 이어쓰기에서 위협적인 아빠용 대신 아이를 인정하는 역할은 아이의 부모가 맡는다. 아이의 부모는 거대한 '용'과 달리 아이가 설득할 수 있을 만큼 만만하다. 결국 아이는 부모를 이해시키는 데 성공하여 자신의 의지로 처녀를 다시 만나 결혼에 이르기까지 한다. 1차 이어쓰기의 아이보다 부모와의 관계에서 주도적인 모습이 확대되어 있다.

물론 한계도 존재한다. 아이가 부모를 설득하고 이해시키며 인정을 받는 과정이 여전히 이 이야기의 중심을 차지하고 있다는 점이다. 부모의 뜻을 거스르며 처녀와 결혼하고자 하지만 그 내용보다는 그러한 자기 선택과 행동의 정당성을 부모로부터 인정받는 것이 이 이야기의 핵심이다. 그러나 그렇다 하더라도 아빠용이 사라진 것은 아이가 부모와의 관계에서 주도성을 가진다는 점에서 매우 의미 있는 변화라고 생각된다.

4 알코올의존 환자 대상 문학치료 프로그램

프로그램 개요

문학치료학은 아직 임상의 경험이 오래되지는 않았다. 하지만 정신의학이나 심리학의 범주 안에서 다루어 왔던 이상심리에 대해서도 문학적인 관점을 활용하여 문제를 새롭게 이해하고 치료하기 위한 노력들을 기울여 왔다. 대표적인 작업으로는 MMPI 기본 임상 척도에 포함된 여덟 종류의 이상심리 즉 건강염려증, 우울증, 히스테리, 반사회성, 편집증, 강박증, 조현증(정신분열증), 경조증 관련 이상심리서사를 찾아내어 진단도구를 만든 것이다. 이상심리서사란 이상심리 현상의 심층에 존재하면서 그런 현상을 일으키는 원인으로서의 자기서사를 의미한다.

본 장에서는 이와 같은 문학치료학적 접근 가운데 알코올의존 환자들을 대상으로 한 프로그램을 소개하고자 한다. 알코올의존은 우리 사회에서 흔하게 접할 수 있으면서 그 피해가 심각하다. 알코올의존은 재발이 잦아 환자 개인의 건강뿐 아니라 결국에는 가족관계를 파괴시키고 사회적으로도 여러 심각한 문제를 일으킨다. 오늘날 가장 널리 사용되고 있는 정신장애의 분류체계인 DSM-Ⅳ(Diagnostic and Statistical Manual of Mental Disoders-4th edition)에서는 알코올의존을 물질관련장애로 분류하는데 특히 알코올은 몸과 마음에 부정적인 영향을 미치는 대표적 중독성 물질로 구분되고 있다.

알코올의존을 치료하기 위해 정신의학과 심리학에서는 다양한 원인론과 치료법을 개발하고 있다. 원인론으로는 생물학적, 사회문화적, 행동주의적, 정신분석학적, 인지적 입장이 있다. 생물학적 입장에서는 알코올의존 환자들이 유전적 요인이나 알코올 신진대사에 신체적인 특성을 지닌다고 본다. 알코올의존자의 아들이 알코올의존자가 되는 비율이 25%로 일반인보다 4배나 높거나, 알코올 중독자 부모에게서 태어나 정상인 가정에 입양된 아이의 경우에도 어린 나이에 알코올 중독자가 될 가능성이 4배나 높은 것으로 보고된다는 연구들이 알코올의존 장애에 유전적 요인이 매우 중요한 영향을 미치고 있음을 보여준다 하겠다. 그러나 아직 구체적인 유전 기제를 밝히지는 못했다.

사회문화적 원인론에서는 가족, 또래집단, 사회문화를 음주행위에 중요한 영향을 미치는 요인으로 보고 있다. 또, 행동주의적 입장에서는 불안을 줄여 주는 알코올의 강화 효과를 주목한다. 그런 반면 정신분석학적 입장에서는 알코올의존 환자들이 심리적 발달과정에서 유래한 독특한 성격특성을 지닌다고 본다. 그것은 구순기에 고착된 성격으로 가혹한 초자아와 관련한 심각한 내면적 갈등이 있다고 본다. 마지막으로 인지적 입장에서는 알코올의존자들이 지니고 있는 알코올에 대한 긍정적 기대와 신념의 중요성을 강조하고 있다.

한편 알코올의존의 치료와 관련해서는 그 목표를 금주 또는 절주로 할 것인지에 대한 논란이 있다. 또 그 치료 효과에 대해서도 상반된 결과들이 보고되고 있다. 하지만 최근에는 금주를 목표로 하는 치료프로그램이 많이 개발되고 있는 것이 추세이다. 알코올의존 환자들의 경우에는 심리치료가 도움이 될 수 있다고 보고 있는데, 그것은 환자들이 알코올에 의존하게 되는 개인적 이유는 달라도 심리적 고통을 풀기 위한 해결책으로 반복적으로 알코올에 의존하는 경우가 많아 심리사회적 갈등을 해소할 수 있도록 돕는 것이 필요하기 때문이다. 알코올의존 환자를 위한 심리치료에는 인지행동치료[34] 12단계촉진치료,[35] 동기강화치료가 대표적이다.

그 외 술에 대한 혐오감을 조건 형성시켜 술을 멀리하게 하는 행동치료적 기법도 있고, 알코올의존 환자들의 회복노력을 지원하는 AA(Alcoholics Anoymous)와 같은 자조집단도 있다.

이처럼 다양한 시도들에도 불구하고 알코올의존의 재발은 잦다. 환자들에게 단주를 지속시킬 수 있는 내, 외적 동기 강화가 어렵기 때문이다. 이 때문에 심리치료에서는 개인의 고민과 갈등을 깊이 있게 다루면서 심리적 갈등을 완화하는 기술을 동시에 습득시키는 것을 고민하고 있다.

그런데 자신과 세상에 대한 근본적인 성찰이 자발성 및 흥미와 결합될 수 있는 것이 바로 문학의 힘이라 할 수 있어 알코올의존 환자에게도 문학치료학적 개입의 여지가 있다 하겠다. 문학치료학에서는 삶의 많은 문제들이 인간관계와 밀접한 관련이 있다고 본다. 인간관계의 어긋남에서 문제가 발생하고 인간관계의 회복이 문제 해결을 가능케 한다고 보는 것이다. 그런데 문학작품 속에는 다양한 인간관계가 등장할 뿐 아니라 그 갈등들이 해결되는 과정들까지 아울러 보여주고 있다.

이와 같은 문학치료학적 입장에서 보면 알코올의존 환자들의 반복되는 음주 행위의 심층에는 그런 행동을 유발케 하는 특정 인간관계와 관련한 문학이 개입되어 있다고 볼 수 있겠다. 이에 알코올의존 환자들의 내면에 자리한 자기서사를 진단하고 그 서사의 문제점을 성찰하면서 작품서사를 통한 보충, 강화, 통합의 과정을 통해 알코올의존 환자들의 내, 외적 동기를 기르고 알코올에 대한 의존도를 약화시켜 나가는 것이 알코올의존 환자에 대한 문학치료학적 과정이라 할 것이다.

그러나 앞에서도 이미 말한 것처럼 이상심리에 대한 문학치료학의 연구가 오랜 세월 축적된 것이 아니기에 문학치료 프로그램을 통해 알코올의존 환자들이 가지고 있는 자기서사의 서사적 특징을 밝히는 것을 목표로 한다. 또 이를 위해서 그간 이상심리 영역에서 많은 경험을 쌓아온 심리학적 논의들의 도움을 받으려 한다. 특히 정신분석학적 입장을 주목하고자 하는데 알코올의존 환자들이 '가혹한 초자아'와 관련해서 심각한 내면적 갈등을 지닌다는 것에 기대어 알코올환자들의 작품에 대한 반응을 해석하고 그들의 자기서사를 구성해 보려 한다.

전체 프로그램 소개

이 프로그램은 ○○정신병원의 병동에 입원 중인 알코올의존 환자들을 대상으로 한 것이다. 문학치료 프로그램에 참여한 환자들은 20대에서 60~70대까지 연령의 남녀 환자들이다. 문학치료 프로그램은 매주 1회, 1시간 30분간 진행되며 참여 인원은 10명~12명 남짓 된다. 병원의 특성상 매주 새로 입원한 환자들이 프로그램에 참여할 수도 있다. 따라서 프로그램은 연속적인 흐름과 함께 각 회 별로도 완결성을 갖는 것이 필요하다. 이에 본 문학치료 프로그램에서는 매주 서사분석형자기서사진단도구[36]의 서사 한 편씩을 이용하여 환자들을 대상으로 창작과 감상을 동시에 진행했다.

자료 선정

이 프로그램에서는 문학치료학에서 정해 둔 열여섯 가지 진단서사, 〈간 빼길 뻔한 전처 아들〉에서부터 〈장모가 된 며느리〉를 차례대로 사용하였다. 진단서사는 보편적인 인간 삶의 문제를 함축하고 있는 설화를 기반으로 삼고 있다. 그래서 교육 수준이 높지 않은 다수의 알코올의존 환자들도 이해하기 쉽다. 게다가 환자들의 삶의 경험을 끌어내고 그와 관련된 여러 가지 속내와 감정을 풀어 놓기에도 좋다. 특히 문학치료학에서 채택한 열여섯 가지 진단서사에는 가장 근원적인 인간관계 속 네 가지 입장 즉 자녀, 이성異性, 배우자, 부모의 입장을 취하는 주체들이 등장해서 삶 속의 다양한 문제를 서로 다른 방식으로 해결해 나가고 있다. 따라서 열여섯 가지 서사를 감상하는 것만으로도 환자들은 삶 속에서 생겨나는 많은 문제들을 수준 높은 방식으로 해결할 수 있는 길을 깨달을 수 있다.

또 서사분석형에서는 열여섯 종류의 진단서사를 본래의 설화 흐름과는 다른 선택지들과 섞어 제공하고 있다. 이를 통해 환자들은 우선 작품의 흐름과는 다른 자기만의 서사를 창작해 볼 수 있는 여지가 있다. 이 과정을 통해서 환자들은 창작의 기쁨을 누릴 수 있을 뿐 아니라 스스로 인지하지 못했던 자기 고유의 문제적 서사 패턴을 발견해 낼 수도 있다는 장점이 있다.[37]

이런 이유들로 본 프로그램에서는 문학치료학에서 선별한 열여섯 가지 설화를 서사분석형의 형태로 사용해 왔는데 특히 알코올의존 환자의 가혹한 초자아와 관련한 내면적 갈등을 다루기 위해 〈지붕에 소 올리라는 아버지〉를 사용하였다. 서사분석형 자기서사 진단도구에 실린 〈지붕에 소 올리라는 아버지〉의 내용을 소개한다.

(1) 한날한시에 난 두 친구가 살았는데 한 친구는 부자로 잘 살았고 다른 친구는 아무리 노력을 해도 살기가 어려웠다.

(2-1) 가난한 친구가 부자 친구에게 어떻게 하면 그렇게 부자로 살 수 있느냐고 물었다.
(2-2) 가난한 친구는 부자 친구가 몹시 밉고 속이 상했다.
(2-3) 가난한 친구는 모든 게 다 팔자 소관이라며 자포자기하였다.
(2-4) 앞의 세 가지 가운데는 마음에 드는 것이 없다.

(3) 가난한 친구가 부자 친구네 집에 가서 하룻밤을 지냈는데 부자 친구는 아침 일찍 일어나 자신이 오늘 일하는 것을 잘 보라며 큰아들을 불러 오늘 모를 심어야 하니 소를 시험해 보자며 소에 쟁기를 매서 지붕에 올려 보라고 했다.

(4-1) 부자 친구의 큰아들은 일꾼을 불러와 사다리를 놓고 지붕에 올라가 쇠고삐를 쥐고 소를 끌어 올리려고 했다.
(4-2) 부자 친구의 큰아들은 공손한 어투로 그건 가능하지도 않거니와 필요하지도 않은 일이라고 말하였다.
(4-3) 부자 친구의 큰아들은 모를 심는 일과 지붕에 소를 올리는 일이 무슨 상관이 있는지 가르쳐 달라고 하였다.
(4-4) 앞의 세 가지 가운데는 마음에 드는 것이 없다.

(5) 부자 친구는 가난한 친구에게 자네 집에 가서 하루 잘 테니 자신이 한 일을 자네 아들한테 한번 시켜 보라고 했다. 가난한 친구가 아침 일찍 일어나 큰아들을 불러 오늘 모를 심어야 하니 소를 시험해 보자며 소에 쟁기를 매서 지붕에 올려 보라고 했다. 가난한 친구의 아들은 동지섣달에 꽝꽝 얼었는데 모는 무슨 모며 소는 뭐 하러 지붕에 올리느냐며 말을 듣지 않았다.

(6-1) 이것을 본 부자 친구는 자식이 부모의 말을 따라야 잘되는 것인데 자네 잘살기는 틀렸네 하였다.

(6-2) 이것을 본 부자 친구는 자네 아들이 매우 똑똑하니 앞으로 몇 년 뒤에는 부자로 잘 살걸세 하였다.

(6-3) 이것을 본 부자 친구는 자신의 의도대로 되지 않았음을 인정하며 몹시 난처해하였다.

(6-4) 앞의 세 가지 가운데는 마음에 드는 것이 없다.

위 선택지 가운데 (1)-(2-1)-(3)-(4-1)-(5)-(6-1)로 이어지는 내용이 〈지붕에 소 올리라는 아버지〉의 본래 흐름이다. 문학치료학에서는 이 설화를 아버지와 자녀의 관계를 다루고 있는 것으로 이해한다. 특히 아버지를 서사의 주체로 보면, 동지섣달에 모를 심겠다고 하면서 소를 지붕에 올리라는 아버지의 명은 자녀의 순종을 확인하려는 것임을 알 수 있다. 또 아버지의 시험에 응하는 아들이어야 부자로 살 수 있다는 서사의 귀결은 아들이 아버지를 믿는 것이 갖는 효율성을 강조하는 이야기라 하겠다.

물론 이 아버지의 명령이 얼마나 건강한 것인지 의심하고 비판할 수도 있다. 그러나 이 서사가 지향하고 있는 바를 인정한다면 이 서사에서는 아버지와 아들 사이의 신뢰 관계는 매우 엉뚱하고 비합리적인 요구에 대한 응대에서 발현되는 것이며 그러한 순간에도 신뢰를 유지할 수 있는 부자 관계는 엄청난 힘을 발휘할 수 있다는 것을 말하고 있다 할 수 있다.

그러나 아버지의 행동을 이렇게 긍정적으로 해석하기 위해서는 독자의 마음속에 담긴 서사의 여부에 달려 있다. 따라서 이 설화는 초자아와 관련될 수 있는 아버지의 행동에 대한 반응으로 알코올의존 환자들의 심층에 자리한 초자아에 대한 감정 및 생각을 이끌어 내기에 적합하다. 구체적인 사례 분석에 앞서 먼저 활동 내용을 좀 더 상세하게 살펴보겠다.

활동 과정

매시간별 활동 내용과 운영 방식에 대해 조금 더 상세히 살펴보면 다음과 같다. 그룹 활동 맨 처음에는 환자들에게 그날 활용하게 될 서사분석형 자기서사진단검사지를 나누어 준다. 그리고 환자들은 한사람씩 돌아가면서 자기서사진단검사지의 한 단락씩을 읽어 나간다. 이때 진행자는 내용을 이해하지 못하거나 집중하지 못하는 환자들을 위해 환자들이 읽은 내용의 핵심 내용을 간략히 정리하기도 한다.

차례로 진단검사지의 문항을 읽어 가면서 문항 ⑵번과 ⑷, ⑹번에서는 아래에 제시된 네 종류의 선택지 '*-① ~ *-④'까지의 선택지 가운데 하나를 선택함으로써 환자들로 하여금 이야기를 한 편 창작하도록 한다. 이때 진행자는 선택지 중 하나를 선택하는 것이 정답을 찾는 과정이 아님을 강조한다. 또 아울러 자신의 마음과 딱 맞게 일치하는 선택지는 아니라 해도 가까운 거리에 있는 선택지도 고를 수 있다는 점도 알려 준다. 간혹 환자들 중에는 제공된 선택지 모두가 마음에 들지 않는다고 할 때도 있는데 그런 경우에는 "앞의 세 가지 가운데는 마음에 드는 것이 없다."는 ④번 문항을 고르고 제시되어 있는 선택지 외에 자신이 원하는 흐름을 새롭게 창작하도록 한다.

이와 같은 방식으로 환자들 각자가 원하는 이야기가 완성되면 이제 한 사람씩 돌아가며 자신이 만든 서사를 소개한다. 이때에는 대체로 자신이 선택한 문항과 그것을 선택한 동기, 최종적으로 전달하고 싶었던 메시지 등을 말한다.

문학치료 활동 시간에는 환자들이 만든 이야기를 주로 발표하게 되지만 간혹, 이야기를 만드는 와중에 떠오른 개인적인 생각이나 경험에 대해 보고하고 싶어하는 환자들도 있다. 그럴 때에는 집단에 방해가 되지 않는 정도까지는 허용하고 환자들이 만든 이야기와 함께 자신의 체험을 나누게 한다.

환자들의 발표가 모두 끝나면 진행자는 진단서사의 본래의 흐름을 알려 주고 그 서사가 어떠한 삶의 문제와 관련이 있는지, 또 무슨 인간관계의 갈등에 대해 고민하고 있으며 작품 속의 해결은 어떤 과정을 거쳐 가능했는지 등에 관해 간략히 설명한다. 그리고 때로는 환자들이 구성한 서사와 진단서사 사이의 간극이 의미하는 바가 무엇인지에 관해서도 간단히 짚어 주는 것으로 활동을 마무리하게 된다. 지금까지의 내용을 간단히 정리하면 다음과 같다.

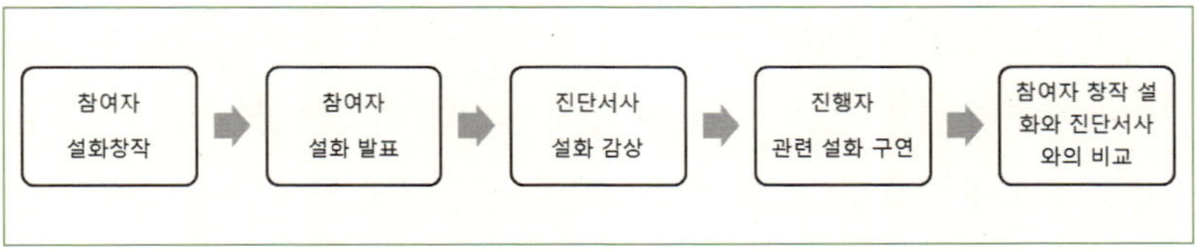

[그림 14] 알코올의존 환자 대상 문학치료 프로그램의 활동 과정

알코올의존 환자 대상 문학치료 프로그램 참여자 사례

참여자 기본 정보 및 의뢰 사유

참여자 B는 20~30대 가량의 젊은 남자 환자였다. 그는 가난한 집안의 아들로 태어났는데 어려서부터 잘 얻어먹지 못했다고 한다. 어머니의 젖이 잘 나오지 않았고 아버지는 알코올 관련 문제가 있었기 때문이라 한다. 그는 그런 자신의 과거를 모두 팔자소관이라 생각하고 있었지만 아버지는 매우 싫어했다. 아버지는 술만 먹으면 폭력적인 사람이 되어 어머니와 자신을 때렸기 때문이다. B는 그런 아버지에게 수많은 반항을 했었고 맞기도 많이 맞았다고 한다. 결국 B는 일찌감치 집을 나와 떠돌며 남의 집 살이, 공장생활, 공사판 등 온갖 어려운 일들을 하며 스스로 살 길을 찾았지만 성공하지 못하고 알코올 병동에 이르게 되었다.

B는 자신이 알코올의존이 된 첫 번째 이유로 세상 사람들을 꼽았는데 모든 세상 사람들이 자신에게는 적이라고 했다. 심지어 공사판에서 함께 일한 중국 동포들조차도 자신의 적이라 생각했다. 그 외 많은 사람들이 자신을 무시했다고 믿고 있었는데 길에 지나가는 개조차 자신을 무시했다고 말했다. 또 감옥에 다녀오는 경험도 남자에게는 필요하다는 생각에 드나들기 시작한 것이 지금은 꽤 많은 전과를 남겼고, 현재는 병원에서 퇴원하게 되면 돌아갈 곳도 기다리는 사람도 하나 없는 무일푼의 신세였다. 참여자 B의 소원은 입에 풀칠만 하면 좋겠다는 것이었다. 보통 입원병동의 알코올의존 환자들은 증상이 심각해서 밥 대신 술만 마시다 영양실조로 병원에 실려 오는 경우가 많은데 B의 경우 또한

그와 비슷했다. 병원에 입원한 환자들은 우선 약물로 금단현상을 치료한 뒤 교육에 들어오게 되는데 B도 유사한 과정을 거쳐 문학치료 프로그램에 참여하게 되었다.

사례 분석

정신분석학에서는 알코올의존 환자의 성격적 특성으로 '가혹한 초자아'와 관련한 심각한 내면적 갈등을 들고 있다. 특히 대상관계 이론에서는 이 '가혹한 초자아'를 유아기 때 아이의 의존욕구를 좌절시키거나 지나치게 충족시킨 어머니 즉 '나쁜 어머니'와 같은 것으로 보고 있다. 즉 알코올의존 환자들은 나쁜 어머니를 내면화시킨 채 그 상을 파괴하고자 하는 무의식적 소망을 지닌다는 것이다. 그러니까 그들이 몸에 해로운 알코올에 의존하는 현상은 자신이 내면화시킨 가혹한 초자아를 파괴시키려 하는 분노감의 표현과 관련이 있다는 것이다. 이런 입장에 따르면 알코올의존 환자의 자기서사는 부모와 자녀 간의 갈등이 나타나는 작품 속에서 포착될 가능성이 높다. 이에 참여자 B의 〈지붕에 소 올리라는 아버지〉에 대한 감상 및 재창작 결과를 정리해 보겠다.

〈지붕에 소 올리라는 아버지〉의 대체적인 흐름은 다음과 같다.

> (1) 한날한시에 난 두 친구가 살았는데 한 친구는 부자로 잘 살았고 다른 친구는 아무리 노력을 해도 살기가 어려웠다. (2-1) 가난한 친구가 부자 친구에게 어떻게 하면 그렇게 부자로 살 수 있느냐고 물었다. (3) 가난한 친구가 부자 친구네 집에 가서 하룻밤을 지냈는데 부자 친구는 아침 일찍 일어나 자신이 오늘 일하는 것을 잘 보라며 큰아들을 불러 오늘 모를 심어야 하니 소를 시험해 보자며 소에 쟁기를 매서 지붕에

올려 보라고 했다. (4-1) 부자 친구의 큰아들은 일꾼을 불러와 사다리를 놓고 지붕에 올라가 쇠고삐를 쥐고 소를 끌어 올리려고 했다. (5) 부자 친구는 가난한 친구에게 자네 집에 가서 하루 잘 테니 자신이 한 일을 자네 아들한테 한번 시켜 보라고 했다. 가난한 친구가 아침 일찍 일어나 큰아들을 불러 오늘 모를 심어야 하니 소를 시험해 보자며 소에 쟁기를 매서 지붕에 올려 보라고 했다. 가난한 친구의 아들은 동지섣달에 꽝꽝 얼었는데 모는 무슨 모며 소는 뭐 하러 지붕에 올리느냐며 말을 듣지 않았다. (6-1) 이것을 본 부자 친구는 자식이 부모의 말을 따라야 잘 되는 것인데 자네 잘살기는 틀렸네 하였다.

그런데 참여자 B가 구성한 〈지붕에 소 올리라는 아버지〉는 다음과 같은 모습이었다.

(1) 한날한시에 난 두 친구가 살았는데 한 친구는 부자로 잘 살았고 다른 친구는 아무리 노력을 해도 살기가 어려웠다. (2-3) 가난한 친구는 모든 게 다 팔자 소관이라며 자포자기하였다. (3) 가난한 친구가 부자 친구네 집에 가서 하룻밤을 지냈는데 부자 친구는 아침 일찍 일어나 자신이 오늘 일하는 것을 잘 보라며 큰아들을 불러 오늘 모를 심어야 하니 소를 시험해 보자며 소에 쟁기를 매서 지붕에 올려 보라고 했다. (4-2) 부자 친구의 큰아들은 공손한 어투로 그건 가능하지도 않거니와 필요하지도 않은 일이라고 말하였다. (5) 부자 친구는 가난한 친구에게 자네 집에 가서 하루 잘 테니 자신이 한 일을 자네 아들한테 한번 시켜 보라고 했다. 가난한 친구가 아침 일찍 일어나 큰아들을 불러 오늘 모를 심어야 하니 소를 시험해 보자며 소에 쟁기를 매서 지붕에 올려 보라고 했다. 가난한 친구의 아들은 동지섣달에 꽝꽝 얼었는데 모는 무슨 모며 소는 뭐 하러 지붕에 올리느냐며 말을 듣지 않았다. (6-2) 이것을 본 부자 친구는 자네 아들이 매우 똑똑하니 앞으로 몇 년 뒤에는 부자로 잘살 걸세 하였다.

참여자 B가 〈지붕에 소 올리라는 아버지〉를 바탕으로 재구성한 서사의 내용을 간략히 요약해 보면 "가난은 팔자소관이라며 자포자기하고 있던 아버지가 똑똑한 아들 덕에 부자로 살 길을 얻게 되었다."는 내용이다. 그런데 B의 서사에서 아들의 똑똑함이란 부모의 요구가 부당할 때에는 순응하지 않는 것으로 형상화되고 있다. 부모의 말을 의심하고, 따르지 않는 아들이야말로 미래의 희망이라는 B의 서사는 〈지붕에 소 올리라는 아버지〉의 본래 흐름과는 그 지향이 반대라 하겠다. B의 서사에서 가난의 문제는 아버지의 통제력이나 부자간의 신뢰와 관련되지 않는다. 그것은 전적으로 아버지의 무능함에 책임을 돌리고 있다. 이러한 구성은 참여자 B의 내면에 깃든 부모에 대한 자기서사가 반영된 것이라 볼 수 있다. 이것은 알코올의존 환자의 심리적 특성이 가혹하기만 했을 뿐 이득이 되지 못했다고 생각하는 초자아에 대한 '분노'와 관련이 있을 수 있다.

이런 짐작은 참여자 B가 진단서사와는 다른 흐름이 마음에 든다고 하면서 그 선택 동기로 밝힌 내용들을 참조하면 좀 더 분명해진다. 참여자 B는 (2-3)을 선택하면서 솔직히 어떤 것도 마음에 드는 것이 없다고 하면서 (2-3) '가난한 친구는 모든 게 팔자소관이라며 자포자기했다'는 선택지를 골랐다. B가 (2-3)을 선택했다는 것은 '가난한 친구가 부자 친구를 찾아가 부자가 되는 방법'에 관해 묻고 있는 (2-1)이나, '부자로 사는 친구가 몹시 밉고 속이 상했다'는 (2-2)는 문항은 선택에서 배제했다는 뜻이기도 하다. 그런데 (2-1) 또는 (2-2) 두 문항을 B가 배제시킨 것에는 그의 실제 삶의 경험과 관련이 있을 수 있다. 그는 알코올의존을 지닌 아버지와 어머니 밑에서 태어나 어려서부터 많은 고생을 했고 특히 그는 술이 취하면 자신과 어머니를 때리는 일 외에는 아무것도 할 줄 몰랐던 아버지를 미워했다. 아버지에 대한 미움이 B로 하여금 가난한 아버지가 부자가 될 방법을 알아보려 애쓰는 (2-1) 문항이나 부자들을 미워하는 가난한 아버지의 모습이 담긴 (2-2)를 선택하는 것을 막은 것은 아닌지 조심스럽게 짐작해 본다.

또 B는 (4-2)를 선택하면서 앞에서와는 조금 다른 이유를 제시하고 있다. 그것은 먼저 (3)의 상황 자체가 말이 되지 않는다고 했다. 첫째로는, "아버지가 머리 큰 아들에게 지시하는 것 자체가 문제"이고 둘째로는, 지시의 내용이 "소에 쟁기를 매어서 지붕에 올리라"는 것이니 매우 쓸데없는 짓일 뿐 아니라 살림에도 득이 되지 않는 일이라 "미련하기까지 한 짓"이라 그렇다고 했다. B는 (2-3)을 선택한 것보다는 조금 더 설화 속 상황에 몰입하면서 단락 (3)을 해석하면서 그 뒤에 이어질 내용으로 (4-2) 즉 "부자 친구의 큰아들은 공손한 어투로 그건 가능하지도 않거니와 필요하지도 않은 일이라고 말하였다."에서 찾고 있다.

이것은 단락 (5)에 대한 반응에서도 또 다시 반복된다. 참여자 B는 단락 (5) 역시 단락 (3)과 같이 납득하기 어려운 이야기라고 했다. 게다가 단락 (5)에서는 아버지의 지시가 내려진 시점이 겨울이라고 분명히 명시되어 있으니 더욱 이상하고 납득하기 힘들다고 했다. 따라서 이런 아버지의 요구에 대해서는 가난한 아들이 했던 것처럼 거부하고 면박을 주는 것이 마땅하고 똑똑한 처사라 하면서 (6-2)로 결론을 맺었다.

이처럼 참여자 B가 구성한 서사에서는 비합리적인 아버지의 명령에 대한 의심과 분노가 넘쳐 나고 있다. 또 부당한 요구를 내리는 아버지에 대해서는 자녀의 입장에 있다 할지라도 협조를 하지 말아야 한다는 점이 강조되고 있다. B의 반응 속에서는 자녀가 위험이나 손해를 감수하면서까지 아버지의 말에 응하는 것은 결코 현명한 일이 아니라는 단호함을 읽을 수 있다.

사실 우리에게 주어진 〈지붕에 소 올리라는 아버지〉 텍스트만으로는 부자 친구의 아들이 아버지에게 협조할 수 있었던 내력이 나오지 않는다. 따라서 본래의 서사 흐름을 이해하고 수용하기 위해서는 설화를 읽는 환자들이 자기 마음속에 있는 서사들로 그 빈틈을 메우고 짐작해야만 한다.

만일 이 서사의 본래 흐름을 따르고자 한다면 부자 친구의 아들과 아버지 간에는 전부터 따뜻한 믿음이 형성되어 있었고 그런 까닭에 아들은 아버지의 명령에 의심 없이 협조할 수 있었다고 볼 수 있다. 그런데 참여자 B는 그러한 짐작은 꿈에도 생각할 수가 없다. 그 대신 나이든 아들에게 엉뚱한 요구를 하는 가난한 아버지의 명령에 대해서는 의심하고 거부하는 것이 아들 된 자로서 가장 현명한 처사라는 것에만 붙잡혀 있다고 볼 수 있다.

그랬기 때문에 B는 부자 아들이 다른 사람의 눈에 볼 때는 비합리적인 아버지의 명령을 충실히 이행하는 것을 전혀 이해할 수가 없는 것이다. 결국 이것은 달리 말하면 참여자 B의 자기서사 속에는 의심으로 가득 찬 부자 관계가 활성화되어 있을 가능성이 높다는 것을 뜻한다.

참여자 B는 겉으로는 합리성을 내세우고 있다. 그렇지만 살림에 득이 되지 않는 아버지의 요구에는 불응해야 한다는 그의 설명은 그 단락 앞 (2-3)에서 매우 가난했지만 팔자소관이라며 자포자기하던 아버지와의 연관 속에서 이해해야 한다. 결국 B의 서사에서 화를 내는 자녀는 스스로의 삶을 포기하고 자녀들의 요구에 응할 수 없었던 가난한 아버지 즉 가혹한 초자아와 관련된 것이며 그런 아버지에 대해 자녀가 취할 수 있는 선택은 분노하면서 관계를 끊는 것이라 믿고 있는 것이라

하겠다.

지금까지 알코올의존 환자의 사례를 통해 정신분석학에서 말하는 가혹한 초자아에 대한 알코올의존 환자들의 심각한 갈등이 〈지붕에 소 올리라는 아버지〉 설화에 어떤 반응으로 나타나고 있는지를 살펴보았다. 물론 〈지붕에 소 올리라는 아버지〉는 예전에 비해 어른의 권위에 큰 의미를 부여하지 않는 오늘날 많은 독자들에게 B와 비슷한 반응을 유도할 수 있는 것이 사실이다. 실제로 B는 이 설화뿐 아니라 〈여우구슬〉 속 선생님에게도, 또 〈내 복에 산다〉의 아버지에게도 심한 불편감을 드러내면서 그들의 행동을 이해하거나 용서할 수 있는 어떤 지점도 찾지 못했다.

아울러 〈지붕에 소 올리라는 아버지〉가 현대 독자들에게 알코올의존 환자들과 비슷한 반응을 유도한다면 그것은 우리 시대가 알코올의존 환자들만큼은 아니라 하더라도 초자아에 대한 의심과 내면적 갈등을 갖고 있다는 반증으로 볼 수도 있으리라.

5 북한이탈주민 대상 문학치료 프로그램

프로그램 개요

통일부(2014년 6월 기준)에 따르면, 북한이탈주민[38]의 남한 입국 숫자는 총 26,854명이다. 이 중 남자 8,078명이며 여자가 18,776명으로, 여자의 남한 입국 비율이 70%를 차지한다. 그러나 북한이탈주민 가운데 여자의 비율이 월등히 높음에도 불구하고, 2005년도부터 2013년까지의 북한이탈여성주민을 연구 대상으로 삼은 연구에 대한 비율은 총 3.2% 수준에 머무르고 있다.[39] 따라서 본 탈북자 대상 프로그램은 북한이탈여성주민에 특화된 연구의 요구에 부합한다.

북한을 이탈하여 남한으로 입국하는 과정에서 입은 북한이탈여성주민의 외상 경험, 즉 트라우마가 남한에서의 실생활에 미치는 영향력에 대한 견해는 이미 많은 연구들에 의해서 증명되어 왔다. 그것은 탈북과정에서 겪은 고통의 외상들을 고찰하거나, 인권문제 및 성역할에 따른 가정문제와 사회적응문제를 논의한 연구들로, 이는 여성의 몸으로 탈북과정에서 입은 상처나, 낯선 사회에 적응하다가 경험한 상처에 주목하는 방법으로 접근한 연구들이다.

이러한 연구들은 탈북여성이 여성으로서 겪을 수밖에 없었던 문제를 발견하는 데에 큰 성과가 있었지만, 그에 대한 대안 제시는 아직 구체성과 효용성을 갖추지 못한 상태라고 할 수 있다. 삶의 문제에 대한 자각을 유도하고, 그 해결 방안에 대하여 모색하는 과정을 문학과의 서사적 소통을 통해 마련하는 문학치료학의 방법론을 활용하여 북한이탈여성주민의 문제와 대안을 논의하고자 하였다.

이를 위해 북한이탈여성주민 가운데 여자대학생을 대상으로 하여 먼저 "자기서사진단검사-서사분석형"을 진행하였고, 작품서사에 대한 몰입도와 이해도를 바탕으로 북한이탈여자대학생의 자기서사를 탐색하고자 하였다. 그리고 분석된 결과를 바탕으로 이에 대한 심층적인 분석을 위해 "자기서사진단검사-태도측정형, 기억진술형"을 검사하고 이에 대한 반응을 살핌으로써 본 프로그램에 참여한 북한이탈여자대학생의 자기서사를 도출하였다.

특히 본 연구에서는 탈북자이기 때문에 특정한 문제가 있다는 것을 밝히는 데에 몰두하지 않고, 탈북의 경험과 새터에서의 새로운 삶을 영위하는 경험이 그들에게 장점으로 작용할 수 있도록 자기서사를 건강한 방향으로 강화하는 데에 궁극적인 목표가 있다. 자기서사의 건강성이 사람의 인생살이를 건강한 방향으로 이끈다는 전제에 충실한 문학치료 활동이자, 연구이기 때문에, 탈북이라는 특정한 경험에 치중하기보다는 사람 자체에 주목하고자 한다. 다시 말해 자기서사의 건강성 회복을 통해 삶의 에너지를 증진시켜서 탈북 경험과 같이 그들에게 영향을 미칠 요인들을 극복할 수 있는 힘을 마련하도록 하는 데에 주력하였다고 할 수 있다.

전체 프로그램 소개

자료 선정

"자기서사진단검사도구-서사분석형"은 문학치료학의 서사이론에 근거하여, 서사의 주체가 맺는 인간관계의 특성에 따라 서사 영역별(자녀 · 남녀 · 부부 · 부모 서사)로 나누고, 서사의 주체가 인간관계를 운영하는 방식에 따라 서사 양상(가르기 · 밀치기 · 되찾기 · 감싸기 서사 양상)으로 나눈 것에 근간하여 선별된 작품서사들로 구성되어 있다. 이는 일반인들에게 적용하는 기본형 프로그램으로, 본 프로그램을 활용한 이유는 북한이탈 여성주민이 경험한 외상이 아닌, 현재의 삶을 구성하는 현재적 자기서사에 주목하여, 지금 삶에 부정적인 요인으로 작용하는 지점이 무엇인가에 집중하기 위함에 있다. 또한 본 프로그램에 활용된 작품들의 특징이 인간관계의 갈등에서 궁극적인 성공에 이르고 있는 서사구조이기 때문에, 문제에 대한 다양한 해결통로를 제시하는 장점이 있다. 게다가 어떠한 고통의 경험이 있었는지 질문하지도 않기 때문에, 트라우마 발설의 역기능으로부터 비교적 안전할 수 있으며, 외상 경험의 진가 판단을 위한 작업도 축소되는 이점을 가진다.

검사에 참여한 북한이탈여자대학생의 "자기서사진단검사도구-서사분석형" 검사 결과는 다음 [표 4]와 같다.

"자기서사진단도구-서사분석형(16문항)" 검사 결과는 총 100.0점이 만점이 가운데 총평점이 50.0점이며, 〈호랑이 눈썹〉에서는 원래의 서사 경로 그대로 따라갔다. 반대로 〈역적 누명과 회초리〉에서 원래의 서사 경로를 모두 비껴가는 선택을 하였다. 북한이탈여자대학생의

[표 4] 북한이탈여자대학생 대상 "자기서사진단검사도구–서사분석형" 검사 결과

서사 영역별 자기서사 진단 결과			서사 양상별 자기서사 진단 결과		
진단서사 영역별		결과	진단서사 양상별		결과
자녀서사	〈간 빼길 뻔한 전처 아들〉	66.6	가르기서사	〈간 빼길 뻔한 전처 아들〉	66.6
	〈해와 달이 된 오누이〉	33.3		〈역적 누명과 회초리〉	0.0
	〈내 복에 산다〉	66.6		〈고부곡어황천〉	33.3
	〈효불효 다리〉	66.6		〈지붕에 소 올리기〉	33.3
	평점	58.2		평점	33.3
남녀서사	〈역적 누명과 회초리〉	0.0	밀치기서사	〈해와 달이 된 오누이〉	33.3
	〈여우 구슬〉	33.3		〈여우 구슬〉	33.3
	〈여색 멀리하는 신하 깨우친 임금〉	33.3		〈호랑이 눈썹〉	100.0
	〈여인과 목욕하고 금부처가 된 남자〉	33.3		〈칠십생남비오자〉	66.6
	평점	24.9		평점	58.3
부부서사	〈고부곡어황천〉	33.3	되찾기서사	〈내 복에 산다〉	66.6
	〈호랑이 눈썹〉	100.0		〈여색 멀리하는 신하 깨우친 임금〉	33.3
	〈지네 각시〉	66.6		〈지네 각시〉	66.6
	〈도량 넓은 남편〉	66.6		〈복 빌린 나무꾼〉	66.6
	평점	66.6		평점	58.2
부모서사	〈지붕에 소 올리기〉	33.3	감싸기서사	〈효불효 다리〉	66.6
	〈칠십생남비오자〉	66.6		〈여인과 목욕하고 금부처가 된 남자〉	33.3
	〈복 빌린 나무꾼〉	66.6		〈도량 넓은 남편〉	66.6
	〈장모가 된 며느리〉	33.3		〈장모가 된 며느리〉	33.3
	평점	50.0		평점	50.0

자기서사는 비교적 〈호랑이 눈썹〉과 같이 배우자밀치기서사가 발달되어 있을 가능성이 있다. 반대로 〈역적 누명과 회초리〉와 같은 이성가르기서사는 그녀의 미숙한 지점으로 판단될 수 있을 것이다. 이러한 진단 검사 결과를 토대로 설화 〈호랑이 눈썹〉과 〈역적 누명과 회초리〉를 기본 자료로 선정하였다.

먼저 설화 〈호랑이 눈썹〉의 줄거리를 제시하면 다음과 같다.

(1) 어떤 부부가 아무리 열심히 살아도 가난을 면할 수가 없자 가난한 남자는 이렇게 사느니 차라리 죽는 것이 낫다는 생각을 하게 되었다. 그런데 항간의 소문에 백인재라는 고개를 혼자 넘으면서 죽지 않으면 팔자를 고친다는 말이 도는 것이었다. (2) 가난한 남자가 혼자 그 고개를 넘다가 바위에 앉아 있는 신선 같은 노인을 만나 호랑이인 줄 짐작하고 왜 나를 잡아먹지 않느냐고 묻자 노인은 자기는 사람은 잡아먹지 못한다면서 자기의 눈썹을 하나 뽑아 주며 그것으로 저기 올라오는 사람들을 보라고 했다. 가난한 남자가 그 눈썹을 가지고 올라오는 사람들을 보았더니 모두 짐승이었다. (3) 가난한 남자가 집으로 돌아오다가 사기그릇 등짐을 힘겹게 지고 가는 사람 내외를 만나 그 호랑이 눈썹으로 두 내외를 보았더니 남자는 장닭이고 여자는 사람이었다. 가난한 남자는 비로소 저 두 사람이 저렇게 고생을 하면서 사는 까닭을 알게 되었다. (4) 가난한 남자는 그 부부를 데리고 자기 집으로 와서 다시 호랑이 눈썹으로 자신의 아내를 살폈더니 아내가 암탉이었다. 그리하여 자기네 부부도 서로 짝이 맞지 않아서 가난하게 살 수 밖에 없음을 알았다. (5) 가난한 남자는 사기장수 내외와 한 방에서 자다가 자기 아내와 사기장수 아내의 자리를 바꾸어 놓고 불을 켠 다음 그렇게 좋으면 같이 살라면서 사기장수와 아내를 쫓아 버렸다. 그리고서 가난한 남자는 사기장수 아내와 같이 살았다. (6) 가난한 남자는 사기장수 아내와 같이 산 지 몇 년 만에 부자가 되었다. 미안한 마음이 든 남자가 예전에 억지로 쫓아냈던 사기장수와 자기의 옛 아내를 찾아 나섰다가 우연히 만나게 되었는데, 그 두 사람도 함께 산 지 몇 년 만에 부자가 되어서 오히려 자신들을 쫓아낸 사람들 걱정을 하고 있었다.[40]

다음으로 설화 〈역적 누명과 회초리〉의 줄거리를 제시하면 다음과 같다.

(1) 한 선비가 종일 글을 읽었는데 앞집 처녀가 선비의 글 읽는 소리에 반해서 남몰래 찾아왔다. (2) 선비는 처녀에게 회초리를 가져오라고 하여 처녀의

종아리를 때렸다. (3) 처녀는 종아리를 맞고 그냥 돌아갔다. (4) 그 뒤 처녀는 다른 남자에게 시집을 가서 아들 삼형제를 낳았는데 모두 큰 벼슬을 하였다. (5) 선비가 나중에 벼슬을 하다가 역적으로 몰려 죽게 되었다. (6) 그 소식을 들은 삼형제의 어머니가 아들들에게 처녀 때 종아리 맞았던 이야기를 하며 그 선비는 절대 그럴 사람이 아니라고 하자 삼형제의 적극적인 변호로 선비는 무사할 수 있었다.[41]

활동 과정

1회기에서는 간단한 방식으로 자기서사의 대략적인 경향성을 파악할 수 있는 "자기서사진단도구-서사분석형(16문항)" 검사를 실행하였다. 이 검사로 북한이탈여자대학생이 원래의 서사적 전개를 선호하는지, 아니면 원래의 서사적 전개를 거부하는지를 파악하였다.

2회기에는 진단검사 결과를 기준으로 북한이탈여자대학생이 비교적 원래의 서사적 전개를 선택한 작품인 〈호랑이 눈썹〉에 대한 그녀의 느낌을 들어 보는 시간을 가졌다.

3회기에는 반대로 그녀가 원래의 서사적 전개를 선택하지 않는 작품 〈역적 누명과 회초리〉에 대해서 이야기하는 시간을 가졌다.

3회기까지 마친 후에 문학치료사는 보다 정밀하게 자기서사를 분석해 내기 위하여 1회기의 분석 결과를 바탕으로 2회기의 반응 탐색 결과와 견주는 작업을 실행하였다. 자기서사진단 검사 시에 모든 분기점에서 원래의 서사 경로를 선택하였다 하더라도, 그 작품서사에 대해 완전히 이해하고 있다고 판단하기 어렵기 때문이다.

4회기에는 2~3회기 때 탐색된 정보들을 바탕으로, 북한이탈여자대학생이 누락시키고 있거나, 왜곡하여 기억하고 있는 작품서사의 의미들을 문학치료사가 전달하는 시간을 가졌다. 이해의 개선을 도모하는 과정으로, 교육하는 방식이 아닌 전달하는 태도로 구비설화의 서사적 의미를 상기시켜 주고, 그녀가 중간중간에 자유롭게 개입하여 감정을 토로할 수 있도록 허용하였다. 텍스트를 제공하는 수준을 넘어 서사적 의미를 전달하기 때문에, 이 회기는 치료 대상자가 수용하기 어려워하는 지점이 무엇인지 극명하게 드러나기도 한다. 그녀가 가장 이해하기 어려워하는 작품서사가 무엇인지 파악하는 것으로 결국 북한이탈여자 대학생의 취약한 자기서사를 드러내 볼 수 있다.

5회기에는 지금까지의 문학치료활동에 대한 소감을 편하게 밝히는 시간을 가졌다. 이는 북한이탈여자대학생은 앞서 4회기에서 취약 서사를 발견하는 과정을 거치면서 자신이 잘못 생각한 점이나 그럼에도 여전히 이해가 안 되는 지점을 이완된 분위기 속에서 언급하게 하여 문학치료사가 취약 서사의 수정 및 보완을 위한 설계를 돕는다.

6회기에는 "자기서사진단도구—태도측정형, 기억진술형(16문항)" 검사를 실시하였다. 이때에 북한이탈여자대학생이 잘 이해한 작품 〈호랑이 눈썹〉과 잘 이해하지 못한 작품 〈역적 누명과 회초리〉를 중심으로 구비설화에 대한 그녀의 이해 방식을 근거로 하여 자기서사의 특성을 추론하였다.

그 결과 그녀의 자기서사가 지닌 취약점은 '(현상적인) 이별은 곧 관계의 단절', '대상의 거절–분노–복수'라는 서사에 고립되어 있어 다른 경로의 서사를 외면하고 있다는 점이었다. 이 두 가지 사항은 서로 관련성이 높으며, 이 두 가지가 모두 반영된 그녀의 자기서사는 그녀가 만들어 낸 복수형 〈역적 누명과 회초리〉와 유사한 형태일 것이라 판단된다. 이와 더불어 그녀가 전혀 받아들일 수 없었던 〈역적 누명과 회초리〉

[표 5] 북한이탈여자대학생 대상 문학치료 프로그램 단계별 활동 내용

회기	활동 내용	목표
1회기	"자기서사진단도구-서사분석형(16문항)" 검사 실행	선호하는 서사, 거부하는 서사 파악
2회기	선호하는 서사에 대한 반응 탐색	작품서사를 통한 자기서사 탐색
3회기	거부하는 서사에 대한 반응 탐색	
4회기	거부하는 서사에 대한 의미 전달과 반응 탐색	문제를 자각시키는 과정을 통해 취약 서사 발견
5회기	문학치료 활동에 대한 소감	
6회기	"자기서사진단도구-태도측정형, 기억진술형(16문항)" 검사	'자기서사 진단' 및 문학치료 프로그램 설계

작품서사가 기억되기 시작한 지점을 포착하여 일정의 치료적 성과를 확인하기도 하였다.

프로그램 참여자 사례

참여자 기본 정보 및 의뢰 사유

북한이탈여성주민을 위한 문학치료 프로그램에 참여한 북한이탈여자대학생은 2008년에 홀로 남한으로 입국하였으며, 현재 서울 소재 대학교에 재학 중이다. 본 연구의 목표는 자기서사의 건강성 회복을 통해 삶의 에너지를 증진시켜 탈북 경험과 같이 그들에게 영향을 미칠 요인들을 극복할 수 있는 힘을 마련하도록 하는 데에 있다. 이를 위해 프로그램 참여자를 모집하던 중 북한이탈여자대학생의 자원이 이루어졌고, 그녀가 남한 사회에 적응하려는 의지가 강하고 성공에 대한 열망

이 있는 점으로 인해 참여자로 선정하게 되었다.

사례 분석

이 장에서는 1회기 자기서사진단도구-서사분석형(16문항)의 검사 결과 북한이탈여자대학생이 서사적 전개를 100% 따라간 구비설화 〈호랑이 눈썹〉와 서사적 전개를 전혀 따라가지 않은 구비설화 〈역적 누명과 회초리〉에 대한 총 5차 탐색 결과("자기서사진단검사도구-기억기술형")를 제시하고자 한다.

먼저 기억기술형에서 그녀는 다음과 같이 〈호랑이 눈썹〉의 줄거리를 기술하였다.

> 두 부부가 있었다. 근데 이들은 무지 가난했고 가난한 이유를 몰랐다. 하루는 한 부부의 남편이 간난에서 벗어나기 위해 모험을 무릅쓰고 사람들이 다 실패한 고개를 넘어가기로 한다. 거기서 호랑이 눈썹을 얻게 되는데 고개를 지나가는 사람은 인간이 아닌 요괴들이었다. 집에 와서 보니 아내 또한 인간이 아닌 닭이었던 것이다. 길을 지나가던 한 부부가 집에서 머무르기를 청하자 닭과 인간부부는 허락한다. 남편은 자신의 아내와 손님의 아내를 바꿔치기를 한다. 인간은 인간과 살고 짐승은 짐승과 살므로 잘 살았다.

위와 같이 그녀는 서사의 주체가 가난의 원인을 알고자 하였던 것과 아내와 자신의 관계가 인간과 닭의 관계였다는 점을 잘 기억하고 있었다. 또한 "인간은 인간과 살고 짐승은 짐승과 살므로 잘 살았다."고 기술한 것을 보아도 '잘 살고 못 사는 문제에서 나와 잘 맞는 사람과 함께하는가가 중요한 요인으로 작용될 수 있다'의 서사적 의미는 기억되어 있다고 판단된다. 또한 서사의 주체가 이별을 선택한 지점과 이별한 부부가 잘 살았다고 결말을 기술한 것을 보면, '우리의 인생살이에서 때로는 이별이 행복을 되찾는 일에 기여할 수 있다'의 서사적 의미 역시 기억되어 있는 상태로 볼 수 있다.

반면 '이별 후에도 서로의 행복을 지지하고 배려해 주는 진정한 지속의 원리'는 여전히 자기서사에서 밀려나 있다는 점이 확인되었다. 그녀의 기술에서 이별한 부부가 미안한 마음에 서로를 찾아가 잘 살고 있는 것을 확인하고 안심한다는 마지막 장면은 누락되어 있기 때문이다.

〈호랑이 눈썹〉에 대한 그녀의 이해 방식을 통하여 자기서사를 구체화해 보면 다음과 같다. 그녀는 삶의 문제를 극복하는 일에 대해서는 〈호랑이 눈썹〉의 초반부와 유사한 형태의 자기서사를 지니고 있다고 판단된다. 모험을 감행하는 일에 확신에 차있는 자기서사는 현실의 어려움을 극복하는 일에 강점으로 발휘될 수 있을 것이다. 실제로 그녀는 문학치료 활동 과정 중에 성공에 대한 열망을 자주 내비쳤는데, 〈호랑이 눈썹〉과 같은 자기서사의 영향으로 그녀가 남한 사회에서의 성공 의지와 자신감이 강화된 것으로 이해될 수 있다. 단, 가난 극복에 대한 갈망이 집착적일 수 있다거나 권력과 돈에 대한 의존도가 심한 경우 등의 문제들에 대해서 간과해서는 안 된다.

반면, 그녀의 자기서사에서는 서로의 행복을 위해서 헤어지는 문제에 대해 취약점이 있을 수 있다고 진단되었다. 그리고 함께하지 않아도, 어떤 특정한 관계로 묶여 있지 않아도 서로의 행복을 지지해 줄 수 있는 진정한 지속에 대해서도 미숙한 측면이 발견되었다. 현상적인 '이별은 곧 관계의 단절'로 간주되는 성향의 자기서사 특성이 드러났다는 것이다.

이미 탈북 경험을 통해 가족과 이별한 경험이 있는 그녀에게 이러한 특성이 발견되었다는 것은 유의미하다. 이별하였어도 관계가 지속될 수 있다는 인생살이에 대한 긍정적 신념이 결핍되어 있는 자기서사라면 그녀는 현재 상태를 받아들이기 어려워할 가능성이 있다. 현재 가족 및 친지, 측근들과 격리되어 생활한 지 4~5년이 지난 지금 그녀의 내면에 이별에 대한 상처가 깊게 자리 잡혀 있을 가능성이 높다는 것이다. 차후 치료 과정 설계에 유념해야 될 지점이다.

다음으로 참여자가 1회기 자기서사진단검사에서 단 한 단락도 원래의 서사적 전개를 선택하지 않은 구비설화 〈역적 누명과 회초리〉에 대한 그녀의 이해 방식을 살펴보려고 한다.

기억기술형 검사에서는 특별한 사항이 발견되기도 하였다. 그녀는 이 구비설화의 줄거리를 다음과 같이 기술하였다.

> 어느 한 집에 과부가 된 며느리가 있었다. 과거를 위해 길을 떠난 선비가 과부며느리 집에 머무르게 되는데 과부며느리는 남자의 글소리에 반해서 합방을 원했지만 선비는 회초리로 그녀를 때려서 돌려보낸다. 나중에 이 선비가 과거에 급제하고 누명을 쓰고 감옥에 들어가므로 과부며느리가 선비를 도와주는 이야기다.

원래의 줄거리에 부합된 지점은 '여인의 구애–선비의 회초리 거절–선비가 누명을 쓰고 위기에 빠짐–여인의 구제'이다. 원래 줄거리의 큰 틀은 대체로 부합되었다. 그녀가 보여준 강한 거부감과 달리 본래의 서사 맥락을 기억하고 있는 편이었다.

문제는 반복하여 설명되고 있는 지점이었던 여자주인공의 상태이다. 프로그램 진행자는 왜 선비가 강하게 거부할 수밖에 없었는가를 설명하면서 시집도 안 간 '처녀'가 외간 남자를 방문한 사실 자체가 큰 문제를 발생시킬 수 있다고 여러 차례 언급하였다. 그런데 북한이탈여자대학생의 기억에는 '처녀'가 아닌 '과부며느리'로 기억되어 있었다. 그리고 글 읽던 선비가 과거시험을 보러 가는 길이라는 상황 설정 또한 원래의 줄거리와 다르다.

그녀에게 제공된 16개의 구비설화들 가운데에는 과부며느리가 등장하는 이야기도 있었다. 부부서사 영역의 〈고부곡어황천〉이다. 기이한 여인과의 만남을 통하여 "고부곡어황천(故夫哭於黃泉, 예전 남편이 황천에서 운다.)"이라는 글귀를 알게 된 선비가 자신에게 동침을 요구하는 과부며느리를 이 글귀로 타이르고, 그에 대한 보은으로 과거에 급제하게 되었다는 구비설화이다. 현재 함께하지 못하는 남편과의 관계를 중시여기는 여인에 대한 감응으로 한 과부의 실수를 저지시킬 수 있었다는 부부관계의 지속 원리를 담고 있는 작품이다.

원래의 서사에서 달라진 지점은 바로 이 구비설화에 대한 기억과 혼합된 결과로 판단된다. 글 읽는 소리에 반해 여인이 선비에게 구애하였다는 장면에 대한 강한 인상이 두 이야기를 결합시킨 것이다. 그 결과 그녀는 기억기술형 검사에서 〈고부곡어황천〉 문항에서는 한 글자도 기술하지 못하기도 하였다. 이렇게 그녀는 여자가 남자에게 반해 맹목적인 구애를 할 수 있다는 점에 강하게 매료되어 있었던 것이다. 이러한 반응은 4차 탐색 때 드러난 이성 관계에 모험해 봐야겠다는 그녀의 결심과 관련된다.

〈역적 누명과 회초리〉에 대한 그녀의 이해 방식을 통하여 자기서사를 구체화해 보면 다음과 같다. 대체적으로 북한이탈여자대학생은 성적 욕망을 조절하여 획득되는 안전성과 결연한 거부가 서로의 행복을 보장한다는 점, 그리고 거절의 이면에 존재하는 배려심에 대한 이해 등

〈역적 누명과 회초리〉의 서사적 의미를 잘 이해하고 있다고 보기 어렵다. 대상의 거절로 인한 분노가 누그러지고 그 이면의 배려심을 포착하여 보은한다는 작품서사는 이성에 대한 강한 불신감이 지배적인 그녀의 자기서사와 통합되지 못하고 있다는 것이다.

초반의 탐색 단계에서부터 드러난 정보에서 알 수 있듯이 복수형 〈역적 누명과 회초리〉에는 대상의 거절에 대한 강한 두려움이 반영된 것으로 보인다. 앞 절에서 〈호랑이 눈썹〉에 대한 반응을 통해 확인된 결과에서도 그녀는 '(현상적인) 이별은 곧 관계의 단절'로 간주되는 성향의 자기서사 특성을 지닌 것으로 진단되었는데, 이 두 결과는 서로 밀접한 관련이 있다.

대상과의 이별과 대상의 거절에 대한 민감성이 반영된 복수형 〈역적 누명과 회초리〉와 같은 그녀의 인간관계를 운영하는 방식은 실제 그녀의 삶에서 인간관계의 여러 문제들을 야기할 가능성이 있다. 일상에서 그녀가 누군가와 헤어지거나, 자신의 애정이 거부당하는 일에 민감하게 대응하고 있을 가능성이 높으며, 작은 자극에도 예민함이 발동되어 먼저 마음의 문을 닫아 버린다거나, 불쾌함이나 분노를 표현하여 인간관계의 단절을 야기할 가능성이 있다. 이는 선행 연구에서 밝혀 왔던 탈북여성들이 갖고 있는 고질적인 문제이기도 하다.

인간관계에서의 이별이나 거절에 대한 민감함은 20대 여성으로서의 일반적인 면모라고도 볼 수 있다. 그러나 부모나 형제 없이 홀로 생활하는 그녀에게 이와 같은 사건들이 매번 큰 자극을 줄 경우 문제가 될 수 있다는 것이다. 인간관계에서의 좌절감이나 불쾌감은 그녀의 일상 에너지를 하락시킬 수 있기 때문에, 이 문제에 관하여 잘 이해하고 받아들일 수 있는 건강한 자기서사가 더욱 필요하다.

하지만 그녀의 자기서사 개선의 가능성 또한 발견된 것이 사실이다. 4차 탐색 결과 이성 관계에서 대상의 거절에 대해 민감하였던 그녀의 취약점은 변모된 지점을 드러내었다. 여인을 거절한 선비나 맹목적으로 구애한 여인에 대한 불쾌감으로 표현된 이성에 대한 강한 불신이 조금 누그러진 상태로 해석된다.

그리고 5차 탐색 결과에 〈역적 누명과 회초리〉의 줄거리가 다른 작품과의 결합체로 기억되고 있다는 점은 이 작품서사에 대해 이해를 시도한 흔적으로 인정될 수 있다. 완전히 이 작품서사와 통합된 상태는 아닐지라도, '대상의 거절–분노–복수'의 서사적 전개 외에도 다른 서사가 존재할 수 있다는 사실을 인지하기 시작하였다는 증거이기 때문이다. 자기서사의 편폭에서 벗어나 서사의 확장 내지 다른 '서사로의 길내기'가 시작되었다는 점에서 긍정적인 변모로 인정할 수 있다.

더 읽을 거리

황혜진 · 김정애 · 조은상, 「문해력 신장을 위한 문학치료 실행연구 시론」, 『문학치료연구』 12, 한국문학치료학회, 2009.

김혜미, 「설화 〈내 복에 산다〉의 전승 가치와 그 현대적 활용 방안: 청소년의 동화창작 프로그램 사례를 통하여」, 『고전문학과 교육』 29, 한국고전문학교육학회, 2015.

박재인, 「탈북여성B의 구비설화에 대한 이해 방식과 자기서사」, 『고전문학과 교육』 26, 한국고전문학교육학회, 2013.

성정희, 「설화를 활용한 소아기 우울증 아동의 문학치료 사례 연구: 〈반쪽이〉를 중심으로」, 건국대학교 석사학위논문, 2008.

조은상, 「설화를 활용한 자기성찰의 글쓰기 방법 실행 연구」, 『고전문학과 교육』 29, 한국고전문학교육학회, 2015.

하은하, 「현대사회의 쟁점과 문학교육: 알코올의존 환자의 심리적 특성과 자기서사와의 상관성」, 『문학교육학』 41, 한국문학교육학회, 2013.

후주

PART 01

1 미셸 포쉐 지음, 조재룡 옮김, 『행복의 역사』, 열린터, 2007, 70쪽 재인용.
2 스털링 P. 램프레히트 지음, 김태길 외 옮김, 『서양철학사』, 을유문화사, 2007, 126쪽.
3 "아우구스티누스는 하나님을 진리요 선이요 지혜라고 보고, 참되고 선하고 슬기로운 모든 것은 '그에 있어서, 그에 의해서, 그를 통해서' 참되고 선하고 슬기롭게 되는 것이라고 하였다." 스털링 P. 램프레히트 지음, 김태길 외 옮김, 『서양철학사』, 을유문화사, 2007, 190쪽.
4 미셸 포쉐 지음, 조재룡 옮김, 『행복의 역사』, 열린터, 2007, 30쪽 재인용.
5 이문호, 「아우구스티누스의 행복 윤리」, 『종교학보』 3, 한국종교간대화학회, 2007, 199쪽 재인용.
6 아우구스티누스의 행복에 관해서는 다음 글을 참고할 수 있다. 이문호, 「아우구스티누스의 행복 윤리」, 『종교학보』 3, 한국종교간대화학회, 2007.
7 리처드 스코시 지음, 정경란 옮김, 『행복은 어디에 있는가』, 문예출판사, 2008 재인용.
8 미셸 포쉐 지음, 조재룡 옮김, 『행복의 역사』, 열린터, 2007, 217~219쪽 재인용.
9 스털링 P. 램프레히트 지음, 김태길 외 옮김, 『서양철학사』, 을유문화사, 2007, 602쪽.
10 신동흔, 『살아있는 한국신화』, 한겨레출판, 2014, 57~74쪽 참고.
11 신영복, 『강의』, 돌베개, 2004, 219쪽.
12 "묵가에서는 그들의 구성원을 묵자(墨子)라고 부르고, 그들의 지도자를 거자(鉅子)라고 불렀다." 이강수, 『중국 고대철학의 이해』, 지식산업사, 1999, 154쪽.
13 노자와 장자의 행복한 삶에 대해서는 이강수, 『노자와 장자 - 무위와 소요의 철학』(길, 2006)을 추천한다.
14 풍우란 지음, 박성규 옮김, 『중국철학사』(상), 까치, 1999, 301쪽.
15 풍우란 지음, 박성규 옮김, 『중국철학사』(상), 까치, 1999, 363쪽.
16 이강수, 『중국 고대철학의 이해』, 지식산업사, 2007, 140쪽.
17 이강수, 『중국 고대철학의 이해』, 지식산업사, 1999, 140쪽.
18 초기 불교의 가르침과 관련해서는 다음을 참고하였다. 최승호 외, 『동양철학의 이해』, 소강, 2002, 95~137쪽.
19 최승호 외, 『동양철학의 이해』, 소강, 2002, 107쪽.

PART 02

1 이하의 내용은 프로이트 지음, 김석희 옮김, 『문명 속의 불만』(열린책들, 2003)을 요약해 정리한 것이다.

2 이하의 내용은 황혜진, 「〈변강쇠가〉의 영화적 변용과 그 문화적 의미」(『고소설연구』 31, 고소설학회, 359~392쪽)를 요약해 정리한 것이다.

3 신재효 지음, 강한영 옮김, 『한국판소리전집』, 서문문고, 2007(개정판 2쇄), 288~289쪽.

4 이하의 내용은 조홍윤, 「콤플렉스 치유의 관점에서 본 한국 무속신화 연구」(건국대학교 박사학위논문, 2015)를 참고로 하여 정리한 것이다.

5 아들러 지음, 라영균 옮김, 『인간 이해』, 일빛, 2009, 73~75쪽; 조홍윤, 「콤플렉스 치유의 관점에서 본 한국 무속신화 연구」, 건국대학교 박사학위논문, 2015, 21쪽.

6 박아청, 「인간이해를 위한 개념들」, 『사회과학논총』 18-1, 계명대학교 사회과학연구소, 1999, 49쪽 재인용. 조홍윤, 「콤플렉스 치유의 관점에서 본 한국 무속신화 연구」, 건국대학교 박사학위논문, 2015, 21쪽.

7 조홍윤, 「콤플렉스 치유의 관점에서 본 한국 무속신화 연구」, 건국대학교 박사학위논문, 2015, 49~81쪽.

8 이하의 내용은 프리츠 펄스 지음, 최한나 · 변상조 공역, 『펄스의 게슈탈트 심리치료』, 학지사, 2013; 김정규, 『게슈탈트 심리치료』, 학지사, 1997(3쇄 발행)을 요약해 정리한 것이다.

9 이하의 내용은 황혜진, 「박지원 평문의 작문론 연구」(『작문연구』 25, 한국작문학회, 2015, 63~99쪽)를 요약해 정리한 것이다.

10 박지원, 『연암집』 제7권, 「종북소선」, 〈영처고서〉. 한국고전종합DB. http://db.itkc.or.kr/index.jsp?bizName=MK

11 이하의 내용은 김윤주, 『성격심리학』(현학사, 2006)을 요약해 정리한 것이다.

12 이하의 내용은 빅터 프랭클 지음, 이시형 옮김, 『죽음의 수용소에서』(청아출판사, 2012), 빅터 프랭클 지음, 오승훈 옮김, 『의미를 향한 소리없는 절규』(청아출판사, 2005)를 요약해 정리한 것이다.

13 의미치료에서 자아를 초월한 인간의 특징은 다음과 같다. 첫째, 자아를 초월한 사람은 자신의 행위를 자유롭게 선택한다. 둘째, 자신이 살아가며 행하는 행위와 자신의 운명에 대해 취하는 태도에 스스로 책임을 진다. 셋째, 자기 외부의 힘에 의해서 지배당하지 않는다. 넷째, 자기에게 적합한 삶의 의미를 찾고자 노력한다. 다섯째, 자신의 생활을 스스로 잘 통제한다. 즉, 의식적 통제력에 의해 자신의 삶을 영위해 나간다. 여섯째, 자신의 창조적, 경험적 혹은 태도적 가치를 충분히 표현할 수 있다. 일곱째, 오직 자신에게만 관심을 두거나 몰두하는 것을 초월한다. 여덟째, 미래의 목표와 과제에 관심을 갖는다. 아홉째, 일에 전념하는 것이다. 자아를 초월한 사람은 창조적 가치의 표현을 통해 삶의

의미를 획득하는데, 이러한 가치는 직업이나 직무를 통해서 가장 잘 표현된다. 인간은 일 속에서(in)가 아니라 일을 통해서(through) 의미를 발견하게 된다. 열 번째, 사랑을 인간의 궁극적인 목표로 삼고, 애정관계 속에서 발달을 이루어 가면서 자신의 잠재력을 실현한다.

14 이하의 내용은 니컬러스 크리스태키스 · 제임스 파울러 지음, 이충호 옮김, 『행복은 전염된다』(김영사, 2010)를 요약해 정리한 것이다.

15 이하의 내용은 서은국, 『행복의 기원』(21세기북스, 2014)을 요약해 정리한 것이다.

16 이하의 내용은 로버트 노직 지음, 김한영 옮김, 『무엇이 가치 있는 삶인가』(김영사, 2014)를 요약해 정리한 것이다.

17 이하의 내용은 나지영, 「인지역동 스키마 이론과의 연계를 통한 문학치료학 서사이론 발전 방향 연구」(건국대학교 박사학위논문, 2016)를 요약하여 정리한 것이다.

18 정운채, 「토도로프와 채트먼의 서사이론과 문학치료학의 서사이론」, 『고전문학과 교육』 20, 한국고전문학교육학회, 2010; 정운채, 「프랭스의 서사이론과 문학치료학 서사이론」, 『문학치료연구』 17, 한국문학치료학회, 2010; 정운채, 「리몬케넌의 서사이론과 문학치료학의 서사이론」, 『문학치료연구』 18, 한국문학치료학회, 2011.

19 "롤랑 바르트, 쯔베탕 토도로프, 즈네뜨 등의 이름과 관련된 구조주의적 문학 연구의 목적은 문학의 해석이 아니라 문학의 구조와 장치들을 조사하는 것이다. … 언어학이 언어에 대해 맺고 있는 관계와 같은 것을 문학에 대해서도 가지며 따라서 개별 작품이 무엇을 의미하는가를 설명하려 하지 않고 작품이 갖고 있는 의미와 형식을 가능케 해 주는 수사법과 관습의 체계를 밝혀내려 하는 시학이다. 구조주의자들은 토도로프가 『데카메론의 문법』에서 플롯의 '문법'이라 칭했던 플롯의 구조에 관심을 둔다(제라르 쥬네트 지음, 권택영 옮김, 『서사담론』, 교보문고, 1992, 278쪽. 조나단 컬러가 쓴 별책부록 〈해설〉 중에서)."

20 "이 스키마는 문학치료학의 '자기서사'와 상당한 공통점이 있다는 것을 부인할 수 없다. 자기서사의 여하에 따라서 어떤 영화를 좋아하기도 하고 싫어하기도 하고, 어떤 장면을 잘 기억하기도 하고 전혀 기억하지 못하기도 하고, 어떤 인물을 이해하기도 하고 이해하지 못하기도 하기 때문이다(정운채, 「심리학의 지각, 기억, 사고와 문학치료의 자기서사」, 『문학치료연구』 20, 한국문학치료학회, 2011, 19쪽)."

21 정운채, 「문학치료학의 서사 및 서사의 주체와 문학연구의 새 지평」, 『문학치료연구』 21, 한국문학치료학회, 2011, 240쪽.

22 채트먼 지음, 한용환 옮김, 『이야기와 담론』, 푸른사상, 2003, 25~27쪽.

23 제라르 쥬네트 지음, 권택영 옮김, 『서사담론』, 교보문고, 1992, 16~17쪽.

24 정운채, 「리몬케넌의 서사이론과 문학치료학의 서사이론」, 『문학치료연구』 18, 한국문학치료학회, 2011, 277쪽.

25 채트먼 지음, 한용환 옮김, 『이야기와 담론』, 푸른사상, 2003, 27쪽.

26 정운채, 「프랭스의 서사이론과 문학치료학 서사이론」, 『문학치료연구』 17, 한국문학치료학회, 2010, 195~196쪽.

27 정운채, 「프랭스의 서사이론과 문학치료학 서사이론」, 『문학치료연구』 17, 한국문학치료학

회, 2010, 194쪽.

28 Polkinghorne, D., *Narrative knowing and the human science*, State university of New York Press, 1988, p.13.

29 이정모, 『인지과학–과거–현재–미래』, 학지사, 2010, 31~32쪽.

30 유성진 · 권석만, 「심리치료에서 도식과 양식 개념에 대한 고찰」, 『한국심리학회지: 일반』 27–1, 한국심리학회, 2008, 93~94쪽.

31 유성진 · 권석만, 「심리치료에서 도식과 양식 개념에 대한 고찰」, 『한국심리학회지: 일반』 27–1, 한국심리학회, 2008, 95쪽.

32 정운채, 「심리학의 지각, 기억, 사고와 문학치료의 자기서사」, 『문학치료연구』 20, 한국문학치료학회, 2011.

33 정운채, 「서사의 힘과 문학치료방법론의 밑그림」, 『고전문학과 교육』 8, 한국고전문학교육학회, 2004, 171쪽.

34 정운채, 「토도로프와 채트먼의 서사이론과 문학치료학의 서사이론」, 『고전문학과 교육』 20, 한국고전문학교육학회, 2010, 315쪽.

35 Bruner, J., *Actual Minds, Possible Worlds*, Cambridge, Mass: Harvard University Press, 1986.

36 Jerome Bruner, "The Narrative Construction of Reality", *Critical Inquiry*, 18, The university of Chicago, 1991, p.4.

37 정운채, 「문학치료와 자기서사의 성장」, 『우리말교육현장연구』 4–2, 우리말교육현장학회, 2010, 9쪽.

38 송민정, 「몸–마음–내러티브의 만남: 체화된 인지의 내러티브적 이해 –'자연적' 서사학을 중심으로」, 『헤세연구』 32, 한국헤세학회, 2014, 283쪽.

39 Gomila, T. & Calvo, P., "Directions for an embodied cognitive science: toward an integrated approach", *Handbook of cognitive science: An embodied approach*, 2008, p.12.

PART 03

1 황혜진, 「영화 〈인셉션〉과 문학치료학」, 『문학치료연구』 32, 한국문학치료학회, 2014.

2 문학치료학에서는 인간이 삶을 기획하고 운영하는 서사가 인간의 마음속에 존재한다고 가정하며, 이를 '자기서사'라 칭한다. 또, 문학치료학은 사람들의 마음속에 있는 자기서사를 진단하는 데 문학작품을 활용하며, 문학작품이나 문학 활동이 문제적인 자기서사를 보충, 강화, 통합하는 교정의 효과를 지닌다고 본다. 정운채, 「서사의 힘과 문학치료방법론의

밑그림」, 『고전문학과 교육』 8, 한국고전문학교육학회, 2004, 171쪽.

3 정운채, 「오줌 꿈을 사는 이야기의 전승 양상과 문학치료학적 의미」, 『국문학연구』 5, 국문학회, 2001, 293쪽.

4 정운채, 「오줌 꿈을 사는 이야기의 전승 양상과 문학치료학적 의미」, 『국문학연구』 5, 국문학회, 2001, 295~297쪽.

5 정운채, 「인간관계의 발달 과정에 따른 기초서사의 네 영역과 〈구운몽〉 분석 시론」, 『문학치료연구』 3, 한국문학치료학회, 2005.

6 정운채는 이러한 아이디어가 문학치료학의 전환을 이루었다고 평가하였다. 그에 따르면 이 논문을 계기로 문학치료학이 정신분석학의 자장을 벗어나 문학치료학 자체를 구조화하기 시작했다고 하였다. 정운채, 「고전문학 교육과 문학치료」, 『국어교육』 113, 한국어교육학회, 2004.

7 정운채, 「오줌 꿈을 사는 이야기의 전승 양상과 문학치료학적 의미」, 『국문학연구』 5, 국문학회, 2001, 282쪽.

8 정운채, 「〈만복사저포기〉의 문학치료학적 독해」, 『고전문학과 교육』 2, 한국고전문학교육학회, 2000, 211~213쪽 참조.

9 꿈에 이차적으로 수정을 가해 비교적 일관성 있게 이해 가능한 텍스트로 만드는 작업으로 압축(condense)과 전치(displacement)가 대표적이다. 압축은 둘 또는 그 이상의 잠재적 꿈의 내용을 하나의 복합적 이미지 속에 함축하려는 시도이며, 전치는 어떤 무의식적 요소가 그 본래의 모습과는 다른 형태로 변신하거나 자리바꿈하는 것을 말한다.

10 Sigmund Freud, *The Standard Edition of the Complete Psychological Works of Sigmund Freud*, Hogarth Press, 1962, 정장진 옮김, 『창조적인 작가와 몽상』, 열린책들, 1996 참조.

11 정운채, 「서사의 힘과 문학치료방법론의 밑그림」, 『고전문학과 교육』 8, 한국고전문학교육학회, 2004, 171쪽.

12 기초서사는 인간관계의 발달 과정에 따라, 아들 또는 딸의 영역(자녀서사 영역), 남자 또는 여자의 영역(남녀서사 영역), 남편 또는 아내의 영역(부부서사 영역), 아버지 또는 어머니의 영역(부모서사 영역) 등 네 영역으로 나뉜다.

13 '세상'과 '나', '법칙'과 '소망'의 관계에 대해서는 정운채, 「문학치료학의 서사이론」(『문학치료연구』 9, 한국문학치료학회, 2008)을 참조할 수 있다.

14 피셔가 아버지의 애정을 구하고 있다는 것은 어린 시절에 자기를 사랑했던 아버지와 함께 찍은 사진을 병상의 머리맡에 두는 것으로도 확인된다. 피셔는 그 사진을 통해 아버지가 자신을 못마땅해하는 마음을 돌리고자 하는데 이는 내향적이고 감성적인 자신의 방식일 뿐 강한 아들이 되기를 원하는 아버지가 원하는 방식은 아니었을 것이라 여겨진다.

15 나지영, 「문학치료학의 '자기서사' 개념 검토」, 『문학치료연구』 13, 한국문학치료학회, 2009.

16 작품서사는 다음과 같은 방식으로 자기서사에 작용한다. 1) 환자의 자기서사로는 현실을 파악하거나 대처할 수 없을 때 문학작품의 작품서사는 현실을 파악하고 대처할 수 있는 서사를 제공한다. 2) 환자의 자기서사가 건강한 측면이 미약해서 잘못된 유혹을 물리치지

못할 때, 문학작품의 작품서사는 건강한 측면을 강화한다. 3) 환자의 자기서사가 부분적으로는 결함이 없으나 전체적으로 통합되지 못하여 갈등하고 흔들릴 때 문학작품의 작품서사는 이 부분들이 하나의 전체로 통합될 수 있는 길을 제시한다. 정운채, 「서사의 힘과 문학치료방법론의 밑그림」, 『고전문학과 교육』 8, 한국고전문학교육학회, 2004, 171~172쪽.

17 정운채, 「자기서사의 변화 과정과 공감 및 감동의 원리로서의 서사의 공명」, 『문학치료연구』 25, 한국문학치료학회, 2012.

18 정운채, 「문학치료학과 역사적 트라우마」, 『통일인문학논총』 55, 건국대학교 인문학연구원, 2013, 7~25쪽.

19 『문학치료 서사사전』 1(정운채 외, 문학과 치료, 2009, 1048~1049쪽)의 내용을 일부 정정 및 수정한 것이다(『한국구비문학대계』 2-8, 678~681쪽, 영월읍 설화182, 부마가 된 머슴, 한준혁(남, 73)).

20 정운채 외, 『문학치료 서사사전』 2, 문학과 치료, 2009, 1886~1899쪽.

21 정운채 외, 『문학치료 서사사전』 1, 문학과 치료, 2009, 123~132쪽.

22 정운채는 〈거지 여자와 동침하고 벼슬 얻은 남자〉에서 남자와 거지 여자의 인연에는 이성에 대한 욕망이 큰 부분을 차지하고 있겠지만 그 욕망을 넘어선 자리가 있다는 것이 이 서사의 핵심이 될 것이라고 본 바 있으며, 이를 '이성감싸기서사'의 한 유형으로 분류하였다(정운채, 「남녀서사진단검사를 위한 구비설화와 남녀서사의 진단 요소」, 『문학치료연구』 12, 한국문학치료학회, 2009, 301~302쪽).

23 정운채는 기초서사의 각 인간관계에서 '순응', '선택', '지속', '양육'이라는 핵심이 존재한다고 밝혔다. 정운채, 「인간관계의 발달과정에 따른 기초서사의 네 영역과 〈구운몽〉 분석 시론」, 『문학치료연구』 3, 한국문학치료학회, 2005.

24 형과 아우의 관계에 작용하는 서사는 형제서사라고 별칭되기도 하는데, 이는 기초서사에 포함되어 있지는 않다. 형제서사가 없다는 점은 기초서사를 분류한 초창기 논의부터 지적되어 왔던 사항이다. 이 글에서는 형제의 관계라도 그 관계가 수직적이냐, 수평적이냐에 따라 기초서사에서 포괄해 다룰 수 있다는 판단 아래 형제서사를 기초서사에 포함시켜 논의하지 않도록 하겠다.

25 정운채, 「인간관계의 발달과정에 따른 기초서사의 네 영역과 〈구운몽〉 분석 시론」, 『문학치료연구』 3, 한국문학치료학회, 2005.

26 정운채, 「문학치료학의 서사이론」, 『문학치료연구』 9, 한국문학치료학회, 2008.

27 이하의 내용은 신동흔, 「문학치료학 서사이론의 보완 · 확장 방안 연구 -서사 개념의 재설정과 서사의 이원적 체계」(『문학치료연구』 38, 한국문학치료학회, 2016, 9~63쪽)를 요약해 정리한 것이다.

28 참고로 정운채가 인간관계를 '가족관계'로 환원시키는 것은 아니다. 그보다는 가족관계를 모델로 하여 제반 인간관계의 속성을 설명하는 쪽에 가깝다. 실제적인 부모와 자식의 관계가 아니라도 부모서사와 자녀서사가 성립될 수 있고 연인이나 부부 사이가 아니라 하더라도 남녀서사와 부부서사가 성립될 수 있다는 것이 그의 설명이다. 예컨대 그는 스승과 제자의 관계에서 부모서사와 자녀서사가 특징적으로 나타날 수 있다고 말하고 있다. 정운채, 「문학치

료학의 서사이론」, 『문학치료연구』 9, 한국문학치료학회, 2008, 264쪽.

29 이는 한국 민간신화의 존재론을 바탕으로 한 서술이다. 신화에서 신성의 발현 문제에 대해서는 신동흔, 「무속신화를 통해 본 한국적 신관념의 단면-신과 인간의 동질성을 중심으로」(『비교민속학』 43, 비교민속학회, 2010), 조홍윤, 「콤플렉스 치유의 관점에서 본 한국 무속신화 연구」(건국대학교 박사학위논문, 2015) 참조.

30 관계의 서사에서 좌절과 승리, 상생이 갖는 성격과 의미에 대해서는 정운채, 「문학치료와 자기서사의 성장」(『우리말교육현장연구』 4-2, 우리말교육현장학회, 2010) 참조.

31 비록 부부서사나 부모서사가 딱히 실제적 가족관계에 한정된 것이 아니라 하더라도 상황은 크게 달라지지 않는다. 가족관계는 핵심적이고 중요한 모델로서 그 당사자가 아닌 입장에서 거리감을 느끼게 되는 것은 어쩔 수 없다. 부모 대신 스승이나 후견인의 서사를 산다고 해도 그 의미자질이 실제적인 부모로서의 서사와 똑같을 수는 없을 것이다.

PART 04

1 황혜진, 「자기서사 진단도구의 개발 현황과 개선 방안」, 『문학치료연구』 38, 한국문학치료학회, 2016.

2 특정 작품서사에 대한 반감 역시 자기서사에 대해 말해 주는 측면이 있다. 이는 문학치료적인 상담이나 대화의 과정에서 분석될 수 있는 성격의 것이기에 진단검사도구 개발을 위한 이 연구에서 본격적으로 논하지 않았다. 그러나 싫어하는 서사 역시 검사 결과를 심층적으로 분석하는 과정에서 반드시 검토해야 할 사항이라 판단한다.

3 기초서사 영역의 인간관계의 주체(4)×관계 맺기 방식(4)로 선정된 진단서사는 모두 16개이다. 진단서사 선정 시 고려된 것은, 서사 전개의 결과 인간관계의 주체가 궁극적인 성공에 이르고 있는 건강한 서사여야 한다는 점이다. 이에 선정된 진단서사는 다음과 같다. 부모가르기서사의 〈간 빼길 뻔한 전처 아들〉, 부모밀치기서사의 〈해와 달이 된 오누이〉, 부모되찾기서사의 〈내 복에 산다〉, 부모감싸기서사의 〈효불효 다리〉, 이성가르기서사의 〈역적 누명과 회초리〉, 이성밀치기서사의 〈여우구슬〉, 이성되찾기서사의 〈여색 멀리하는 신하 깨우친 임금〉, 이성감싸기서사의 〈여인과 목욕하고 금부처가 된 남자〉, 배우자가르기서사의 〈고부곡어황천〉, 배우자밀치기서사의 〈호랑이 눈썹〉, 배우자되찾기서사의 〈지네 각시〉, 배우자감싸기서사의 〈도량 넓은 남편〉, 자녀가르기서사의 〈지붕에 소 올리기〉, 자녀밀치기서사의 〈칠십생남비오자〉, 자녀되찾기서사의 〈복 빌린 나무꾼〉, 자녀감싸기서사의 〈장모가 된 며느리〉 등이다. 정운채, 「자기서사진단도구의 문항 설정을 위한 예비적 검토」, 『겨레어문학』 41, 겨레어문학회, 2008, 361~397쪽.

4 정운채, 「서사의 다기성과 문학연구의 새 지평」, 『문학치료학』 23, 한국문학치료학회, 2012.

5 특별한 경향성이 나타나지 않는 것도 특성이 될 수 있다고 판단하였다. 가르기, 밀치기, 되찾기, 감싸기 등을 모두 체크하거나 두 번호에 두 번씩 체크한 경우가 이에 해당한다.

6 정운채 외, 『문학치료 서사사전』 1, 문학과 치료, 2009, 40~45쪽 참조.

7 김영애(여, 75), 〈백정 덕에 살아 난 아들〉, 고아면 설화20, 『한국구비문학대계』 7-16, 한국정신문화연구원, 54~55쪽.

8 정운채 외, 『문학치료 서사사전』 3, 문학과 치료, 2009, 3396~3417쪽 참조.

9 오수영(여, 68), 〈해와 달이 된 오누이〉, 이동면 설화3, 『한국구비문학대계』 1-9, 한국정신문화연구원, 209~212쪽.

10 정운채 외, 『문학치료 서사사전』 1, 문학과 치료, 2009, 613~627쪽 참조.

11 정준탁(남, 66), 〈쫓겨난 딸과 숯굽는 총각(2)〉, 녹산면 설화10, 『한국구비문학대계』 8-9, 한국정신문화연구원, 478~483쪽.

12 정운채 외, 『문학치료 서사사전』 3, 문학과 치료, 2009, 3630~3638쪽 참조.

13 정연옥(여, 87), 〈북두칠성 가운데 네 번째 별이 작은 이유〉, 양양읍 설화76, 『한국구비문학대계』 2-5, 한국정신문화연구원, 165~166쪽.

14 정운채 외, 『문학치료 서사사전』 2, 문학과 치료, 2009, 2259~2261쪽 참조.

15 유애기(여, 84), 〈서울 안국동 유래〉, 도곡면 설화37, 『한국구비문학대계』 6-10, 한국정신문화연구원, 239~242쪽.

16 정운채 외, 『문학치료 서사사전』 2, 문학과 치료, 2009, 2198~2206쪽 참조.

17 박치조(남, 74), 〈도선이 이야기〉, 북내면 설화4, 『한국구비문학대계』 1-2, 한국정신문화연구원, 167~169쪽.

18 정운채 외, 『문학치료 서사사전』 2, 문학과 치료, 2009, 2189~2195쪽 참조.

19 고광옥(남, 81), 〈성종의 지혜〉, 주암면 설화47, 『한국구비문학대계』 6-4, 530~535쪽.

20 강신용(남, 64), 〈부처가 되어도〉, 강구면 설화54, 『한국구비문학대계』 7-7, 한국정신문화연구원, 504~507쪽.

21 정운채 외, 『문학치료 서사사전』 2, 문학과 치료, 2009, 2297~2320쪽 참조.

22 박노문(남, 69), 〈과부와 싯귀를 주고받아 과거한 선비〉, 용문면 설화37, 『한국구비문학대계』 7-17, 한국정신문화연구원, 523~528쪽.

23 정운채 외, 『문학치료 서사사전』 3, 문학과 치료, 2009, 3462~3569쪽 참조.

24 황경호(남, 69), 〈백인(百人)재의 범눈썹〉, 외동면 설화37, 『한국구비문학대계』 7-2, 184~197쪽.

25 정운채 외, 『문학치료 서사사전』 3, 문학과 치료, 2009, 2953~3000쪽 참조.

26 이명순(남, 82), 〈정직한 사람과 변신한 지네〉, 홍산면 설화4, 『한국구비문학대계』 4-5, 한국정신문화연구원, 665~671쪽.

27 정운채 외, 『문학치료 서사사전』 1, 문학과 치료, 2009, 760~769쪽 참조.

28 조상묵(남, 79), 〈신랑의 아량〉, 온양읍 설화19, 『한국구비문학대계』 4-3, 한국정신문화연구원, 57-65쪽.

29 정운채 외, 『문학치료 서사사전』 3, 문학과 치료, 2009, 3017~3024쪽 참조.

30 김흥구(남, 65), 〈가화만사성(家和萬事成)〉, 공도면 설화8, 『한국구비문학대계』 1-6, 한국정신문화연구원, 435~437쪽.

31 정운채 외, 『문학치료 서사사전』 3, 문학과 치료, 2009, 3267~3270쪽 참조.

32 송종헌(남, 80), 〈칠십생남비오자(七十生男非吾子)〉, 수유동 설화31, 『한국구비문학대계』 1-1, 298~302쪽.

33 정운채 외, 『문학치료 서사사전』 2, 문학과 치료, 2009, 1290~1298쪽 참조.

34 홍용호(남, 64), 〈하늘의 복을 빌리다〉, 부안읍 설화3, 『한국구비문학대계』 5-3, 28~31쪽.

35 정운채 외, 『문학치료 서사사전』 1, 문학과 치료, 2009, 152~160쪽 참조.

36 송재충(남, 68), 〈과부딸 몰래 개가시키고 장례 지낸 정승〉, 학산면 설화32, 『한국구비문학대계』 3-4, 608~613쪽.

PART 05

1 정운채, 「문학치료학의 서사 및 서사의 주체와 문학연구의 새 지평」, 『문학치료연구』 21, 한국문학치료학회, 2011, 234~249쪽.

2 김정애, 「〈신립 장군과 원귀〉의 서사적 이해를 통한 창조적 글쓰기 방법의 제안」, 『이화어문논집』 30, 이화여자대학교 한국어문학연구소, 2012, 5~28쪽.

3 정운채, 「자기서사 진단검사도구의 문항설정」, 『고전문학과 교육』 17, 한국고전문학교육학회, 2009, 9쪽.

4 정운채, 「〈여우구슬〉과 〈지네각시〉 주변의 서사지도」, 『문학치료연구』 13, 한국문학치료학회, 2009, 328쪽.

5 정운채 외, 『문학치료 서사사전』 2, 문학과 치료, 2009, 1886~1899쪽.

6 정운채 외, 『문학치료 서사사전』 2, 문학과 치료, 2009, 1886~1899쪽.

7 이 장은 나지영, 「인지역동 스키마 이론과의 연계를 통한 문학치료학 서사이론 발전 방향 연구」(건국대학교 박사학위논문, 2016)에서 발췌한 내용을 정리한 것이다.

8 나지영, 「영화 〈위대한 개츠비〉에 나타난 관계 지속의 문제와 그 해결 방향 탐색-간부 등장 설화와의 비교를 중심으로-」, 『문학치료연구』 28, 한국문학치료학회, 2013, 276쪽.

PART 06

1 김봉년 · 조수철, 「소아-청소년기 우울증의 치료전략」, 『대한정신약물학회지』 11-3, 대한정신약물학회, 2000, 216~231쪽.

2 본 문학치료 프로그램은 자기서사진단검사도구 및 서사지도 등이 마련되기 전에 진행한 것으로, 이후 유사한 증상을 지닌 아동을 대상으로 프로그램을 설계할 때는 기존의 심리도구보다 자기서사진단검사도구 및 서사지도를 활용하는 것이 훨씬 적합하다고 본다.

3 설화 〈반쪽이〉의 자료 양상

자료집 명	채록 지역	설화 제목	수록 쪽
한국구비문학대계 3-2	충청북도	반쪽 아이의 재주	367~371쪽
한국구비문학대계 4-4	충청남도	외짝이	99~106쪽
한국구비문학대계 6-10	전라남도	황해 쪼가리 장사	269~277쪽
한국구비문학대계 7-16	경상북도	한쪼가리와 반쪼가리 형제	123~126쪽
한국구전설화 1	평안북도	외쪽이	114~115쪽
한국구전설화 1	평안북도	외쪽이	115~118쪽
한국구전설화 1	평안북도	외쪽이	118~121쪽
한국구전설화 1	평안북도	외쪽이	121~123쪽
한국구전설화 4	강원도	반쪽이	231~232쪽
한국구전설화 5	경기도	외쪽이	166~169쪽
한국구전설화 5	경기도	외쪽이	169~170쪽

4 자기소개서 내용은 사실과 동일하며, 맞춤법, 띄어쓰기 등 일체의 내용을 아동이 작성한 그대로 옮겼음을 밝혀 둔다.

5 Glaser(1967)은 유아나 초기 아동기의 우울증은 박탈(deprivation)에 대한 반응으로 결과적으로는 발달의 지연을 초래할 수 있고, 후기 아동기나 청소년은 비행, 반항, 무단결석 및 가출의 양상을 보인다고 하였다. 상수의 경우 우울증으로 인해 학습발달 지연은 물론 반항의 모습을 보이는 경우라고 하겠다.

6 문학치료 첫 회기에서 연구자가 직관적으로 느낀 상수의 행동은 ADHD 아동과 비슷한 경향을 보였다. 상수는 번번이 큰 소리로 괴성을 질렀으며, 상수의 행동에 주의를 주자 책상 위로 뛰어오른다거나 의자를 넘어뜨리는 등 좀 더 과격하고 거친 행동을 보였다.

7 아동이 자신의 신체에 대해 비뚤어진 시각을 가지고 있다면 심리적 위축뿐 아니라 낮은 집중력이나 공격적인 행동으로 표출되는 경우도 있어 부모나 주위 사람들의 관심과 지도가 필요하다. 실제로 경희대의대 소아과교실과 경희대생활과학대 아동학과팀은 최근 대한소아과학회 학술대회에서 발표한 '초등학생의 체격에 대한 인식과 자아존중감, 사회성 및 행동특성 간의 관계'에서 실제 키나 몸무게 등 체격과는 상관없이 자신이 작거나 비만하다고 생각하는 아동에서 위축, 신체증상, 우울/불안, 주의집중, 공격성 등 문제행동 점수가 높았다고 밝혔다. 이는 연구팀이 서울 소재 초등학교 4, 5, 6학년생 465명을 대상으로 키와 체중에 대한 인식 및 만족도 조사, 자아존중감 검사, 아동 · 청소년 행동평가척도를 실시한 결과 나타난 분석결과이다. 결과에 따르면 키에 대한 인식과 만족도에 따라 자아존중감에 차이를 보였으나 사회성에서는 유의한 차이가 없었으며 문제행동에서 차이를 보였다. 또한 체중에 대한 인식과 만족도에 따라 자아존중감, 문제행동에서 차이가 나타났다. 자신의 키나 몸무게에 대해 정확하게 인식하고 만족하는 어린이들의 자아존중감이 높게 나타나고 있다.

8 정운채 외, 『문학치료 서사사전』 1, 문학과 치료, 2009, 613~617쪽.

9 정운채 외, 『문학치료 서사사전』 1, 문학과 치료, 2009, 614쪽. (설화의 숫자는 편의를 위하여 저자가 붙임)

10 많은 선행연구에서 설화 〈내 복에 산다〉에서 나타난 아버지의 모습을 권위적인 가부장이라고 이야기하고 있다(김미숙, 「〈삼공본풀이〉에 나타난 공간의 의미: '집'을 중심으로」, 『구비문학연구』 25, 한국구비문학회, 2007; 박영선, 「민담 〈내 복에 산다〉의 분석심리학적 해석, 『심성연구』 25, 한국분석심리학회, 2010; 신동흔, 「구비문학에 나타난 부녀관계의 원형-'집 나가는 딸' 유형의 설화를 중심으로」, 『구비문학연구』 28, 한국구비문학회, 2009; 이인경, 「〈가믄장아기〉와 〈리어왕〉의 주제적 비교 연구」, 『구비문학연구』 27, 한국구비문학회, 2008; 조은희, 「"내 복에 산다"와 "복진 며느리"의 여성의식 변모양상, 『우리말글』 24, 우리말글학회, 2002).

11 신동흔은 이와 같은 논리에서 딸들이 '스스로 집을 나갔다'고 표현하고 있다. 이는 주인공 스스로 아버지에게 순종하기를 의식적으로 거부했기 때문이라고 이야기한다(신동흔, 「구비문학에 나타난 부녀관계의 원형-'집 나가는 딸' 유형의 설화를 중심으로」, 『구비문학연구』 28, 한국구비문학회, 2009, 153쪽).

12 김혜미, 「한부모의 이성 관계를 거부하는 아동에 대한 문학치료 설계」, 건국대학교 석사학위논문, 2009, 18쪽.

13 이야기에서 자녀가 집을 떠난다는 것은 부모와 분리 독립하는 것을 감당할 수 있는 서사를 얻는 것이라고 볼 수 있다. 이를 「한부모의 이성 관계를 거부하는 아동에 대한 문학치료 설계」는 부모와의 '별거'로 표현하고 있다(김혜미, 건국대학교 석사학위논문, 2009, 23~24쪽).

14 아버지의 '집'과 관련하여 김미숙은 가믄장아기가 '아직 정체성이 완성되지 못한 미완성의 공간'이라고 언급하고 있다(김미숙, 「〈삼공본풀이〉에 나타난 공간의 의미: '집'을 중심으로」, 『구비문학연구』 25, 한국구비문학회, 2007, 425쪽).

15 장근영 · 윤진, 「청소년기 자아중심성: 분리-개별화과정 및 역할취득 수준과의 관계」, 『한국심리학회지: 발달』 5, 한국심리학회, 1992, 159~160쪽.

16 장근영 · 윤진, 「청소년기 자아중심성: 분리-개별화과정 및 역할취득 수준과의 관계」, 『한국심리학회지: 발달』 5, 한국심리학회, 1992, 159쪽.

17 김영희, 「'아버지의 딸'이기를 거부한 막내딸의 입사기-구전이야기 〈내 복에 산다〉를 중심으로-」, 『온지논총』 18, 온지학회, 2008, 420쪽.

18 신동흔, 「구비문학에 나타난 부녀관계의 원형-'집 나가는 딸' 유형의 설화를 중심으로」, 『구비문학연구』 28, 한국구비문학회, 2009, 299쪽.

19 「설화 〈개로 환생한 어머니 여행시킨 아들〉에 나타난 어머니의 문제와 그 해결 과정」에서 부모가 '자신만이 자녀를 좌지우지할 수 있는 존재가 아니라 자녀들도 자신들을 살려줄 수 있는 존재로 인식'하면 당면한 문제가 해결된다고 언급하고 있다. 즉 부모 또한 자녀에게 기댈 수 있는 사람이고 자녀도 부모를 책임질 수 있는 상생적인 관계가 중요하다고 보는 것이다(김혜미, 『고전문학과 교육』 20, 고전문학교육학회, 2010).

20 논의의 편리성을 위하여 숫자는 저자가 붙임.

21 강춘이(여, 62), 〈내 덕에 먹고사는 셋째 딸〉, 공근면 설화28, 『한국구비문학대계』 2-6, 한국정신문화연구원, 612~614쪽.

22 정운채는 "작품을 감상하거나 창작할 적에 감상하고 있는 작품의 작품서사나 창작하고 있는 작품의 작품서사가 감상자나 창작자의 자기서사에 영향을 미치게 되고, 이 때문에 자기서사의 변화가 일어나게 된다."고 이야기한다(정운채, 「자기서사의 변화 과정과 공감 및 감동의 원리로서의 서사의 공명」, 『문학치료연구』 25, 한국문학치료학회, 2012, 368쪽).

23 김종서 외, 「평생교육의 체제와 사회교육의 실태」, 『연구논문』 82-7, 한국정신문화연구원, 1983.

24 이성진, 「대학생의 정체성과 정신건강」, 『교육심리학의 새로운 쟁점과 이론』, 교육과학사, 1999.

25 〈여우구슬〉의 이러한 특성에 주목한 논의는 다음과 같은 것들이 있다. 나지영, 「〈여우구슬〉과 성불안의 극복」, 『고전문학과 교육』 14, 한국고전문학교육학회, 2007, 183~212쪽; 정운채, 「〈여우구슬〉과 〈지네각시〉 주변의 서사지도」, 『문학치료연구』 13, 한국문학치료학회, 2009, 327~362쪽; 강미정, 「〈마왕정협〉을 통해 본 〈여우구슬〉의 이해」, 『겨레어문학』 41, 겨레어문학회, 2008, 163~188쪽.

26 정운채 외, 『문학치료 서사사전』 2, 문학과 치료, 2009, 2200쪽에 있는 『한국구비문학대계』 4-2, 791~794쪽, 산내면 설화14를 수정한 것이다.

27 강진옥은 「구전설화의 이물교혼 모티브 연구」(『이화어문논집』 11, 이화어문학회, 1990, 183쪽)에서 여우 행위가 소년을 대상으로 하여 이루어지고 있다는 사실을 주목할 수 있다고 하면서 다음과 같이 언급한다. "소년기는 육체적으로는 성장 단계이므로 생명의 기운은 왕성하지만 정신적으로는 미성숙 상태에 있다. 삶의 제반현상에 대한 경험부족으로 정신은 채 영글지 못하여 지혜도 충분히 자리지 못한 단계인 것이다."

28 최원오는 〈여우구슬〉에서 학동과 여우의 관계는 이중성을 보여준다고 하고 여우를 단순한

자연 동물인 여우와 변신한 여우여인의 두 가지 면으로 볼 수 있다고 하면서 다음과 같이 언급한다. "여우를 자연 동물로 보았을 때, 이들의 관계는 문화적 환경에 있는 인간과 자연적 환경에 있는 여우와의 관계이다. 그리고 여우를 변신한 여우여인으로 보았을 때, 이들의 관계는 남녀의 연애 관계를 보여준다. 이 연애 행위를 통해서 학동은 훌륭한 지사가 될 수 있는 능력을 획득하게 된다(「〈신묘한 구슬〉 설화 유형의 구조와 의미」, 『구비문학연구』 1, 한국구비문학회, 1994, 285쪽)."

29 나지영은 〈여우구슬〉이 이성과의 성적 경험에서 비롯된 성불안을 극복해 나가는 과정에 대한 서사라고 하면서 소년이 자신의 성적 욕망을 체험하면서 성불안을 느끼고 그로 인해 목숨을 위협받게 되지만, 서당선생의 도움으로 성적결합이 갖는 새로운 의미를 알게 되면서 성불안을 극복하게 되는 이야기로 보았다(「〈여우구슬〉과 성불안의 극복」, 『고전문학과 교육』 14, 한국고전문학교육학회, 2007, 207쪽).

30 참여자1은 진행자가 아이 부모의 태도를 보는 입장과 차이가 있었지만 부모의 태도가 이중적이라는 것에 주목했다는 점에서 그 구체적인 차이는 더 이상 논의하지 않았다.

31 N. Gregory Hamilton, 김진숙 외 공역, 『대상관계 이론과 실제—자기와 타자—』, 학지사, 2007, 73~75쪽.

32 Blos, P., *On adolescence a psychoanalytic interpretation*. New York: Free press, 1962.

33 Levine, J. B., Green, C. J. & Millon, T., "The separation-individuation test of adolescence," *Journal of Personality Assessment*, 50, 1986, 123~137.

34 음주에 대한 환자의 핵심 신념과 행동을 교정시키고 대처 기술을 학습시킴으로써 문제를 해결하려는 치료법이다(기선완, 「알코올의존에 대한 최근 정신사회 치료적 접근」, 『신경정신의학』 43-6, 대한신경정신의학회, 2004, 646~651쪽).

35 AA의 12단계 중 첫 3단계의 목표를 달성하도록 촉진시키는 프로그램이다(기선완, 「알코올의존에 대한 최근 정신사회 치료적 접근」, 『신경정신의학』 43-6, 대한신경정신의학회, 2004, 646~651쪽).

36 진단도구개발에 사용한 진단서사에 대한 논의는 정운채, 「자기서사진단검사도구의 문항설정」, 『고전문학과 교육』 17, 한국고전문학교육학회, 2009, 25~160쪽과 정운채, 「자기서사진단검사도구의 문항설정을 위한 예비적 검토」, 『겨레어문학』 41, 겨레어문학회, 2008, 361~397쪽을 참조할 것.

37 서사분석형 자기서사 진단도구에서는 설화를 여섯 단락으로 요약하고 홀수 단락에서는 본래의 설화 내용을 제공하고 짝수 단락에서는 본래 흐름과는 다른 세 가지 서사의 갈림길을 열어 둠으로써 환자들이 원하는 흐름을 선택하게 하고 있다. 이렇게 한 까닭은 환자들로 하여금 설화가 제공하는 삶의 문제를 고민한 뒤 환자가 어떤 선택을 할 것인지 스스로 결단하도록 하면서 그 선택의 결과를 성찰하게 하기 위한 것이다.

38 탈북자에 대한 명칭은 입국초기에는 '탈북자'로 불리었지만, 탈북자라는 용어가 좋지 않다는 기존 탈북자의 의견을 수렴하여 2005년부터 '새터민'이라는 이름으로 불렸다가, 해외탈북자들을 아우르지 못한다는 문제로 2008년 이후 공식 명칭으로 '북한이탈주민'으로 불리게 되었다.

39 박광택, 「북한이탈주민의 적응에 대한 연구 동향과 과제」 이 연구에 따르면, 연구 대상별로 성인 전체, 청소년 대학, 초등학생, 성인 여성, 성인 남성, 고령자 순으로 연구되었다고 한다.

40 정운채, 「자기서사진단검사도구의 문항설정을 위한 예비적 검토」, 『겨레어문학』 41, 겨레어문학회, 2008, 361~397쪽.

41 정운채, 「자기서사진단검사도구의 문항설정을 위한 예비적 검토」, 『겨레어문학』 41, 겨레어문학회, 2008, 361~397쪽.

참고문헌

〈자료〉

『한국구비문학대계』(82권), 한국정신문화연구원.
박지원, 『연암집』 제7권, 「종북소선」, 〈영처고서〉. 한국고전종합DB.
정운채 외, 『문학치료 서사사전(설화편)』 1, 2, 3, 문학과 치료, 2009.
이성강 감독, 〈오늘이〉, 2003.
피터 첼섬 감독, 〈꾸뻬씨의 행복여행〉, 2014.

〈단행본〉

김윤주, 『성격심리학』, 현학사, 2006.
김정규, 『게슈탈트 심리치료』, 학지사, 1997(3쇄).
니컬러스 크리스 태키스 · 제임스 파울러, 이충호 옮김, 『행복은 전염된다』, 김영사, 2010.
로버트 노직 지음, 김한영 옮김, 『무엇이 가치 있는 삶인가: 소크라테스의 마지막 질문』, 김영사, 2014.
로버트 존슨 지음, 고혜경 옮김, 『당신의 그림자가 울고 있다』, 에코의 서재, 2007.
리처드 스코시 지음, 정경란 옮김, 『행복은 어디에 있는가』, 문예출판사, 2008.
미셸 포쉐 지음, 조재룡 옮김, 『행복의 역사』, 열린터, 2007.
빅터 프랭클 지음, 오승훈 옮김, 『의미를 향한 소리 없는 절규』, 청아출판사, 2005.
빅터 프랭클 지음, 이시형 옮김, 『죽음의 수용소에서』, 청아출판사, 2012.
서은국, 『행복의 기원』, 21세기북스, 2014.
스털링 P. 램프레히트 지음, 김태길 외 옮김, 『서양철학사』, 을유문화사, 2007.
신동흔, 『살아있는 한국신화』, 한겨레출판, 2014.
신영복, 『강의』, 돌베개, 2004.
신재효 지음, 강한영 옮김, 『한국판소리전집』, 서문문고, 2007(개정판 2쇄).
이강수, 『노자와 장자-무위와 소요의 철학』, 길, 2006.
______, 『중국 고대철학의 이해』, 지식산업사, 1999.

이부영, 『그림자』, 한길사, 1999.
이정모, 『인지과학-과거-현재-미래』, 학지사, 2010.
정운채, 『문학치료의 이론적 기초』, 문학과 치료, 2006.
______, 『문학치료학의 서사이론』, 문학과 치료, 2015.
______, 『문학치료학의 실천』, 문학과 치료, 2015.
______, 『문학치료학의 작품론』, 문학과 치료, 2015.
제라르 쥬네트 지음, 권택영 옮김, 『서사담론』, 교보문고, 1992.
최승호 외, 『동양철학의 이해』, 소강, 2002.
풍우란 지음, 박성규 옮김, 『중국철학사』, 까치, 1999.
프로이트 지음, 김석희 옮김, 『문명 속의 불만』, 열린책들, 2003.
프리츠 펄스 지음, 최한나 · 변상조 공역, 『펄스의 게슈탈트 심리치료』, 학지사, 2013.

A. Adler, 라영균 옮김, 『인간 이해』, 일빛, 2009.
N. Gregory Hamilton, 김진숙 외 공역, 『대상관계 이론과 실제-자기와 타자-』, 학지사, 2007.
S. 채트먼, 한용환 옮김, 『이야기와 담론』, 푸른사상, 2003.
Freud, Hogarth Press, 1962, 정장진 옮김, 『창조적인 작가와 몽상』, 열린책들, 1996.

〈논문〉

강미정, 「〈마왕정협〉을 통해 본 〈여우구슬〉의 이해」, 『겨레어문학』 41, 겨레어문학회, 2008.
강진옥, 「구전설화의 이물교혼 모티브 연구」, 『이화어문논집』 11, 이화어문학회, 1990.
기선완, 「알코올의존에 대한 최근 정신사회 치료적 접근」, 『신경정신의학』 43-6, 대한신경정신의학회, 2004.
김미숙, 「〈삼공본풀이〉에 나타난 공간의 의미: '집'을 중심으로」, 『구비문학연구』 25, 한국구비문학회, 2007.
김붕년 · 조수철, 「소아-청소년기 우울증의 치료전략」, 『대한정신약물학회지』 11-3, 대한정신약물학회, 2000.
김영희, 「'아버지의 딸'이기를 거부한 막내딸의 입사기-구전이야기 〈내 복에 산다〉를 중심으로-」, 『온지논총』 18, 온지학회, 2008.

김정애, 「〈나무꾼과 선녀〉의 결말 양상에 대한 문학치료적 해석의 의의」, 『문학치료연구』 23, 한국문학치료학회, 2012.
_____, 「〈신립장군과 원귀〉의 서사적 이해를 통한 창조적 글쓰기 방법의 제안」, 『이화어문논집』 30, 이화어문학회, 2012.
김종서 외, 「평생교육의 체제와 사회교육의 실태」, 『연구논문』 82-7, 한국정신문화연구원, 1983.
김혜미, 「한부모의 이성 관계를 거부하는 아동에 대한 문학치료 설계」, 건국대학교 석사학위논문, 2009.
_____, 「설화 〈개로 환생한 어머니 여행시킨 아들〉에 나타난 어머니의 문제와 그 해결 과정」, 『고전문학과 교육』 20, 한국고전문학교육학회, 2010.
_____, 「설화 〈내 복에 산다〉의 전승 가치와 그 현대적 활용 방안: 청소년의 동화창작프로그램 사례를 통하여」, 『고전문학과 교육』 29, 한국고전문학교육학회, 2015.
나지영, 「〈여우구슬〉과 성불안의 극복」, 『고전문학과 교육』 14, 한국고전문학교육학회, 2007.
_____, 「문학치료학의 '자기서사' 개념 검토」, 『문학치료연구』 13, 한국문학치료학회, 2009.
_____, 「영화 〈위대한 개츠비〉에 나타난 관계 지속의 문제와 그 해결 방향 탐색-간부등장 설화와의 비교를 중심으로-」, 『문학치료연구』 28, 한국문학치료학회, 2013.
_____, 「인지역동 스키마 이론과의 연계를 통한 문학치료학 서사이론 발전 방향 연구」, 건국대학교 박사학위논문, 2016.
박아청, 「인간이해를 위한 개념들」, 『사회과학논총』 18-1, 계명대학교 사회과학연구소, 1999.
박영선, 「민담 〈내 복에 산다〉의 분석심리학적 해석」, 『심성연구』 25, 한국분석심리학회, 2010.
박재인, 「탈북여성B의 구비설화에 대한 이해 방식과 자기서사」, 『고전문학과 교육』 26, 한국고전문학교육학회, 2013.
성정희, 「설화를 활용한 소아기 우울증 아동의 문학치료 사례 연구: 〈반쪽이〉를 중심으로」, 건국대학교 석사학위논문, 2008.
송민정, 「몸-마음-내러티브의 만남: 체화된 인지의 내러티브적 이해 -'자연적' 서사학을 중심으로」, 『헤세연구』 32, 한국헤세학회, 2014.
신동흔, 「구비문학에 나타난 부녀관계의 원형-'집 나가는 딸' 유형의 설화를 중심으로」, 『구비문학연구』 28, 한국구비문학회, 2009.

______, 「무속신화를 통해 본 한국적 신관념의 단면–신과 인간의 동질성을 중심으로」, 『비교민속학』 43, 비교민속학회, 2010.

______, 「문학치료학 서사이론의 보완 · 확장 방안 연구–서사 개념의 재설정과 서사의 이원적 체계」, 『문학치료연구』 38, 한국문학치료학회, 2016.

안수룡 · 이영호, 「관계도식 이론과 교류분석」, 『교류분석과 심리사회치료연구』 7–2, 한국교류분석학회, 2010.

유성진 · 권석만, 「심리치료에서 도식과 양식 개념에 대한 고찰」, 『한국심리학회지: 일반』 27–1, 한국심리학회, 2008.

이문호, 「아우구스티누스의 행복 윤리」, 『종교학보』 3, 한국종교간대화학회, 2007.

이성진, 「대학생의 정체성과 정신건강」, 『교육심리학의 새로운 쟁점과 이론』, 교육과학사, 1999.

이인경, 「〈가믄장아기〉와 〈리어왕〉의 주제적 비교 연구」, 『구비문학연구』 27, 한국구비문학회, 2008.

장근영 · 윤진, 「청소년기 자아중심성: 분리–개별화과정 및 역할취득 수준과의 관계」, 『한국심리학회지: 발달』 5, 한국심리학회, 1992.

정운채, 「〈만복사저포기〉의 문학치료학적 독해」, 『고전문학과 교육』 2, 한국고전문학교육학회, 2000.

______, 「오줌 꿈을 사는 이야기의 전승 양상과 문학치료학적 의미」, 『국문학연구』 5, 국문학회, 2001.

______, 「서사의 힘과 문학치료방법론의 밑그림」, 『고전문학과 교육』 8, 한국고전문학교육학회, 2004.

______, 「고전문학 교육과 문학치료」, 『국어교육』 113, 한국어교육학회, 2004.

______, 「인간관계의 발달 과정에 따른 기초서사의 네 영역과 〈구운몽〉 분석 시론」, 『문학치료연구』 3, 한국문학치료학회, 2005.

______, 「자기서사진단검사도구의 문항설정을 위한 예비적 검토」, 『겨레어문학』 41, 겨레어문학회, 2008.

______, 「문학치료학의 서사이론」, 『문학치료연구』 9, 한국문학치료학회, 2008.

______, 「남녀서사진단검사를 위한 구비설화와 남녀서사의 진단 요소」, 『문학치료연구』 12, 한국문학치료학회, 2009.

______, 「〈여우구슬〉과 〈지네각시〉 주변의 서사지도」, 『문학치료연구』 13, 한국문학치료학회, 2009.

______, 「자기서사 진단검사도구의 문항설정」, 『고전문학과 교육』 17, 한국고전문학교육

학회, 2009.
______, 「문학치료와 자기서사의 성장」, 『우리말교육현장연구』 4-2, 우리말교육현장학회, 2010.
______, 「토도로프와 채트먼의 서사이론과 문학치료학의 서사이론」, 『고전문학과 교육』 20, 한국고전문학교육학회, 2010.
______, 「프랭스의 서사이론과 문학치료학 서사이론」, 『문학치료연구』 17, 한국문학치료학회, 2010.
______, 「리몬케넌의 서사이론과 문학치료학의 서사이론」, 『문학치료연구』 18, 한국문학치료학회, 2011.
______, 「심리학의 지각, 기억, 사고와 문학치료의 자기서사」, 『문학치료연구』 20, 한국문학치료학회, 2011.
______, 「문학치료학의 서사 및 서사의 주체와 문학연구의 새 지평」, 『문학치료연구』 21, 한국문학치료학회, 2011.
______, 「서사의 다기성과 문학연구의 새 지평」, 『문학치료연구』 23, 한국문학치료학회, 2012.
______, 「자기서사의 변화 과정과 공감 및 감동의 원리로서의 서사의 공명」, 『문학치료연구』 25, 한국문학치료학회, 2012.
______, 「문학치료학과 역사적 트라우마」, 『통일인문학논총』 55, 건국대학교 인문학연구원, 2013.
조은상, 「설화를 활용한 자기성찰의 글쓰기 방법 실행 연구」, 『고전문학과 교육』 29, 한국고전문학교육학회, 2015.
조은희, 「"내 복에 산다"와 "복진 며느리"의 여성의식 변모양상」, 『우리말글』 24, 우리말글학회, 2002.
조홍윤, 「콤플렉스 치유의 관점에서 본 한국 무속신화 연구」, 건국대학교 박사학위논문, 2015.
최원오, 「〈신묘한 구슬〉 설화 유형의 구조와 의미」, 『구비문학연구』 1, 한국구비문학회, 1994.
하은하, 「현대사회의 쟁점과 문학교육: 알코올의존 환자의 심리적 특성과 자기서사와의 상관성」, 『문학교육학』 41, 한국문학교육학회, 2013.
황혜진, 「〈변강쇠가〉의 영화적 변용과 그 문화적 의미」, 『고소설연구』 31, 한국고소설학회, 2011.
______, 「영화 〈인셉션〉과 문학치료학」, 『문학치료연구』 32, 한국문학치료학회, 2014.

______, 「박지원 평문의 작문론 연구」, 『작문연구』 25, 한국작문학회, 2015.
______, 「자기서사 진단도구의 개발 현황과 개선 방안」, 『문학치료연구』 38, 한국문학치료학회, 2016.
황혜진 · 김정애 · 조은상, 「문해력 신장을 위한 문학치료 실행연구 시론」, 『문학치료연구』 12, 한국문학치료학회, 2009.

〈외서〉

Blos, P., *On adolescence a psychoanalytic interpretation*, New York: Free press, 1962.
Bruner, J., *Actual Minds, Possible Worlds*, Cambridge, Mass: Harvard University Press,1986.
Bruner, Jerome, "The Narrative Construction of Reality", *Critical Inquiry*, 18, The universityof Chicago, 1991.
Freud, Sigmund, *The Standard Edition of the Complete Psychological Works of Sigmund*,
Gomila, T. & Calvo, P., "Directions for an embodied cognitive science: toward an integrated approach", *Handbook of cognitive science: An embodied approach*, 2008.
Levine, J. B., Green, C. J. & Millon, T., "The separation–individuation test of adolescence," *Journal of Personality Assessment*, 50, 1986.
Polkinghorne, D., *Narrative knowing and the human science*, State university of New York Press, 1988.

찾아보기

ㅇ

ㅈ/

ㅊ/

ㅋ/

ㅌ/

ㅍ/

ㅎ/